数字昂仁 2016

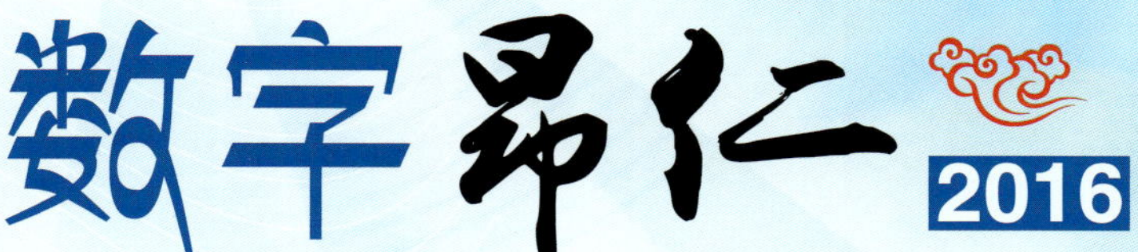

辖区面积：3.96万平方千米

年末常住人口：57459人

地区生产总值：7.5亿元

第一产业：1.7亿元

第二产业：2.6亿元

第三产业：3.2亿元

全社会固定资产总额：8.6亿元

全社会消费品零售总额：1.5亿元

地方公共财政预算收入：3083万元

工业增加值：372万元

招商引资到位资金：6000万元

农牧民人均可支配收入：6589.35元

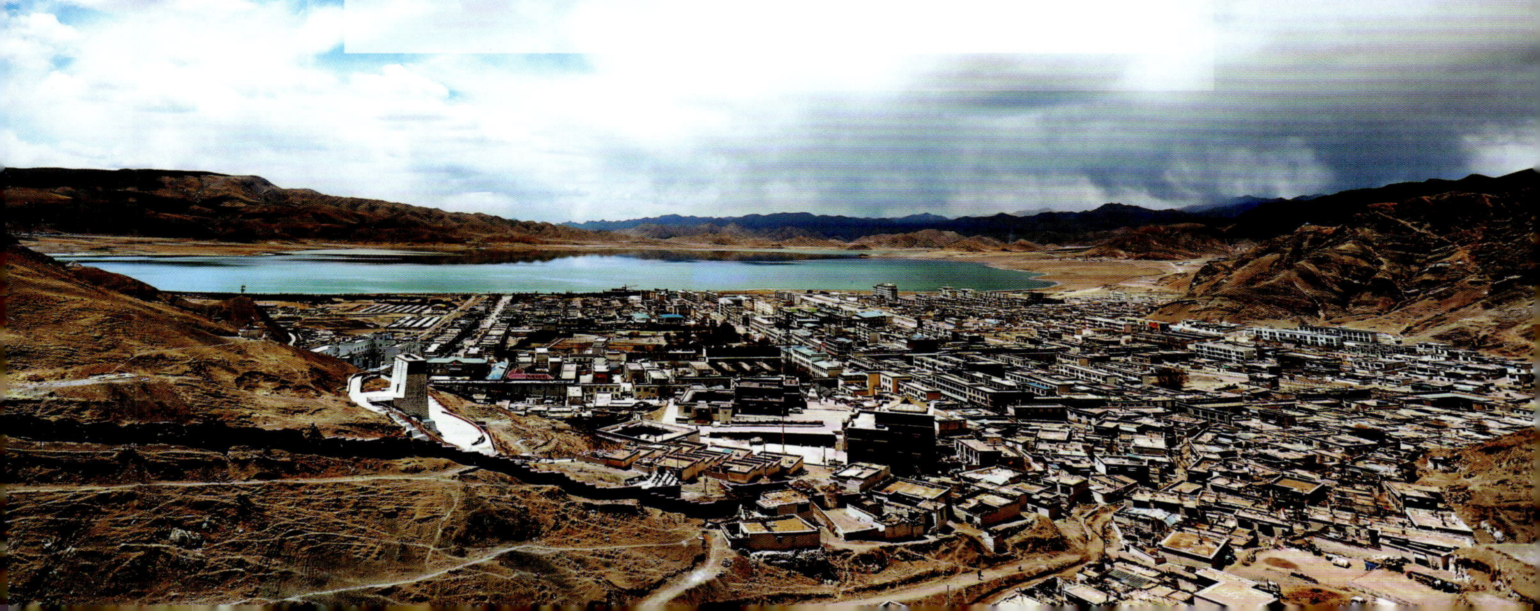

昂仁县全景图

县委书记　李有平

县委副书记、县长　普布多吉

县委副书记、县人大常委会党组书记、主任　旦木真

县政协党组书记、主席　吕世瑞

2016年3月25日，西藏自治区党委常委、自治区政协党组书记、副主席、统战部部长公保扎西（左二）到昂仁县调研

2016年11月11日，西藏自治区人大常委会副主任、区纪委副书记、监察厅厅长维色（中）到昂仁县曲德寺检查指导工作

2016年8月23日，日喀则市委书记张延清（前排右二）到昂仁县曲德寺检查指导工作

2016年11月17日，日喀则市政协党组书记、主席普布（左一）到昂仁县政协调研

2016年3月12日，日喀则市委常委、组织部部长杨昆（中）到昂仁县秋窝乡检查指导工作

2016年9月17日，西藏自治区农牧厅党组书记、副厅长高巴松（左四），日喀则市农牧局调研员宋一彤（左六）到昂仁县多白乡叶村、措布龙村检查千亩千斤田建设情况

2016年4月13日，西藏自治区人民检察院党组副书记、常务副检察长占堆（右二）到昂仁县人民检察院检查督导工作

2016年6月23日，西藏自治区安监局副局长拉增（左三）、日喀则市安监局局长塔杰（右二）一行到昂仁县阿木雄乡同泰矿山检查指导工作

2016年7月7日，日喀则市人大常委会副主任余德平（前排右一）工作组一行到昂仁县人民法院调研

2016年11月15日，日喀则市政协副主席尼玛（左三）到昂仁县同泰选厂检查环境保护工作

2016年8月28日，中国共产党昂仁县第九次代表大会开幕会上，县委书记李有平作工作报告

2016年9月3日，县委副书记、县长普布多吉到昂仁县完小考察学生生活情况

2016年11月26日，西藏自治区旅发委《垂直极限》摄制组一行到昂仁县布玛村拍摄“布玛谐庆”

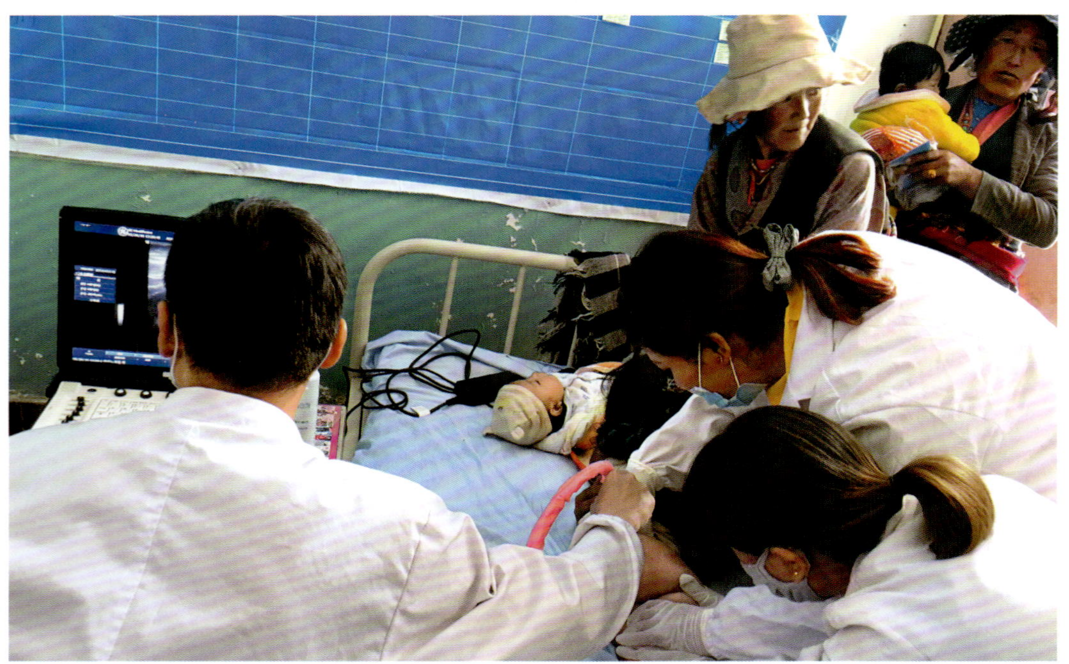

2016年5月26日，日喀则市人民医院骨科专家医疗队到昂仁县秋窝乡开展婴幼儿髋关节发育不良超声检查

2016年8月30日，昂仁县第十三届人民代表大会第一次会议召开

2016年10月1日，昂仁县第二届“藏戏之乡·美丽滨湖·幸福昂仁”文艺汇演

编辑说明

一、《昂仁年鉴》自2017年开始编纂，每年出版1卷，2017年卷为第1卷。

二、《昂仁年鉴》以马克思列宁主义、毛泽东思想、邓小平理论、“三个代表”重要思想、科学发展观和习近平新时代中国特色社会主义思想为指导，始终坚持“实事求是、质量第一、存史资政、服务大众”的办鉴宗旨，全面、系统、翔实地记述昂仁县上一年度政治、经济、文化、社会等各项事业的基本情况，为社会各界与国内外人士了解和研究当今昂仁县提供翔实资料。

三、《昂仁年鉴》分为正文与彩页两部分。正文采取分类编辑法，以类目、分目、条目为主要框架结构，个别包含多方面资料的条目，则在段落间加插楷体标题提示，方便读者查阅全书。

四、《昂仁年鉴（2017）》载录昂仁县2016年经济社会发展的基本资料，设有特载、综述、大事记、政治、武装、法治、经济管理、社会事业、城市建设·环保、交通·通讯、金融、乡（镇）概况、附录等内容，通过这些内容，可以为人们了解昂仁县、认识昂仁县提供一个全新的窗口。

五、《昂仁年鉴》的编辑宗旨，在于求真务实，力求真实生动地反映昂仁县在改革开放和现代化建设中取得的崭新成就。

六、《昂仁年鉴》所提供的内容和数据，分别来自于昂仁县各有关部门和乡（镇）人民政府，经各级领导审核，但由于口径与统计方法不同，恐有不一致之处，使用时应以县统计局提供的数据为准。

《昂仁年鉴》编辑部

2017年10月8日

《昂仁年鉴》编纂委员会

《昂仁年鉴》编辑部

图书在版编目（CIP）数据

昂仁年鉴. 2017 / 中共昂仁县委办公室编. --北京：方志出版社，2017. 10

ISBN 978-7-5144-2599-4

Ⅰ. ①昂… Ⅱ. ①中… Ⅲ. ①昂仁县－2017－年鉴 Ⅳ. ①Z527.54

中国版本图书馆CIP数据核字(2017)第260793号

昂仁年鉴（2017）

编　　者：中共昂仁县委办公室
责任编辑：王　俊

出 版 人：冀祥德
出 版 者：方志出版社
地址　北京市朝阳区潘家园东里 9 号（国家方志馆 4 层）
邮编　100021
网址　http://www.fzph.org
发　　行：方志出版社图书经销中心
电话（010）67110500
经　　销：各地新华书店
印　　刷：河南匠心印刷有限公司

开　　本：889×1194　　1/16
印　　张：25.5
字　　数：538千字
版　　次：2017年10月第1版　　2017年10月第1次印刷
印　　数：001～500册

ISBN 978-7-5144-2599-4　　定价：350.00元

目 录

特 载

综 述

大事记

政 治

中共昂仁县委员会

昂仁县人民政府

昂仁县人民代表大会常务委员会

中国人民政治协商会议昂仁县委员会

中共昂仁县纪律检查委员会（监察局）

中共昂仁县委办公室

中共昂仁县委组织部

中共昂仁县委宣传部

中共昂仁县委统战部

中共昂仁县委政法委员会

昂仁县总工会

共青团昂仁县委员会

昂仁县妇女联合会

中共昂仁县委党校

中共昂仁县委老干部局

昂仁县曲德寺管理委员会

昂仁县人民政府办公室

昂仁县人民代表大会常务委员会办公室

中国人民政治协商会议昂仁县委员会办公室

武 装

昂仁县人民武装部

昂仁县公安消防大队

法　　治

昂仁县公安局

昂仁县人民检察院

昂仁县人民法院

昂仁县司法局

经济管理

昂仁县发展和改革委员会

昂仁县统计局

昂仁县财政局

昂仁县国土资源局

昂仁县商务局

昂仁县安全生产监督管理局

昂仁县国家税务局

昂仁县工商行政管理局

昂仁县旅游局

社会事业

昂仁县民政局

昂仁县人力资源和社会保障局

昂仁县民族宗教事务局

昂仁县卫生局

昂仁县食品药品监督管理局

昂仁县藏医院

昂仁县卫生服务中心

昂仁县文化广播电影电视局

昂仁县农牧局

昂仁县科学技术局

昂仁县扶贫开发办公室

昂仁县林业局

昂仁县水利局

昂仁县教育局

昂仁县藏语委办（编译局）

昂仁县粮食公司

昂仁县职教中心

昂仁县中学

昂仁县完全小学

昂仁县供电有限公司

城市建设·环保

昂仁县住房和城乡建设局

昂仁县安居办

昂仁县环境保护局

交通·通讯

昂仁县交通运输局

中国邮政集团公司西藏自治区昂仁县邮政分公司

中国电信集团公司日喀则分公司昂仁县电信局

中国移动通信集团西藏有限公司昂仁县分公司

中国联合网络通信有限公司日喀则市分公司昂仁县营业部

金　　融

中国农业银行股份有限公司昂仁县支行

乡（镇）概况

卡嘎镇

桑桑镇

切热乡

秋窝乡

达局乡

贡久布乡

亚木乡

达若乡

措迈乡

宁果乡

孔隆乡

如萨乡

阿木雄乡

查孜乡

日吾其乡

多白乡

雄巴乡

附 录

彩页目录

特　载

咬定目标不放松　狠抓落实不懈怠
努力实现昂仁经济社会发展再上新台阶

——在中国共产党昂仁县第九次代表大会上的报告

县委书记　李有平

（2016年8月24日）

中国共产党昂仁县第九次代表大会，是在实现“十二五”圆满收官、“十三五”全面开启的重要时刻，奋力推进昂仁改革发展稳定的关键时期召开的一次十分重要的大会。大会的主题是：高举中国特色社会主义伟大旗帜，坚持以邓小平理论、“三个代表”重要思想和科学发展观为指导，深入贯彻党的十八大、十八届三中、四中、五中全会精神和习近平总书记系列重要讲话精神以及自治区党委八届七次、八次全委会以及市委一届一次、二次全委会精神，站在新起点，把握新机遇，团结带领全县共产党员和各族干部群众，解放思想，深化改革，凝聚力量，攻坚克难，为夺取昂仁跨越式发展和长治久安的新胜利而努力奋斗。

一、过去五年的总结回顾

2011年以来，昂仁县委在自治区党委、市委的坚强领导和山东淄博的鼎力支持、无私援助下，集中精力抓发展，全力以赴保稳定，紧紧围绕推进跨越式发展和长治久安这一目标，广泛开展调查研究，反复讨论修改完善，提出了“牧矿兴县，跨越发展”的县域经济发展思路，在这个思路的推动下，抓住了工作重点，打造了工作亮点，开创了经济社会各项事业发展的新局面。

过去的五年，最显著的变化是经济快速发展，综合实力明显提升。2015年底，全县生产总值同比增长19.6%，完成6.7亿元，是2010年的1.9倍；地方公共财政预算收入同比增长49.05%，达到2501万元，是2010年的4.1倍；社会消费品零售总额同比增长17.6%，达到1.33亿元，是2010年的1.8倍；农牧民人均纯收入同比增长12.7%，达到5984.95元，是2010年的2.2倍；三次产业结构由33.54：22.52：43.94调整到25.15：28.79：46.06。

过去的五年，最直观的变化是基础设施大突破，县乡面貌发生巨变。五年来，社会固定资产投资大幅增长，累计完成24.82亿元，是“十一五”的1.4倍。基础设施明显加强，贯穿昂仁辖区G219实现柏油路通车，7个乡镇和县城实现藏中电网覆盖、2585户农牧民配备了光伏户用系统，用电难的问题基本解决。中翔矿业查孜铅锌矿、同泰矿业阿木雄乡下你铅锌矿投资开采，同泰矿业嘎日选矿厂已建成。总控灌2.5万亩的楚龙灌溉节水改造和康萨干渠工程建成并投入使用。全县公路通车里程达到2187公里，比2010年增加524公里。城乡面貌焕然一新，结合“高原生态滨湖小城镇”的城市定位，实施了伟色路、巨龙路市政建设，淄博公园改建、县城街景改造，建成了高原生态滨湖文化广场，开展了县城美化、绿化、亮化工作，提升了城市品质和形象。将卡嘎村和余松村打造成人居环境优良、基础设施完善、生态环境好的新农村建设示范点，卡嘎镇、桑桑镇特色小城镇建设以及11个村整村推进、易地搬迁正快速推进，全县新农村建设进程进一步加快。援藏成效显著，山东淄博第六、七批援藏共投入1.6亿元，援建项目37个，为昂仁经济社会发展注入了新的活力。

过去的五年，最难得的变化是维稳措施落实到位，社会持续和谐稳定。先后选派5批1180名干部进驻118个村，实现干部驻村全覆盖，投入资金4244万元为群众办实事办好事11980件；选派107名优秀干部进驻44座寺庙，实现干部驻寺全覆盖；建立5个便民警务站、1个矿点警务室、17个乡（镇）派出所，实现全县城镇网格管理全覆盖；建立联户单位1389个，实现“先进双联户”创评工作全覆盖；认真开展政法干警“素质提升年”活动和“规范化建设”教育，提升了司法公信力；充分发挥党政军警民联防联控和G219盘查验证作用，实现了社会面管控全覆盖；深入开展牧区市场经济整顿专项工作，受到了国家公安部的表彰；狠抓矛盾纠纷排查调处、信访积案攻坚、反自焚斗争、安全生产、情报信息和网络舆情等专项活动，维护了社会持续稳定；全面贯彻党的民族宗教政策，深入开展和谐模范寺庙暨爱国守法先进僧尼创建活动，先后表彰和谐模范寺庙167座次、爱国守法先进僧尼1453人次，宗教领域和谐稳定局面不断巩固；靠实维稳第一责任和维稳责任追究制，建立健全了维护稳定的长效机制，顺利通过了自治区平安县、平安边境的考核验收，平安昂仁建设取得重大进展。

过去的五年，最可喜的变化是农牧民生活水平不断提高，群众得到更多实惠。利民惠民、利寺惠僧“十件实事”有效落实，实施了中低产田改造、借畜还畜等扶贫项目119个，消除贫困人口3490户15187人；15年教育免费“三包”政策全面落实，实施了中、小学改扩建和新建幼儿园、校舍及其附属工程等63个教育基建项目，小学入学率达到99.73%，初中入学率达到94.24%；完成农牧民安居工程5925户，26314名农牧民迁入新居，建成350套公租房、650套周转房、138套廉租房，实施了农村饮水安全工程，解决了1.5万人安全饮水问题，干部群众生活条件显著改善；推进文化惠民，完成了185个农（牧）家书屋、44个寺庙书屋、17个乡（镇）文化站建设，所有村居和寺庙实现了书屋全覆盖，基本实现了农牧民群众每月1场电影的目标，县城数字化影院已建成，广播电视人口综合覆盖率达到95%和97%；185个村级卫生室和县人民医院医疗综合服务大楼全面建成并投入使用，农牧民群众在家门口看病成为现实；新农保、城镇居民养老保险、医疗保险覆盖率、有意愿的“五保”老人集中供养率均达到100%；积极促进转移就业和再就业，城镇登记失业率控制在2.1%以内；坚守生态环境底线，五年来完成1.5万亩绿化造林，2.7万平方公里水土保持、防沙治沙综合治理，178个村人居环境整治，申报建立1个湿地自然保护区和409个水源地环境保护项目，成功创建6个生态村，达嘎架喷泉保护区顺利通过立项，全面加强了生态环境保护与建设。

过去的五年，最深刻的变化是党的建设全面加强，干部队伍作风明显转变。广泛组织党员干部学习党的十八大、十八届三中、四中、五中全会精神以及中国特色社会主义理论体系和习近平总书记系列重要讲话精神，不断提升理论修养和工作水平。深入开展党的群众路线教育实践活动和“三严三实”专题教育，为群众办实事解难事8880余件，赢得了群众的满意和赞同。大力推进基层组织建设，在所有的乡（镇）、村和中小学全部建立党组织，“基层一线三步工作法”、村“两委”星级评定、软弱涣散基层党组织整顿、党群共富联合体等工作成效显著，各级干部队伍和人才队伍建设全面加强，五年来共有26名优秀干部走上县处级领导岗位，调整提拔科级干部315人，全面实现了17个乡（镇）党政正职“一藏一汉”配备，选派了120名村党支部第一书记，党员总数达到5516名，农牧民党员占总数的77%。切实支持和保障人大及其常委会依法履行职能，推动人大工作与时俱进，为全县经济社会发展和民主法治建设做出了积极贡献。2012年7月政协昂仁县委员会成立后，县委高度重视支持政协当好政治协商、民主监督、参政议政角色，政协工作科学化水平不断提升。老干部服务工作实现亲情化，党对工会、共青团、妇联等人民团体的领导进一步加强和改善，桥梁纽带作用积极发挥。党风廉政建设成效明显，反腐败斗争深入开展，共处理违纪违法案件35起。中央八项规定、区党委“约法十章”“九项要求”以及市委关于转变作风的相关规定得到坚决贯彻，“三公经费”减少18.1%，公务接待费用、油料维修费分别下降46.7%、14.4%。《向县委请示汇报制度》《县委财经领导小组议事规则》《干部请销假报批报备制度》《关于严明工作纪律加强作风建设责任追究办法》等制度的有效执行，催生了心齐、气顺、风清、劲足的干部队伍。

各位代表，五年的拼搏难以忘怀，五年的变化有目共睹，五年的业绩来之不易，五年的成就令人鼓舞。这些成绩和变化的取得，是区党委、市委英明决策、坚强领导的结果，是山东淄博真诚关心、无私援助的结果，是驻军部队、武警官兵、政法干警积极参与、鼎力支持的结果，是历任各级干部同志们传承发展、接续发展的结果，是各级党委政府团结带领各族干部群众齐心协力、顽强拼搏的结果。在此，我谨代表中共昂仁县委，向所有关心、支持、参与昂仁建设的同志们和朋友们，表示衷心的感谢和崇高的敬意！

在看到成绩的同时，我们也清醒的认识到，自身工作还存在不足，面对的困难也要引起重视。主要表现为：全县的经济基础比较薄弱，环境条件相对恶劣，贫困人口多、贫困面广，精准扶贫精准脱贫任务繁重，灾后恢复重建任务艰巨，工程项目建设领域问题突出，宗教领域管控难度大，群众法律意识淡薄，基层组织建设水平不高，依法治县和从严治党还需加强。对此，我们一定要高度重视解决这些矛盾和问题，以“等不起”的紧迫感，“慢不得”的危机感，“坐不住”的责任感，及早谋划、抓紧动手，努力向全县各族人民交出一份合格答卷。

在总结回顾五年工作的同时，我们深深体会到：做好昂仁县工作，必须坚决在思想上政治上行动上同党中央、区党委、市委保持高度一致，不折不扣地把中央、自治区、市各项决策部署落到实处，一级抓一级，层层抓落实；必须坚持发展第一要务，用好政策优势，把挑战当机遇、把压力变动力，推进昂仁跨越式发展；必须坚持维稳第一责任，牢固树立稳定压倒一切的思想，警钟长鸣、常抓不懈，深入持久开展反分裂斗争；必须坚持保障和改善民生，把好事办在群众心坎上、把实事办在群众急需时，使各族人民得到更多实惠；必须全面加强党的建设，全面从严治党，改进作风、干在实处，密切党群关系，为改革发展稳定事业夯实保障。

二、今后五年指导思想和主要工作

今后五年，我们工作的指导思想是：始终高举中国特色社会主义伟大旗帜，以邓小平理论、“三个代表”重要思想和科学发展观为指导，深入贯彻落实党的十八、十八届三中、四中、五中全会精神，深入贯彻落实习近平总书记系列重要讲话精神和中央第六次西藏工作座谈会精神，坚持依法治藏、富民兴藏、长期建藏、凝聚人心、夯实基础的重要原则，牢固树立创新、协调、绿色、开放、共享的发展理念，围绕“牧矿兴县，跨越发展”的发展战略，立足新起点，把握新机遇，发挥新优势，为确保全县经济发展、社会和谐、民生改善、民族团结、宗教和睦、文化繁荣、生态良好、党建加强而努力奋斗。

今后五年，我们的奋斗目标是：经济保持跨越式发展态势，全县生产总值年均增长14%以上，地方一般公共预算收入年均增长12%以上，全社会固定资产投资年均增长16%以上，农牧民人均可支配收入年均增长20%以上。通过两年努力，贫困人口全部实现脱贫，基本公共服务能力显著增强，社会保障水平大幅提高，基础设施建设取得重大进展，生态环境进一步改善，各民族团结和睦，社会持续和谐稳定，党的建设全面加强，确保到2020年同全国一道实现全面建成小康社会的宏伟目标。

实现今后五年的奋斗目标，各级党组织和广大党员干部一定要立即行动起来，紧密团结全县各族人民群众，携手创造昂仁更加美好的明天。

（一）全力推进经济又好又快发展。深入实施“牧矿兴县，跨越发展”的县域经济发展战略，用好政策机遇和环境条件，注重提高经济运行的质量和效益，推进经济又快又好发展。

1. 抓好重大项目建设。今后五年，我县要实现两位数的经济增长目标，我们一定要把项目建设作为拉动经济增长的重要载体和支撑，全面启动好“十三五”规划项目建设。一要做好项目衔接。积极与日喀则市项目有关单位主动对接，尽可能将我县更多项目纳入日喀则市“十三五”项目“总盘子”，加强与山东淄博对口援藏的汇报衔接，规划落实好援藏项目。二要做好项目前期。高度重视、集中力量，发挥好县项目办的作用，用好项目前期经费，攻破前期工作这一制约项目建设和投资落地的短板，一个项目一个项目地谋划，高质高效地完成项目建议书、可研报告、方案设计等事项，尽快上报市有关项目单位，确保各类重点项目及时得到审批。三要做好项目建设。积极做好桑德、帕孜水利枢纽前期工作，开展好项目建设领域突出问题专项整治行动，争取所有审批项目尽快开工建设、圆满完成。四要做好项目管理。对项目实行全程监管，严把质量关、安全关、廉洁关，克服重建轻管现象，发挥好项目的经济效益和社会效益。今后5年，要重点完成10个未通电乡电网覆盖工程，17个乡镇和县城基础设施等项目。

2. 抓好城乡协调发展。一是加快县城建设。结合“高原生态滨湖小城镇”的城市定位，加大县城规划管理力度，盘活土地资源，聘请高水平的设计院进行规划设计，重点打造“金措湖”景观带，加快环湖栈道、环湖绿化、环湖景观设计工程，全面推进市政管网、县城给排水、污水处理、电力通讯、街景改造等基础设施建设，提高公共服务水平和城市综合承载能力。用好“藏戏之乡，唐东杰布诞生地”名片，以唐东杰布纪念馆、文化广场为中心，打造一条集销售地方特产、餐饮、娱乐、住宿于一体的商业街，做好经营和管理，营造浓厚的商业氛围，同时加强城市绿化建设和环境卫生综合治理，提升城市品质和形象。二是加快特色小城镇建设。坚持以人为本、从群众需求出发，利用区位优势和资源条件，以改善农牧民生产生活质量为出发点，科学确定特色小城镇的产业支撑，突出观光旅游、休闲度假的主题，利用3年的时间，将卡嘎镇、桑桑镇打造成基础设施完善、产业基础扎实、生态环境好、人居环境优良、管理机制健全、经济社会协调发展的特色小城镇，使之成为我县G219沿线一道美丽的风景线。三是加快新农村建设。结合整村推进、扶贫易地搬迁项目建设，扎实推进农牧民安居工程和农村危房改造工程。充分尊重农牧民的意愿，坚持规划先行，合理布点，实施好“八到农家”，推动公共设施和公共服务向农牧区延伸。同步开展好“绿化、美化、净化”人居环境综合整治工作，解决农牧民群众饮水安全问题，改善农牧区生产生活条件和加快农村面貌改造提升，让农牧民感受到生产生活的便利、舒适和美好，5年内确保2199户8535名农牧民迁进新居。

3. 抓好产业结构优化升级。坚持“一产上水平、二产抓重点、三产大发展”，三次产业结构进一步优化，力争达到15：32：53。一是提升农牧业。落实强农惠农富农政策，走科技兴农的道路，加大农田水利设施建设、客土改良、中低产田改造、青稞良种推广力度，加强良种繁育，抓好疫病防治，实现农牧业优质高产。扶持和培育一批农牧民专业合作社、农畜产品加工业等经营主体，增加农畜产品附加值，不断提高农牧业产量和效益。二是壮大工矿业。引进实力强、讲信誉的大企业参与昂仁矿产开发，坚决杜绝投机、不法企业到昂仁进行矿产开发。坚守生态环保底线、社会稳定底线、安全生产底线，维护好政府、企业、矿区农牧民群众的合法权益，加大矿产资源勘查、开采监管力度，科学合理开发矿产资源，拓宽地方财源。三是做强第三产业。做强旅游产业，加快金措湖、曲德寺、日吾其金塔、朗措湖等旅游景点服务设施建设，推进3处国家A级旅游景点申报创建，加大旅游资源宣传推介力度，力争每年接待游客6万人次以上，努力实现旅游总收入占地区生产总值的比重达到10%以上。依托G219大力发展商贸业和物流业，扩大城乡消费，力争社会消费品总额年均增长13%以上。

（二）全力保障和改善民生。坚持“共享发展”的理念，按照人人参与、人人尽力、人人享有的要求，大力发展民生事业，全力增进民生福祉，努力让发展更有温度、让幸福更有质感。

1. 打好脱贫攻坚战。把脱贫攻坚作为“十三五”期间的头等大事和第一民生工程来抓，落实精准扶贫精准脱贫方略，坚持“六个精准”、实现“九个一批”，努力提高扶贫攻坚成效。发挥好驻村工作队、企业、社会帮扶作用，创新扶贫工作机制，增强贫困群体自我发展能力，坚决打赢扶贫攻坚这场硬仗，2017年全面完成4343户15936名贫困人口脱贫。

2. 优先发展教育。切实把教育摆在更加突出的位置，全面落实15年教育免费“三包”政策，狠抓控辍保学工作，学前教育毛入园率达到80%以上，小学、初中入学率分别达到100%。千方百计用好、管理好、发挥好昂仁县育才教育基金的作用，促进教育均衡发展。加强教师师德建设，树立良好师表形象。强化学生规范养成教育，培养良好的行为习惯。积极推进“薄弱学科攻坚工程”，逐步提升教育教学质量。

3. 提升医疗服务。推进医疗卫生基础设施建设，改善人民群众就医条件。加强医疗卫生队伍建设，提升业务素质、服务能力和医疗水平，为群众提供优质、高效的医疗服务。逐步实现“小病不出乡、常见病不出县”的就医格局。落实好以免费医疗为基础的农牧区医疗制度，每年为城乡居民和在编僧尼免费健康体检。

4. 健全社会保障。全面推动全民参保，保持各险种参保率95%以上。大力改善福利机构服务水平，实现有意愿的五保老人集中供养率达到100%。及时落实低保对象、五保对象的生活补贴，认真做好优抚、救灾、救济工作，有效保障困难群众基本生活。

5. 积极扩大就业。鼓励劳动者自主择业，政府促进就业，推动大众创业、万众创新，充分利用税费减免、财政投入、小额贷款、就业培训等手段，千方百计拓宽就业领域，增加就业岗位，扩大就业容量。加强对困难群众技能培训和劳务输出服务，确保城镇登记失业率控制在2%以内，农牧区富余劳动力每年转移就业28000人次以上，动态消除零就业家庭。

6. 抓好防灾减灾和安全生产。认真做好防灾减灾工作，加大防灾抗灾物资储备库建设力度，提高应对地震、泥石流、暴风雪、冰冻等自然灾害的能力。严格落实安全生产责任制，强化道路交通、食药卫生、消防安全等重点领域的监督检查，确保安全生产事故起数和死亡人数“双下降”，坚决遏制重特大安全事故的发生。

7. 加强生态环境保护。坚持把环境保护作为底线、红线、高压线，严格按照规划，推进环境治理与生态修复。落实资源有偿使用补偿机制，加强矿山生态环境恢复治理，严禁“三高”项目进入。抓好大江大河源头区、草原、湿地、天然林以及生物多样性保护，加大水土流失、土地草场沙化综合治理和污染防治力度，实施好植树造林、人工种草项目，力争每年完成植树造林1000亩以上，人工种草10.65万亩以上。

（三）全力维护社会和谐稳定。落实习近平总书记“努力实现西藏持续稳定、长期稳定、全面稳定”和陈全国书记“大事不出、中事不出、力争小事也不出”的重要指示要求，严格执行区党委十项维稳措施，切实维护社会和谐稳定。

1. 深入开展反分裂斗争。各级党组织和广大党员必须把维护祖国统一、反对民族分裂作为自己义不容辞的神圣职责，在大是大非问题上做到认识不含混、态度不暧昧、行动不动摇。要紧紧依靠各族群众，坚持以两手对两手，立足长期斗争，讲究斗争策略，谋长久之策、行固本之举，牢牢掌握反分裂斗争的主动权，下好先手棋，坚决防范和抵制敌对势力的渗透破坏活动，深入开展反对十四世达赖集团分裂祖国活动的斗争，彻底粉碎一切破坏西藏稳定、危害祖国统一的图谋。

2. 加强和创新寺庙管理。全面落实党的宗教政策，积极引导藏传佛教与社会主义相适应。切实开展好“六建”工作，牢牢掌握寺庙的管理权，坚决永守宗教领域“三个不增加”红线；深入实施好“六个一”“九有”“两保一低”“一个覆盖”等利寺惠僧举措，使寺庙僧尼切身感受到党和政府的关爱与温暖；各寺管会和广大驻寺干部，要以开展“和谐模范寺庙暨爱国守法先进僧尼”创建评选活动和“爱国爱教、遵规守法、弃恶扬善、崇尚和谐、祈求和平”为主题的法制宣传教育活动为抓手，搞好僧尼的教育引导，让他们自觉感党恩、听党话、跟党走，促进宗教和睦、佛事和顺、寺庙和谐。

3. 巩固和加强群防群治格局。深入开展“创先争优强基础惠民生”活动，落实好“5+3”驻村任务，构建城乡发展稳定的长效机制，筑牢反对分裂、维护稳定的社会根基。深化“先进双联户”创建评选工作，紧扣“联户平安、联户增收”这一核心，夯实群众基础、筑牢维稳防线。加强“护村队、护校队、护院队、护路队”和“红袖标”巡逻队队伍建设，提高群防群治能力，构筑群防群治平安模式。

4. 健全完善工作机制。健全完善党政军警民协调联动工作机制，形成维护社会稳定、处置突发公共安全事件的强大合力。充分发挥便民警务站、公安检查站、乡镇派出所隐患清查和武警中队、干警联勤巡逻作用，确保不留死角、不留盲区。积极开展矛盾纠纷排查调处，把握群众的合理诉求，集中攻坚化解信访积案，把矛盾和问题解决在萌芽状态。切实加强道路交通安全综合整治，营造安全、畅通的道路交通环境。严格执行“日见面、日报告”的管控措施，确保不脱管，不滋事。严格实行零散油气销售实名制监管，切实管住自焚源头。着力强化情报信息和网络舆情动态监控，确保不良舆情信息及时发现、及时处置。严格落实稳定责任，各级党政主要负责同志要负起维稳工作的第一责任，维稳专班要负起直接责任，层层落实维稳工作责任制。

5. 深化民主法制建设。继续扩大民主，加强和改善党对人大、政协的工作领导，支持人大依法有效行使监督权，保证政协充分发挥政治协商、参政议政、民主监督等职能。加强党外代表人士队伍建设，巩固壮大爱国统一战线。大力推进依法治县，健全依法行政决策机制，严格规范行政执法行为。进一步推进司法体制改革，支持人民法院、人民检察院依法独立行使审判权和检察权。全面启动“七五”普法工作，不断增强全民尊法学法守法用法意识。加强基层民主制度建设，切实保障农牧民群众的知情权、决策权、参与权和监督权。坚持党管武装，关心支持国防建设，深入开展双拥共建活动，巩固和发展军政军民团结的生动局面。

（四）全力做好思想文化宣传工作。宣传思想文化工作始终处在意识形态的最前沿，事关党的前途命运，事关国家长治久安，事关民族凝聚力和向心力。我们一定要牢牢把握“两个巩固”根本任务，为昂仁发展凝心聚力造势鼓劲。

1. 推进社会主义核心价值体系建设。把培育和践行社会主义核心价值观作为凝魂聚气、强基固本的基础工程。加强“24字”社会主义核心价值观的宣传教育，强化公民社会公德、职业道德、家庭美德、个人品德建设，多样化融入、全方位覆盖到人们的日常学习、工作和生活中，使之真正内化为人们的精神追求，外化为人们的自觉行动。要突出培育公民意识，深化群众性精神文明创建活动，广泛开展文明村镇、文明单位、文明家庭创建工作，着力提升农牧区精神文明建设工作水平。

2. 维护意识形态安全。加强对舆论阵地、文化阵地、网络阵地、学术阵地的建设管理，牢牢把握宣传阵地的领导权、管理权、话语权。坚持正能量是总要求，管得住是硬道理，强化网络空间治理，加强网络舆情监测和有害舆情收集处置，实现网络空间清朗。筑牢反渗透防控体系，大力推进“西新工程”“扫黄打非·珠峰工程”和文化市场综合执法，持续深入开展“藏独”反宣品专项清查行动，有效查堵地面渗透，加强对宣传文化阵地传播内容的审查审读审听审看，维护意识形态领域绝对安全。

3. 提升公共文化服务水平。加大文化惠民力度，加快推进县城有线数字电视改造和数字影院投入使用，推动文化设备、文化用品、文化服务、信息资源等有计划有目的地向基层、农牧区、普通群众和僧尼倾斜，着力推进文化小康建设。持续开展文化科技卫生法律和爱国爱教“五下乡”活动，发挥好唐东民间艺术团的作用，大力开展群众性文艺活动，丰富艺术形式和表现形式，更好地保障各族群众的文化生活需求。

（五）全力提升党的建设科学化水平。党的领导是我们事业不断前进的重要保证，党的建设是我们抓好各项工作的根本，我们要以党要管党、从严治党为主线，全面加强和改进党的建设，把党的政治优势和组织优势转化为实现跨越式发展和长治久安的强大力量。

1. 强化思想政治建设。把党的思想建设放在首位，以尊崇党章、遵守党规为基本要求，以用习近平总书记系列重要讲话精神武装全党为根本任务，深入开展“两学一做”学习教育，坚持抓在平常、融入经常。不断增强党员干部的党性原则和党的意识，夯实立身、立业、立言、立德的基石，增强分辨理论是非、政治是非的能力，自觉运用新理论、新观念武装头脑、指导实践、推动工作，努力把思想建设的成果转化为勇于担当、攻坚克难、促进发展的实际成效。

2. 强化干部队伍建设。认真贯彻《党政领导干部选拔任用工作条例》，坚持20字好干部标准和民族地区干部“三个特别”要求，大力选拔使用重点岗位、驻村驻寺、基层一线等自然条件艰苦、情况复杂、任务繁重的岗位上实绩突出的干部，树立“能者上平者让庸者下”的选人用人导向。加强干部监督管理，坚持以严的标准要求干部，以严的措施管理干部，以严的纪律约束干部，努力打造一支“讲政治、有信念，讲规矩、有纪律，讲道德、有品行，讲奉献、有作为”的党员队伍。认真落实老干部“两项待遇”，提升老干部满意度、归属感。加强干部教育培训，进一步拓宽视野、更新观念，创新工作方法，破解发展难题，不断提高领导能力和工作水平。

3. 强化基层组织建设。创新完善基层党组织设置，把党的触角延伸到基层最小单位，力争凡是有正式党员3人以上的企业、农村、机关、学校等基层单位，都成立党的基层组织，实现党的工作全覆盖。狠抓软弱涣散基层党组织整顿工作，结合村“两委”星级评定，对基层党组织进行末尾倒排、集中整顿，实现转化升级。建强村干部队伍，深入实施村干部“双提”工程，一方面全面实施“万名村干部素质能力提升”工程，重点加强村“两委”负责人、第一书记、大学生村官的教育培育和岗位锻炼，强化村干部的致富带富能力、依法办事能力和民主管理能力，另一方面加大资金保障力度，提高村干部报酬待遇，建立健全考核奖惩机制，激发村干部干事创业热情。选优配强村“两委”班子，加强村干部日常管理，完善村干部能上能下机制，提升村干部履职尽责、服务群众、服务发展的积极性和主动性。加强党员发展和党员队伍建设，把好党员发展质量关、程序关，不断提高党员发展质量，深入开展党组织关系集中排查工作，及时处置不合格党员，保持党员队伍纯洁性。全面推进村级组织活动场所标准化建设，2016年完成桑桑镇梅朵村等2个试点村建设，5年内实现全覆盖。

4. 深化党风廉政建设。严格遵守党章党规党纪，以党章为根本遵循，严格执行廉洁自律准则、纪律处分条例、巡视工作条例，严格遵守党的各项纪律，自觉做到时时牢记、处处践行，形成尊崇党章、遵守党纪的良好习惯。把政治纪律和政治规矩永远排在第一位，增强政治意识、大局意识、核心意识、看齐意识，始终在思想上政治上行动上同以习近平同志为总书记的党中央保持高度一致，坚定维护、拥戴、忠诚于以习近平同志为总书记的党中央，确保政令畅通。严格落实党委主体责任，层层传导责任和压力，实现从“要我抓”到“我要抓”“要抓好”的工作格局，全力支持纪检监察机关查办案件、深化“三转”工作，加强纪检监察干部队伍自身建设，保障纪检监察机关聚焦监督主业主责。始终坚持作风建设永远在路上，贯彻落实好中央八项规定和区党委“约法十章”“九项要求”以及市委、县委关于转变作风的规章制度，围绕“四风”“两问题”“一薄弱”等问题抓好整改，培养好作风、引领好风气、树立好形象。深化反腐倡廉教育，牢固树立“西藏在党风廉政建设和反腐败问题上没有特殊性”思想，强化监督执纪问责，准确把握运用好“四种形态”，坚持抓早抓小，防止“小错”酿成“大祸”。始终保持惩治腐败高压态势，坚持有案必查、有腐必惩，着力解决发生在群众身边的腐败问题，切实维护人民利益。强化党内监督，严肃党内生活，深入推进源头治理，建立健全党风廉政建设相关制度，强化权力制约和监督，形成用制度管权管事管人的良好机制，努力推动党风廉政建设和反腐败工作取得新成效。

同志们，美好的蓝图令人鼓舞，宏伟的目标催人奋进。未来五年，我们的事业任重而道远，我们的任务光荣而艰巨。我们坚信，有各级党组织作坚强后盾，有全体党员的全力支持，有全县人民的信任和努力，只要我们在不争论中发展，在不折腾中前进，在不甘落后中奋起，始终保持一种“百舸争流，勇者当先；只争朝夕，舍我其谁”的精神和斗志，就一定能在新的历史起点上大步前进，就一定能不断开创各项事业的新局面，就一定能实现昂仁跨越发展长治久安的宏伟目标。

政府工作报告

——在昂仁县第十三届人民代表大会第二次会议上

昂仁县人民政府县长 普布多吉

（2017年3月19日）

一、2016年工作回顾

过去一年，全县发展面临多重困难和严峻挑战。在自治区党委、政府的亲切关怀下，在山东淄博人民的大力支援下，在市委、市政府和县委的坚强领导下，在县人大、政协的监督支持下，我们全面贯彻落实党的十八大、十八届历次全会和中央第六次西藏工作座谈会精神，全面贯彻落实习近平总书记系列重要讲话精神和自治区第九次党代会、市委一届五次全会精神，围绕县委、县政府年初既定目标，团结和依靠全县各族人民，坚持稳中求进总基调，主动适应经济发展新常态，在应对挑战中砥砺前行，在抢抓机遇中乘势而上，保持经济社会又好又快发展，实现“十三五”良好开局。

——经济运行进一步向好。2016年，全县地区生产总值达7.5亿元，增长12.6%；全社会固定资产投资完成8.6亿元，增长24.7%；地方财政收入3083万元，增长增长23%；社会消费品零售总额1.5亿元，增长20%；农村居民人均可支配收入6589.35元，增长10.07%。

——产业结构进一步优化。2016年，全县共落实农作物播种面积7.85万亩，同比去年增加0.39万亩，其中粮食作物播种面积6.39万亩、经济作物播种面积0.94万亩、饲草饲料作物面积0.52万亩。粮、经、饲三元种植比例为81：12：7。粮油总产量达4144.38万斤，蔬菜产量达1430.7万斤、饲料作物产量达2347.06万斤。2016年全县牲畜总存栏达55.36万（头、只、匹）。其中新生仔畜为18.03万（头、只、匹），成活率为94.38%，同比增长3个百分点。成畜死亡数为1.05万（头、只、匹），死亡率为1.93%。牲畜出栏数17.48万（头、只、匹）。免疫58.43万（头、只、匹），免疫密度达到99%，免疫抗体合格率达到95%。2016年，兑现2015年草畜平衡奖励资金及禁牧补助资金共计5242万元。落实2015年农机购置补贴资金共239万元。旅游服务业快速发展，全县共接待游客28.19万人次，实现旅游收入857.6万元，同比增长41.8%。

——投资落实进一步提速。2016年全县项目建设目标任务共计113项，总投资14.93亿元，累计完成投资8.46亿元。总投资2.36亿元的秋窝乡至亚木乡公路改建，目前已完成总工程量的38%，总投资6200万元的县城给排水和总投资3150万元的县城污水处理及收集系统，目前已完成总工程量的55%。总投资3493万元县中学、县幼儿园、秋窝乡一小、波热小学等4个扩建项目，已交付使用。全年实现招商引资到位6000万元。调整完善“十三五”援藏项目规划，涉及教育、卫生、扶贫、新农村建设等16个大项，67个子项，总投资2.04亿元。

——乡镇面貌进一步改善。2016年灾后重建开工建设30项，累计完成1.62亿元。民房重建任务基本完成，灾区群众居住条件得到明显改善。全县农村公路总里程2273.16公里，实现了所有乡镇和建制村通公路，乡镇通油路率达41.17%，建制村通水泥路率达23.24%，综合交通运输网络构建加快。完成水利项目建设4个，总投资2127.1万元，水利基础设施日趋完善。投资5500万元开工建设保障性住房320套，建成152套。乡镇通光缆率、通邮率和行政村通电话率均达到100%。生态文明建设力度不断加大，全年造林3500亩，退耕还林、退牧还草、湿地保护、防沙治沙等工程顺利推进，生态环境持续改善，森林覆盖率达3.67%。2016年灾后重建共实施11个行政村、483户，总投资6279万元，目前入住率达85%，超额完成上级指标。本级财政投入420万元，完成阿木雄乡等14个乡镇总体规划；投入220万元，完成桑桑镇、卡嘎镇控制性规划及县城驻地地形测绘；投入1400万元，完成10个牧区乡（镇）光伏电站维修修建；整合政权建设资金684万元用于改善乡镇基础设施和干部职工生活条件；投入100余万元，完成吕龙寺、维色林寺等6座寺庙墙体及围墙维修。

——民生事业进一步加强。脱贫攻坚战全面打响，“九个一批”工程全面启动，2016年全县784户、2911人实现脱贫，圆满完成市下达目标任务，其中完成易地扶贫搬迁304户，惠及1122人，设立了1800万元的精准扶贫昂仁县政府风险补偿基金，全县党员干部对建档立卡贫困户进行了结对帮扶。积极促进就业创业，新增城镇就业15人，城镇失业率控制在2.05%以内，农牧民转移就业2.96万人次，实现劳务收入7052.3万元。社会保障体系不断完善，五大保险全面覆盖，社会救助水平不断提升，有意愿的孤寡老人集中供养率和孤儿集中收养率均达到100%。严格落实教育免费“三包”政策，强化措施切实做好控辍保学，落实“三包”经费2714.43万元，落实营养改善计划资金630.4万元。设立育才教育基金奖励资金122万元，兑现育才教育基金76余万元，其中资助大中专学生187名，共36.45万元，包括贫困户大学生34名，共兑现9.1万元；贫困户高中生3名，共兑现3800元；表彰先进集体、优秀教师和先进个人共兑现教育基金39.56万元。目前全县在校生8830人，比去年增加157人。落实好以免费医疗为基础的农牧区医疗制度，全县孕产妇住院分娩率达96.5%、免费孕检率达51.3%、婴儿死亡率控制在2.8‰以内、在编僧尼体检422人次、农牧民健康体检5.6万人次。食品药品安全形势稳中向好，监管体制基本健全。

——抢险举措进一步提高。受强降雨天气影响，2016年8月日吾其乡、秋窝乡等9个乡镇受灾严重，先后发生灾情249起，其中重大灾情8起，全县受灾户数达1978户，受灾人口10201人，因灾造成经济损失约2.76亿元。全县基础设施严重损毁，群众房屋倒塌严重，交通、通讯部分中断，损失惨重。县委、县政府第一时间投入300余万元应急资金用于抢险救灾，紧急调拨救援车辆172台次、救援帐篷88顶、各类救援物资8.24万件，转移安置受灾群众731人，经过及时组织转移和抢修，群众生命安全得到了保证，实现了“零伤亡”。灾后，经进一步核查，共267户民房需进行修复或重建，通过积极动员群众、双联户和党员志愿者，2016年9月底前已完成43户民房修复工作，完成150户民房地基开挖建设，剩余75户将于2017年9月底前完成民房重建，11月底前完成搬迁入住。

——社会局势进一步稳定。全面落实自治区维稳十项措施，强化社会治安综合治理，扎实推进驻村驻寺和“先进双联户”创建评选活动。依法管理宗教事务，在“128”活动和维护全县宗教领域和谐稳定等工作中，统筹谋划、周密部署，保证了各项宗教事务的绝对安全和顺利举办。全面贯彻党的民族政策，扎实开展民族团结宣传教育，大张旗鼓的表彰民族团结进步模范集体、模范个人、民族通婚家庭和先进集体，共兑现奖金11.2万元。广泛开展法治宣传教育，中央反分裂斗争方针得到全面贯彻落实；便民警务站作用得到充分发挥，城镇网格化管理得以全面推行；党政军警民联防联控维稳格局进一步健全，社会治安防控体系不断完善；驻村工作机制全面落实，寺庙管理机制逐步完善；信访、安全生产工作不断加强，确保了社会安定有序、人民安居乐业。

——政府效能进一步提升。全县政府系统扎

实开展“两学一做”学习教育和“讲学习、讲忠诚、正风纪、转作风、提效能”主题活动，以作风转变促效能提升。严格落实党风廉政建设责任制，持之以恒肃政风、正行风，深入推进政务公开，主动接受群众监督，提高政府工作透明度，让权力在阳光下运行。严格执行中央“八项规定”和自治区“约法十章”“九项要求”，重点整治了群众反映强烈的突出问题。自觉接受人大法律监督、政协民主监督和社会舆论监督，全年办理人大代表建议104件、政协委员提案43件，有效解决了一批经济社会发展方面的问题。

各位代表，昂仁县改革发展稳定成绩来之不易。这是区党委、政府，市委、市政府亲切关怀，山东淄博市大力支援的结果；是县委坚强领导，全县各族干部群众团结奋斗的结果。在此，我代表县人民政府，向全县人民，向淄博市援藏工作小组，表示衷心的感谢！向人大代表、政协委员和离退休干部，向驻军部队、政法干警，表示诚挚的谢意！向关心、支持昂仁发展建设的各界人士，表示崇高的敬意！

各位代表，成绩令人鼓舞，发展变化令人振奋。但我们应清醒地看到，我县经济社会发展与市委、市政府的要求，与全面建成小康社会、脱贫摘帽的目标还有一定差距。发展不够仍然是我县最大的实际，发展不平衡、不协调问题依然突出；产业结构不优、层次不高、链条不长，总体经济块头仍然偏小；招商引资难度大，重大项目支撑不够，持续发展动力仍显不足；贫困面大、贫困程度深，精准脱贫的任务艰巨；民生保障还有待进一步加强，教育、就业、医疗、食品药品安全与群众期盼还有差距；政府职能转变还显欠缺，发展环境还需优化，少数国家公职人员履职尽责还不够到位、工作作风还不够严谨、服务群众还不够扎实，不会为、不愿为、不敢为的现象还一定程度地存在。对于这些问题，我们将高度重视，加大改革创新力度，积极寻求破解之策，努力补齐发展短板，绝不辜负全县人民的期盼！

二、2017年工作安排

2017年是“十三五”承上启下的重要一年，是我县实现精准脱贫工作、推进特色小城镇建设的关键之年，做好2017年政府各项工作意义重大、影响深远。

2017年政府工作总体思路是：以邓小平理论、“三个代表”重要思想、科学发展观为指导，认真贯彻中央第六次西藏工作座谈会精神，学习贯彻习近平总书记系列重要讲话精神，深入贯彻落实习近平总书记治国必治边、治边先稳藏的重要战略思想和加强民族团结、建设美丽西藏的重要指示，坚持依法治藏、富民兴藏、长期建藏、凝聚人心、夯实基础的重要原则，落实自治区第九次党代会和市委一届五次全委会、经济工作会议、脱贫攻坚工作会议的总体要求，围绕市委、市政府“6677”工作思路，瞄准全面脱贫摘帽的任务，突出脱贫攻坚、灾后重建、经济建设、社会和谐发展四大重点，强化项目建设、产业发展，坚守市委、市政府提出的和谐稳定、生态保护、安全生产、廉洁从政四条底线，为“十三五”总体规划、2017年整体建设目标打下更加坚实的基础。

2017年全县经济社会发展的主要目标是：全县生产总值增长21%，地方一般公共财政预算收入增长45%，全社会固定资产投资增长20%，社会消费品零售总额增长18%，农牧民人均可支配收入增长17%，城镇登记失业率控制在2.05%以内。

围绕实现上述目标，我们要全力抓好以下七个方面工作：

（一）坚持脱贫攻坚战略，共享改革发展成果。紧紧围绕“六个精准”，实施“九个一批”，集中力量，合力攻坚，计划完成3559户13025人的脱贫任务，162个整村脱贫，贫困人口发生率控制在3%以内，实现整县脱贫，确保完成市委、市政府下达的脱贫摘帽任务。①发展生产脱贫一批，加快推进卡嘎镇蔬菜温室、桑桑镇游客服务中心、秋窝乡曲古龙布温泉开发项目、桑桑牦牛养殖基地、多白乡、秋窝乡霍巴羊养殖基地、宁果乡白绒山羊养殖基地等扶贫产业项目，力争年内发挥效益，计划5496人通过发展生产实现脱贫；②发展教育脱贫一批，通过国家各类教育政策和充分发挥我县“教育育才基金”的作用，计划1480人通过教育扶持实现脱贫；③转移就业脱贫一批，继续加大培训力度，增加培训工种，搭建就业平台，计划实现522人通过转移就业实现脱贫；④易地搬迁脱贫一批，计划1717户，6226人（其中跨县搬迁94户302人）通过易地扶贫搬迁实现脱贫；⑤生态补偿脱贫一批，通过草场监督管理员、自然保护区生态补偿管护员等7个生态岗位，计划建档立卡内8127人实现脱贫；⑥社会保障兜底一批，强化政府救助托底功能，对全县1045户2821人无劳动能力和严重缺乏劳动力的贫困户实行社会保障兜底，保证弱势群体的正常生活；⑦医疗救助脱贫一批，加大合作医疗报销制度，并通过医疗救助，临时救助等措施计划292人实现脱贫；⑧金融扶持脱贫一批，继续加大小额信贷扶持力度，积极协调沟通金融部门，解决贫困户生产生活资金短缺的问题，通过金融扶持让更多的贫困户实现脱贫；⑨灾后重建脱贫一批，继续结合“4·25”灾后恢复重建，统筹实施好卡嘎镇、桑桑镇特色小城镇建设和整村推进，加快推进城镇化和新农村建设，计划257人通过灾后重建实现脱贫。通过建立返贫预警和脱贫成果巩固长效机制，落实脱贫户特色产业发展、脱贫户就业创业行动计划，做到脱贫不脱帮扶、脱贫不脱政策、脱贫不脱项目。

（二）坚持生态发展战略，缔造美丽绿色昂仁。以迎接中央环境保护督察工作为契机，全力打造美丽绿色昂仁，全面实施环境保护督察工作方案，坚持生态优先，牢固树立保护生态环境就是保护生产力、改善生态环境就是发展生产力，绿水青山就是金山银山，冰天雪地也是金山银山的理念，坚守生态保护底线，保护好昂仁县的一草一木、山山水水。加大生态工程建设力度。认真做好城乡、荒地、荒滩造林绿化和义务植树规划，积极完善造林绿化投入机制，吸引社会资本参与到工程绿化及防沙治沙中，结合林权制度改革，充分调动农牧民群众造林护林积极性，探索实施经济林建设，真正让生态林“保起来”、城市林“绿起来”。加大环保执法力度。严格环评审批手续，严把项目建设环境准入、产业准入和资源准入关，严禁“三高”项目进入我县，决不允许以牺牲环境为代价谋求一时发展。畅通环保举报渠道，依法及时解决环境举报问题。加大绿色生活倡导力度。引导居民减少使用一次性物品的消耗，鼓励使用节能节水设备，提倡垃圾分类入箱，在各个方面逐步形成绿色低碳生活方式。加强绿色消费观念的教育，形成崇尚节俭、理性消费的理念，推动消费方式向简约适度、绿色低碳、文明健康的方向转变。

（三）坚持项目带动战略，强化基础设施建设。牢固树立抓项目就是抓机遇、增投资、扩内需、促发展、谋跨越的理念，紧紧抓住在项目建设这条主线上下真功夫、求大突破，根据市委、市政府“十三五”规划投资导向，加强向上沟通衔接，积极争取援藏项目和资金，提高项目申报的针对性和实效性，加快推进灾后恢复重建、扶贫产业发展，做实项目前期工作，强化项目支撑和投资落实，力争计划完成全社会固定资产投资10.18亿元以上。年内，本级财政将投入799万元实施经六路、规划一号路延伸段市政道路；投入3376.1万元改造县城防洪堤；投入1740万元新修建11个行政村村委会活动场所；争取援藏资金800万元新修建4个行政村村委会活动场所。同时，加快整村推进、易地扶贫搬迁等行政村基础设施建设，紧盯县城污水处理及收集系统、县城给排水、桑桑镇特色小城镇、卡嘎镇特色小城镇、灾后重建8个村整村推进基础设施等项目建设，认真实施“八有”工程、唐东纪事馆、帕孜水利枢纽、桑德水利枢纽、桑桑镇至日吾其乡公路改建等项目建设。进一步巩固和深化项目工程领域突出问题专项整治成果，压实属地管理责任，推动专项整治行动常态化，优化项目建设环境。

（四）坚持产业结构战略，提升经济发展动力。认真贯彻落实全市产业发展大会精神，加快调整产业结构，大力发展群众熟悉、乡镇特色的产业项目。夯实第一产业，加快农牧业结构调整，努力在产业发展上实现新突破，实施好青稞增产行动，逐步提升青稞良种覆盖率，加大高标准农田建设，提高粮食单产水平，力争青稞每亩单产同比增加25公斤以上。大力发展特色养殖业，全力支持35家各类专业合作社的发展力度，以加快推进传统农牧业转型升级，积极发展现代化农牧养殖业，打造具有昂仁特色的种、养、加品牌，探索“企业+农户”的方式进一步拓宽群众增收渠道，提高农牧民增收。加强第二产业，加强招商引资项目库建设，分析自身资源优势和产业优势，围绕昂仁特色产业，强化调研，超前谋划，认真论证项目的可行性，加大招商引资跟踪力度，确保项目在招商引资过程中拿得出、摆得上、谈得拢。年内尽快促成西藏德琴光伏太阳能发电等重大招商项目落地实施，力争2017年招商引资目标任务达到1.51亿元。壮大第三产业，认真落实国家增加群众收入、扩大消费需求的政策措施，努力形成新的经济增长极。坚持优先发展文化旅游业。重点围绕“一心、一轴、两廊、五分区”旅游总体规划，打造“唐东故里、藏戏之乡、魅力昂仁”旅游品牌，完善“旅游综合服务管理体系”，实施“旅游加扶贫工程”。大力扶持219国道沿途朗措湖景点、日吾其金塔景区以及唐东杰布文化园区后期旅游基础设施建设。全力扶持特色唐卡、六弦琴等特色手工艺品合作社发展，进一步促进旅游业与文化产业、民族手工业等优势产业融合的发展和联动发展。

（五）坚持民生优先战略，提高公共服务水平。推进教育先导，加强适龄儿童入学率，力争年内学前教育毛入园率达到62%、小学毛入学率达到99.8%、初中毛入学率达到98%。扎实做好昂仁县职教招生工作，逐步完善职业教育体系。推进就业富民，加强职业技能培训，完善创业就业服务，力争年内实现就业培训512人，其中农牧民转移就业培训475人，城镇登记失业人员培训37人。推进医疗保障，加强医疗卫生宣传力度，认真落实医疗惠民政策，力争孕产妇住院分娩率稳定在97%以上，孕产妇和婴儿死亡率分别控制在7/万和14.5‰以下，继续贯彻落实在编僧尼免费体检政策。推进社会保障，贯彻落实“双集中”供养工作，加大政府医疗救助、伤残优抚力度，完善应急救助体系建设，认真做好全县最低生活保障人群工作。推进土地确权，坚持深入宣传教育引导，坚持土地承包所有权长期不变的原则，坚持以实事求是，公平、公正、公开，认真对土地承包者资格进行审查，真实记录土地承包面积，力争年内完成农村土地（耕地）确权和颁证工作，进一步保障农民土地利益，规范农村土地承包经营权流转，减少和化解农村土地纠纷。

（六）坚持安全生产战略，营造安全和谐氛围。坚守安全生产底线，强化落实“党政同责、一岗双责”，严格落实重特大安全事故“一票否决”制。抓常抓细，开展安全生产“百日扫雷”行动，组织开展安全生产宣传，强化安全法制教育和专业技能培训，不断提升全社会安全意识和防范能力。时刻紧绷安全生产这根弦，做到思想认识上警钟长鸣、制度保证上严密有效、技术支撑上坚强有力、监督检查上严格细致，坚持不懈地把安全生产工作抓细抓实抓好。重点整治道路交通、非煤矿山、建筑工地、消防安全、食品药品等领域问题隐患，坚决杜绝重特大事故发生。

（七）坚持社会稳定战略，创造良好发展环境。牢固树立稳定压倒一切和长期作战思想，严格落实自治区“十项”维稳措施，切实维护社会局势持续稳定。继续深化干部驻村驻寺工作，筑牢反对分裂、维护稳定的基层根基。继续深化“先进双联户”创建评选工作，实现联户平安、联户增收。深入开展民族大团结教育，进一步筑牢“共同团结奋斗、共同繁荣发展”思想，努力营造“团结互助、共同奋进、同奔小康”的社会氛围。深入开展反分裂斗争，强化社会治安综合治理，加强安全生产监管，建立健全应急体系，重视和加强人防工作，扎实推进平安昂仁建设。深入开展领导干部接访下访活动，加大初信初访办理力度，大力推行网络信访，坚持诉访分离，积极做好矛盾纠纷排查调处化解工作。

三、加强政府自身建设

（一）强化思想建设。要牢固树立政治意识、大局意识、核心意识、看齐意识，绝对忠诚以习近平同志为核心的党中央，在思想上拥戴核心、政治上信赖核心、组织上忠诚核心、行动上捍卫核心，用对以习近平同志为核心的党中央绝对忠诚的实际行动，做好改革发展稳定各项工作。加强学习，不断增强把握引领新常态的能力和水平。

（二）突出廉洁自律。严格落实中央八项规定、区党委“约法十章”“九项要求”，全面加强廉洁政府建设，坚持用制度管人、管权、管事，坚决查处违法违纪案件，始终保持惩治腐败高压态势，营造风清气正的政务环境。坚持教育在先，警示在先，预防在先，加强廉政文化建设，做到警钟长鸣。自觉接受人大及其常委会的法律监督和工作监督，真诚接受政协的民主监督，主动接受社会监督，加强政府内部层级监督和监察，以廉洁自律的良好形象赢得人民群众的信任和支持。

（三）改进工作作风。进一步深化作风建设，强化责任意识，提高工作能力，创新工作方法，建立和完善目标管理、督查机制、绩效考核，诚恳接受群众监督，确保各项措施落到实处。进一步提高科学执政、民主执政、依法执政能力水平，切实做到严肃、严谨、严格，开明、开拓、开放，干事、干练、干净，努力建设人民群众满意的法治政府、为民政府、高效政府、廉洁政府。弘扬担当实干精神，始终把人民放在心中最高位置，深入实际、深入基层、深入群众，做到全心全意为人民服务。严格落实争先进位考核办法，强化工作督办落实和效能问责，完善考核机制，层层传导压力，建立激励机制，树立正确导向，全面推动政府工作高效运转。

各位代表，做好2017年政府工作，任务艰巨、意义重大。面对新的起点、新的形势、新的任务，我们一定要紧密团结在以习近平同志为核心的党中央周围，在县委的坚强领导下，在人大的高效监督下，凝心聚力，顽强拼搏，奋发进取，以更加昂扬的斗志、更加扎实的作风、更加振奋的精神，努力完成2017年经济社会发展目标任务，为实现与全国人民一道全面建成小康社会的宏伟目标而努力奋斗，以优异成绩向党的十九大献礼！

昂仁县第十三届人民代表大会第二次会议闭幕会讲话

县人大常委会主任　旦木真

（2017年3月20日）

昂仁县第十三届人民代表大会第二次会议在全体代表的共同努力下，圆满完成了各项议程，此时就要闭幕了。会议始终突出凝心聚力、团结鼓劲的主旋律，充分发扬民主，严格依法办事。此次会议开得很成功，是一次民主团结、振奋精神、催人奋进的大会，对于进一步动员全县各族人民统一思想、开拓创新、跨越发展，在收官灾后重建、精准脱贫摘帽之举的战斗中，必将产生十分重要的推动作用。

这次会议，审议批准的六个报告，总结了一年来我县经济社会发展、民主法制建设等各方面事业取得的成就和宝贵经验，提出了今后一个时期的主要任务和工作部署。会议期间，各位代表肩负全县人民的重托，始终以饱满的政治热情和高度负责的态度，共商发展大计，共谋强县良策，认真履行宪法和法律赋予的职责，使会议的各项成果充分体现了党的主张和人民意志的统一。

2016年，在县委的坚强领导下，县人大常委会始终坚持党的领导、人民当家做主、依法治国有机统一，坚持围绕中心、服务大局，认真行使宪法和法律赋予的职权，有力推动区党委、市委、县委重大决策部署贯彻落实，为推进昂仁经济、政治、文化、社会、生态文明建设做出了积极贡献。在此，我代表主席团，向人大常委会组成人员及全体人大代表致以崇高敬意和诚挚感谢！

各位代表、同志们，2017年是“十三五”规划承上启下的重要一年，是我市“两个条例”颁布实施的关键之年，是我县灾后重建的收官之年，是精准脱贫摘帽之年，做好2017年的人大工作意义重大、影响深远。县十三届人大常委会要切实把思想和行动统一到县委的决策部署上来，把智慧和力量凝聚到本次会议确定的目标任务上来，紧密围绕全县工作大局，切实做好以下三个方面的工作：一是要坚持科学谋划，广泛参与，在推动经济发展上立新功。围绕民生改善、脱贫攻坚等事关全县发展大局的重大问题，广泛开展视察调研活动，积极建言献策，为县委科学、民主、依法决策提供可靠依据。二是要坚持依法履职，主动作为，在推动依法行政和公正司法上出新成效。坚持问题导向，突出监督重点，把依法监督与支持“一府两院”的工作有机统一起来，以监督为基本手段，以支持为根本目的，在支持中更好地发挥监督作用，督促“一府两院”改进工作，全面落实县委的重大决策部署和人大做出的各项决议决定。三是要与时俱进、开拓创新，在开创人大工作局面上有新突破。面对新形势、新挑战，县人大常委会要坚持改革创新精神，主动适应时代发展和现实任务的要求，根据新时期人大工作的规律和特点，在总结以往成功经验的基础上，创新工作新机制、探索工作新举措、拓宽履职新领域、丰富活动新载体，推进我县人大工作的制度化、法制化、规范化。

各位代表，人民代表是人民群众推选出来的带头人，是各条战线、各行各业、各个岗位上的佼佼者，肩负着宪法和法律赋予的神圣职责，承载着全县人民的信任和期望。会后，全体代表要把宣传贯彻县委重大决策部署和此次县人代会精神作为当前的首要任务，充分发挥与群众联系密切的优势，及时把会议精神传达到社会各个层面，把学习宣传落实的过程变成统一思想、凝心聚力、推动发展的过程；要把履行代表职责和促进科学发展结合起来，发挥人大代表的模范作用，影响并带动周边群众积极投身经济社会发展事业中来；要自觉担当并发挥好党委政府联系群众的桥梁和纽带作用，真实反映社情民意，维护群众利益，积极配合党委政府解决好群众最直接、最关心、最现实的利益问题，努力化解社会矛盾，维护社会和谐稳定。

各位代表、同志们，加快发展，民心所向；富民强县，任重道远，让我们更加紧密地团结在以习近平同志为总书记的党中央周围，在县委的坚强领导下，进一步统一思想，抢抓机遇，振奋精神，攻坚克难，为实现昂仁跨越式发展和长治久安而努力奋斗。

最后，我代表大会主席团向为本次大会付出辛勤劳动的全体工作人员表示由衷的感谢！并祝各位代表和同志们身体健康、工作愉快、扎西德勒。

中国人民政治协商会议昂仁县委员会常务委员会工作报告

——在政协第二届昂仁县委员会第一次会议上

政协党组书记、主席 吕世瑞

（2016年8月29日）

五年工作回顾

第一届县政协任期的五年，是昂仁经济社会大发展、大跨越的五年，是人民政协事业大发展、大进步的五年，也是县政协工作取得新进步、新成果的五年，更是政协工作新开局的五年，从此改变了我县没有政协的历史。五年来，一届县政协肩负着历史重任和人民嘱托，和时代同步，与昂仁同行，在中共昂仁县委的正确领导下，坚持以科学发展观为统领，牢牢把握团结和民主两大主题，自觉服从和服务于全县工作大局，动员和组织各参加单位、全体委员以奋发有为的精神，争创一流的干劲，竭智尽力谋发展，团结各界促和谐，创新举措增活力，扎实履职树形象，为促进我县全面建成小康社会作出了积极贡献，谱写了新篇章。

一、不断完善履行政治协商、民主监督、参政议政职能的相关制度

政协成立以来，先后修订完善了常委会工作职责和《政协昂仁县委员会议事规则》《昂仁县政协关于规范县政协委员参加会议活动的规定》《关于昂仁县政协委员参加活动履行职责的有关规定》及《昂仁县政协委员会提案工作条例》等规范性文件，用以指导各项具体工作的开展，为不断推进政协履行职能的制度化、规范化、程序化，提供了充分的保障。

二、围绕中心，服务大局，切实履行政治协商、民主监督、参政议政职能

政治协商方面。五年来，县政协始终坚持把紧扣中心、服务大局、促进发展与和谐作为政协工作的基本原则，通过常委会、主席会、全委会讨论协商，就全县经济社会发展和县委的重大决策及人民群众普遍关心的重要问题等方面，开展广泛深入的协商讨论，郑重提出意见、建议120余条，为党委、政府的决策提供重要参考。民主监督方面。县政协成立以来，不断加大民主监督的力度，增强委员民主监督的意识，畅通民主监督的渠道，扩大民主监督的社会影响，推动民主政治建设。分别就农牧区工程项目建设、学校三包经费的使用、城乡低保、驻村经费、惠农资金等工作进行视察调研5次，及时撰写调研报告，向县委、县政府全面贯彻落实有关法律、法规和政策，改进工作，起到了积极的促进作用。参政议政方面。县政协充分发挥委员专长和作用，采取提案、调研、视察等形式，就全县的经济、社会、法治等方面提出意见和建议40多条，积极为建设和谐文明的新昂仁献计献策。广泛征集提案参政议政方面。五年共收到委员提案建议186件，立案180件，参与提出提案的委员达到186人次。这些提案涵盖昂仁经济、社会建设的方方面面。

绝大多数提案具有较强的针对性、建设性，引起了县委、县政府的高度重视，大部分提案的意见与建议得到了很快的落实。提案的办复率达到了93%以上。文史资料工作方面。五年来，常委会秉承文史资料“存史、资政、团结、育人”的社会功能，按照自治区及市政协工作安排，充分发动广大政协委员和干部群众积极撰稿，广泛征集文史资料，撰写编辑了《昂仁县政协年鉴》《唐东杰布的传说》《昂仁迥巴藏戏传承人》《林恩摩岩造像》《昂仁县温泉简介》，编写了《千名委员下基层宣讲册》宣讲材料，征集我县干部群众“中国梦”“社会主义核心价值观”“民族团结”“生态文明”“发展稳定”主题的书法作品共4篇被市政协编入《文化名域・日喀则书法》画册；提高了文史工作水平，文史工作取得了突破性进展。调查研究参政议政方面。县政协常委会重点对一届常委会工作任务确定的经济发展、民生、强基惠民、教育教学、灾后重建等方面开展了2次调研。调研期间，主席、副主席和办公室人员深入一线现场，带着问题寻找解决问题的办法，共形成调研报告5篇。委员视察8次180余人次。紧扣中心参政议政方面。县政协始终把参与县中心工作作为服务发展的大事来抓。一届政协成立以来，主席、副主席除兼任其他工作之外参与党委中心工作，多次深入现场检查，协调宣传相关政策，解决实际问题。先后为所挂包乡（镇）、寺庙和帮扶户帮助解决资金57万余元，为困难党员、弱势群体解决暖棚圈、僧舍、饮水等，弘扬了“正能量”，促进了和谐社会建设。

三、深入开展反分裂斗争，坚决维护社会稳定

一届政协昂仁县委员会始终高举爱国主义、社会主义伟大旗帜，坚持把反对分裂、维护稳定作为履行职能的第一大政治责任，坚决贯彻中央确定的反分裂斗争方针和决策部署。一届政协开展的“两谈两促”活动，先后深入17个乡（镇）、34个行政村、22座寺庙、17所学校，开展集中宣讲70场（次），共组织8900余名群众、学生、僧尼参与活动，发放宣传资料4300余份，筹集资金10万元左右，为困难群众办实事做好事5件，慰问困难户、困难党员、困难僧尼102户（人），慰问资金达25000余元；通过调研，向党委、政府提交意见建议40多条。

四、坚持民主团结主题，促进民生改善，共促社会和谐

一届政协昂仁县委员会始终坚持以人为本、履职为民的理念，把服务民生作为一切工作的出发点和落脚点，倾注全力，紧紧围绕农牧民安居工程、扶贫开发、医疗卫生、灾后重建等事关民生的重大问题，深入视察调研，积极建言献策，协助县委、县政府解决群众关心的直接、现实的利益问题，有力地推进了社会的和谐；委员牢牢把握团结和民主两大主题，深入持久地开展“三个离不开”思想和“五湖四海”原则教育，切实加强与各族各界人士的团结合作和密切联系。

五、加强学习、精进业务，塑造政协良好形象

五年来，县政协始终把学习作为统一思想、凝聚共识、搞好自身建设的首要任务，作为提高履职水平的重要途径。研究制定了常委会各项工作制度，委员管理办法，明确了职责分工等；同时利用召开主席会、常委会、全委会等时机，积极组织学习邓小平理论、“三个代表”重要思想、科学发展观，学习党的路线方针政策，学习党的十八届三中、四中、五中全会及习近平总书记系列重要讲话精神，学习统战工作和政协工作理论知识。开展了党风廉政建设活动、领导干部作风整顿建设活动、党的群众路线教育实践活动、“三严三实”、《两学一做》专题教育等活动，认真履行中央“八项规定”和区党委“九项要求”“约法十章”，进一步加强了政协机关的思想建设、组织建设和作风建设，提高了政协机关工作水平，推动了政协工作的新步伐。一届政协积极组织委员赴兄弟县、市政协学习交流取经，通过学习交流，进一步提高了委员的履职能力水平，增加了委员的中心意识和大局意识，激发了委员的工作热情、增长了见识，为服务和促进我县经济快速发展做出了积极贡献。

各位委员，一届政协以来，在64名委员、13名常务委员、1名主席、4名副主席及办公室工作人员的共同努力下，圆满完成了五年的各项工作，取得了较好的成绩。这些成绩的取得，是市政协和县委正确领导的结果，是县政府和有关部门及社会各界大力支持、密切配合的结果，也是广大政协委员、政协办公室干部职工团结拼搏、辛勤努力的结果。在此，我代表一届政协常委会向所有重视、关心、支持政协工作的领导和同志们表示由衷的感谢！

主要体会

回顾一届县政协的工作，我们主要有以下几点经验和体会：

*一、必须自觉维护核心，确保政协工作正确方向。*坚持党的领导，自觉维护党委领导核心，是人民政协开展工作的根本保证。五年来，我们自觉将政协工作置于党委的领导之下，在工作任务安排上，做到主动围绕县委、县政府决策部署开展履职活动，始终与县委、县政府方向一致、目标一致、工作一致。

*二、必须始终围绕中心，主动服务于全县工作大局。*人民政协只有围绕改革发展的大目标，立足全县改革发展的大格局，才能有所作为。五年来，我们牢固树立大局意识、政治意识、中心意识，紧扣党政工作大局，精心选择经济社会发展中具有综合性、全局性、前瞻性的课题开展专题调研和协商议政活动，为党政决策提供参考和依据；主动参与中心工作，在项目建设、改善民生和维护稳定等方面积极作为，得到了县委、县政府和社会各界的认可和赞同。事实证明，只要我们始终围绕中心善谋实干，紧贴发展履行职能，就一定能实现政协工作的有为有位。

*三、必须着力凝聚人心，为构建和谐社会献计出力。*团结汇聚力量，民主促进和谐。五年来，我们始终把发扬民主、增进团结、凝聚人心、促进和谐作为履行职能的重要着力点，努力搞好与工商联、人民团体和社会各界人士的团结协作，积极支持各界人士、人民团体运用提案、大会发言、反映社情民意等方式建言献策；充分发挥政协联系广泛、渠道畅通的优势，开展具有政协特色的凝心聚力活动，鼓励和引导委员加强同本界别群众的联系，围绕群众思想认识上的“困惑点”、矛盾“易发点”，主动协助县委、县政府做好协调关系、化解矛盾、理顺情绪的工作，积极参与扶贫帮困等社会公益活动，为维护社会稳定、促进社会和谐做出了积极贡献。

*四、必须勇于开拓创新，不断提高政协工作科学化水平。*坚持开拓创新，不断提高政协工作水平，是推动政协事业发展的不竭动力与源泉。五年来，我们坚持以创新谋发展、以作为树形象，在政协机关规范化建设上，我们进一步创新和完善政协履行职能的各项制度，提升了政协工作科学化水平。实践表明，政协工作要不断取得新发展，就必须在实践中大胆创新，在创新中不断前进，努力使政协工作更好地体现时代性、把握规律性、富于创造性。

今后五年的工作建议

今后的五年，是我县实施“十三五”规划，全面建成小康社会的关键五年，也是我县政协事业继往开来，大有可为的五年。新的形势、新的任务对政协工作提出了新的更高要求。我们要坚持以邓小平理论和“三个代表”重要思想为指导，深入贯彻落实科学发展观，在中共昂仁县委的领导下，紧紧围绕县第九次党代会提出的各项战略目标和任务，始终把推动科学发展作为履行职能的首要任务，把促进社会和谐稳定作为义不容辞的责任，把提高政协工作科学化水平作为自身建设的目标，同心协力搞好政治协商，积极稳妥推进民主监督，扎实有效开展参政议政，努力开创政协工作新局面，为建设美丽昂仁做出新的更大贡献。二届昂仁县政协共设委员名额102人，其中老委员64人、新增委员38名，分8个界别，中共界23人、农业界25人、工青妇联界5人、文化艺术界5人、教育卫生界6人、经济界13人、少数民族界2人、宗教界23人。其中，中共党员占委员总数的40%，非中共党员委员占委员总数的60%；

各方面比列分布较好地体现了统一战线丰富的包容性和大团结、大联合的本质特点。为此，我们建议：

一、深入学习研究，力求在思想理论水平上有新提高

学习研究是人民政协开展工作的基础。我们要适应政协换届后形势和任务的需要，把学习作为加强理论武装、提高履职能力、指导工作实践的重要支撑点，通过创新学习形式，丰富学习内容，增强学习效果，不断提高履职能力和参政议政水平。当前和今后一个时期，全县广大政协委员和政协工作者要把学习贯彻县第九次党代会精神作为一项重要政治任务，切实把思想和行动统一到县委的决策部署和要求上来，始终与县委保持高度一致。要加强人民政协理论的研究，深入分析、探讨政协工作遇到的新情况新问题，把握政协工作的内在规律，努力提高全县政协工作科学化水平；要大力推进学习型政协组织建设，坚持机关干部集中学习制度，有针对性地加强委员的学习培训、视察调研等活动开展好委员履职培训和系列活动，不断提高委员的综合素质和参政议政能力，使人民政协事业永葆生机和活力。

二、着眼全县大局，力求在建设美丽昂仁上有新作为

科学发展是时代的主题，是实现全面建成小康社会奋斗目标的根本途径。我们要不断强化中心意识和大局观念，准确把握“十三五”时期经济社会发展的主题和主线，深入开展调研，认真协商议政，多建睿智之言，多献务实之策，多聚发展之力，为圆满完成“十三五”规划的各项奋斗目标，作出政协应有的贡献。

三、关注民生福址，力求在促进社会和谐上有新贡献

民生是社会和谐之本。我们要坚持把关注民生、保障民生、改善民生作为履行职能的出发点和落脚点，为反映和解决人民群众最关心、最直接、最现实的利益问题倾情用力，不断提高人民群众的满意度和幸福感。要坚持以人为本，倾听群众呼声，关心群众疾苦，围绕维护社会和谐稳定、城镇建设、新农村建设、灾后重建、精准扶贫等群众普遍关心的民生问题开展调研视察，提出意见建议。要倡导和组织广大委员深入基层、深入群众，采取提案、反映社情民意等方式，积极为民代言，努力为民解忧。

四、广泛凝聚人心，力求在增进社会团结上有新进展

在党的领导下实行团结和民主，是人民政协继往开来的方向和使命。我们要坚持把团结和民主贯穿于政协履行职能的各个环节，充分发挥政协组织联系面广、包容性强的优势，开展丰富多彩的具有政协特色的凝心聚力活动，切实加强与政协各参加单位、各界人士的团结联系，引导他们爱国、敬业、守法、诚信，自觉承担社会责任，努力做合格的中国特色社会主义事业建设者。要多做协调关系、化解矛盾的工作，完善与社会各界沟通、协商、交流机制，最大限度地团结一切可以团结的力量，调动一切积极因素，努力为建设幸福昂仁凝聚人心、汇聚力量。

五、坚持求真务实，力求在加强自身建设上有新开拓

人民政协事业薪火相传、生生不息。我们要深入研究政协工作面临的新情况、新问题，坚持好经验、好做法，扎实推进政协工作制度化、规范化、程序化建设。要切实加强县政协领导班子建设，努力把政协领导班子建设成为团结民主、清正廉洁、委员信任的领导集体。要针对换届后新委员增加的特点，强化委员培训和管理，积极做好组织委员、关心委员、服务委员的工作，鼓励和引导广大委员深入实际、走向基层、贴近群众，特别是利用好政协委员的界别发挥好各自范围的工作，履行好职责，在履职实践中施展才华、建功立业。

各位委员：回顾过去，我们为一届政协的工作感到欣慰和自豪；展望未来，我们对人民政协事业的发展充满信心和期待。让我们在中共昂仁县委的领导下，同心同德，群策群力，开拓进取，扎实履职，努力开创全县政协工作新局面，为建设幸福和谐的美丽昂仁而努力奋斗！

以永远在路上的恒心和韧劲
推动全面从严治党向纵深发展

——在中国共产党第九届昂仁县纪律检查委员会第二次全体会议上的工作报告

县委常委、纪委书记 屈小刚

（2017年3月22日）

这次全会的主要任务是：深入学习贯彻十八届中纪委第七次全会精神特别是习近平总书记重要讲话和王岐山书记的工作报告精神，深入贯彻九届自治区纪委二次全体会议和市纪委一届五次全体会议精神，总结2016年纪律检查工作，部署2017年任务。前面，县委书记李有平同志出席会议并发表了讲话，为当前和今后一个时期党风廉政建设和反腐败工作指明了方向、提供了遵循，我们务必要学深悟透、融会贯通，紧密联系实际，坚决贯彻落实。

一、2016年工作回顾

2016年，在自治区党委、市委的坚强领导和上级纪委的精心指导下，以县委书记李有平同志为班长的县委以高度的政治自觉和坚强的政治定力，牢牢扛起全面从严治党主体责任，深入贯彻党的十八届六中全会精神，驰而不息正风肃纪，旗帜鲜明反腐惩恶，党风政风向善向上，社风民风为之一新。全县各级党组织和县乡纪委深入贯彻落实十八届中央纪委历次全会、九届自治区纪委二次全会和一届市纪委历次全会精神，推动全县党风廉政建设和反腐败工作开创新局面、取得新成效。

（一）思想引领有提升，营造了清正廉明政治生态

深入开展“两学一做”学习教育活动及“讲学习、讲忠诚、正风纪、转作风、提效能”主题活动。县纪委以精准把握党章党规为根本，分步推进“两学一做”学习教育，积极开展手抄《党章》《纪律处分条例》活动，深入学习习近平总书记系列重要讲话，结合实际、学以致用，把握内涵和核心要义，进一步增强“四个意识”，在思想上拥戴核心、政治上信赖核心、组织上忠诚核心、行动上捍卫核心，始终同以习近平同志为核心的党中央保持高度一致；深入开展“讲学习、讲忠诚、正风纪、转作风、提效能”主题活动，深入贯彻落实党的十八届六中全会精神，坚持理论指导实践的方针，深刻把握新形势下的治国方略、治党方略，坚持问题导向，把自己摆进去，持续转变工作作风，坚定不移推进全面从严治党，切实提高纪检监察干部的凝聚力和战斗力。

强化廉政教育，筑牢反腐倡廉思想防线。印发《党风廉政建设辅导手册》口袋书2000余册，发放《党风廉政建设主体责任和监督责任工作手册》《警示教育读本》《党员领导干部学习资料》100本，发放《纪律审查工作手册》60本，并在各个大小节日和重要会议期间发送清风寄语、政策解读手机报信息10余条、1万余人次，加强对党员干部特别是党员领导干部的廉政教育；多种形式组织播放观看《镜鉴》《作风建设在西藏》

《永远在路上》《打铁还需自身硬》等廉政纪录片，开展新《准则》《条例》党内两部法规微信在线有奖问答活动，组织全县46个党支部114名干部参加“2016年党风廉政知识竞赛”，录制“领导干部廉政电视访谈”节目3期3人，营造了广大干部群众积极参与和支持党风廉政建设的浓厚氛围；先后点名道姓通报我县违纪案例（含违反会议工作纪律）6起9人。转发上级纪委典型案例通报24份，对案例深度剖析，切实发挥案例的警示教育作用，达到了查处一起、惊醒一片的效果。

（二）责任担当有坚守，“两个责任”落实扎实有力

突出表率引领，履行主体责任坚强有力。县委把党风廉政建设和反腐败工作纳入经济社会和党的建设总体布局，作为全面从严治党的重要内容，与灾后重建、扶贫攻坚、产业发展等中心工作同部署、同落实。县委书记李有平高度重视党风廉政建设和反腐败工作，严格履行“第一责任人”责任，率先垂范，做到重要工作亲自研究、重大问题亲自过问、重点环节亲自协调、重要线索亲自批示、重要案件亲自督办。2016年，共研究部署党风廉政建设责任制和惩防体系建设相关工作20余次，带头集体审议纪律审查案件5次，对重要文件、重大问题、重要信访批示批办40余次，切实加强了党风廉政建设和反腐败工作组织领导。

强化监督执纪，监督责任落实有力。作为党内监督专责机关，县乡级纪检监察机关在党风廉政建设和反腐败斗争中明确职责定位，聚焦中心任务，突出执纪审查，坚定不移从严治党，驰而不息正风肃纪，旗帜鲜明反腐惩恶。坚持把纪律和规矩挺在前面，持之以恒落实中央八项规定精神和区党委“约法十章”“九项要求”，着力解决发生在群众身边的不正之风和腐败问题，执纪监督问责工作成效显著，取得了良好的政治效果和法纪效果。

强化责任追究，释放失责必问的政治信号。深入贯彻落实《中国共产党问责条例》，县委结合实际制定出台了《昂仁县党政工作人员问责制度》《中共昂仁县委督查工作制度》以及《中共昂仁县委、县纪委谈话函询办法》《中共昂仁县委、县纪委诫勉谈话办法》《昂仁县村干部及直系亲属享受惠民惠农政策公开制度》，层层传导压力，用问责倒逼责任落实，释放了有权必有责、有责要担当、用权受监督、失责必追究的强烈政治信号。2016年，对责任落实不到位问题立案2件，给予党纪政纪处分2人，诫勉谈话1人，通报3人。

（三）纪律和作风建设有加强，抓严纪律督查重点

严肃换届纪律，把好党员干部提拔使用的廉政关口。县纪委把换届风气作为监督重点，提出严明的纪律要求，在换届中选派2组换届风气巡回督导组，对17个乡镇和县直机关党组织进行了全覆盖的换届风气监督。严把“党风廉政审核关”，对145名拟任用干部和县级党代表230人、县人大代表131名、政协委员102名进行了全面的资格审查，确保了换届顺利进行。

严抓中央八项规定，防止“四风”问题反弹回潮。紧盯各类节点和敏感时段，盯住“四风”问题新形式新变种，采取专项检查、联合督查、明察暗访等方式，开展监督检查8次，查处违反会场纪律、上班纪律12人，违反公车管理使用规定3辆3人，查处发生在群众身边的四风和腐败问题1起，促进了干部作风不断改善、党风政风持续好转。

（四）体制改革有深化，治本防范机制突显

重视政治巡察，注重问题整改。2016年6月起，自治区党委第三巡视组全面深入我县进行巡视指导，县委高度重视，对提出的问题全力协调，共协助发现我县党的领导弱化、党的建设缺失、全面从严治党不力等三大方面20点问题。同时，县委对反馈问题细化整改措施，积极完成整改，使巡察震慑、遏制、治本作用得到有效显现。认真贯彻落实市委《关于建立县（区）委巡察制度的意见》，稳步推进县级巡察工作，成立了县委巡察工作“五人小组”、巡察工作办公室，制定了巡察工作实施办法、工作计划，为推

动党内监督向基层延伸做好相关准备。

（五）执纪审查有聚焦，深化反腐压倒性态势

加大执纪审查力度，遏制腐败蔓延。县乡两级纪检监察机关聚焦主业，把惩治腐败摆在突出位置，切实加大执纪审查力度。2016年，县纪委共受理问题线索13件，初步核实13件，了结处理7件，立案6件，给予党纪处分7人，其中给予党内警告2人、严重警告1人、开除党籍3人、诫勉谈话1人。

准确把握“四种形态”，强化不敢腐氛围。及时开展了廉政谈话和约谈提醒，让扯扯袖、红红脸、出出汗成为常态，共对新提拔、调整的党员干部进行廉政谈话145人次，县委书记同县级领导开展廉政谈话28人次，同乡镇党委书记廉政谈话17人次，同县直机关主要负责人廉政谈话42人次；县纪委书记同乡镇纪委书记廉政谈话17人次，约谈教育7人，较好地贯彻运用了“四种形态”中的第一种形态。

（六）专项监督检查有特色，执纪落细落小落实

改进方法，全面喷涂公车标识。根据市纪委要求，县纪委从2016年9月20日起，利用半个月的时间，分两个阶段对县直单位、乡镇公务用车进行了喷涂工作。特别是县委书记李有平等县四大班子领导同志率先垂范、以上率下，带头对公务用车喷涂公车标识。除特种车辆、国务院赠送车辆外，共对136辆进行了喷绘，着力狠刹“车轮上的腐败”，该做法成效显著，得到了干部群众的一致称赞。

加强管理，开展机关房租收入和财政“其他应收款”清理。经动员部署、机关自查、登记备案、跟踪核实，2016年共统计全县各行政事业单位出租房190间、整体出租楼3栋，催缴催收2014—2016年机关出租房房租收入上缴财政146.76万元，从源头避免了国有资产收入流失和“小金库”腐败土壤滋生；针对机关、工程项目和干部超期预借财政资金未及时冲消账或还款情况，按照县委书记李有平同志指示，县纪委联合财政全面统计，认真核实逾期预借应收款并印发文件、采取措施督促催收或冲账，使各项资金有序冲账归还，避免了欠款经年累月拖成死账或财政资金为个人贪污挪用。

定期检查，严控“三公”经费支出。督促全面落实《昂仁县党政机关厉行节约反对浪费管理办法》《昂仁县公务接待管理办法》，聘请了第三方中介机构进行财务审计，规范报销程序、严格报销审查、规范内部账簿，并于2016年3月、7月、11月对“三公”经费使用情况进行监督检查，及时纠正存在的问题。2016年，全县“三公”经费严格按照县委县政府制度进行开支，未出现违反中央八项规定精神问题。

专项督查，深入开展“两项资金”检查。成立专项检查组，对17个乡镇、185个村扶贫资金和灾后重建资金落实情况进行监督检查，发现问题及时反馈，提出督查建议，责令及时整改，推动苗头性倾向新问题及时得到解决，确保“两项资金”运行安全、群众受益。

（七）队伍建设有突破，确保忠诚干净担当

增强人员和经费保障。根据《中共西藏自治区委员会办公厅印发〈关于加强和改进基层纪检机关建设的意见〉的通知》，县委高度重视，印发了《昂仁县关于加强和改进基层纪检机关建设的实施办法》。目前，县纪委共配备纪检监察干部19名，17个乡镇纪委共配备纪检监察干部51名，每个村按照3名配备了村民监督委员，切实增强了纪检机关执纪监督力量。2016年县委、县政府为县纪委安排各项经费总计70.45万元，统一采购了摄像机、照相机、录音笔、传真机等办案设备，为各乡镇纪委做制作了乡镇纪委机构门牌，使县乡纪检机关办案保障有了新的进一步提升。

加强业务培训。积极参加上级纪委业务培训，通过组织纪检干部参加中纪委、自治区纪委、市纪委培训等方式提升执纪审查业务水平。2016年，全县纪检监察干部共外出培训46人次；开展乡镇纪委业务轮训，带领17个乡镇纪委书记开展惠农政策落实、“三公”经费管理使用、公车管理使用等领域的监督检查，进一步增强了乡镇纪检监察干部的业务能力。

积极上报信息。加强嗅觉敏度、规范信息撰

写，及时收集和掌握本县党风廉政工作动态，积极向上级纪委报送信息189期。2016年，被自治区纪检监察网站刊登信息100余条，总得分422分，位居西藏自治区纪检监察系统第三，日喀则纪检监察系统第一。

过去一年，全县党风廉政建设和反腐败工作成效显著，这些成绩的取得，离不开市纪委、县委的坚强领导和各乡镇党委、县直各单位的高度重视，更离不开广大干部群众的鼎力支持和全县纪检监察干部的奋力拼搏。在此，我代表县纪委全委会表示衷心感谢。看到成绩同时，我们也要清醒地认识，目前，全县党风廉政建设和反腐败工作形势依然严峻复杂，主要表现在：个别乡镇、县直各单位班子成员特别是主要负责同志对本应承担的党风廉政建设主体责任认识模糊，工作无抓手、责任不落实，对日常工作中“四风”要求认识还没有落到行动上；“党风廉政建设主要是纪委的事”的惯性思维还没有得到根本扭转；“只要不搞腐败，吃吃喝喝是小事”的思想依然存在，存在工作不扎实、流于形式、流于表面等问题；乡镇纪委和村监督委员会监督作用发挥不平衡、离“三转”的要求还有一定差距；时有发现发生在群众身边的不正之风和腐败问题、顶风违反中央八项规定精神问题，“四风”问题树倒根在。对此，必须高度重视，强化措施，认真自查整改。

二、工作体会

2016年，我们深切体会到，深入推进党风廉政建设和反腐败工作，必须紧紧围绕习近平总书记这个核心，紧紧依靠党中央、中央纪委，自治区党委、自治区纪委，市委、市纪委和县委的坚强领导，紧密依靠广大人民群众的支持参与，找准抓手全力聚焦执纪监督问责。总结上一年的工作，有以下体会。

第一，必须坚持党的领导，向以习近平同志为核心的党中央看齐，维护党的团结统一。无数历史经验表明，一个党离开领导核心，党的事业就会面临挫折、甚至面临失败的危险。十八届六中全会明确了“以习近平同志为党中央的核心地位”，确保党的团结和集中统一。推动全县党风廉政建设和反腐败斗争，必须坚定理想信念，牢固树立“四个意识”，维护以习近平同志为核心的党中央权威，坚决落实中央决策部署，坚决执行中央的方针政策，提高思想和行动上的政治站位，绝对拥戴核心、信赖核心、忠诚核心、捍卫核心，向核心看齐，做党中央的忠诚卫士。

第二，必须坚持全面从严治党，抓住严肃党内政治生活的根本。党内政治生活决定政治生态。作为党内监督的专责机关，必须担起责任，严格落实中央八项规定精神，尊崇党章、依规治党，把贯彻党内政治生活准则和党内监督条例，同执行廉洁自律准则、党纪处分条例、巡视工作条例、问责条例等党内法规贯通起来，严肃党内政治生活，强化党内监督，从严追责问责，把纪律挺起来，把规矩严起来，巩固昂仁县风清气正的政治生态。

第三，必须坚持争取民心，厚植党在基层执政的政治基础。民心始终是我们党最深厚的执政之基，不讲政治、脱离民心，党的领导就会被虚化削弱。因此，密切党群关系、夯实人心，落实好党中央、自治区党委、市委和县委各项惠民政策，必须严肃查处发生在群众身边的不正之风和腐败问题，向乡镇村层层传导压力，从严管党治党，自觉遵守党的纪律，保持党的优良作风，夯实党在基层的执政基础，让人民群众满意。

第四，必须坚持正身律己，回应党内关切和人民群众的期盼。“正人先正己，正己则生威”。党要管党，全面推进从严治党，首先要从纪检监察机关严起，从纪检监察干部管起，始终保持纪检监察队伍的纯洁性，严防“灯下黑”。信任不能代替监督，监督执纪者始终要以更高的标准、更严的纪律约束自己，将权利牢牢关在制度的笼子里，加强自我监督、党内监督和更广泛的群众监督，才能自身素质过硬，才能干好“打铁”的活，不负党内关切和人民群众的期望。

三、2017年工作部署

今年工作的总体要求是：更加紧密地团结在以习近平同志为核心的党中央周围，坚持以党的十八大、十八届三中、四中、五中、六中全会精神为指导，深入贯彻落实习近平总书记系列重要讲话精神和治国理政新理念新战略，特别是治边稳藏重要战略思想，深入贯彻落实自治区第九次党代会、一届市委五次全会和昂仁县第九次党代会精神，按照十八届中央纪委七次全会、九届区纪委二次全会和一届市纪委五次全会的部署，统筹推进“五位一体”总体布局和协调推进“四个全面”战略布局，坚持全面从严治党，严肃党内政治生活，强化党内监督，深化纪检体制改革，推进标本兼治，全面加强纪律建设，持之以恒抓好作风建设，不断把党风廉政建设和反腐败斗争引向深入，以良好精神状态和优异工作成绩迎接党的十九大召开。

（一）深入学习贯彻党的十八届六中全会精神，忠诚履行党性职责

把政治纪律作为最根本的纪律。全县各级党组织和县乡纪委要把学习贯彻党的十八届六中全会精神、自治区第九次党代会精神作为当前和今后一段时期的首要政治任务，精心组织、周密部署，深刻领会党的十八届六中全会“明确习近平总书记核心地位”的重大意义，深刻领会《中国共产党党内监督条例》和《关于新形势下党内政治生活的若干准则》主要内容和精神实质。更加紧密地团结在以习近平总书记为核心的党中央周围，讲政治，顾大局，始终维护民族团结和祖国统一，严肃查处对党不忠、破坏党的集中统一、从事分裂破坏活动、维护稳定失职失责等问题，确保党的团结统一和昂仁的长治久安、和谐发展。

把组织纪律作为党的事业的保证。加强对村“两委”换届风气的监督，严把政治观、廉洁关，严格执行党中央“纪检监察机关意见必听，线索具体的信访举报必查”的要求，对政治上有问题、搞团团伙伙的一票否决，确保选对人用好人。认真排查梳理县管干部、重要乡镇干部问题线索，加强离任审计，及时更新廉政档案，把好党风廉政建设意见回复关，防止干部“带病提拔”“带病上岗”。严明换届纪律，严肃查处选人用人上的不正之风和腐败问题，营造风清气正的政治生态。

（二）常抓不懈作风建设，防止不正之风反弹回潮

紧盯老问题严抓新问题，深纠“四风”锲而不舍。紧紧抓住落实中央八项规定精神、区党委“约法十章”“九项要求”和市委“党员干部百项行为严禁规定”不放，要发现和纠正作风领域出现的新变化新问题，更要严肃查处并通报公款吃喝、公车私用、收送“红包”等老问题，严防以形式主义和官僚主义对待中央、自治区、市、县四级党委的决策部署，持续巩固落实中央八项规定精神成果，以优良的党风政风带动社风民风好转，以深化作风建设的新成效，凝聚人心、取信于民。对执纪审查对象存在“四风”问题的，应当先于其他问题查处和通报。

加强制度建设，构建长效机制。紧密联系全县和各乡镇各部门实际，检查落实中央八项规定精神和措施执行情况，对照经验、梳理问题，对实施情况做出客观评价并切实整改。要以实事求是的态度，对制度措施加以修订，把制度建设的过程作为深化认识、增强执行力的过程，做不到的宁可不写，写上就要确保做到，严肃查处有令不行、有禁不止等破坏制度的行为，牢牢扎牢制度的篱笆，为持之以恒纠正“四风”提供制度保障。

坚定文化自信，推动社会风气向善向上。要树立文化信仰，积极弘扬中华民族优秀传统文化和党的优良作风，弘扬老西藏精神，加强加快具有昂仁特色的廉洁文化宣传工作。要继续办好党风廉政建设宣传月活动，积极开展“党风廉政建设知识竞赛”和“领导干部廉政电视访谈”活动，发挥好廉政短信、微信公众号、网站、电视台等媒体宣传教育作用，持续传递崇廉尚洁的正能量，以淳朴的党风政风带动社风民风。

（三）加大问责力度，压实全面从严治党“两个责任”

从严检查考核，督促责任担当。要把监督检查管党治党主体责任落实情况作为巡察和监督执纪的重点，采取不打招呼、不定地点、不

定时间等方式进行“闪电突查”，督促解决各乡镇各部门党内政治生活中存在的突出问题。要加强检查考核，抓住“关键少数”，强化约谈督促，严格责任追究，不断强化对各乡镇、重点县直机关以及村、站、所、院负责人的压力和责任传导，集中对问题线索大起底、大排查，确保把党的路线方针政策和党中央的决策部署贯彻到底，落到实处。

从严追责问责，激发担当精神。要用好问责这个全面从严治党的杀手锏，对党的领导弱化、党的建设缺失、从严治党责任落实不到位，对维护党的政治纪律和政治规矩失责，贯彻落实中央八项规定精神不力、选人用人问题突出、腐败问题严重、不作为乱作为的，要坚决问责、曝光典型问题；要建立约谈问责机制，县纪委、各乡镇纪委必须定期报告问责情况，对问题多发该问责而不问责的，该问责的却长期“零审查”的，也要严肃问责主要负责人。

（四）灵活把握“四种形态”，做到严管就是厚爱

让红脸出汗成为常态。要强化在日常监督上下功夫，运用好监督执纪“四种形态”，特别是第一种、第二种形态，紧盯关键少数人，从小处、细处着手，动辄则咎。要健全完善谈话函询制度，坚持查谈结合、签字背书、全程留痕工作机制，对反映一般性问题的要“常咬耳、常扯袖”，要及时与本人见面，谈话提醒、约谈函询，让有苗头性问题或者轻微违纪问题的党员干部“多红脸、多出汗”，在民主生活会或者组织生活会上有针对性地做出说明，党委和部门负责人签署意见。

强化警示教育，发挥典型教材作用。加大“四风”问题新形式新动向的通报曝光，并深刻剖析党的十八大以来查处的典型案件，查找症结，堵塞漏洞。坚持关口前移、教育先行，搭建反腐倡廉教育平台，充分利用违纪典型案例开展警示教育，以深刻的启迪与警示自觉筑牢拒腐防变的思想防线，构建“不敢腐、不能腐、不想腐”的良好从政氛围。

（五）反腐惩恶不手软，巩固反腐败斗争压倒性态势

继续保持反腐高压态势力度不减。要坚持县委对反腐败工作的统一领导，加强组织协调，增强工作合力，提升执纪效率，强化日常监督，严厉查处党员干部违反“六项纪律”的行为，把执纪审查重点放在不收敛不收手，问题线索反映集中、群众反映强烈，现在重要岗位且可能还要提拔使用的领导干部上，切实达到查处违反中央“八项规定”精神问题和侵害群众利益的违纪案件数量、质量有新的突破，坚决遏制腐败蔓延势头。

严肃查处群众身边的不正之风和腐败问题。各乡镇党委和县直部门要切实担负起管党治党责任，聚焦重点领域，开展扶贫领域专项整治，特别是在精准扶贫资金、灾后重建资金、异地搬迁、农村“三资”管理、支农惠民补贴、驻村办实事经费、教育“三包”、社保医保低保、生态补偿、产业扶持等方面以权谋私、虚报冒领、贪污侵占、截留挪用等问题以及巡察中发现的克扣强占等侵害群众利益问题线索，坚决做到发现一起、查处一起、通报一起，让那些胆敢向扶贫等民生款物伸手的付出惨痛代价。

（六）立足组织和制度创新，巩固深化纪检体制改革成果

强化政治全面巡察。要聚焦党的领导，查找政治偏差，坚决维护党的领导核心和党中央权威。加强对被巡察党组织和党的领导干部坚定理想信念宗旨、落实党的路线方针政策，坚持党管干部原则和“选对人用好人情况”的监督检查。研究制定九届县委巡察工作规划，区分对象类别性质，合理划分板块，夯实县（区）巡察制度，扎实稳步推进巡察工作全覆盖。

统筹县乡两级办案力量。要实行乡镇纪委问题线索、案件查办每季度上报制度，落实好县纪委全员办案、下查一级办案、协同司法机关办案等机制，把一些问题线索反映集中、反映强烈的人和事作为纪律审查重中之重，主动采取以特殊–普遍–特殊的工作法为切入点，发现问题绝不姑息，切实达到查处一个、警示一批、教育一片的

效果。加强工作指导，传导执纪审查压力，逐步消除乡镇纪委长年“零立案查处”局面。

（七）无须扬鞭自奋蹄，建设忠诚干净担当的纪检监察队伍

加强纪委组织建设。以继续深化“三转”为动力，按照《中国共产党纪律检查机关监督执纪工作规则（试行）》，健全纪律检查领导体制和工作机制，强化对乡镇级纪委的领导和工作指导。加强纪委全委会和常委会建设，建立完善委员履职机制，发挥委员作用。提升乡镇纪委工作2017年经费保障，重视干部队伍建设，把全力支持工作、关心爱护干部和强化监督管理结合起来，做到严管厚爱。严格选人用人标准，把政治过硬、忠诚干净担当的干部选进纪检监察队伍。

深化纪委制度建设。认真学习、严格落实监督执纪工作规则，制定我县实施办法，细化分解职责权限，完善工作流程，严格依规依纪开展监督执纪工作。要紧密联系实际，找准风险点和薄弱环节，健全内控机制，规范审查权限，自觉接受县委的日常监督和巡视巡察监督，把自我监督与接受党内监督、民主监督、群众监督、舆论监督结合起来，推进纪检监察机关治理体系和治理能力现代化。要严防“灯下黑”，对不履责、不担当、不负责的要调离岗位，对不忠诚、不干净的要严肃查处。

强化素质能力提升。要把“两学一做”学习教育，“讲学习、讲忠诚、正风纪、转作风、提效能”和“深化五项教育、增进五个意识”主题活动相结合，用习近平总书记重要讲话精神武装头脑，崇尚马克思主义学风和辩证分析方法，形成浓厚氛围，以理论指导实践，推动党风廉政建设和反腐败工作开展。加强乡镇纪检监察干部培训，采取集中培训，以案代训、跟班学习等方式，着力提高基层纪检监察干部能力素质，发挥纪检监察干部作用，推动全面从严治党向基层延伸。

同志们，让我们更加紧密地团结在以习近平同志为核心的党中央周围，牢牢把握政治方向，在自治区党委、市委、县委的领导下，在自治区纪委、市纪委的指导下，真抓实干，不辱使命、不负重托，以“不破楼兰终不还”的气势和自信打赢反腐败这场战争，向昂仁县各族人民交上一份满意的答卷，为昂仁县政治生态的绿水青山提供有力保障，为昂仁县牧矿兴县和长治久安保驾护航，以优异的成绩迎接党的十九大胜利召开！

昂仁县人民法院工作报告

——在昂仁县第十三届人民代表大会第二次会议上

昂仁县人民法院院长 米玛旦增

（2017年3月19日）

2016年主要工作回顾

2016年，昂仁法院在县委坚强领导、县人大有力监督、上级法院正确指导和县政府、政协及社会各界关心支持下，深入贯彻落实党的十八大、十八届三中、四中、五中、六中全会和中央第六次西藏工作座谈会精神，贯彻落实习近平总书记系列重要讲话精神，特别是“治国必治边、治边先稳藏”重要战略思想和“加强民族团结、建设美丽西藏”重要指示，贯彻依法治藏、富民兴藏、长期建藏、凝聚人心、夯实基础重要原则。紧密团结在以习近平同志为核心的党中央周围，坚决维护习近平同志的核心地位，坚决维护党中央权威。认真贯彻区党委、县委重要决策部署，牢固树立“四个意识”特别是核心意识和看齐意识，始终坚持正确的政治方向，坚持司法为民、公正司法主线，努力让人民群众在每一个司法案件中感受到公平正义。去年，我院共受理各类案件84件，同比增加23件，上升0.4%；审执结82件，综合结案率97.6%。

一、强化核心意识，坚决维护以习近平同志为核心的党中央权威，确保法院工作正确政治方向

以开展“两学一做”学习教育活动为契机，强化干警的核心意识教育和引领工作，增强司法为民意识、服务全局意识。坚持把学习贯彻《中国共产党章程》和习近平总书记系列重要讲话精神，把学习贯彻《中国共产党党内监督条例》《关于新形势下党内政治生活的若干准则》等法律法规作为加强法院党建、队建工作的根本遵循；把努力让人民群众在每一个司法案件中感受到公平正义作为法院工作的终极目标。

进一步加强和规范党内政治生活，落实党组全面从严治党主体责任，强化党支部职能作用，加强干警日常学习监督，加大集中学习研讨力度，抓好思想建党，增强政治意识，确保法院干警在思想上政治上行动上同以习近平同志为核心的党中央保持高度一致，做到忠诚于党、忠诚于人民、忠诚于审判事业。坚持学用结合，认真开展“规范司法行为年”活动，履行党员义务和宪法法律赋予的神圣职责，践行司法为民，法院干警在服务全县改革发展稳定大局中的职能作用明显增强。

二、强化担当意识，切实维护社会大局稳定、促进社会公平正义、保障人民安居乐业

（一）加大刑事审判工作力度，积极为推进平安昂仁建设提供有力司法保障。依法惩罚犯罪、保障人权，准确把握宽严相济刑事政策，落实量刑规范化工作的有关要求，依法高效审理好盗窃、诈骗、故意伤害、交通肇事等严重危害社会稳定、损害群众生命、财产利益和影响群众安全感的犯罪，积极运用司法调解手段处理刑事附带民事诉讼案件。年内，共受理刑事案件6件，旧存1件，撤诉1件，审结7件，判处罪犯6人，结案率为100%；开庭率达到100%；无改判、发回重审的案件；判后答疑率达到100%；不存在超期羁押和无法定事由超审限案件。

（二）加大民商事审判工作力度，积极为推进和谐昂仁建设，保障全县经济快速健康发展提供有力司法保障。坚持服务大局，更好地适应和服务经济发展新常态，围绕“保增长、惠民生、调结构”发展主线，妥善审理好婚姻家庭、人身损害赔偿以及劳动争议等各类民商事案件；注重落实“调解优先、调判结合”原则，把调解工作贯穿民事审判工作全程，努力从根本上化解社会矛盾。共受理民事诉前调解8件、民商事案件62件，审结60件，未结2件，调解54件，判决0件，撤诉6件，结案率为97.1%，调撤率为100%，结案标的达4805600余元。

（三）加大执行案件执结工作力度，积极为推进诚信昂仁建设提供有力司法保障。执行工作坚持依法执行和文明执行并重，分散执行与集中执行、说服教育与强制措施相结合，积极参与社会诚信体系建设，依法制裁各类欺诈、不正当竞争、虚假诉讼等失信行为，鼓励诚信交易、倡导互信合作。并加强法院内部立、审、执协调配合，积极与公安、金融等机构开展信息交换，强化执行联动及威慑，全面挤压规避执行者的活动空间，努力破解执行难题。去年，受理执行案件7件，执结7件，执结率达到100%；执行到位标的额986200余元。

（四）加大法治宣传力度，积极为推进法治昂仁建设提供有力司法保障。发挥司法审判推进依法行政、优化经济发展环境的职能作用。坚持开展“法律七进”活动、“三月敏感月”综治宣传活动等，充分发挥“车载流动法庭”优势，深入乡村、田间地头和机关、学校、企业、社区、广场等开展普法宣传26场次，发放宣传资料13600余份，受教育群众2.1万人次，接受法律咨询65人次，诉前化解纠纷6起，积极协助各级机关、社会团体化解调处各类非诉纠纷11起，投入经费达106 500余元；另外，我院继续发挥“车载流动法庭党员先锋服务队”作用，把它作为党建新品牌，努力把法律服务的触角延伸至县乡村三级组织。

（五）加大维稳巡逻和值班安保工作力度，积极为推进社会长治久安提供有力组织保障。牢固树立稳定是第一职责、是硬任务的意识，建立健全维稳安保工作规章制度，责任明确，领导干部认真落实“一岗双责”，建立维稳工作台账，进一步完善维稳安保措施，坚决完成社会面维稳管控任务和辖区值班安保任务。另外，在单位内部安保工作方面，院主要领导与分管领导、法警大队层层签订《安全责任书》，建立健全各类突发事件处置预案。去年没有出现违反维护稳定工作纪律、维稳工作措施不到位，导致影响稳定重大事项发生。

没有因安检不到位，造成当事人或旁听人员将危险品、违禁品带入法庭，引发严重后果和庭审准备不充分发生闹庭，攻击法官或当事人双方斗殴等情况。

三、强化创新意识，积极推进司法体制改革和信息化建设，落实司法为民

（一）公正司法有了新建树。始终坚持党的领导，认真执行防止干预过问案件的“两个规定”，依法独立行使审判权，切实解决“六难三案”问题，增强司法公信力。适应经济发展新常态，加强民商事审判工作，公正高效处理涉及经济和民生的各类纠纷。持续深化阳光执行体系，健全失信被执行人信用威慑、惩戒制度，维护司法权威。并加大了简易程序和小额诉讼程序的适用，促进审判效率提升。

（二）服务大局有了新作为。主动对接昂仁经济社会发展，将人民法院构建和谐社会、维护稳定的政治责任，与严格依法审判、公正裁判的法律规定得到了有机统一。依法严惩各类严重刑事犯罪，推进“平安昂仁”建设；妥善处理民间借贷、财产纠纷等民商事案件，为市场主体提供了优质高效司法服务。依托三级联调机制和“大调解”制度，积极调处买卖合同、离婚纠纷、相邻权关系等案件，努力修复了当事人因发生纠纷而受损的社会关系。

（三）司法改革有了新进展。落实“让审理者裁判、由裁判者负责”，正确处理放权与监督、放权与管理的关系，推进轻微刑事案件速裁程序改革，裁判文书繁简分流，简化简易案件裁判文书，提高裁判效率，实现了轻刑快判，进一步推进了司法责任制改革。另外，创新审判体制机制的要求和“五位一体”的总体战略布局，院长主动挂帅执行工作，走进法庭亲自办理案件，大力推进了院领导回归审判一线办案制度。

四、强化责任意识，履行全面从严治党职责，努力打造过硬队伍

（一）聚焦作风建设。以开展“两学一做”学习教育活动，“规范司法行为年”“讲学习、讲忠诚、正风纪、转作风、提效能”主题活动等为契机，强化党要管党、从严治党责任意识，抓好干警学习、生活、工作、纪律等作风建设。积极参加县委开展的学习党章、学习系列讲话知识竞赛、演讲比赛等活动，检验学习效果，增强学习实效。坚持把改进队伍作风与关心群众切身利益相结合，巩固党的群众路线教育实践活动、“三严三实”教育活动成果，立足司法审判工作实际，进一步改进司法作风。

（二）狠抓廉政建设。严格落实廉政主体责任和监督责任，严格按照中央八项规定，区党委“约法十章”“九项要求”等规定和要求，强化司法巡查制度和审务督查制度落实工作。加强廉政制度建设，梳理廉政风险点，确定风险等级，加强风险防控，让广大干警明确自身职责和义务；督促并落实好随案廉政监督卡发放、任职回避等制度，给司法权加上防腐剂，戴上紧箍咒。

（三）强化能力建设。强化“四个意识”教育，大力开展向先进典型人物学习，坚决做到忠诚、干净、担当。坚持正规化、专业化、职业化队伍建设要求，创新人才培养机制，加强干警教育培训工作，积极选派干警参加上级法院组织的业务培训，增强素养、提升能力。去年参加上级法院各类专项培训16余人次、参加党政机关组派培训2余人次。

（四）抓实班子建设。增强院党组凝聚力、号召力、战斗力，发挥领导干部这个“关键少数”的职能，强化法院党的基层组织的战斗堡垒作用。积极争取县委、县委组织部和县委政法委的关心、支持，做好干部选拔、推荐、任用工作，加强院党组、党支部等班子建设，履行好党组的主体责任，发挥好基层党组织的组织、领导职能。

五、强化发展保障意识，夯实基层发展根基

（一）打牢强基础惠民生根基。全力服从服务于县委、县政府中心工作和农牧区发展工作，去年共选派8名干警，积极参与并扎实开展强基础惠民生驻村工作。我院驻村工作队紧紧围绕保障民生、改善民生这一主题，从解决群众就医难、就医贵、贫困家庭生活物资匮乏等问题着手，加大教育引导和扶持，并捐赠生活用品、学生用品等共折合人民币62 000余元，做到及时了解村情民意，解决乡民之忧。

（二）推进法院基础设施建设。2016年，我院通过县委、县政府和上级法院的支持和帮助，立足长远发展，投入大量精力，年底实现了新区审判综合楼的搬迁使用，极大地改善昂仁法院的工作环境和办公条件，更好地提高办案效率、树立人民法院的新形象，为更好地发挥法院职能作用、服务发展大局提供了更加完善的硬件设施。另外，积极协调，密切配合市县发改委等部门，总投资801万元的2个乡镇派出法庭已破土动工，争取今年内竣工使用。

六、强化监督意识，不断改进法院工作

始终坚持党对法院工作的绝对领导，及时向县委汇报法院工作的重要部署、重要措施以及需要解决的问题和困难。自觉接受人大及其常委会的法律监督和工作监督，加强与人大、政协的联络工作，邀请代表、委员多次视察法院、旁听案件庭审、参与执行，主动将法院工作置于人大、政协和社会各界的监督之下。去年，先后邀请人大代表、政协委员旁听案件审理2次、指导重大工作1次。并重视吸收人民陪审员参加诉讼活动，5起刑事案件有人民陪审员的参审。

各位代表，回顾一年来的法院工作，我们深深地体会到：坚持党对法院工作的绝对领导，牢固树立“四个意识”并将其贯穿人民法院各项工作始终，始终在思想上政治上行动上同以习近平同志为核心的党中央保持高度一致；积极争取县委对法院工作的关心、关怀，是确保法院正确政治方向，做好法院工作的根本保证。在此，我代表院党组及全体干警，向长期关心支持法院工作的各级党委、人大、政府、政协及有关部门，向各级人大代表、政协委员和社会各界表示衷心的感谢，致以崇高的敬意！

在看到成绩的同时，我们也清醒地认识到工作中还存在许多问题和不足：一是因政治待遇的不同，工作分工的不同，个别法官和干警中存在思想上不稳定，工作上不安心的现象；二是人才流失问题严重，干警引进机制狭窄，案多人少的现象越来越突出，存在严重的缺员情况。三是工作创新力度不够，为民司法举措有待加强。对这些困难和问题，我们将坚持不回避、不遮掩，在党的坚强领导下，面对压力，负重奋进；面对矛盾，精诚团结；面对困难，顽强拼搏，争取各项工作取得新的进展。

2017年工作思路

2017年，是实施“十三五”规划的承上启下之年，也是人民法院深化司法体制改革全面推开之年。法院工作的总体思路是：高举中国特色社会主义伟大旗帜，全面贯彻党的十八大和十八届三中、四中、五中、六中全会、中央第六次西藏工作座谈会精神；坚持以邓小平理论、“三个代表”重要思想、科学发展观为指导，深入学习贯彻习近平总书记系列重要讲话精神，贯彻区党委第九次党代会和中央、各级党委政法工作会议精神，加大队伍建设力度，全面加强审判执行工作，着力防控风险、服务发展，破解难题、补齐短板，努力让人民群众在每一个司法案件中感受到公平正义，以优异成绩喜迎党的十九大的胜利召开。

*一是在坚持公正司法上要有新举措。*以推进法官入额、遴选为契机，加大审判人力资源整合力度，保障合议庭法官和其他法官有相对集中的时间、精力依法高效行使审判权、专心办案，稳步推进审判权力运行机制改革。积极提升全院干警对于四大信息化平台应用的熟练度，加快实现审判流程三大平台广泛应用，全面落实司法公开、司法民主和司法为民措施，以司法公开倒逼司法公正，杜绝暗箱操作，确保人民群众及时掌握和了解办案的全过程。

*二是在服务发展稳定上要有新作为。*紧紧围绕县委、县政府中心工作，及时研判全县改革发展中可能遇到的新情况、新问题，妥善审理涉及全县经济结构调整、自主创新等方面的案件，保障县委改革发展稳定战略部署的实施和实现。加大对“两抢一盗”、非法集资等经济犯罪的惩治力度，坚决维护社会稳定，保持民事案件调解率，促进家庭和睦、社会和谐，依法为昂仁精准扶贫、精准脱贫保驾护航。

*三是在加强队伍建设上要有新作为。*以建设正规化、专业化、职业化法官为重点，以建设忠诚干净担当的法院队伍为目标，以保障公正廉洁司法为抓手，全力加强队伍建设和教育管理工作。深入扎实开展“深化五项教育 增进五个意识”主题活动，巩固“两学一做”学习教育成果，丰富党员教育活动形式，建立党员星级评定机制，增强“四个意识”特别是核心意识和看齐意识。持续深入整肃司法作风、确保司法清廉；强化审务督察，坚决惩治司法不公、不廉行为。

*四是在接受监督要有进展。*进一完善接受人大监督工作机制，及时向人大报告工作，坚决贯彻人大有关决议，认真办理代表意见建议。同时，注重听取社会各界和人民群众的意见，不断提升公正司法的能力和水平。

*五是在推进基础设施建设上要有新成效。*2017年，我院将努力通过县委、县政府和上级法院的支持和帮助，立足长远发展，投入大量精力，争取早日实现干警周转房配套设施及2个乡镇派出法庭的竣工使用，发挥乡镇人民法庭司法为民、化解社会矛盾纠纷、定纷止争的职能，推动实现其积极参与基层社会治理创新和为民司法作用。另外，以标准化、规范化、科技化的要求开始投建

我院今年的重点项目---诉讼服务中心，并争取年内竣工使用，实现“诉”与“访”工作场所的隔离，创建便民利民的诉讼服务窗口，为民提供优质高效的司法服务。

各位代表，推进党的建设新的伟大工程，对法院工作提出了新要求，推进全县发展改革稳定，对法院工作提出了新的期待。在新的一年里，法院决心在县委的坚强领导下，更加紧密地团结在以习近平同志为核心的党中央周围，认真贯彻落实本次大会决议，以更加坚定的信心、更加忠诚的信念和勇于担当的精神、勤勉务实的作风，厉行法治、竭诚为民，

不断开创法院工作新局面，为保障全县经济振兴、繁荣发展和社会长治久安做出新的更大的贡献！

昂仁县人民检察院工作报告

——在昂仁县第十三届人民代表大会第二次会议上

昂仁县人民检察院党组书记、检察长　巴桑次仁

（2017年3月19日）

2016年，我院在县委和日喀则市人民检察院的领导下，在县人大及其常委会的有力监督下，在县政府及社会各界的大力支持下，坚持以习近平总书记系列重要讲话精神为统领，紧紧围绕全县工作大局，忠实履行检察职能，为我县发展稳定提供了有力的法治保障。

2016年检察工作回顾

一、立足检察职能，营造经济社会发展的良好环境

发挥批捕、起诉职能，严厉打击各类刑事犯罪。依法惩治刑事犯罪，重点打击故意伤害等影响群众安全利益的多发性犯罪，受理提请批准逮捕案件8件11人，受理案件数量相比往年增加2件。批准逮捕7件10人，不批准逮捕1件1人。受理移送审查起诉9件9人，案件数量与往年基本持平。提起公诉7件7人，不起诉2件2人，被法院判决7件7人，其中，故意伤害3件3人，强奸幼女1件1人，盗窃1件1人，合同诈骗1件1人，交通肇事1件1人。在两起故意伤害致人死亡和强奸幼女案件中，我院严格证据要求，及时做出批捕和起诉决定，使犯罪分子受到应有的法律制裁。

强化检察监督，推进司法规范。一是积极开展立案监督。组成由检察院业务部门负责人为成员的工作组，对县公安局治安大队处理的12起治安案件进行了专项排查，通过查看治安拘留台账、治安罚款台账、治安案件统计台账、实地走访调查等方式，排查可能存在的有案不立、犯罪问题治安处理等不合法问题，检查中提出口头建议2条。二是加强侦查活动监督。提前介入侦查活动3次，发出纠正违法《检察建议书》1份，向侦查机关发出《逮捕案件继续侦查意见书》1份、《审查起诉案件补充侦查意见书》3份，为顺利开展诉讼工作提供了证据保证。三是加强民事审判活动监督。根据检法两院民事案件监督联系协调工作机制，审查审判机关民事调解书51份，裁定书7份，重点排查影响公正处理的违法问题，每月定期汇报监督工作开展情况。四是加强刑事执行活动监督。先后就监管场所管理不严格、存在安全隐患等提出口头建议4次，现场纠正违规活动2次。先后对全县6名社区矫正对象进行执行监督，掌握执行情况，督促落实工作办法，确保社区矫正人员接受经常性教育。五是全面落实宽严相济刑事政策，依法保障当事人合法权益。严格落实疑罪从无、非法证据排除等法律规定，严把案件事实关、法律关和程序关，对犯罪情节轻微、双方自愿和解的1件交通肇事案做出相对不起诉决定，对事实不清、证据不足的1件涉嫌过失致人死亡案件做出不起诉决定。

二、开展规范司法行为专项整治，提高司法活动水平

积极开展规范司法行为的专项整治活动。活动中，重点围绕侦查监督、公诉、民行监督、职务犯

罪侦查等环节，参照12个方面开展自查自纠。核查前两年已办结案件文书材料，查看办案人员资格、时间、地点、当事人权益保障、诉讼程序合法性等细节，查找出4类不规范司法问题，涉及案件3个。办案干警根据日常工作实际，并结合县人大、政法委、公安局、法院等部门的反馈意见建议，查摆文书写作、办案经验案件审查等方面的不足之处共13项。班子和个人对照查摆出的问题，认真撰写了检查材料，制订了整改落实计划和整改销号台账，对存在的问题逐一进行整改。

三、加大职务犯罪查处力度，营造风清气正的社会氛围

1. 严肃查办职务犯罪，持续加大办案力度。拓宽案件线索来源。全年从群众举报、主动发现等方式接收案件线索3件，涉及贡久布乡某村委会主任涉嫌私自变卖村集体交通工具并据为己有、桑桑镇国有土地涉嫌违规批地使用、秋窝乡至县城公路涉嫌质量问题等。针对村委会主任可能存在的问题，经过实地走访调查，排除了职务犯罪嫌疑。针对桑桑镇国有土地可能存在的违规批地问题，我院多次向国土部门、桑桑镇及当地村委会了解情况，查阅了县委、县政府有关工作办理文件，并向日喀则市人民检察院作了专题汇报。针对人民群众普遍反映的昂仁县雪村至秋窝乡公路改建工程问题一案，我院反渎局协同日喀则市人民检察院反渎部门组成联合调查组，对此段公路建成半年内，出现雍包、松散、坑槽现象进行全面彻查，对路面病害激起的民愤民怨进行疏导安抚，主动调查了市交通局、项目办、监理单位、施工单位、设计单位等相关部门，并对有关责任部门发出检察建议，此外日喀则市交通运输局对相关责任人和部门给予了相应的处罚。切实维护了国家集体利益，发挥了检察机关的监督职能。

2. 积极搭建预防职务犯罪信息平台，持续提高抵御防腐意识。经与县有关部门共同制作了以“正义昂仁－严厉防范职务犯罪，全面构建法治环境”为主题的网络专题，在县政府新闻网专题报道板块上线，并在网站首页以图片链接点击形式播发两周。专题内容涵养了检察机关管辖职务犯罪案件范围、立案标准、典型案例分析等八大版面，网页内容丰富，图文并茂，并随时播报本院查处的贪污渎职案件，震慑有些党员干部的行为，真正起到职务预防的作用。

3. 建立健全执纪执法联席会议工作机制。深化联系协作，为加强职务犯罪案件联合查办力度，有效构筑预防腐败体制机制，与县纪委等联合制定了《昂仁县关于在预防和查办国家工作人员违纪违法案件中加强联系协作的工作方案》《中共昂仁县纪委、昂仁县人民检察院在查处案件中加强协作配合的规定》，共同确立了联席会议、案件移送、协作配合、涉案财物管理、联合培训等制度，研究出台了联合侦查办法。此外与县国土局建立了工作联系制度，与县扶贫办联合启动了集中整治和预防精准扶贫和脱贫攻坚领域内的职务犯罪专项工作，开展预防县乡换届贿选检察监督工作。在联席会议制度中，纪检监察部门与本院反贪、反渎部门为加强办案衔接，就工作中出现的新情况，定期或不定期召开工作会议，沟通情况，协调解决重大疑难问题。

4. 走村入户，实地查账，开展乡镇职务犯罪调研。强化行业领域职务犯罪专项预防，今年以来，我院成立以检察长和侦监、公诉部门为主要负责人的工作小组，先后深入部分乡镇，通过走村入户，实地查账，询问村民等形式对乡镇草场补贴、60岁以上生活补贴、草场监督员补助落实情况进行了全面检查。同时召集乡镇负责人，大力宣传职务犯罪的内容范围和严重后果以及检察院的工作职能。结合涉农领域、扶贫领域打击和预防职务犯罪专项活动要求，深入农牧、扶贫等相关单位开展预防工作，核实惠民扶贫资金落实情况，向农牧民群众了解政策资金到位情况，切实推进民生重点领域廉洁法治建设。

5. 加大检察监督力度，发挥好法律监督职能。一年来，我院组成以公诉、民行的主要负责同志为工作小组，对我县公安局治安大队开展了专项检查工作。对2016年治安大队12起案件进行了全面的合法性审查，对治安拘留台账、治安罚款台账、治安案件统计台账和个别案件进行有罪不立案、罚没款去向等进行检查，对检查中发现的问题提出口头建议2条。

四、扎实开展普法工作，法治观念不断增强

2016年是“七五”普法的开局之年，能否为“七五”普法总体目标的实现打好基础关系到“七五”总体普法部署的落地生根。为配合十八届四中全会关于依法治国的总体部署，年初，我院在总结“六五”普法工作的基础上，制定了今年普法工作计划，明确了工作重点，有序开展各项普法活动。先后在12.4全国宪法宣传日、3.4、3.14、3.28、举报宣传周、平安西藏宣传日等重要时期，在县城中心位置、强基惠民活动驻点村等开展专题性或综合性普法宣传活动14次，悬挂宣传横幅，张贴宣传标语，发放宣传资料，为群众解答法律咨询。

针对藏汉双语法制宣传资料严重缺乏的实际情况，我院组织业务骨干对现行法律法规用藏文进行汇编，附载生动有趣的漫画图片，交由专业的出版机构彩印装订成册，数量逾万册，并在普法活动中免费发放，进一步丰富了普法宣传形式，提高了普法教育的针对性、实用性和有效性。

此外，联合其他政法单位，深入县中学开展以“学法在先、尊师爱校”为主题的法制宣传活动，以发生在青少年身边的实际案例为引导，结合青少年的成长特点，分析发案原因、犯罪危害，组织观看法制图片展览，教育中学生自觉学法、尊法、守法。

五、从严落实维稳措施，社会局势持续向好

1. 完善重要节点维稳工作部署，加大维稳投入，防患于未然。面对维护稳定的复杂形势，我院带领全体干警始终筑牢思想堡垒，保持高度的政治敏锐性和鉴别力，坚决服从县委安排部署，不折不扣地执行维稳工作纪律。始终将思想行动统一到区党委、市委、县委和上级院的重大决策部署上来，先后召开维稳会议10余次，制定院内维稳工作实施方案、处置突发事件应急预案，完善工作机制，并开展了蹲点包乡指导、巡逻布控、值班备勤等维稳工作，共投入警力8次，出动车辆4台次，投入维稳经费3.6万元，维稳值班带班120次，确保了“三不出”和“三无”任务的实现，真正做到了部署有力、重点突出、强化防范、全体动员。单位内部严格实行带班值班制度，按时向县一线和市院报平安；为推进我县持续稳定、长期稳定、全面稳定做出了应有的贡献。

2. 深入基层，积极对寺庙僧侣进行党性教育和爱国教育。为认真做好区委和市委维稳要求，我院召集检察干警，深入宁果乡、查孜乡、阿木雄乡等地，组织学习党章党规及惠农政策，特别向“四省藏区”学经返回人员，阐述了国家的安全政策，民族政策和宗教政策，主动与僧人推心置腹，交流引导，进行感党恩教育，同时在一定范围内主动发展党员，健全基层党组织，为我区的安全稳定工作，筑牢战斗堡垒。

六、有力推进强基惠民活动，基层事业明显改善

我院派驻宁果乡坚定村工作队认真完成强基惠民活动五项主要任务。促进和完善基层组织建设，注重与村“两委”成员共同讨论工作想法和思路，让他们及时掌握上级政策精神。协助村“两委”制定完善党务、村务、村规民约等规定8个。开展摈弃陈规陋习、倡导互帮互助、睦邻和谐的文明教育，引导村民杜绝酗酒、不讲卫生等不良习惯，鼓励村干部、党员结对帮扶贫困村民，鼓励邻里之间、“双联户”之间互帮互助。在节日期间，通过本院经费筹资和干警集资1.2万余元，为当地群众送去酥油、糌粑、面粉等生活物品，解决群众的实际问题。在驻村点，我院驻村队员扑下身子、扎根基层，把群众当亲人，热情帮困解忧，受到当地群众的一致赞扬。

七、学习教育与实践活动相结合，有效发挥党组织作用

围绕党建目标，着力加强基层党建工作，深化党性教育，为促进检察业务建设和提升干警队伍整体素质提供坚强有力保证。以习近平总书记系列重要讲话精神、党的十八大、十八届三中、四中、六中全会精神、区党委八届六次全会精神、市委一届二次全会精神，作为学习主要内容，组织开展集中学习活动20余次。举办“两学一做”“讲学习、讲忠诚、正风纪、转作风、提效能”等专题研讨活动6次。全体党员公开承诺40余项，联合开展党员志愿服务活动1次，开展党员帮扶贫困群众活动1次。党员的先进性进一步体现，党组织的战斗堡垒作用进一步发挥。

八、健全行政事务管理，检察工作得到有效保障

院办公室主要承担了日常事务性、党建、党风廉政建设、综治、精神文明建设，以及“两学一做”专题教育活动、“讲学习、讲忠诚、正风纪、转作风、提效能”等常规性或专题性工作。先后接收、登记、整理、存档上级检察机关、县直机关来文290余份，制定本院文件5份；编发信息简报42期，县政府新闻网采用播发21期；撰写上报专题性、综合性工作总结报告40余份，形成业务调研报告6份。进一步调整完善办公模式和方法，细化行政统计、登记工作，确保了全院各项工作有条不紊，井然有序。

2016年我院在取得一系列突出成绩的同时，也存在一些不容忽视的问题，院内人员分工欠细化，科室设置不够健全等问题，也严重阻碍了工作效率的提高，相信，接下来我院的工作开展会越来越完善，检察业务工作也会更加有声有色。

2017年检察工作安排

2017年，我院将在上级院和县委的安排部署下，继续深化落实党的十八届三中、四中、五中、六中全会精神和中央关于开展“两学一做”、从严治党的精神，优化完善人员配备和内设机构职责，推进办公条件转变等基础建设，为全面促进检察事业快速发展、加快实现“四个全面”战略布局发挥积极作用。

一要着重探索建立司法规范化建设长效机制

检察队伍素质建设是推进检察事业长远发展的关键。要进一步深化规范司法行为专项整治活动效果，强化对执法不规范问题的警示教育，把存在的问题逐个整改消除，使规范执法意识贯穿于执法办案工作的始终。要善于总结归纳日常工作中形成的好经验、好做法，建立健全促进规范化建设的长效机制，使规范执法办案更加主动自觉。

二要着重探索建立检察业务学习和实践锻炼的常态机制

既要利用好上级检察机关统一安排的学习培训机会，又要探索丰富单位内部学习锻炼的方式方法，进一步深化法律业务知识学习的效果，进一步提升业务干警的工作实践能力，进一步营造创先争优的良好氛围。

三要着重探索试行检察监督和职务犯罪查办工作新方法

要把检察监督工作作为联系服务群众工作的重要纽带，提升民事行政检察干警的业务水平，强化对民事裁判工作的实质审查，增强发现司法不公的判断能力，有力维护法治秩序。要把职务犯罪查办工作作为回应群众期盼和顺应形势要求的重要抓手，着力查找侵害群众利益的职务犯罪线索，依法惩治违法犯罪行为，切实营造廉洁守法的公务环境。

四要着重探索刑事犯罪预防工作新方式

要把刑事犯罪预防作为刑事检察工作的重点，全面回顾人民群众在增强犯罪预防意识、提高犯罪预防能力方面的成效，进一步深化犯罪预防宣传的形式，强化宣传力度，突出加强青少年犯罪预防教育工作，让守法、尊法、用法的观念得到更加广泛的普及。

五要着重探索检务公开工作新途径

检务公开既是保障人民群众知情权的必然要求，也是检察机关实现自我监督的重要渠道。要严格按照法律规定的公开内容和程序，开展检务公开工作，提高检察工作的透明度。要着力拓宽检务公开渠道，既要利用好宣传栏、宣传图（册）等传统公开方式，又要发挥好检察院“两微一端”新媒体传播平台的作用，让广大人民群众深入了解、有力监督检察工作，进一步提升检察公信力！

昂仁县2016年财政预算执行情况与2017年财政预算草案的报告

——在昂仁县第十三届人民代表大会第二次会议上

昂仁县财政局局长 谭 明

（2017年3月19日）

一、2016年预算执行情况

2016年，在县委、县政府的坚强领导下，深入学习贯彻党的十八届三中、四中、五中、六中全会、中央第六次西藏工作座谈会、自治区第九次党代会及习近平总书记系列重要讲话精神，以“深化五项教育、增进五个意识”主题教育活动为契机，不断优化财政支出结构，服务发展，改善民生，促进和谐，为全县经济社会发展提供了有力的财力支撑，全县预算执行总体良好。

（一）一般公共预算执行情况

财力构成情况：2016年，全县一般公共预算财力达到130849万元，同比增加43952万元，增长50.58%。其中：地方一般公共预算收入3083万元，增长23%；返还性收入577万元，增长100%，一般性转移支付收入52667万元，专项转移支付收入73428万元。

收入执行情况：2016年，全县地方一般公共预算收入完成3083万元，完成年初预算2201万元的140.07%，同比2015年2501万元增长23%。约占全县收入的2.356%。其中：税收收入1672万元，下降13.27%（各项主体税种完成情况是：增值税实际完成898万元，增长89.97%；营业税实际完成398万元，下降71.44%；企业所得税实际完成120万元，下降25.46%，主要是营改增后存在税源流失等问题的影响；个人所得税实际完成38万元，下降9.5%；非税收入1411万元，增长59.39%。

支出执行情况：2016年，全县一般公共预算支出完成130849万元，完成年初预算56087.69万元的133.29%，同比增长50.58%。按功能科目分：一般公共服务支出15723万元，外交支出 0万元，国防支出31万元，公共安全支出6803万元，教育支出28189万元，科学技术支出309万元，文化体育与传媒支出2311万元，社会保障和就业支出29419万元，医疗卫生与计划生育支出6602万元，节能环保支出2324万元，城乡社区支出5521万元，农林水支出25109万元，交通运输支出548万元，资源勘探电力信息等支出72万元，商业服务业等支出34万元，国土资源气象等支出2799万元，住房保障支出5039万元，粮油物资储备支出16万元，其他支出0万元。

（二）政府性基金预算执行情况

上级财力安排情况：2016年，全县政府性基金财力上级拨付66.99万元，同比2015年1742万元减少1675.01万元，下降96.15%。

二、2016年预算执行特点及成效

2016年，尽管受营改增政策影响及天气灾害等不可控因素影响，但在财税部门的共同努力下，年末总财力依然高位增长，能够确保收支平衡。具体分析呈现以下特点。

——转观念，法治意识继续强化。为增强依

法行政、依法理财意识，利用微信、LED显示屏等宣传载体，通过集中及轮岗培训、有奖知识竞赛等方式，广泛宣传《预算法》；同时，以预算编制为抓手，试编全口径预算，公开预决算数据，甄别政府性债务，充分发挥《预算法》在规范预算管理和促进经济社会发展中的作用。

——聚合力，财政实力不断增强。以开源节流为抓手，细化收入征管措施，优化收入征管环境，强化收入动态分析。制定非税收入管理办法，深挖收入潜力，确保应收尽收。制定公务接待、会议、培训、休假差旅等管理办法，建立“三公”经费月报制度，规范公务支出预算管理，厉行勤俭节约政策，近一步加强党风廉政建设。

——惠民生，重点支出得到保障。2016年一是坚持教育优先发展，支出28189万元，同比增长86.28%。二是支持医疗卫生事业，支出6602万元，同比下降0.3%。三是确保社会保障和就业，支出29419万元，同比增长448.04%。四是推进农林水工作，支出25109万元，同比增长4.88%。五是确保生态环境良好，支出2324万元，同比下降36.92%。六是保障科技支出需求，支出309万元，同比下降24.26%。七是促进文化继承与发展，支出2311万元，同比增长130.17%。八是确保社会长治久安，公共安全支出6803万元，同比增长35.54%。九是加快保障性住房建设，支出5039万元，同比增长22.31%。

——促改革，预算管理更加科学。完善政府预算体系，完成县本级全口径预算编制。盘活财政存量资金，收回部门预算结转结余资金700万元，建立结转结余资金定期清理和盘活机制；扩大预决算及“三公”经费公开范围，县本级公开范围在自治区要求的50%扩大到了100%。

——防风险，债务管理加以规范。继续加强地方政府性债务管理工作，完成上级安排的对2015年12月底以前存量债务的清理甄别工作，合理划分债务类型，逐步化解存量债务，积极推进地方政府性债务全额纳入预算管理。根据市财政下发的《关于加强地方政府债务管理工作的通知》，强化考核问责，进一步提高了防范债务风险的能力。

——重监督，预算约束逐年硬化。树立“全口径预算监督”，认真开展“三公”经费、涉农资金、教育“三包”、会计信息质量等财政监督检查，积极配合各级审计、纪检机关及上级财政部门专项检查工作，主动邀请北京中瑞诚会计事务所西藏分所完成2011年至2016年6月财政决算和其他财政收支情况审计。

三、2017年预算草案

2017年，是“十三五”第二年，也是继续全面深化预算管理制度改革的关键一年。我们将以“依法理财，打造阳光财政”作为财政工作总基调，紧紧围绕县委、县政府中心工作，坚持高举中国特色社会主义伟大旗帜，以邓小平理论、“三个代表”重要思想、科学发展观为指导，认真贯彻党的十八大、十八届三中全会、四中、五中、六中全会精神和自治区第九次党代会精神，贯彻落实中央第六次西藏工作座谈会精神，根据《预算法》，结合我县实际，编制完成了2017年昂仁县财政预算草案。

（一）预算编制的基本原则

——统筹兼顾原则。支出预算充分考虑财政可能，在保证基本公共服务合理需要的前提下，优先安排国家确定的重点支出，注重改善民生和保持社会和谐稳定，确保强基惠民、维护稳定等重点工作资金需求。

——勤俭节约原则。继续坚持依法理财，硬化预算对政府支出的约束，规范基本支出定额标准体系建设，遵循中央“八项规定”和区党委“约法十章”要求，严格控制机关运行经费和楼堂馆所建设支出。

——量力而行原则。坚持贯穿十八届三中全会决定关于重点支出一般不同财政收支增幅挂钩的要求，在“保工资、保运转、保民生、保稳定”的前提下，优先安排县委、县政府确定的重大项目支出。

——讲求绩效原则。强化支出责任和效率意识，逐步将绩效管理范围覆盖所有财政资金，加强绩效评价结果的应用，将评价结果作为调整支出结构、完善财政政策和科学安排预算的重要依据。

——收支平衡原则。收入预算从约束性转向预期性，根据经济形势和政策调整等因素科学预测，支出预算坚持量入为出、收支平衡原则，一般不制定新的增加收入和支出的政策措施，确保当年财政收支平衡。

（二）2017年预算安排情况

1. 一般公共预算安排情况

（1）财力安排情况：2017年，全县一般公共预算财力62989.02万元，比上年预算增加6901.33万元，增长12.3%。其中：地方一般公共预算收入2641.2万元，增长20%；转移性收入60347.82万元，其中转移性收入中返还性收入1146万元，一般性转移支付收入46619.56万元，专项转移支付收入12582.26万元。

（2）收入安排情况：2017年，全县一般公共预算收入预算为2641.2万元，比上年预算增长20%。其中：税收收入1616.2万元；非税收入1025万元。市考核目标任务为4470.35万元，增长45%。

（3）支出安排情况：2017年，全县一般公共预算支出预计为62989.02万元，比上年预算增长12.3%。其中：基本支出25283.9899万元，项目支出37705.019万元。按功能科目分：一般公共服务支出15427.57万元，外交支出0万元，公共安全支出5314.19万元，教育支出19071.57万元，科学技术支出386.62万元，文化体育与传媒支出538.91万元，社会保障和就业支出4825.59万元，医疗卫生与计划生育支出4507.39万元，节能环保支出177.61万元；城乡社区事务支出245.05万元，农林水支出9440.67万元；交通运输支出117.13万元，资源勘探信息等支出90.64万元，商业服务业等支出48.52万元，国土海关气象等支出87.29万元，住房保障支出1948万元，粮油物资储备支出17.27万元，其他支出745万元。

2. 政府性基金预算安排情况

（1）收入安排情况：2017年，政府性基金转移性收入为6万元，增长100%，主要是彩票公益金支持乡村学校少年宫项目资金。

（2）支出安排情况：2017年，政府性基金彩票公益金支持乡村学校少年宫项目支出为6万元，增长100%。

四. 2017年财政工作措施

综合分析影响我县经济发展和财政收支运行的各种因素，财政收入增长稳中趋缓，支出保障范围广、配套压力大、支出增长急剧上升，存在较多不确定性、不稳定因素。为完成好2017年预算任务，我们将重点做好以下工作。

——贯彻落实新《预算法》，推进财税提示改革。建立定位清晰、分工明确的政府预算体系，规范全口径预算编制。建立政策性强、操作性强的预决算信息公开机制，将公开范围扩大到全县财政拨款单位。建立跨年度预算平衡机制，建立财政拨款项目库，做到现先有预算后有支出。建立预算稳定调节资金，改进年度预算控制方式。健全预算绩效管理机制，推进政府预算绩效管理，提高政府公信力和执行力。取消预算单位基本账户，推进国库集中收缴和集中支付制度改革。健全依法行政、依法理财机制，推进法治财政建设，自觉接受人大、政协、纪检监察和社会公众的监督。

——适应经济发展新常态，促进财政收入增长。探索收入由约束型向预期型的转变，构建新的收入管理模式。完善非税收入征缴制度和监督体系，严禁违规减免或缓征行政事业收费、政府性基金、国有资产（资源）处置收益，禁止乱收费、乱罚款，确保非税收入应收尽收。加快财源建设结构调整，确保财源点建设等项目早开工、早建设、早见效。加强国有土地和国有资产的管理，盘活国有土地和国有资产，对地上附着建筑物进行统一管理，助推地方财政自给率稳步增长。

——集中财力保障重点，支持经济社会发展。创新财政收入方式，理清政府与市场的关系，财政专项资金逐步退出竞争性领域，集中有限财力发挥财政资金整合效益。加大重大产业暨各项事业发展的财政投入，旅游发展投入提高到30万元，中小企业扶持资金30万元。

——优化财政支出结构，保障改善民生支出。在保证基本公共服务合理需要的前提下，优先安排改善民生支出。继续加大教育等人民群众关注的基本公共服务支出，安排教育配套支出662.845万元，教育均衡发展专项资金2000万元。安排强基惠民活动专项经费15万元，安排490万元预算资金用于村居“两委”班子业绩考核奖励。

——严肃财政经济纪律，加强财政监督管理。严格遵守财税法律规定，强化财政监督管理，不得制定出台新的增加或减少财政收支的政策措施，不得虚列虚增财政收支，不得挤挪占用、骗取套取财政资金，不得私设“小金库”，不得违规举借债务，维护财经纪律严肃性，从源头上防治腐败。严格落实财经纪律，建立全过程监督机制，加大责任追究力度，确保财政资金安全。加大财务人员培训力度，提升财政业务能力和水平。

各位代表，2017年，财政深化改革、促进发展各项工作任务艰巨，责任重大。我们将在县委、县政府的坚强领导下，在县人大、政协的监督指导下，认真贯彻落实本次大会决议，求真务实，真抓实干，为全面建成小康社会提供财政支持！

昂仁县2016年国民经济和社会发展执行情况与2017年国民经济和社会发展计划草案报告

——在昂仁县第十三届人民代表大会第二次会议上

昂仁县发展和改革委员会

（2017年3月19日）

受昂仁县人民政府委托，现将2016年国民经济和社会发展执行情况与2017年国民经济和社会发展计划草案提请昂仁县第十二届人民代表大会第七次会议审议，请各位代表提出意见。按昂仁县人民政府工作安排，现将2016年年国民经济运行和社会发展执行情况汇总如下：

一、2016年国民经济运行情况

2016年以来，在县委、政府的坚强领导及县人大的有效监督和大力支持下，在山东淄博市的无私援助下，全县上下认真学习贯彻党的十八大精神和中央关于西藏工作的重要指示精神，以邓小平理论、“三个代表”重要思想和科学发展观为指导，按照年初全县工作会议的全体部署，全县上下一心，以“调结构、稳增长、促稳定”为切入点，一方面狠抓维护稳定工作，另一方面狠抓经济发展，充分利用中央促进经济稳定增长系列措施落实的机遇，以“牧矿兴县、跨越发展”为经济发展目标，积极实施，“提升一产、壮大二产，做强三产”的经济发展战略，开拓进取，扎实工作，促进经济又好又快发展。总体来看，2016年我县经济发展形势良好，呈现出民生不断改善，社会大局稳定和社会各项事业协调推进的良好态势。

据统计2016年全县实现生产总值7.5亿元，同比增长12.6%，比年初预定的计划增速增长2个百分点。其中第一产业增加值1.7亿元，同比增长3.8%；第二产业增加值2.6亿元，同比增长33.4%；第三产业增加值3.2亿元，同比增长4.5%。全社会固定资产投资达8.6亿元，同比增长24.7%；社会消费品零售总额达1.5亿元，同比增长20%；完成地方财政收入3083万元，同比增长23%；2016年农村居民人均收入6589.35元，同比增长10.07%。

（一）农村经济较快发展，产业结构继续优化。2016年，我县共落实农作物播种面积7.853万亩，同比去年增加0.397万亩，其中粮食作物播种面积6.393万亩、经济作物播种面积0.94万亩、饲草饲料作物面积0.52万亩。粮、经、饲三元种植比例为81.41：11.97：6.62。今年粮油总产量达4144.38万斤，蔬菜产量达1430.7万斤、饲料作物产量达2347.06万斤。据统计，2016年全县牲畜总存栏达55.36万（头、只、匹）。其中新生仔畜为18.03万（头、只、匹），成活率为94.38%，同比增长3个百分点。成畜死亡数为1.05万（头、只、匹），死亡率为1.93%。牲畜出栏数为17.48万（头、只、匹）。免疫58.43万（头、只、匹），免疫密度达99%，免疫抗体合格率达95%。我县购进“藏青2000”种子20.23万斤、本地提供“藏青2000”种子41.2万斤；购进喜马拉“22号”种子34.24万斤、本地提供喜拉“22号”种子49.8万斤；调运农药22.4吨、化肥1485吨，其中奖励化肥370吨，群众农家积肥252万吨，除储备抗灾化肥124.5吨外，其余已发放到户并已投入使用。据统计，全县大中型拖拉机共4117台、小型拖拉机1886台、大中型拖拉机配套农具42台、小型拖拉机配套农具395台、联合收割机565台、机动脱粒机775台。2016年全县机播面积达3.3万亩。利用农机户以及农机专业合作社服务功能，确保粮食主产乡（镇）秋收农机利用率达到85%，超额实现秋收面积3.1万亩目标任务。机械化秋翻率达到70%以上，非主产乡（镇）达到50%以上。

（二）旅游业加快发展，消费品市场日趋活跃。2016年，全县范围内旅游景点景区的国内外游客人次和各宾馆、旅馆的游客接待为281965人次，同比增长56.9%，其中一日游为208361人次，实现旅游综合收入857.6万元，同比增长41.8%。

目前我县共有各类宾馆13家，餐馆、饭店56家，各类日用百货卖场商店87家，全年实现宾馆、餐饮服务收入2600万元；日用百货零售总额达1.27亿元，全县实现社会消费品零售总额达1.5亿元，同比增长20%。

（三）固定资产投资持续增长，投资结构逐步改善。2016年项目管理有了逐步的提高，加强了项目管理中的环节、细节工作，严格落实建设项目的“五制”，通过项目管理单位之间的沟通、协调逐步解决了项目建设中的重点难点问题，有力保障了项目建设的进度和质量。我县2016年目标任务共计113项总投资149322.98万元，2016年计划完成投资82274万元，其中：新建项目93项总投资118048.51万元，2016年计划完成投资68035.41万元；续建项目20项总投资31274.47万元，2016年计划完成投资14238.47万元。我县2016年灾后重建项目共计33项，总投资3.32亿元，2016年目标任务为2.37亿元，现完成1.62亿元，占总目标任务的68.35%。

2016年我县总计开复工97项，完成固定资产投资8.6亿元，其中：其中续建及改扩建项目开复工29项，续建完成目标投资38650.164万元，新建项目新开工68项，新建完成目标投资45977.206万元，开复工率为85%。

目前共计完成目标任务固定资产8.6亿元，已完成年初目标任务金额。

（四）财政预算收支总体保持平稳较快增长。2016年，我县公共财政收入完成3083万元；同比增长23%。完成年初预算2201万元的140.07%。市考核任务3052万元的101.01%，完成县任务3100万元的99.45%。我县公共预算支出累计完成143791万元，完成年初预算数56087.69万元的256.36%。

（五）城镇建设不断加强，面貌进一步改善。2016年灾后重建项目共计33项，开工建设有30项，累计完成1.62亿元。共计实施11个行政村、涉及483户，总投资6279万元，目前入住率达85%，完成上级的指标任务。目前，民房重建任务基本完成，改善灾区人民居住条件及生活环境。保障性住房320套，总投资5500万元，目前开工建设保障性住房已建成152套。2016年我县本级财政投入420万元，完成我县14个乡镇总体规划；投入220万元，完成桑桑、卡嘎两镇控制性规划及县城驻地地形测绘；投入1400万余，完成10个牧区乡（镇）光伏电站维修；整合政权资金684万元用于改善乡镇基础设施，完善干部职工生活条件；投入100余万完成吕龙寺、维色林寺等6座寺庙维修。到2016年我县农村公路总里程为2273.16公里，通达率为100%。实现了我县辖区内所有乡镇和建制村通公路，乡镇油路覆盖率为41.17%，建制村水泥路覆盖率为23.24%。

总体上看，2016年全县经济社会保持了较快的发展势头，经济运行平稳，基本实现了预期目标，但实现经济持续稳定增长，依然存在以下困难和不利因素。一是转变经济发展方式，调整产业结构压力较大，经济结构有待进一步优化。三产中，一产水平不高，受自然气候影响大；二产不强，工业发展脚步缓慢；三产不足，公共服务产值占主导，现代服务业比重小。二是制约县域经济发展的瓶颈因素依然存在，如交通、能源等。三是城乡基础设施依照薄弱，不能满足经济发展的需要。四是广大农牧民群众科技、文化水平偏低，政府职能部门行业引导能力不强而群众增收渠道单一，影响群众增收。对于这些困难和不足，我们将采取有力措施加以解决。

二、2017年国民经济和社会发展的指导思想和预期目标

2017年国民经济和社会发展的预期目标：全县全年生产总值预计达到9.5亿元、增长21%。全县固定资产投资预计达到10.18亿元，同比增长20%；为了实现上述目标、2017年重点抓好以下五项工作：

（一）继续加大产业结构调整力度，确保县域经济发展良好势头。优化调整“一、二、三产业”的比重，实施有效的农牧业扶持政策和科技推动，确保一产上水平的基础上，大力发展二、三产业，确保全县国民经济保持平稳较好发展的良好势头。一是抓好种植业结构调整，加大养殖基地项目的投入力度，带动和促进农牧业结构的优化；二是认真贯彻落实好支农惠农政策，进一步加大农牧业投入，加强基本农田水利保护力度，完善农牧业基础设施建设；三是加强牲畜疫病防控力度和接羔育幼工作，切实做好防抗灾各项工作；四是抓好矿产资源勘探、开发管理工作，确保工业快速发展；五是积极发展第三产业，继续加大劳务运输工作力度，积极发展商贸、运输、餐饮等集体或个体私营经济。

（二）扎实推进新农村建设，推动城乡协调发展。按照统筹城乡发展的总体目标要求，加快推进小城镇建设步伐，努力探索一条以城带乡、以乡促城、城乡联动、优势互补、互相促进、共同发展的新路子，继续加大安居工程和村居环境整治工程的建设管理力度，进一步改善农牧民群众居住条件，切实把改善农村面貌作为一项民心工程抓好、抓深。为广大群众创造更加舒适的生活环境和便利，让群众充分享受各项惠民政策。以经营城市为突破口，完善城市规划和建设，营造良好的投资、经商和生活环境。完善县城基础设施，加强文化体育、户外休闲活动场地等公共设施建设，不断完善公共服务体系，提高公共服务水平。同时，多方筹资，加强建设。进一步加大城镇建设投资力度，推行建设用地“有偿使用制度”，走“以路带房，以地生财，综合开发”的路子，按照“谁投资，谁受益”原则，采取多种形式，吸引外地客商、城镇居民和社会各界投资参与县城建设，为经济发展和提高生产能力提供有力的支撑。

（三）坚持发展抓项目，实施项目带动战略。2017年，紧紧围绕党的十八届三中、四中全会精神，加快推进项目建设，以项目落实带动全县经济社会发展，抓住国家继续推进西部大开发战略的机遇，坚持把抓项目与基本县情、项目的储备和管理、支持企业发展结合起来，把资源优势转化为经济优势，用资源优势推进项目建设步伐。

（四）积极发展文教卫生事业。继续巩固“两基”工作成果，继续深化教育体制改革，整合教育资源，改善办学条件，抓好以乡完小和附设幼儿园为主的教育基建工作，继续深化和落实好医疗卫生体制改革工作，加强食品、药品安全相关工作，建立健全规范化医疗卫生服务体系，全力做好传染病和地方病防控工作，继续大力实施文化惠民各项工程，提高文化对经济转化升级的贡献率，促进文化事业的繁荣发展，为全面建成惠及全县人民的小康社会提供强有力的文化支撑。

（五）继续加强安全生产宣传工作，发扬“安全无小事”思想。以近期中央领导关于加强安全生产工作的重要讲话为指导，坚持以人为本的科学发展观和“安全第一、预防为主、综合治理”的方针，牢固树立安全发展的理念，认真学习安全法律法规，在真学真用上下功夫，在学懂弄通上强意识，在严格排查中求实效，提高安全生产督察人员的素质，为安全生产提供有力的监督。坚决遏制重特大事故发生，保障我县安全生产工作顺利开展。加强对重点项目、重点建设工程实施重点督查与指导，在掌握工程进度的同时，掌握施工安全，将施工事故扼杀于萌芽状态。在对重大建设工程项目进行可行性研究、论证审批、招投标和竣工验收时，严格执行安全生产“三同时”规定，对未按规定进行安全设施“三同时”审查的建设项目，不予批准或办理有关手续。对“三重”项目进行安全生产责任落实情况的检查。

（六）以构建“和谐昂仁”为目标，推动和谐社会建设。把贯彻落实党的十八届三中、四中全会精神同习近平总书记“治国必治边、治边先稳藏”的重大战略思想结合起来、努力确保昂仁县长治久安。一是落实好中央、自治区及地区等出台的一系列支农惠农政策，真正让广大人民群众感受到党和政府的亲切关怀；二是继续实施好财政支农政策，加快惠及民生项目的建设和投入见效；三是加快城镇化建设步伐，提高农牧区商品流通的活力和动力，缩小城乡差距；四是加强环境保护和生态建设，加强和推进湿地保护、植树造林、退牧还草、垃圾和污水处理等工程的建设及管理力度，促进人与自然的和谐发展；五是加强社会治安综合治理工作，强化各类矛盾纠纷排查调处工作，建立健全安全生产，应急预案等防范措施制度。

综 述

昂仁县概况

【历史沿革】 昂仁二字在藏语中意为“长沟”，不同时期的历史文献中也称之为昂忍、昂木仁、昂仁孜、傲不仁、阿木林、章阿木林、绛阿木林等。

昂仁有着久远的发展历史，早在细石器时代就有原始先民在这里繁衍生息。古老的历史孕育了灿烂的文明。县内分布有众多的遗址遗迹、人文名胜，记录了时代的发展、文明的进步。这里还是一世班禅的故里，汤东杰布的家乡，迥巴藏戏的诞生地。底蕴深厚的民族传统文化犹如一座宝库，散发出耀眼的光芒。1959年民主改革之后，国家为便于行政管理，成立日喀则专区，改“宗”为县。1964年，对部分地区进行调整后成立日喀则地区行政公署，昂仁县为日喀则行署所辖，建制沿袭至今。

【地理位置】 昂仁县行政隶属日喀则市，地处日喀则市西部。全县总面积3.96万平方千米，占日喀则市总面积的21%。昂仁县域介于东经85.76°~87.75°，北纬29°~31°，位于日喀则西北部，雅鲁藏布江上游，岗底斯山脉中脊线上，“一江两河”（即雅鲁藏布江、多雄河、梅曲河）流经县域南部。东邻谢通门和拉孜两县，西接措勤和萨嘎两县，南靠聂拉木和定日两县，北依那曲地区尼玛县，县城距日喀则市驻地217公里。总面积3.96万平方千米，全县平均海拔4513米。县城驻地海拔4380米，年降雨量400毫米左右，年平均气温4.5度。昂仁县地势由东向西逐渐抬升，山脉占据全县总面积的五分之三多。海拔4400~4600米，山脉阳坡生长着爬地柏或少量草，阴坡则大面积覆盖着草科植被，河谷平原地多为草场，是昂仁县的牧业基地，大型草场如贡久布草原、措迈草坝、桑桑草坝等。海拔4400米以下，主要为昂仁县农业生产基地，即6个农业乡所在地。因岗底斯山脉东西横贯，所以县域地势中部较高，南北部稍低。南部平均海拔4000米左右。

【气候特征】 昂仁县属高原温带半干旱季风气候区。日照强，干湿季分明，夏季多雨，无霜期短。年无霜期约60天。年降水量220毫米左右。常见的自然灾害有风、沙、旱、雪、霜、虫灾等。独特的地理位置形成两大气候带：东南河谷地带（1镇5个农业乡）为温暖、少风、半干旱气候，平均气温6.5℃，最热月（七月）平均温度12℃，年降水量约400毫米；西北高山地带（1镇10个牧业乡）为多风寒冷、半干旱气候，平均气温在4℃以下，降水量约300毫米。

【水文状况】 昂仁县的水资源来源于地表水资源、地下水资源、冰川水资源和大气降水。昂仁县境内河流密布，主要河流10余条，水面面积近万平方公里，河流总长度近1000公里。雅鲁藏布江及其支流多雄藏布、美曲藏布属印度洋水系，其余大小河流均流入境内或境外湖泊中，属内陆河。雅鲁藏布江横贯县域南部，流经日吾其、多白、卡嘎三乡（镇），境内总长为120公里，河床平均宽约1公里，年均流量为155.5立方米/秒。其他主要河流：多雄河、美曲河。全县湖泊水域面积为15050440亩，湖泊储水量约为21亿立方米。畜如错面积最大，为208平方公里。冰川水资源主要分布于县查孜、宁果乡，以高海拔冰川为主（宁果：北面打果山脉，查孜：污卡拉地）另外，在与萨嘎、吉隆交界区域分布以高山为主的冰川山脉。

【自然资源】 昂仁县共落实农作物播种面积7.85万亩，其中粮食作物播种面积6.39万亩、经济作物播种面积0.94万亩、饲草饲料作物面积0.52万亩。草原畜牧业和农区畜牧业潜力巨大，草场面积2864.85万亩，其中可利用草场2754.59万亩。牲畜总存栏达55.36万（头、只、匹）。其中新生仔畜为18.03万（头、只、匹），成活率为94.38%，同比增长3个百分点。牲畜出栏数17.48万（头、只、匹）。矿产资源丰富，昂仁县已探明有矿产20多种，其中有色金属有金、银、铜、铅、锌等8种，黑色金属有铁、铬等3种，非金属有砷、硫、硼、盐类等9种，另外还储一定藏量的大理石、煤、石油、地热等。昂仁县发现有哺乳动物53种，鸟类200余种，爬行动物6种，两栖类1种。野生动物主要有岩羊、羚羊、獐、狼、狐狸、豹、野兔、旱獭、水獭、融鼠、斑头雁、野鸭、角雉、秃鹫及野牦牛、野驴、黑颈鹤等。家养动物主要有牦牛、犏牛、马、驴、山羊、绵羊、猪、鸡等。这些动物大多是原始品种，长期以来自然选择起主导作用，适应高原环境。昂仁常见的主要树种有爬地松、桓树、杨树。昂仁常见草药有贝母、党参、雪莲花、胡黄莲、当归、车前子、紫苑等约50种。

【人文资源】 昂仁县是第一世班禅的故里，汤东杰布的家乡，迥巴藏戏的诞生地。昂仁县内分布有众多的遗址遗迹、人文名胜，记录了时代的发展、文明的进步，如日吾其金塔、铁索桥，亚洲最大的间歇性高温喷泉达格架。底蕴深厚的民族传统文化犹如一座宝库，散发出耀眼的光芒。独特的高原文化散发着永恒的魅力。湛蓝的天空，苍茫的草原，神山圣湖，绵延雪峰，无不向世人诏示着她不老的魅力；独特的民族文化，博大精深的藏传佛教，无不给世人一份无尽的向往。勤劳、勇敢、智慧的昂仁人民世代守候的这片热土地上，悠扬粗犷的牧歌，燃烧不熄的篝火，香气四溢的酥油茶，充满活力的迥巴藏戏，传承着昂仁县古老的文明。日吾其迥巴藏戏属西藏藏戏蓝面具四大流派之一，被列为国家级非物质文化遗产。

【行政区划】 昂仁县下辖2镇15乡，其中农业乡镇6个，即卡嘎镇、多白乡、日吾其乡、亚木乡、达局乡、秋窝乡；牧业乡镇11个，即桑桑镇、阿木雄乡、切热乡、如萨乡、孔隆乡、宁果乡、查孜乡、贡久布乡、措迈乡、达若乡、雄巴乡。全县共有185个行政村，485个自然村。

【特色产业】 昂仁县是西藏自治区较大的畜牧业养殖县之一，现有农区畜牧业和传统民族手工业等支柱产业。昂仁县农作物主要有青稞、豌豆、小麦、油菜等，畜牧养殖主要有牦牛、绵羊等。工业进一步发展，主要有昂仁县卡嘎镇民族手工业专业合作社、昂仁县卡嘎镇江嘎村民族手工业制品专业合作社、昂仁县聂木昌富民畜产品加工专业合作社、昂仁县多白乡奶牛专业合作社、昂仁县德琴新能源科技有限公司等。昂仁县民族手工业种类众多，有纺织、编织、缝纫、木工、绘画等。

【经济现状】 2016年，全县生产总值7.5亿元，同比2015年增长12.6%；全社会固定资产投资完成8.6亿元，同比2015年增长24.7%；地方财政一般预算收入3083万元，同比2015年增长23%；农村居民人均可支配收入6589.35元，同比2015年增长10.07%；社会消费品零售总额1.5亿元，同比2015年增长20%，圆满完成了全年目标任务。

（彭天亮）

大事记

1 月

4日　昂仁县孔隆乡兑现“双联户”奖金9100元。

同日　昂仁县召开二级班子调整宣布暨集体谈话大会，会议由县委副书记、县长普布多吉主持，县委常委、组织部部长拉欧宣读县委关于干部任免的决定，并代表县纪委作廉政讲话，县委书记李有平出席并讲话。

5日　昂仁县召开回国定居和探亲藏胞座谈会，县委统战部在岗干部、县公安局国保大队负责人和昂仁县回国定居藏胞参加了座谈会。

同日　由昂仁县纪检监察局副局长米玛仓决带领的党风廉政建设考核组到县直各部门进行党风廉政建设年度考核。

6日　昂仁县国土局在山仓村发放草原补贴，共发放补贴65万元。

同日　中国银联西藏分公司副总经理辛建华代表公司全体员工到阿木雄乡驻村点慰问全体驻村队员。

7日　昂仁县2015年县城至秋窝乡通畅项目及秋窝乡帕孜中桥工程等5个一般项目验收工作顺利完成。

同日　昂仁县政协副主席尼玛平措、县委组织部副部长扎旺一行到秋窝乡、亚木乡慰问“三老人员”。

同日　昂仁县组织开展文化市场联合执法行动。

8日　昂仁县多白乡发放慰问资金传递党的温暖。

同日　昂仁县纪委举行新任领导干部廉政谈话。

14日　自治区人民政府环境保护考核检查组对昂仁县2015年度环境保护工作进行考核，自治区工信厅副厅长达顿为考核组组长、环境保护厅监察总队队长达瓦为副组长，环保部、环保厅专家及日喀则市环保局调研员普琼达等9人组成，昂仁县委书记李有平、县委副书记、人大常委会主任旦木真、县委副书记索旦、政协主席仓多、副县长达次、司昆强全程陪同。

15日　昂仁县委组织召开退休干部新春慰问座谈会。

同日　县委副书记、县长普布多吉，副县长达次带领安居办、国土局、发改委等相关部门负责人一行到切多村对灾区重建搬迁选址工作进行初步调研。

19日　昂仁县科技局完成2016年重点科研项目申报工作。

同日　昂仁县查孜乡开展计生奖扶对象资格审核工作。

20日　日喀则市教体局驻昂仁县卡嘎镇通门村工作队向群众发放节日慰问品。

同日　日喀则市教体局驻昂仁县卡嘎镇通门

村工作队召开安全隐患问题会议。

同日 昂仁县召开2015年度机关单位考核述职评议会，县委副书记、县长普布多吉，县委常委、组织部部长拉欧及县直机关单位负责人参加会议。

同日 昂仁县亚木乡党委、政府组织全乡干部职工学习洛桑江村在全国安全生产电视电话会议西藏分会场会议上的讲话精神，要求全体干部职工充分认识洛桑江村讲话的重大意义，深刻领会讲话精神实质。

同日 昂仁县环保局联合县安监局、住建局、国土局、水利局等部门到拟办砂场调查民意。

同日 昂仁县扶贫办到多白乡开展调研工作。

22日 昂仁县召开2016年第一次政府县长办公会。会议由县委副书记、县长普布多吉主持，县委常委达次，县人大常委会副主任索朗旺堆，副县长罗布次仁、雷广军、次琼、旺拉及政府单位参加会议。

24日 昂仁县人社局积极落实惠民资金，保障农牧民权益，共发放城乡基础养老金200万余元。

26日 昂仁县及时落实亚木乡惠民资金，共发放“一孩双女”奖励资金11.93万元、养老保险资金26.98万元、先进“双联户”奖励8.45万元、税改资金85.10万元。

27日 昂仁县2016年公安工作会议圆满召开。县委副书记索旦，县委常委、政法委书记、公安局党委书记、局长、督察长求琼，副县长雷广军，县检察院、法院、司法局主要负责人出席会议。

同日 昂仁县教育局对教育系统生活困难后勤人员、困难优秀教师及职工开展慰问活动，送去慰问金2.8万元。

28日 副县长雷广军牵头，县发改委组织召集县公安局、人社局、交通局、教育局、卫生局、旅游局、工商局、安监局、总工会、农牧局、卡嘎镇等相关部门，对2016年昂仁县春运工作进行安排部署。

同日 由县总工会主席顿珠带领总工会全体干部，对昂仁县两家国有企业的24名困难职工开展送温暖慰问活动，共计发放慰问金2.1万余元。

同日 昂仁县卫生服务中心开展“免费义诊”活动，专门从中心业务结余经费中拿出10万余元，对达夏村80户每户赠送一台冰柜，同时卫生服务中心骨干医生利用半天时间为当地342名群众进行免费义诊，发放常用药品42种，折合人民币4万余元。

2 月

2日 昂仁县聂木昌村工作队为群众购买农机备战秋收，购买脱粒机11台，资金5.03万元。

同日 昂仁县做好“4·25”灾后地质灾害防治工作，总投资3600万元。

同日 日喀则市农发办主任土旦一行工作组到昂仁县进行国家农业综合开发县控制总量摸底调查工作。

5日 昂仁县扶贫办召开扶贫对象精准工作座谈会，副县长次琼主持并讲话，17个乡（镇）主要负责人及相关单位负责人参加会议。

同日 昂仁县全国第二次地名普查初验通过。

23日 昂仁县卡嘎镇开展新旧领导班子离任审计，县人大常委会副主任边顿、人大办主任卓玛普尺、纪委书记顿珠、组织部编办主任次旺、财政局拉巴普赤和次仁旺久，卡嘎镇书记、镇长、人大主席、副科级以上领导干部、专职监察员、财务工作人员等参加会议。

同日 昂仁县召开2016年政法综治工作会议，县委书记李有平，县委常委、政法委书记、公安局局长求琼分别在会议上讲话。

同日 昂仁县多白乡兑现2015年度下半年村干部误工补贴，共兑现误工补贴25.55万元、提标金25.57万元。

24日 昂仁县召开县委理论中心组学习会议，在岗县级领导、县委委员、县直各单位负责人等56人参加会议，县委书记李有平主持并讲话。

25日 昂仁县第七批援藏干部为县敬老院捐赠衣物，折合人民币2万余元。

26日 昂仁县司法局全力做好刑释解教人员安置帮教工作，无一人脱管、漏管，无一人重新违法犯罪，切实维护了昂仁县的和谐稳定。

同日 “网信昂仁”正式上线。

3 月

1日 昂仁县“两江四河”项目工作组到多白乡进行勘测规划。

同日 昂仁县召集工商联会员企业27家主要负责人召开了2016年工商联会议。

2日 昂仁县召开十二届人大常委会第十六次会议，会议由昂仁县委副书记、人大常委会主任旦木真主持召开。

同日 中国共产党第一届日喀则市纪律检查委员会第四次全体会议以电视电话会议的形式召开，昂仁县在岗县级领导、县直各单位负责人、全体纪检干部等56人参加会议。

同日 昂仁县人社局顺利完成2015年事业单位人才信息统计工作。

同日 昂仁县人社局顺利完成固定工退休人员信息采集工作。

同日 昂仁县人社局完成2015年政府系统公务员年终统计，截至2015年12月，昂仁县政府系统公务员共有512名，其中公务员505名，参照公务员7名；乡镇公务员173名，县直公务员339名。

同日 昂仁县人社局顺利完成公益岗位考核及2016年合同续签工作。

4日 昂仁县开展“综治宣传月”活动，全县45家县直单位、红袖标巡逻队等共147人参加活动，发放宣传单7000余份。

同日 昂仁县水利局受市水利局委托，协助山东省设计规划地质勘测院对多雄藏布、梅曲藏布及其汇合流域等三个地段进行实地勘查。

7日 副县长达次一行到桑桑镇拉聂、瓦列等5个村征求新农村建设意见。

同日 昂仁县秋窝乡为南木加村贫困患者琼拉捐款治病，献出爱心款3000元。

8日 副县长达次同安居办主任等一行到切热乡切多村和鲁玛村开展整村搬迁项目最终确认工作。

同日 昂仁县秋窝乡康萨村农牧民人工种草基地纠纷得到妥善处理。

同日 负责蹲点昂仁县卡嘎镇的政协副主席尼玛平措在镇党委书记迟鹏先和镇派出所所长尼玛扎西的陪同下，到卡嘎镇江嘎村对整村推进的房屋拆迁和土地平整现场进行检查指导工作。

11日 昂仁县公安局大力开展接处警回访工作。

同日 昂仁县驻地党支部退休老干部响应县委号召，成立老干部志愿服务队，充分发扬退休不退岗、发挥余热心向党精神。

同日 自治区水规院水文处工作组一行在水利局次旦卓嘎的陪同下，到帕孜水利枢纽工程建设区开展水文监测工作。

14日 昂仁县驻地退休党支部顺利完成支部班子改选工作。

15日 西藏自治区人大常委会副主任、日喀则市委书记丹增朗杰率督导组一行到昂仁县就灾后恢复重建等工作开展督导调研。

同日 副县长达次带领安居办主任、设计小队及相关工作人员组成的设计工作组到切热乡切多村、鲁玛村开展整村搬迁实地选址及布局设计工作。

16日 昂仁县召开2016年整村推进项目户型确定会，县委常委、副县长达次带队到8个行政村进行详细的调研和征求群众意见工作。

同日 副县长罗布次仁、县发改委、住建局、环保局、国土局相关负责人、市城建院设计人员一行到达局乡实地考察垃圾填埋场的前期工作，进行现场调研。

同日 西藏自治区人大常委会副主任、日喀则市委书记丹增朗杰到昂仁县督导调研2016年整村推进项目实施情况，县委书记李有平，县委副书记、县长普布多吉陪同考察。

21日 昂仁县召开2016年干部监督管理联席会议，县委常委、组织部部长拉欧主持会议。

同日 政协昂仁委员会召开一届八次常委会议，昂仁县政协主席仓多，副主席尼玛平措、次仁群培、阿珍以及常务委员共13人参加会议，仓多主席主持会议。

22日 由日喀则市特聘督学、南木林县委副书记、人大常委会主任边仓带队的日喀则市教育局2016年春季开学综合督导组到昂仁县检查指导工作，在县委副书记、县长普布多吉陪同下，督导组先后到切热、桑桑、措迈、达若、县中学、秋窝两所、达居两所等共9所学校检查指导工作。

23日 中国人民政治协商会议第一届昂仁县委员会第五次会议隆重开幕。县委副书记、县长普布多吉，县委副书记、人大常委会主任旦木真等在岗县级领导到会场指导祝贺，驻昂仁县自治区政协委员、市政协委员，县直各单位负责同志应邀列席会议。

同日 昂仁县政协召开一届九次常委会议。县政协主席仓多、副主席尼玛平措、次仁群培以及常委共14人参加会议 ，县委组织部、统战部负责同志列席会议，县政协主席仓多主持会议。

同日 昂仁县人大十二届第九次会议第二次全体会议顺利举行。

同日 昂仁县召开十二届人大第九次会议党员大会，人大常委会党组书记旦木真主持会议，县委书记李有平出席并讲话。

同日 昂仁县十二届人民代表大会第九次会议隆重开幕，会议由大会主席团常务主席，会议执行主席旦木真主持，日喀则市人大常委会副主任尼玛仓列席会议。

24日 昂仁县人民法院党组成员、副院长次旦平措携工作组一行到多白乡楚龙村，利用车载流动法庭的平台，成功调解一起涉案金额达20余万元的赔偿纠纷。

同日 昂仁县十二届人民代表大会第九次会议胜利闭幕，会议应到代表110名，因事因病请假25名，实到85名，符合法定人数。

28日 昂仁县委召开2016年八届纪律检查委员会六次全体会议，会议由县委副书记、县长普布多吉主持，在岗县级领导，各乡镇党委书记、乡（镇）长、纪委书记，县直各部门副科级以上领导干部职工参加会议。

同日 昂仁县召开2016年党建工作会议，在岗县级领导干部、乡（镇）党委书记、副书记、县直机关副科级以上党员干部共180余人参加会议。

同日 由日喀则市副市长甘立泉带队，市委组织部、市教育局、科技局、人社局、文化局等单位领导组成的调研组一行在县委书记李有平、副县长旺拉的陪同下检查调研昂仁县职教中心培训基地基础设施运转情况。

同日 昂仁县召开2016年宣传思想文化工作会议，会议由县委副书记、县长普布多吉主持，“四大班子”在岗领导、县直各机关单位以及各乡镇主要负责人参加了会议。

同日 昂仁县召开2016年工作会议，会议由县委副书记、人大常委会主任旦木真主持，“四大班子”在岗领导，县直各机关以及各乡镇主要负责人参加了会议。

同日 昂仁县人大常委会组织召开乡镇人大主席座谈会。

同日 昂仁县召开全县环境保护工作会议，副县长司昆强及各乡（镇）长、县直相关部门参加会议，会议由县环保局局长王维杰主持。

同日 昂仁县公安局开展打击走私冷冻肉品集中专项行动。

29日 昂仁县编译局开展全县“两会”语言文字翻译工作。

同日 昂仁县召开2016年国土资源工作会议，副县长司昆强，各乡（镇）、县直机关部门负责人、国土资源局全体干部参加了会议。

31日 日喀则市人民检察院驻昂仁县秋窝乡拉萨布村工作队举行“旧衣捐赠 传递关爱”爱心捐赠活动，现场为农牧民群众发放衣物16包，直接受助困难群众达150人；并开展“情系教育爱心助学”活动，无偿向拉萨布村40名在校学生捐赠书包、文具、水杯以及生活补助费，共计6000元。

同日 昂仁县召开2016年农村公路养护工作会议，副县长雷广军，各乡镇主要负责人、财政负责人以及交通局全体干部职工参加会议，会议由交通局局长达瓦主持。

同日 昂仁县国土局完成25所学校宗地面积及权属调查工作。

同日 昂仁县召开2016年全县工作会议，在岗县级领导及县直单位副科级以上干部职工参加了会议，会议由县委副书记、人大常委会主任旦木真主持。

同日 在市教育局教科所所长普琼的带队下，市级8名教学能手到昂仁县完小和中学开展送教下乡活动。

4 月

1日 县委副书记、县长普布多吉实地调研金木措湖旅游开发项目。

同日 昂仁县法院举行新一届廉政监督员聘任仪式。

同日 昂仁县林业局及时兑现野生动物肇事补偿资金，共兑现72.59万元，

同日 昂仁县开展报废汽车回收拆解集中整治工作。

同日 县委副书记、县长普布多吉带领县政府办、林业局、环保局、水利局、旅游局等相关单位负责人，对昂仁金措湖周边环境整治、植树造林以及水质水文处理、县污水处理厂排水建议等进行实地考察。

同日 县委副书记索旦，县委常委、副县长达次，县委常委、组织部部长拉欧一行到切热乡鲁玛村和切多村视察整村搬迁选址及占地规划情况。

5日 昂仁县党员志愿者开展金措白色垃圾清理活动，300余名中共党员干部参加活动。

6日 日喀则市工作组验收卡嘎镇草奖机制工作，县委副书记、县长普布多吉，副县长达次、县农牧局副局长普次、卡嘎镇镇长洛桑尼玛、卡嘎镇草奖办工作人员陪同。

同日 县委副书记、县长普布多吉利用节假日时间实地走访7个乡镇，深入村民家中、走访田间地头，扎实开展春耕备耕大检查工作。

7日 由县委副书记、县长普布多吉带队，县委副书记、人大常委会主任旦木真，县委副书记索旦，县委常委、组织部部长拉欧等11人组成的调研组到如萨乡、孔隆乡、雄巴乡调研指导工作。

同日 昂仁县疾控中心开展世界卫生日活动。

8日 昂仁县法院组建车载流动法庭服务队，县人大常委会副主任边顿、县委政法委副书记尼玛吉拉等出席会议，法院全体党员干警参加了会议。

9日 昂仁县唐东艺术团正式挂牌成立。

14日 昂仁县农牧局到多白乡开展科技特派员种植技能培训。

同日 西藏自治区检察院党组副书记、常务副检察长占堆到昂仁县检察院检查指导工作。

同日 昂仁县林业局完成重点区域造林苗木发放工作，共发放沙棘苗子40万株。

同日 日喀则市农牧局、防疫站工作组到昂仁县桑桑镇检查动物春季防疫情况，县农牧局及兽防站负责人陪同。

15日 昂仁团县委开通“两学一做”微信公众平台。

同日 昂仁县教育局参加全国学校安全工作电视电话会议。会议在北京召开，教育部部长袁贵仁、公安部副部长黄明出席会议并讲话，教育部副部长刘利民主持会议，福建省教育厅、江苏省公安厅、湖南衡阳市教育局、重庆大学分别作交流发言。

18日 昂仁县事业单位岗位设置工作全面启动，县政府副县长旺拉，人社局局长边巴，副局长格桑，昂仁县事业单位岗位设置领导小组各成

员，全县各乡（镇）负责人及工作人员，县直党群、政府系统事业单位负责人及教育系统负责人共70余人参加会议。

同日 日喀则市卫生局局长龙俊芳、主任普赤一行到昂仁县达局乡开展“幸福工程—救助贫困母亲”项目工作，政府副县长尼平和县卫生局、扶贫办、强基惠民办、妇联等部门负责人陪同。

21日 日喀则市教体局幼儿园综合考评组到昂仁县对幼儿园大班幼儿进行综合考评考察。

同日 昂仁县人社局组织输送40名农牧民参加技能培训。

同日 昂仁县人社局完成2015年度全县1245名干部职工（不包括教育系统）共计104.78万元的体检费发放工作。

22日 “幸福工程—救助贫困母亲行动”项目启动，日喀则市卫生局、昂仁县政府领导、县卫生局、县强基办、县扶贫办、县妇联和达局乡党委、政府领导，各村“两委”班子、驻村工作队负责人、受助户代表等共40余人参加启动仪式。

25日 昂仁县召开2016年教育工作会议，县委副书记、人大常委会主任旦木真，县委常委、宣传部部长吕世瑞，县委常委、副县长达次，县人大常委会副主任、孔隆乡党委书记舒元波，副县长尼平、旺拉、次琼、县政协副主席尼玛平措、县政协副主席、秋窝乡党委书记次仁群培、措迈乡党委书记尼玛次仁（副县级）出席，各乡镇党委书记、乡（镇）长、县直各部门负责人、教育局全体干部职工、各校校长及教师代表参加会议，县委副书记、县长普布多吉出席并讲话。

同日 昂仁县农牧民精准扶贫技能培训班正式开班，昂仁县副县长旺拉、人社局负责人、职教中心负责人以及104名贫困农牧民参训学员参加开班仪式。

同日 昂仁县桑桑镇就项目领域突出问题专项整治与驾驶员签订目标责任书，会议由桑桑镇人大常委会主席加措主持。

同日 昂仁县水利局副局长一行调研组到阿木雄乡调研摸底饮用水工程。

同日 昂仁县召开2016年整村推进项目分配会，县委常委、副县长达次、政协主席仓多出席并讲话。

同日 由日喀则市纪委党风室主任达瓦次仁带队的督导组到切热乡检查督导精准扶贫帮扶工作推进情况。

同日 日喀则市专项整治督办组（市住建局）副局长达罗带队到切热乡检查督办专项工作。

同日 昂仁县林业局局长次仁珍拉一行工作组到多白乡德夏村、叶村、措布龙村和赤嘎村对2016年植树造林进行调研，多白乡党委书记索朗次仁陪同。

同日 昂仁县水利局工作组在日吾其乡四个行政村的水利基础设施建设工程进行放线，参加单位有县水利局、日吾其乡人民政府、四个行政村驻村工作队、村“两委”班子成员、施工单位。

27日 昂仁县发改委协同华君电力江苏有限公司到宁果乡实地检查宁果乡光伏电站使用情况及损失情况。

同日 昂仁县人民法院成功调解一起货物运输款案。该案涉案人数达18人，涉案资金16万余元。

28日 副县长旺拉、县政协副主席尼玛平措陪同天津水利规划设计研究院和西藏自治区水利规划勘测设计研究院的14名专家到昂仁县帕孜水利枢纽进行调研。

同日 日喀则市残疾人联合会党组书记、理事长边巴次仁到昂仁县卡嘎镇举行残疾人康复辅助器具发放仪式，向镇残疾人社区康复点发放办公桌椅、沙发、电脑、打印机等各种办公用品和轮椅、坐厕椅、双拐、单拐等辅助康复器具，共计折合人民币5.5万元。

同日 昂仁县开展科技特派员种植业实用技术培训，28名农牧民科技特派员参加培训。

同日 日喀则市食药局检查组在昂仁县副县长尼平及县卫生局、食药局、教育局相关负责人陪同下到县城及附近学校检查督导学校食品卫生管理工作。

同日 昂仁县广播影视服务站为村民发放卫星直播设备。

29日 昂仁县旅游局局长实地调查洛布村观景台项目。

同日 昂仁县疾控中心主任达增一行3人到切热乡督导及检查计划免疫相关工作。

同日 昂仁县小学召开毕业班迎考动员暨模拟考试分析会议。

5 月

5日 昂仁县召开县乡领导班子换届工作第一次常务会议，县委书记李有平主持会议并讲话。

同日 昂仁县召开“两学一做”学习教育工作动员会，县委常委、组织部部长拉欧做动员讲话，各乡镇主要领导、各县直机关单位负责人参加了会议。

9日 昂仁县政协副主席尼玛平措深入卡嘎镇征集群众对帕孜水利枢纽搬迁工作的意见。

同日 昂仁县司法局人民调解办公室联合措迈乡人民调解委员成功调解一起婚姻家庭纠纷。

同日 昂仁县安监局召开企业安全生产管理水平“十个一”活动部署会。

同日 昂仁县项目办工作小组到措迈乡开展桥梁项目放线工作。

同日 由昂仁县扶贫办、发改委、国土局组成的联合工作组到亚木乡调研精准扶贫异地搬迁工作。

同日 昂仁县中学举行第三届田径运动会，昂仁县教育局局长，昂仁县完小校长、昂仁县卡嘎完小校长、昂仁县职业技术学校校长、昂仁县幼儿园院长等出席运动会。

同日 昂仁县召开县乡领导班子换届工作动员部署及培训会议，专题研究部署昂仁县县乡领导班子换届工作，在岗县级领导，各乡（镇）党委书记、人大主席、副书记，县直各单位主要负责人，县、乡领导班子换届工作领导小组全体成员参加了会议。

同日 共青团昂仁县委员会召开纪念“五四”运动97周年暨全县共青团表彰大会，县委副书记、人大常委会主任旦木真、副县长尼平及工青妇单位负责同志等出席会议，副县长尼平主持会议。

10日 自治区环境保护厅及日喀则市环境保护局组成区、市两级检查组，在副县长司昆强的陪同下到昂仁县嘎日村同泰选矿场进行检查指导工作，检查组主要领导有环境保护厅监察总队队长达瓦及日喀则市环境保护局副局长罗布。

同日 日喀则市农牧局副局长宋一彤一行在昂仁县委常委、副县长达次的陪同下到多白乡进行春耕备播情况调研。

同日 自治区水规院移民安置工作组在昂仁县政协副主席尼玛平措的陪同下到昂仁县帕孜水利枢纽工程移民安置点对选址情况进行调查研究。

同日 昂仁县全面启动人大换届选举工作。

同日 昂仁县各乡（镇）召开人大换届选举工作动员部署会。

11日 由日喀则市农牧局局长宋一彤带队的工作组，在昂仁县副县长达次和农牧局局长米玛次仁的陪同下，对昂仁县2016年春耕备耕工作进行督导检查。

同日 昂仁县及时落实60岁及以上人员城乡居民基础养老金，共涉及4594人，落实金额共319.1万元。

同日 县政协副主席、桑桑镇党委书记阿珍与桑桑镇人大常委会主席加措到桑桑镇小学检查督导工作。

同日 县委常委、宣传部部长吕世瑞到昂仁县亚木乡、达局乡检查指导学校少年宫、乡镇综合文化站活动开展情况。

同日 日喀则市推广中心到昂仁县秋窝乡当通村种植“3414”实验田。

12日 县委常委、组织部部长拉欧一行到多白乡开展换届选举民主推荐工作。

同日 昂仁县教育局副局长罗迪到昂仁县医院看望慰问两名住院治疗的小学生。

13日　昂仁县人民医院举行护士节活动。

15日　由日喀则市人大常委会副主任余德平带队的执法检查组到昂仁县就《西藏自治区湿地保护条例》贯彻落实情况进行执法检查。

同日　昂仁县人大常委会组织县政府办等22个政府相关部门，召开了代表意见、建议交办会，县人大常委会副主任边顿主持会议，副县长旺拉参加会议。

同日　昂仁县唐东艺术团顺利完成演艺技能培训。

同日　昂仁县广播影视服务站开展农村电影管理人员培训。

同日　日喀则市林业局副局长文明祥带领工作组在县林业局局长次仁珍拉的陪同下到亚木乡检查指导人工造林项目。

16日　日喀则市林业局副局长文明祥和昂仁县林业局局长次仁卓拉一行在昂仁县多白乡党委书记索朗次仁的陪同下，到多白乡叶村、措布隆村进行2013年多白乡植树造林工程进行检查指导。

同日　自治区总工会副主席边巴次仁带领工作组到昂仁县检查指导工作。

18日　昂仁县政协顺利完成二届委员提名推荐工作。

19日　日喀则市委组织部、人大、政协联合组成工作组到昂仁县桑桑镇督导检查领导班子换届工作开展情况。

同日　由日喀则市人大常委会党组副书记、副主任尼玛仓带队的调研组到昂仁县开展农牧民子女受教育情况专题调研。

同日　日喀则市委换届督导组在昂仁县委副书记索旦及县委常委、纪委书记翁爱忠的陪同下，到切热乡检查指导乡领导班子换届工作开展情况。

20日　昂仁县政协召开一届五次会议提案交办会，日喀则市政协文史民族宗教法制委员会副主任、县政协副主席洛桑索巴、政府副县长雷广军，县政协副主席尼玛平措参加会议，县政协主席仓多主持会议。

同日　县委常委、副县长达次，副县长次琼、旺拉一行工作组到切热乡鲁玛村、切多村，对两个行政村灾后重建异地搬迁施工现场进行检查指导。

同日　日喀则市委常委、纪委书记马陵田，市纪委副书记、监察局局长辛春弟一行工作组到昂仁县对党风廉政建设工作开展情况进行调研。

22日　昂仁县人大常委会组织召开县乡人大换届选举工作调度会，县人大常委会副主任舒元波主持会议。

24日　自治区总工会调查组到昂仁县措迈乡查看各项工作开展情况。

同日　由县委副书记、县长普布多吉，县委副书记索旦，县人大常委会副主任舒元波带队的三个督导小组，到全县17个乡镇对领导班子换届工作进行督查指导。

同日　昂仁县召开四大班子“两学一做”学习教育讨论会，县委书记李有平主持会议，在岗县级领导、县直机关负责人共70余人参加会议。

同日　昂仁县召开二级班子调整干部任职宣布暨集体谈话大会，县委副书记、县长普布多吉主持会议，在岗县级领导、涉及调整的干部参加会议。

25日　日喀则市委副书记、常务副市长赵志远到昂仁县检查指导山东援藏项目建设。

同日　县委书记李有平，县委副书记、县长普布多吉，县委常委、副县长达次一行到切热乡帕灯村对整村搬迁项目进行实地考察，乡党委书记、乡长及相关工作人员陪同。

26日　县委书记李有平，县委副书记、县长普布多吉一行工作组到切热乡检查指导工作。

同日　昂仁县召开规范建设领域劳动用工和工资支付工作会议，副县长旺拉主持会议，县人社局、信访局、发改委、国土局、农牧局等有关单位参加了会议。

28日　昂仁县组织召开全县县乡领导班子换届培训会，部署下阶段换届工作，县委书记李有平主持会议，在岗县级领导、四办负责人、各乡镇主要领导、县换届领导小组成员、县换届办全体人员参加会议。

30日 昂仁县召开干部任职宣布暨廉政宣誓大会，县委书记李有平等6名县级领导归口对78名新任干部进行逐一任前谈话，县纪委全程组织参与并详细记录。

31日 县委副书记、人大常委会主任旦木真一行督导检查组到切热乡对人大换届工作进行指导检查。

同日 昂仁县召开第十三届人大县直机关选区选举会。

6 月

6日 昂仁县民政局及时足额落实民政惠民资金，共计发放54万元。

同日 由县委书记李有平，县委副书记、县长普布多吉，县委常委、副县长达次，县安居办工作人员组成的工作组对昂仁县整村推进项目进行实地考察。

8日 昂仁县开展红领巾相约中国梦活动。

12日 昂仁县召开2016年第二次政府工作推进会议，县委副书记、县长普布多吉主持会议，副县长尼平、司昆强、雷广军、次琼及政府系统各部门负责人参加了会议。

同日 昂仁县进行地质灾害隐患点应急排危项目现场勘查工作。

同日 日喀则市国土资源局肖科长一行到昂仁县对汛期前地质灾害防治工作进行全面督导检查。

17日 政协第一届昂仁县委员会召开最后一次主席会议，政协副主席洛桑索巴、次仁群培参加会议，办公室工作人员列席会议，政协主席仓多主持会议。

20日 日喀则市商务局到昂仁县开展“安全生产月”活动。

同日 昂仁县十二届人大常委会第十九次会议成功召开。

27日 山东省第八批援藏干部抵达日喀则。

同日 昂仁县召开下半年安全生产部署会议。

同日 昂仁县多白乡党政主要领导同第六批自治区烟草公司驻村工作队探讨共商精准扶贫推进工作。

同日 日喀则市水利局2016年第二轮水利综合监督检查组到昂仁县检查指导工作，副县长旺拉及水利局主要领导陪同。

28日 自治区水保局局长易云飞一行到昂仁县同泰矿业有限公司采矿点对采矿点水保工作进行指导检查，县水利局副局长次旦卓嘎陪同。

7 月

1日 昂仁县热烈庆祝中国共产党成立95周年。

4日 由西藏自治区党委巡视第三组组长廖波及市纪委书记马陵田等一行工作组到昂仁县召开自治区党委第三巡视组动员会，县委书记李有平主持会议，在岗县级领导，县直单位副科级以上干部，乡镇班子成员、企事业单位负责人等共165人参加会议。

5日 由自治区民族艺术研究所相关领导及日喀则市文化产业科相关领导带队到昂仁县开展地方戏曲剧种普查工作，并对普查资料和进展情况进行补充调查、指导督促。

同日 县委书记李有平，县委副书记、县长普布多吉和县委常委、组织部部长拉欧一行到县退休支部活动中心对29名在县退休干部进行慰问。

6日 自治区检察院常务副检察长汪留国一行工作组到昂仁检察院召开座谈会，县委常委、政法委书记求琼等政法各部门负责人、检察院在岗干警参加了会议，县委常委、政法委书记求琼主持会议。

10日 县委副书记、县长普布多吉，副县长旺拉同县农牧局、水利局、交通局、水利局等相关部门负责人到多白乡检查指导防汛受灾工作。

12日 县委副书记、县长普布多吉到达局乡实地察看灾情。

同日 日喀则市中级人民法院副院长央珍一行考核组到昂仁县法院对2016上半年法院工作目标完成情况及“规范司法行为年”活动开展情况等进行检查考评。

同日 自治区妇联主席江村拉姆和日喀则市妇联叶主席、市妇联刘主席一行督导组到昂仁县妇联检查指导工作。

13日 昂仁县召开第七次县委理论中心组学习会议，县委书记李有平主持会议，在岗县级领导、县直各部门负责人共65人参加会议。

14日 山东淄博第八批援藏领导到达局乡开展“五进五访”调研专题座谈会。

同日 解放军第302医院专家到昂仁县开展包虫病患者筛查工作。

同日 昂仁县组织召开“两学一做”学习教育第二次专题研讨会，自治区党委巡视组领导出席会议。

同日 昂仁县召开第二季度干部监督管理联席会议，县委常委、组织部部长拉欧主持会议。

同日 县委副书记、县长普布多吉和副县长旺拉同县政府办、民政局、林业局、交通局、农牧局、水利局等部门组成工作组到亚木、秋窝、达局3个乡检查指导防汛救灾工作。

15日 昂仁县委宣传部为荣获自治区级文明村镇（文明单位）的桑桑镇和国税局进行隆重的挂牌仪式，县委常委、宣传部部长孙晓锋，政府副县长索朗次仁参加挂牌仪式。

同日 日喀则市政协副主席边巴，市政协提案委员会副主任郑会全及市扶贫办、发改委负责同志一行到昂仁县调研精准扶贫、精准脱贫工作并召开座谈会，县委副书记、县长普布多吉，县政协主席吕世瑞，县政协副主席次仁群培陪同调研，县财政局、发改委、扶贫办负责人及驻昂仁县三级政协委员代表参加调研并出席座谈会，政协主席吕世瑞主持会议。

18日 由西藏自治区人大常委会副主任李文汉带队的精准扶贫精准脱贫专题调研组到昂仁县开展专题调研。

同日 由日喀则市委常委、副书记陈来尼玛带队的工作组到昂仁县视察监督整村推进项目实施情况，县委副书记、县长普布多吉，县委常委、副县长达次陪同视察。

同日 县委副书记、县长普布多吉带领广大干部群众到一线抗灾。

20日 昂仁县召开县委理论中心组第九次学习会议，县委书记李有平主持会议，在岗县级领导及县直各单位负责人参加了会议。

21日 西藏自治区教育厅副厅长、区教育督导委员会常务副主任旺堆带领区教育厅相关处室领导，到昂仁县切热乡小学视察学校工作，昂仁县政府副县长索朗次仁、县教育局和乡政府主要负责人陪同视察。

22日 西藏瑞丰建筑有限公司（法人代表：付永清）向昂仁县教育基金捐资12万元。

26日 县委常委、纪委书记屈小刚一行工作组到县文广局，专题调研党风廉政建设工作开展情况。

8 月

3日 昂仁县科技特派员（种植业）培训班圆满结业。

同日 昂仁县林业局、环保局、国土局、发改委、住建局工作人员陪同县委副书记、县长普布多吉，副县长雷广军，对汤东文化纪事馆进行放线。

5日 昂仁县开展第一批特种作业培训教育，县安监局局长米玛顿珠主持开班，市安监局和西藏金正培训公司主任魏红梅出席会议，米玛顿珠局长作动员讲话。

14日 中国银联西藏分公司副总辛建华到昂仁县阿木雄乡甭那村进行检查和节日慰问。

同日 县委常委、纪委书记屈小刚对乡镇纪委书记进行廉政谈话。

同日 日喀则市国土资源局局长波波次仁及县国土局工作人员一行到阿木雄乡同泰公司下你

矿点和西盟公司普觉矿点实地检查地质环境保护与次生地质灾害防治工作。

同日　日喀则市草原站工作组到昂仁县查孜乡进行全面监督检查，给牧民群众发放铁丝网。

同日　昂仁县党校校长德吉和宣传部副部长米玛旺堆到查孜乡宣讲习近平总书记“七一”重要讲话和西藏今夕历史。

16日　县委副书记、县长普布多吉带领县防汛抗旱指挥部相关成员单位负责人及公安干警组成的抢险工作组第一时间赶赴受灾现场进行抗险救灾。

19日　副县长雷广军到县城施工工地检查指导工作，县发改委主任、水利局局长、项目办负责人、监理等陪同检查。

22日　昂仁县开展2016年度征兵体检活动。

同日　团日喀则市委副书记巴桑顿珠一行到昂仁县调研共青团工作，县委副书记、人大常委会主任旦木真及团县委、桑桑镇党委负责人、卡嘎镇党委负责人全程陪同。

23日　县委副书记、人大常委会主任旦木真到昂仁县达若乡检查监督各项惠农资金落实情况。

28日　昂仁县召开上半年经济运行分析会暨工作安排部署会，会议由县委常委、副县长王卫华主持，在岗县级领导、政府职能部门、17个乡（镇）人民政府主要负责人参加会议。

同日　淄博市第八批援藏工作组“圆梦行动”助学座谈会顺利召开，共提供4.5万元的助学金，县委副书记、人大常委会主任旦木真、县委常务副书记何恒斌及县援藏工作组代表、县教育局及团县委负责人、部分受资助学生代表出席会议，人大常委会主任旦木真主持会议。

9 月

7日　日喀则市卫生和计生委主任索多、县人民政府副县长索朗次仁、市卫计委副调研员尼玛次仁、县卫生局局长边加等领导一同到县卫生服务中心进行督导检查。

同日　昂仁县食品药品监督管理局大力开展昂仁县“三会（党代会、人代会、政协会）”期间食品安全保障工作。

同日　昂仁县召开落实“育才教育基金”专题会议暨2016年贫困学生奖励资助发放仪式，县委副书记、县长普布多吉出席并讲话，县委常委、副县长王卫华主持会议。

同日　昂仁县召开2016年脱贫攻坚政策培训会。

同日　自治区农业检查组到多白乡开展农业生产验收工作。

9日　昂仁县开展“服务百姓健康行”大型义诊活动。

同日　昂仁县委常委、副县长达次同安居办、发改委等单位负责人组成工作组到切热乡帕灯村检查督导“整村推进、易地搬迁”项目施工工作。

10日　县委常委、纪委书记屈小刚到亚木乡指导2016年党风廉政工作。

13日　县委副书记、县长普布多吉和副县长索朗次仁在教育局局长陪同下到昂仁县中学考察校园环境，并向辛勤工作在教育战线上的教师致以节日的祝贺和亲切的慰问。

同日　昂仁县举行第三十二个教师节表彰大会，县委副书记、县长普布多吉出席并讲话，县委副书记索旦主持会议，县委常委、统战部部长尼玛平措，县人大常委会副主任舒元波、副县长索朗次仁、县法院院长米玛旦增出席会议。

18日　昂仁县召开“百企帮百村”精准扶贫行动对接会，县委常委、统战部部长尼玛平措主持会议。

19日　副县长旺拉到切热乡检查“整村推进、易地搬迁”项目施工工作开展情况。

同日　县委副书记、人大常委会主任旦木真到切热乡三个村检查督导“整村推进，易地搬迁”施工进度，县安居办工作人员陪同检查。

同日　昂仁县人社局局长边巴及工作人员到切热乡检查新农保资金落实情况及信访工作。

同日　在昂仁县委副书记、县长普布多吉，

副县长旺拉、农牧局局长米次的陪同下，西藏自治区农牧厅党组书记高巴松、市农牧局副局长宋一彤等一行督导检查组到昂仁县对2016年“三秋”工作落实情况进行督导调研。

21日 昂仁县先天性心脏病筛查工作圆满完成，共为963名学生进行了先天性心脏病筛查，对其中疑诊先天性心脏病的89名学生进行了免费的心脏彩色超声检查，并为9名学生有手术治疗体征的患者留下联系方式，开辟绿色通道，给予免费治疗。

同日 由西藏自治区林业规划研究院及市林业绿化局领导组成的工作组到昂仁县对2017年度县级规划造林点、面积等进行全面审核、研究和规划。

同日 第十二届桑桑赛马节盛大开幕。

30日 自治区环境保护厅考核验收组对昂仁县申报2016年自治区级十个生态村进行现场考核验收，昂仁县政府副县长司昆强、环保局局长王维杰共同到现场接受考核验收工作。

同日 昂仁县召开2016年民族团结先进表彰大会。

10月

同日 昂仁县公车统一喷绘“公务用车”标识。

10日 昂仁县开展危险化学品领域安全生产检查。

同日 西藏自治区节能监察中心节能监察员米玛平措、普琼、自治区工业和信息化厅节能处央拉、日喀则市发改委环资科宋传珍一行到昂仁县对桑桑镇嘎日村选矿厂进行检查指导，昂仁县政府副县长达次、发改委主任戚星陪同。

同日 由昂仁县人大常委会副主任边顿牵头的县项目建设领域突出问题专项整治工作组到切热乡检查专项整治工作落实情况。

同日 副县长旺拉同县扶贫办、安居办、国土局、住建局等相关部门负责人到切热乡检查主体验收整村推进工作。

同日 昂仁县水源地安全保障工程项目通过验收。

同日 日喀则市水利局水利综合检查组一行对昂仁县2016年水利工作综合情况进行第五次检查。

13日 昂仁县精准扶贫农牧民技能培训第二期正式开班。

同日 昂仁县扶贫办主任杨洋和次顿一行到切热乡对精准扶贫各项工作开展情况进行检查督导。

14日 昂仁县不动产登记管理局和不动产登记中心正式挂牌成立，县委副书记、县长普布多吉，县委副书记、人大常委会主任旦木真，县委常务副书记何恒斌等在岗领导以及县发改委、财政局、国土资源局、农牧局、住建局、林业局等县直部门负责人出席挂牌仪式。

16日 昂仁县召开2016年信访工作联席会议，县委常委、政府副县长达次主持会议，在岗县级领导及各乡（镇）、各部门主要负责同志参加了会议。

18日 昂仁县完成昂仁县—拉孜县第四轮县级行政区域界线联检工作。

19日 昂仁县人大召开巩固“代表之家”及“代表小组”工作部署会，会议由人大办主任卓玛普尺主持。

同日 昂仁县召开2016年产业发展会议，县委副书记、县长普布多吉等在岗的县级领导及各部门主要负责参加会议。

同日 日喀则市委副书记、市政府常务副市长、山东省援藏干部总领队冯继康等一行6人到昂仁县考察指导工作，亲切看望慰问淄博市第八批援藏干部，省中心管理组领导徐大连、汲广树、侯长蓬、赵世团、鲁法涛陪同视察，县领导普布多吉、旦木真、何恒斌、邢化良、张公博、王卫华等迎接视察组一行，并陪同视察活动。

同日 昂仁县开办第一批村干部素质能力提升培训班开班典礼。

26日 昂仁县十三届人大常委会第二次会议成功召开，会议由县人大常委会副主任边顿主持，县委副书记、人大常委会主任旦木真，人大常委会副主任舒元波、顿珠参加会议。

同日 昂仁县召开县委理论中心组第十三次学习会议，会议由县委副书记、政府县长普布多吉主持，在岗县级领导、县直各单位负责人及乡镇负责人参加会议。

28日 昂仁县人社局成功调解一起集体劳资纠纷案件，涉及农牧民工人26人，涉案金额45.53万元。

11月

7日 县委常委、副县长王卫华和商务局局长果杰到切热乡开展农牧民家电家具下乡补贴政策的宣传工作。

同日 昂仁县组织传达学习中共十八届六中全会精神，安排部署昂仁县学习宣传贯彻工作，县委副书记、县长普布多吉和县委常委、宣传部部长孙晓锋出席会议并讲话，在岗县级领导，各乡镇党委书记、副书记，县直各党支部负责人参加会议。

8日 昂仁县县级领导班子围绕“讲学习”环节召开专题研讨会，会议由县委副书记、人大常委会主任旦木真主持，在岗县级领导参加了专题研讨并发言，各县直机关负责人参加专题研讨。

同日 昂仁县召开援藏项目建设协调会，县委副书记、县长普布多吉和县委常务副书记何恒斌出席会议并讲话。

同日 昂仁县退休党支部召开专题学习会，会议由县老干部局负责人主持，全体退休党员参加会议。

同日 中科院林业调查规划院李工一行3人到昂仁开展公益林成效调查工作。

9日 昂仁县中学举办消防逃生演练主题活动，昂仁县消防大队章嘉亲自对师生传授有关消防知识。

同日 昂仁县召开生态补偿转移就业岗位落实及年底脱贫考核部署会议，县委副书记、县长普布多吉，副县长旺拉、索朗次仁、次琼以及17个乡（镇）主要负责人等共31人参加会议，会议由副县长次琼主持。

同日 昂仁县开展第二期村干部素质能力提升培训。

16日 县委常委、政法委书记、公安局局长、督察长求琼一行工作组到切热乡检查指导工作。

同日 日喀则市西部县科技特派员农机维修综合技能第三批培训在昂仁县开班。

18日 日喀则市委常委雷进昌在昂仁县亚木乡钦普村走访结对认亲户。

同日 由县委常委、政法委书记、公安局局长、督察长求琼牵头，县国土局、安监局、环保局、人社局、组织部、纪检委部门组成的工作组到各矿山，开展矿山领域“双拖欠”排查工作。

21日 日喀则市委常委、秘书长雷进昌到多白乡检查指导近期重点工作开展情况。

22日 昂仁县中学开展防止传销“进校园”主题宣传活动。

同日 日喀则市政协党组书记、主席普布一行到昂仁县政协开展调研，走访看望机关干部职工，听取意见建议，并提出相关要求，县委副书记索旦，县政协党组书记、主席吕世瑞陪同。

同日 昂仁县个体工商户2015年度年报公示抽查工作顺利完成。

23日 昂仁县林业局为措迈乡热欧村村民勇久送去野生动物袭击补偿资金7.794万元。

28日 昂仁县召开县委常委会第27次（扩大）会议暨县委理论中心组第十四次学习会议，在岗县级领导和县直各单位主要负责人参加会议。

同日 由县委常委、组织部部长拉欧带队的考核组到多白乡开展2016年底综合目标责任考核工作。

29日 昂仁县召开永久基本农田划定工作全面推开动员部署会议，副县长司昆强、8个乡（镇）长、国土专职人员以及县直部门负责人参加会议，会议由县国土资源局局长索多主持。

同日 昂仁县召开2016年党风廉政建设述责述廉会议，县委书记李有平、县委副书记索旦、县委组织部部长拉欧出席会议，17个乡（镇）书记及县直各部门负责参加会议，会议由县委常委、纪委书记屈小刚主持。

30日 宁果乡人大主席索朗多布杰同乡纪委、乡精准扶贫专干、乡财务人员下村兑现生态岗位补偿资金，共兑现45万元。

12月

1日 昂仁县人民法院党组书记、院长米玛旦增到贡久布乡孜果、孜热村，走访结对帮扶贫困户，了解结对帮扶贫困户近段时间的脱贫进展情况。

同日 县委常委、纪委书记屈小刚带领县纪委一行4人，到多白乡进行结对认亲活动并调研检查指导工作。

2日 昂仁县组织开展以“遵纪守法 文明驾车 安全出行”为主题的“全国交通安全日”主题宣传活动。

5日 市委组织部党建考核组到昂仁县纪委监察局，对2016年“两学一做”“七项重点任务”等基层党建工作进行了督导考核。

同日 昂仁县政协召开第二届常务委员会第一次会议，县政协主席吕世瑞主持会议，县政协副主席次仁群培和县政协副主席、桑桑镇党委书记阿珍出席会议，县政协常务委员会全体常委参加会议，部分乡镇委员联络员列席会议。

同日 日喀则市委宣传部外宣办副主任田冰一行到昂仁县就脱贫攻坚、灾后重建、产业发展等工作进行调研和采访报道，县委常委、宣传部部长孙晓锋陪同。

同日 昂仁县组织召开信访工作联席会议，会议由县委副书记、县长普布多吉主持，各信访联席会成员单位负责人参加了会议。

同日 县委副书记索旦陪同日喀则市党建考核组到多白乡检查2016年乡党建工作开展及落实情况。

6日 昂仁县林业局局长次仁珍拉一行工作组到多白乡督查重点区域生态公益林建设工程项目。

同日 日喀则市政府党组成员、副市长，市公安局党委副书记、局长、督察长次仁扎西率督导检查组到昂仁县，就安全生产和消防安全工作进行督导检查。

7日 由昂仁县安监局组织联合县国土局、环保局、人社局3家单位开展安全生产大检查工作。

同日 昂仁县总工会组织开展全国法制日宣传活动。

同日 昂仁县召开弘扬“老西藏精神”专题报告会，日喀则市副市长李玉建给全县干部职工做专题报告。

9日 县委副书记、人大常委会主任旦木真一行到达局乡伦定村实地考察，对“农牧结合示范点”的前期工作进行调研。

同日 昂仁县措迈乡发放精准扶贫生态岗位补贴资金，共兑现61.2万元。

同日 由昂仁县组织部编办主任次旺带队，县纪委、统战部、综治办和县人大办组成的考核组到措迈乡开展2016年度非经济考核工作。

同日 昂仁县组织召开“增强四个意识、树立四个自信，做合格党员”专题研讨会，县委常委、组织部部长拉欧主持会议，在岗县级领导、各县直机关负责人参加会议。

同日 昂仁县召开小学教师一级（原小教高级）职称评审会议，副县长索朗次仁全程参与评审，县人社局相关负责人应邀列席。

11日 昂仁县召开“扬清激浊、严规矩守纪律，做合格党员”专题研讨会，县委书记李有平出席会议并讲话，县委常委、组织部部长拉欧主持会议，在岗县级领导、各县直机关负责人参加会议。

14日 昂仁县委组织部组织看望慰问病故老党员家属，并送去慰问金。

同日 昂仁县委老干局走访慰问帮扶贫困

户，由县老干部局局长朗杰主持会议，全县驻地退休党员参加会议。

同日 昂仁县召开第五批驻村工作总结表彰暨第六批驻村工作动员大会，县委副书记、人大常委会主任旦木真，县委常委、政法委书记、公安局局长、督察长求琼，县委常委、组织部部长拉欧，县委常委、副县长王卫华，人大常委会副主任舒元波，县政协副主席次仁群培，曲德寺管委会主任旺加，以及各乡（镇）主要领导，县直和企事业单位主要负责人及第六批驻村工作队队长共计260余人参加会议。

15日 昂仁县政协主席吕世瑞到帮扶联系的贡久布乡完全小学开展联系工作，了解学校情况，看望慰问教职工并为困难学生送去过冬衣物。

19日 昂仁县开展党风廉政建设宣传教育月活动。

同日 昂仁县委宣传部普觉一行检查考核组到检察院进行年度精神文明建设工作考核。

20日 由县卫生局局长边加牵头，昂仁县疾病预防控制中心工作人员珍西、普布扎西等三人组成的考评组到17个乡镇卫生院进行年初签订的2016年卫生工作目标任务完成情况考评工作。

21日 昂仁县召开“扬清激浊、严规矩守纪律，做合格党员”专题研讨会，县委书记李有平出席会议并讲话，县委常委、组织部部长拉欧主持会议，在岗县级领导、各县直机关负责人参加会议。

同日 昂仁县召开“增强四个意识、树立四个自信，做合格党员”专题研讨会，昂仁县委书记李有平出席会议并讲话，县委常委、组织部部长拉欧主持会议，在岗县级领导、各县直机关负责人参加会议。

同日 昂仁县召开“不忘初心、真抓实干，做合格党员”专题研讨会，县委常委、纪委书记屈小刚主持会议，在岗县级领导、各县直机关负责人参加会议。

22日 昂仁县委办公室深入学习党的十八届五中全会精神，办公室副主任白珍主持会议，8名干部职工参加学习。

同日 昂仁县委召开理论中心组学习，对党的十八届六中全会审议通过的《关于新形势下党内政治生活的若干准则》和《中国共产党党内监督条例》进行学习，由县委书记李有平主持，县委常委、纪委书记屈小刚宣读《条例》《准则》相关内容，县委副书记、县长普布多吉，县政协主席吕世瑞，县委副书记索旦等县级领导及县直各部门负责人参加学习。

同日 昂仁县政府党组召开专题会议，会议由县委副书记、县长普布多吉主持。

28日 日喀则市统战部常务副部长旦增达娃一行综合考评工作组到昂仁县对党风廉政建设责任制情况进行考核，县委常委、纪委书记屈小刚详细汇报昂仁县党风廉政建设工作开展情况。

29日 昂仁县召开第四季度干部监督管理联席会议，县委常委、组织部长拉欧主持会议，干部监督联席会议成员及16名干部义务监督员参加会议。

同日 昂仁县农普办召开第三次全国农业普查动员部署会议，昂仁县普查办全体工作人员、相关单位负责人、各乡（镇）主要负责人及业务骨干人员共48人参加会议，副县长索朗次仁及农普办格旦共同主持会议。

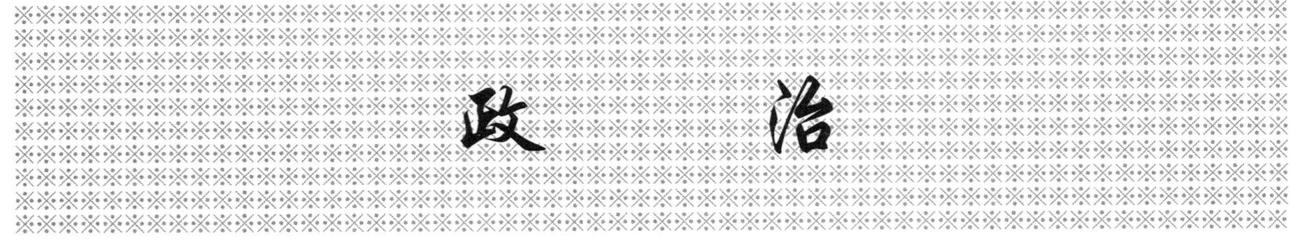

中共昂仁县委员会

【概况】 2016年，全县干部职工凝心聚力、目标一致，圆满完成“4·25”尼泊尔地震后抗险救灾、易地扶贫搬迁、灾后重建等各项工作。2016年全县完成生产总值7.5亿元，同比增长12.6%；其中，第一产业完成1.7亿元，同比增长3.8%；第二产业完成2.6亿万元，同比增长33.4%；第三产业完成3.2亿万元，同比增长4.5%。2016年全社会固定资产投资8.6亿元，同比增长24.7%。2016年社会消费品零售总额1.5亿元，同比增长20%。2016年地方财政收入3083万元，同比增长23%；地方财政支出130849万元，同比增长125.2%。

【农业方面】 2016年，农作物播种面积为7.85万亩，同比增加0.397万亩。全县青稞总播种面积达3874.6公顷，青稞总产量达18885吨，占粮食作物总产量的95.77%。全县粮油总产量达4144.38万斤，同比增加488.1万斤，青稞每亩单产达到633.53斤。粮、经、饲三元比例调整为81：12：7；全县人工种草保留面积为11.1万亩，其中多年生保留面积0.5万亩，当年生10.5万亩，年产草量为3150万斤。

【牧业方面】 2016年，牲畜总存栏达55.36万头（只、匹），牲畜出栏17.48头（只、匹），出栏率达32.17%；新生仔畜成活17.02万头（只、匹），成活率达94.38%；严格落实春秋季疫苗注射和疫病防控工作，防疫率达到100%；2016年全县牦牛饲养量达79923头，出栏达17043头，其中活畜出售1260头；全县藏系绵羊存栏总数235007只，其中适龄母羊123806只，年繁活羔羊93899只，年出栏绵羊98128只；全县藏鸡饲养量达4039只；截至年底，引进亚东帕里种牛225头、仲巴吉拉种牛15头，白绒山羊200只，霍尔巴种羊300只。

【农畜产品】 2016年，全县牛肉产量达1828.81吨；奶类产量达4559.96吨；羊毛产量达238.98吨，其中绵羊毛产量达152.4吨，山羊绒产量达38.95吨，山羊粗毛产量达47.63吨。鸡蛋产量达11.41吨，其中出售6.84吨，全县羔皮产量达7008张。

【民生方面】 2016年，共兑现2015年草畜平衡奖励资金及禁牧补助资金共计5242万元；落实2015年农机购置补贴资金共239万元；兑现草场补偿费251.5万元；兑现林业惠农资金620.58万元；兑现2016年度退耕还林现金补助41.7万元；兑现2015年度中央森林生态效益补偿基金（提标）管护补助资金144.32万元；兑现2016年度重点区域造林资金105.21万元；兑现2015中央财政湿地补助资金（退牧、休牧补助）12.53万元；兑现2015中央财政湿地补助（管护）资金14.4万元；兑现2015年度拉萨周边造林资金28.35万元；兑现2015年防护林体系建设工程资金44.45万元；兑现2015年度野生动物肇事损失补偿费87.76万元。

截至年底，全县农村公路通车总里程2273.157公里，其中：国道1条187公里；省道2条248公里（S205线173公里、S206线75公里）；县道1条233.789公里；乡道8条665.051公里；村道867.893公里；专用公路通达里程70.965公里，实现全县农村公路、乡镇和建制村通达率100%，通乡油路覆盖率24%。

【家电家具下乡】 年内，积极推进家电家具下乡工作，及时兑现购置家电家具补贴资金。2016年，全县累计销售家电家具下乡销售金额为1044.17万元，补贴资金达280.77万元。

【基础设施建设】 水利基础设施日趋完善，新建康萨灌区等大型水利工程10项，增加有效灌面79964.32亩；藏中电网覆盖县城及7个乡镇130个行政村；建成农村、寺庙饮水安全项目183个，新增解决15025人饮水安全，农村饮水安全人口覆盖率达92%；投资19441.86万元实施185个行政村人居环境整治工程；投资1.27亿元建成保障性住房927套；投资1.02亿元实施安居工程6325户。乡镇通光缆率、通邮率和行政村通电话率均达到100%。

【社会保险】 截至年底，全县基本社会保险覆盖率达98%，共41158人次参保，征缴社会保险费3294.76万元。企业基本养老保险参保342人，失业保险参保970人，工伤保险参保1875人，城镇职工基本医疗保险参保2003人，城镇居民医疗保险参保833人，生育保险参保1730人，城镇居民养老保险参保33405人，城镇失业登记率控制在2.05%以内。

【各项收入】 2016年，邮政业务总收入96万元，邮政快递总量完成7.5万件，快递收入7万元。年末城乡居民邮政储蓄存款余额2100万元；2016年电信业务收入500万元，移动业务收入1200万元；2016年共接待游客12.5万人次，实现旅游收入502.5万元。

【劳务输出】 2016年，全县劳务输出稳步增长，实现劳务输出2.96万人次、2.33万人，实现劳务收入7052.3万元，分别完成年初目标任务的101%、126%。

【产业发展】 年内，紧紧围绕“桑桑酥油”、牦牛、藏鸡、人工种草等优势，不断壮大和发展各类农畜产品生产加工企业。截至年底，发展各类农牧业生产加工专合组织35家，参与农牧户356余户，辐射带动2563人，实现经营收入560余万元。同时申报市级专合组织3家，扶持和培育加工专业合作社2家。

【项目建设】 实施2015年退牧还草工程等5类农牧业基本建设项目，总投资为5778万元，其中2015年第三批青稞基地建设项目、草奖人工种草基地建设项目、2015年退牧还草工程、灾后重建温室大棚项目等已全部完工；桑桑镇垃圾填埋场项目总投资为903万元，2016年已完成90%；2016年度重点区域造林，完成3个乡镇、5个作业区，910.3亩重点区域造林，总投资为190.7万元，林木成活率达85%以上；防护林体系建设工程，完成2015年度防护林体系建设，共造林440亩，总投资为189万元，林木成活率达85%以上；完成2015年度拉萨周边防护林工程，在多白乡叶村共完成拉萨周边造林2000亩，在多白乡谢村封育6000亩，项目总投资102万元，林木成活率达85%以上；2016年昂仁县完成水利项目建设共计4个，项目总投资为2127.1万元，主要有：2016年小型农田水利基础设施建设专项县项目，该项目总投资为1149.4万元，涉及昂仁县亚木乡12个行政村，共有12个项目点，建设规模：新建取水枢纽13座，新改扩建水塘3座、总库容为0.54万立方米，新修水渠12条、总长19.53公里；灾后恢复重建村庄供水工程，该项目总投资为270.36万元，涉及桑桑镇、卡嘎镇、切热乡6个村1893人、28180头（只、匹）人畜饮水安全问题，新建截潜流取水枢纽3座（坝长8~10米），大口井9眼，铺设输、配水管道4.233公里，新建高位蓄水池2座，管道沿线建筑物7座，集中供水点7座，保暖房228平方米；灾后恢复重建村庄防洪堤工程，该项目总投资为355.6万元，涉及桑桑镇、卡嘎镇（余松村、洛布村、梅朵、江嘎村）365户、1463人。工程规模：新建堤防总长2.902公里，其中桑桑镇余松村新建堤防右岸总长1.055公里，洛布村新建堤防右岸总长0.611公里，梅朵村新建堤防两岸总长0.82公里，江嘎村两岸0.416公里，堤防基础结构为钢筋笼石笼，堤身为铅丝石护坡式结构；科技特派员创业项目。项目共计资金20万元，培养和培训农牧民200人，辐射带动1000人次，创建1个专业合作社，培训示范大户3户，辐射带动500人次，该示范点每年创造5至8万元利润，该项目正在运行当中；亚木乡温室蔬菜栽培示范推广项目。项目共计资金11万元，引进幼稚蔬菜品种，开展示范种植，组建蔬菜种植协会，吸纳会员开展技术培训和种植技术指导，该项目2016年4月已顺利通过验收，正在运行当中。

【招商引资】 光伏电站项目，昂仁县引进招商新能源集团有限公司，投资50兆瓦的光伏电站并网项目，项目投资来源由招商新能源集团有限公司全额投资，合计5亿元，占地面积约1500亩，平均年发电量约8000万千瓦时。项目已取得自治区备案批复，并在昂仁县成立分公司，正在申请电力接入阶段，待报批手续完成后，即可开工建设。该项目建成后，每年可为本县增加财政税收1000万元左右；项目租地1500亩，按照每亩地租金600元的标准，被占地的101户共计收入90万元；光伏电站项目建成后，拟从贫困户中聘用10人看护，按照每人每月2000元标准发放工资，个人每年增加2万元收入，合计20万元；年增发电量约8000万千瓦时，有效解决了全县供电不足，断电、停电等问题。

【社会稳定】 2016年，法院共受理各类案件84件，同比增加23件，上升0.4%，审执结82件，综合结案率97.6%；受理民事诉前调解8件、民商事案件62件，审结60件，未结2件，调解54件，判决0件，撤诉6件，结案率为97.1%，调撤率为100%，结案标的达480.56万余元；受理执行案件7件，执结7件，执结率达到100%；执行到位标的额98.62万余元；坚持开展“法律七进”活动、“三月敏感月”综治宣传活动等，充分发挥“车载流动法庭”优势，深入乡村、田间地头和机关、学校、企业、社区、广场等开展普法宣传26场次，发放宣传资料1.36万份，受教育群众2.1万人次，接受法律咨询65人次，诉前化解纠纷6起，积极协助各级机关、社会团体化解调处各类非诉纠纷11起，投入经费达10.65万元；2016年，县总工会配合县人社局协调解决5起维权案件，追回拖欠的农民工工资14万元；加强油气销售源头监管，确保油气领域安全稳定。2016年共依法依规开出零散成品油售前审批证明1568次，同比减少2.4%；柴油销售为259433公升，同比减少7.1%；汽油销售为199871公升，同比减少38%；液化气共销售84.5吨。2016年共对3家加油站、1家液化气站开展行政执法检查23余次，共出动执法人员102人次，排查整改安全隐患7处。

【援藏工作】 2016年10月，援藏工作组发起“手牵手爱心传万里，心连心淄藏一家人”爱心捐赠活动，短短20天时间，就收到各界捐赠的爱心棉衣11500余件，价值100余万元。“民生为重，富民优先”，援藏工作组提出让手中有限的援藏资源最大限度地向基层倾斜，向农牧民倾斜，向产业倾斜，在保障和改善民生上有所作为。据统计，在淄博援藏“十三五”项目规划中，民生投资18673万元，占总投资的91.7%；2017~2019年对口援建项目12个大项、57个子项中，民生项目投资占项目总投资的96.82%。淄博援藏项目实施完成后，将实现昂仁县历史上的几个“第一”：“桑桑酥油”将成为昂仁县历史上第一个国家地理标志产品；昂仁县迥巴藏戏传习所将成为昂仁县历史上第一个国家级非物质文化遗产实体演绎平台；由第八批援藏干部引进的西藏金满地青稞产业发展有限公司，成为昂仁县历史上第一家规范化企业。

【党建工作】 认真贯彻落实中央、区党委、市委关于加强换届风气监督的文件会议精神，坚持以“零容忍”的政治态度，以铁的纪律从严从实推进换届风气监督工作，努力营造风清气正的换届环境，为严肃换届纪律、规范换届程序、确保换届成功，昂仁县纪委积极开展县、乡、村立体式换届风气监督，努力营造风清气正换届环境，认真落实干部选拔“十不准”“十严防”和“六个绝不使用”要求，顺利圆满完成换届工作。

【“两学一做”教育活动】 2016年，全县调整交流干部145人，其中县级领导免去兼任正科职务5人，正科级调整交流51人（副科级提任正科级7人，正科级平职交流30人，正科级其他调整14人），副科级调整交流89人（科员、优秀专业技术干部提任副科级25名，副科级平职交流58人，副科级其他调整6人），未出现信访举报现象；2016年各党委（党组）共向组织推荐228名人员进入全县科级后备干部库中；2016年有12名科级干部进行挂职交流，32名员级干部进行轮岗交流；昂仁县“五抓五增”拓展“两学一做”，在各项主题教育活动中，利用新兴网络平台“昂仁发布”进行学习资料推送、廉政信息推送等，全面覆盖“两学一做”教育活动是面向全体党员深化党内教育的重要实践，是进一步加强党员教育的重大任务，是推进党员学习教育向常态化延伸的重要举措。通过学习教育“净化”党员队伍，提升党员队伍思想政治素质，发挥学习活动实效性，全县党员干部作风进一步加强。

【党风廉政建设】 年内，认真落实“两个责任”和“一岗双责”，加强党风廉政建设考评力度，成立县级“督察组”，在全县开展两轮巡视督察工作；严格落实中央八项规定等作风建设新要求，坚决正风肃纪、强化监督问责；全力配合纪委开展案件查办；认真贯彻落实党的十八届三中、四中、五中、六中全会、中国共产党西藏自治区第九次代表大会、中央第六次西藏工作座谈会等各项会议精神，全面落实科学发展观，认真执行中共中央、国务院关于实行党风廉政建设责任制的规定，把党风廉政建设工作摆在首位，与业务工作同部署、同落实、同检查、同考核，确保昂仁县党风廉政建设和反腐败工作的各项任务落到实处，取得良好成效。

（郑春成）

【领导名录】

书　记　李 有 平

副书记、县长

　　普布多吉（藏族）

副书记、人大常委会主任

　　旦 木 真（藏族）

常务副书记

　　何 恒 斌（山东援藏）

副书记　索　 旦（藏族）

副书记、常务副县长

　　邢 化 良（山东援藏）

昂仁县人民政府

【概况】 2016年，全县地区生产总值达7.5亿元，增长12.6%；全社会固定资产投资完成8.6亿元，增长24.7%；地方财政收入3083万元，增长23%；社会消费品零售总额1.5亿元，增长20%；农村居民人均可支配收入6589.35元，增长10.07%。

2016年，全县共落实农作物播种面积7.85万亩，同比2015年增加0.39万亩，其中粮食作物播种面积6.39万亩、经济作物播种面积0.94万亩、饲草饲料作物面积0.52万亩。粮、经、饲三元种植比例为81：12：7。粮油总产量达4144.38万斤，蔬菜产量达1430.7万斤、饲料作物产量达2347.06万斤。2016年，全县牲畜总存栏达55.36万（头、只、匹）。其中新生仔畜为18.03万（头、只、匹），成活率为94.38%，同比增长3个百分点。成畜死亡数为1.05万（头、只、匹），死亡率为1.93%。牲畜出栏数17.48万（头、只、匹）。免疫58.43万（头、只、匹），免疫密度达到99%，免疫抗体合格率达到95%。2016年，兑现2015年草畜平衡奖励资金及禁牧补助资金共计5242万元。落实2015年农机购置补贴资金共239万元。旅游服务业快速发展，全县共接待游客28.19万人次，实现旅游收入857.6万元，同比增长41.8%。

【项目建设】 2016年，全县项目建设目标任务共计113项，总投资14.93亿元，累计完成投资8.46亿元。总投资2.36亿元的秋窝乡至亚木乡公路改建，已完成总工程量的38%，总投资6200万元的县城给排水和总投资3150万元的县城污水处理及收集系统，已完成总工程量的55%。总投资3493万元县中学、县幼儿园、秋窝乡一小、波热小学等4个扩建项目，已交付使用。全年实现招商引资到位6000万元。调整完善“十三五”援藏项目规划，涉及教育、卫生、扶贫、新农村建设等16个大项，67个子项，总投资2.04亿元。

【城乡建设】 2016年，灾后重建开工建设30项，累计完成1.62亿元。民房重建任务基本完成，灾区群众居住条件得到明显改善。全县农村公路总里程2273.16公里，实现所有乡镇和建制村通公路，乡镇通油路率达41.17%，建制村通水泥路率达23.24%，综合交通运输网络构建加快。完成水利项目建设4个，总投资2127.1万元，水利基础设施日趋完善。投资5500万元开工建设保障性住房320套，建成152套。乡镇通光缆率、通邮率和行政村通电话率均达到100%。生态文明建设力度不断加大，全年造林3500亩，退耕还林、退牧还草、湿地保护、防沙治沙等工程顺利推进，生态环境持续改善，森林覆盖率达3.67%。2016年灾后重建共实施11个行政村、483户，总投资6279万元，截至年底，入住率达85%，超额完成上级指标。本级财政投入420万元，完成阿木雄乡等14个乡镇总体规划；投入220万元，完成桑桑镇、卡嘎镇控制性规划及县城驻地地形测绘；投入1400万元，完成10个牧区乡（镇）光伏电站维修修建；整合政权建设资金684万元用于改善乡镇基础设施和干部职工生活条件；投入100余万元，完成吕龙寺、维色林寺等6座寺庙墙体及围墙维修。

【民生事业】 2016年，脱贫攻坚战全面打响，“九个一批”工程全面启动，2016年全县784户、2911人实现脱贫，圆满完成市下达目标任务，其中完成易地扶贫搬迁304户，惠及1122人，设立1800万元的精准扶贫昂仁县政府风险补偿基金，全县党员干部对建档立卡贫困户进行结对帮扶。积极促进就业创业，新增城镇就业15人，城镇失业率控制在2.05%以内，农牧民转移就业2.96万人次，实现劳务收入7052.3万元。社会保障体系不断完善，五大保险全面覆盖，社会救助水平不断提升，有意愿的孤寡老人集中供养率和孤儿集中收养率均达到100%。严格落实教育免费“三包”政策，强化措施切实做好控辍保学，落实“三包”经费2714.43万元，落实营养改善计划资金630.4万元。设立育才教育基金奖励资金122万元，兑现育才教育基金76万余元，其中资助大中专学生187名，共36.45万元，包括贫困户大学生34名，共兑现9.1万元；贫困户高中生3名，共兑现3800元；表彰先进集体、优秀教师和先进个人共兑现教育基金39.56万元。全县在校生8830人，比2015年增加157人。落实好以免费医疗为基础的农牧区医疗制度，全县孕产妇住院分娩率达96.5%、免费孕检率达51.3%、婴儿死亡率控制在2.8‰以内、在编僧尼体检422人次、农牧民健康体检5.6万人次。食品药品安全形势稳中向好，监管体制基本健全。

【抢险举措提高】 2016年8月，受强降雨天气影响，吾其乡、秋窝乡等9个乡镇受灾严重，先后发生灾情249起，其中重大灾情8起，全县受灾户数达1978户，受灾人口10201人，因灾造成经济损失约2.76亿元。全县基础设施严重损毁，群众房屋倒塌严重，交通、通信部分中断，损失惨重。县委、县政府第一时间投入300余万元应急资金用于抢险救灾，紧急调拨救援车辆 172台次、救援帐篷88顶、各类救援物资8.24万件，转移安置受灾群众731人，经过及时组织转移和抢修，群众生命安全得到了保证，实现零伤亡。灾后，经进一步核查，共267户民房需进行修复或重建，通过积极动员群众、“双联户”和党员志愿者，2016年9月底前已完成43户民房修复工作，完成150户民房地基开挖建设，剩余75户将于2017年9月底前完成民房重建，11月底前完成搬迁入住。

【社会局势稳定】 年内，全面落实自治区维稳十项措施，强化社会治安综合治理，推进驻村驻寺和“先进双联户”创建评选活动。依法管理宗教事务，在“128”活动和维护全县宗教领域和谐稳定等工作中，统筹谋划、周密部署，保证了各项宗教事务的绝对安全和顺利举办。全面贯彻党的民族政策，扎实开展民族团结宣传教育，表彰民族团结进步模范集体、模范个人、民族通婚家庭和先进集体，共兑现奖金11.2万元。广泛开展法治宣传教育，中央反分裂斗争方针得到全面贯彻落实；便民警务站作用得到充分发挥，城镇网格化管理得以全面推行；党政军警民联防联控维稳格局进一步健全，社会治安防控体系不断完善；驻村工作机制全面落实，寺庙管理机制逐步完善；信访、安全生产工作不断加强，确保了社会安定有序、人民安居乐业。

【政府效能提升】 年内，全县政府系统开展“两学一做”学习教育和“讲学习、讲忠诚、正风纪、转作风、提效能”主题活动，以作风转变促效能提升。严格落实党风廉政建设责任制，持之以恒肃政风、正行风，深入推进政务公开，主动接受群众监督，提高政府工作透明度，让权力在阳光下运行。严格执行中央“八项规定”和自治区“约法十章”“九项要求”，重点整治了群众反映强烈的突出问题。自觉接受人大法律监督、政协民主监督和社会舆论监督，全年办理人大代表建议104件、政协委员提案43件，有效解决了一批经济社会发展方面的问题。

【党建工作】 2016年，巩固深化“两学一做”学习教育成果，用习近平总书记系列重要讲话精神武装头脑、指导实践、推动工作。深入学习金融经济、产业发展、城乡规划等知识，不断提升专业素养。积极开展“深化五项教育、增进五个意识”主题教育活动，增强干部群众认同感。强化政府党组学习教育，扎实抓好班子成员理想信念教育，坚定为党服务、为人民服务的宗旨意识。严格落实党建目标责任制，按照领导干部包村联户目标责任制，切实抓好领导干部帮扶活动，建立领导干部联系点工作常态机制，有效推动了昂仁县精准扶贫、精准脱贫工作。

【党风廉政建设】 年内，全县政府系统站在树牢“四个意识”、讲政治、讲大局的高度，坚持标本兼治、惩防并举、注重预防的方针，坚持民主集中制原则，严格落实“三重一大”制度，不断强化主体责任，着力抓学习、促改革、建机制、严监管、转政风、惩贪腐，党风廉政建设和反腐败工作取得了新成效、新成果。2016年，全县未发生违反中央八项规定的案件。

（彭天亮）

【领导名录】

县委副书记、县长
　　普布多吉（藏族）
县委副书记、常务副县长
　　邢 化 良（山东援藏，6月任）
县委常委、副县长
　　达　 次（藏族）
　　张 公 博（山东援藏，6月任）
　　王 卫 华（8月任）
副 县 长　司 昆 强
　　雷 广 军
　　次　 琼（女，藏族）
　　旺　 拉（藏族）
　　索朗次仁（藏族，6月任）
党组成员　杨　 洋（8月任）

昂仁县人民代表大会常务委员会

【概况】 昂仁县人大常委会成立于1981年。第十三届人大常委会于2016年8月换届产生，换届选举共产生县十三届人大代表131名，乡镇十四届人大代表557名。常委会核定编制数为5人，领导指数5名；主任1名，副主任4名；平均年龄为41岁，学历大专4名、中专1名。2016年，共召开常委会议9次，主任会议10次，听取和审议专项工作报告7个，组织代表考察学习2次，组织人大代表培训2次，开展专题调研4次，开展执法检查2次，专题视察3次，指导联系乡镇人大工作80次，任免国家机关工作人员14名，办理代表意见建议185件，为促进全县经济发展、民生改善、社会和谐稳定做出了积极贡献。

【重大事项决定】 年内，严格法律程序，正确处理县委决策、人大决定和县政府执行的关系，依法对县人民政府工作报告等重大事项做出10项决定，保证人大工作与县委的决策部署同心、同向、同步。

【人事任免】 年内，坚持党管干部与人大依法任免相结合的原则，依法行使人事任免权。任免前，严格审查拟提请任免人员的相关材料，认真听取县委人事安排的意见和对拟任干部德、能、勤、绩、廉考察情况的说明。2016年，人大常委会共任免国家机关工作人员14人次，并通过向宪法宣誓，实行任职表态发言、发放任命书等形式，切实增强了被任命干部公仆意识和自觉接受人大监督的意识。

【监督工作】 年内，昂仁县人大常委会坚持“突出重点、提高监督实效”的工作原则，依法履行人大监督职能，促使依法行政，公正司法。年内，共组织视察、执法检查和调研等11次，并形成高质量的视察报告3份，调研报告4份。

【专项资金监督】 年内，人大常委会组织部分县乡人大代表，先后到贡久布、措迈、达若、日吾其、多白等乡，采取听、查、看、访、召开座谈会等形式，就对草原生态保护奖励补助、退牧还草、粮食直补、良种推广补贴等惠农资金落实情况进行了监督检查；组织部分人大代表对城乡低保、五保供养、救灾救助资金落实情况进行监督检查；组织部分人大代表对县教育“三包”经费使用情况和县总工会资金使用情况进行监督检查。

【对经济发展问题监督】 年内，组织县国土局、县发改委、县住建局、县安居办等相关部门及桑桑、卡嘎、切热等乡（镇）的部分人大代表对整村推进和易地搬迁项目情况进行专题视察；组织部分人大代表对2016年县城给排水及公租房项目建设情况进行专题视察；组织部分人大代表对如萨乡、阿木雄乡2个矿点环境保护，安全生产情况开展专题视察；对水利项目，一次性投资千万以上的项目进行全程监督。在视察和监督检查中发现的问题，提出针对性的意见建议。

【法律监督】 年内，配合市人大常委会在昂仁开展《西藏自治区湿地保护条例》贯彻落实情况的执法检查及农牧民子女受教育情况专题调研工作；县人大常委会组织部分市、县、乡三级人大代表对《中华人民共和国食品安全法》贯彻落实情况进行执法检查。检查组首先对县城超市和餐馆、商店、批发店以及县学校学生食堂等单位的食品安全情况进行了执法检查，在检查中发现的过期食品，责成相关执法部门按规定进行处理。同时，常委会始终把促进司法公正作为监督重点，于2016年12月对两院公正司法情况开展视察。通过听取专项工作报告、调研视察、执法检查等监督形式，较好促进了“一府两院”工作的顺利开展，推动了民生工程的实施进程，确保法律法规的贯彻执行。

【代表工作】 坚持代表主体，支持和保证代表依法履职。认真交办、督办代表建议意见，年内，县级人大代表共提出建议意见185件，通过召开建议意见交办会，把建议意见及时转交给各承办单位，2016年共召开2次建议意见交办会。为使各承办单位更好地履行法定职责，加快人大代表意见、建议办理进度，保障办理的实效性，提高代表的满意率，昂仁县人大常委会实行人大常委会委员联系承办单位的制度，负责督促承办单位认真办理，人大代表建议意见的办结率、满意率均达到100%；昂仁县人大常委会坚持县、乡人大联动制，组织县乡人大代表联合开展监督检查、视察、调研、执法检查等工作，发挥人大整体的履职作用，拓宽代表的履职平台；为保证人大代表依法行使代表职权，昂仁县人大常委会坚持人大代表列席县人大常委会会议制度；实行人大常委会委员联系基层人大代表的制度，进一步加强与基层人大代表的联系，更好地了解群众身边最热点、难点的问题，充分发挥人大代表桥梁作用。

【“人大代表之家”】 年内，充分利用“人大代表之家”，进一步规范和完善代表之家各项制度，为人大代表创造更好的履职平台，丰富代表闭会期间的活动。加大指导力度，促使县、各乡（镇）人大充分利用“人大代表之家”这一平台；把“人大代表之家”的发挥作用情况，纳入年底乡（镇）人大工作考核，切实把“人大代表之家”真正成为学习培训之家、服务群众之家、履职交流之家；保证“人大代表之家”活动经费。在县委的高度重视和政府的大力支持下，昂仁县“人大代表之家”的活动经费已列入县财政预算中，确保了代表闭会期间的活动正常开展。

【自身建设】 年内，组织人大常委会委员及乡镇人大主席开展2次培训会，重点讲解《中华人民共和国各级人民代表大会常务委员会监督法》《中华人民共和国全国人民代表大会和地方各级人民代表大会选举法》《中华人民共和国全国人民代表大会和地方各级人民代表大会代表法》，以及人大的日常业务；召开乡（镇）人大工作交流会，起到学习先进、查找不足的效果；人大常委会研究制定对17个乡（镇）实行年度考核制度，以考核来促使乡（镇）人大工作落实，实施以来，明显提高了乡（镇）人大主席的积极性，改变乡（镇）人大主席干与不干一个样的消极局面；组织十三届人民代表大会农牧民代表开展1次培训。培训从常见的法律法规和如何解决纠纷问题，人大代表如何提建议意见，闭会期间如何发挥代表作用等方面进行讲解，通过培训在人大代表的思想上提高了认识，职责上更加明了，履职上明确了思路；组织部分人大常委会委员及人大代表、政府相关部门负责人，赴江孜、康马、白朗三县进行为期5天的考察学习。对康马县“人大代表之家”的创建及运行情况，对江孜、白朗两县的农业产业化、城市规划及管理方面的成功经验和先进的做法进行考察学习。通过这次学习考察，开阔了视野、解放了思想，增强了科学发展理念，提升了工作信心，为今后更好地依法履职收获了新经验。

【换届选举】 年内，严格遵循“党委领导、人大主办、各方配合”的总原则，健全工作机构，加强组织领导，昂仁县人大常委会依法设立县、乡人大换届选举委员会，各乡（镇）也分别成立换届工作领导小组，形成纵横有序、责任明确的工作格局和运作机制；加强宣传培训，通过对乡镇人大主席、人大机关干部进行培训，发放宣传资料、张贴标语，在网信昂仁、人大交流平台等媒体，宣传有关法律法规、政策原则及纪律要求等，营造人大换届选举的良好氛围。换届过程中，共开展换届工作培训会2次，发放换届培训资料200多册；加强检查指导，通过下乡指导检查，召开县乡人大换届工作调度会等方式，了解换届工作的进展、存在的困难和问题，并及时研究解决；顺利完成各阶段工作任务，认真做好划分选区，分配代表名额；严把选民登记关和人大代表入口关，经“双联户”户长、村“两委”等相关单位的严格审查，坚决防止涉嫌违纪违法等10种情形的人提名推荐为代表候选人，确保推荐的候选人素质好、结构合理、政治觉悟高。2016年，依法选举产生县十三届人民代表大会代表131名，乡（镇）十四届人民代表大会代表557名。

【党建工作】 全面落实党建工作责任制，把党建工作抓在手里，落到实处。积极参加县委理论中心组学习和人大办支部学习相结合；加大学习力度，提高了党员干部的党性修养；通过开展手抄党章，撰写心得体会，增强了党员干部的党性观念；通过结对帮扶，党员志愿服务等活动，强化了党员干部的为民服务的意识；针对人大代表大部分既是党员，又是人大代表的实际，为更好地发挥代表双重身份的作用，昂仁县人大常委会2016年实行人大代表向选民述职评议制度，接受广大群众的监督，促使了人大代表依法履职，密切了党群干群关系；严肃党内组织生活会和民主生活会，做到不少程序、不走过程，以整风精神开展批评和自我批评，针对存在的问题，提出整改措施，进一步推动作风建设规范化、常态化、长效化。

【党风廉政建设】 年内，坚守廉洁底线，坚持用制度管权、管事、管人，严格落实《关于新形势下党内政治生活的若干准则》和《中国共产党党内监督条例》，筑牢防腐拒变的思想防线。严格执行中央八项规定和自治区“约法十章”“九项要求”，坚持勤俭开会、勤俭办事，改进会风文风，营造了廉洁从政，清廉务实的人大党组和常委会。全年共组织观看警示教育片3次，参加人数达14人次。

【联系指导乡镇人大工作】 年内，昂仁县人大常委会采取有效措施，加大对乡（镇）人大的指导和联系力度，把乡（镇）人大工作得到进一步规范化和制度化。2016年，通过召开年初乡（镇）人大总结暨安排部署会；人大常委会领导多次深入17个乡（镇）检查指导人大工作；考核和指导相结合的方式，实行年度考核制度，以考核来促使乡（镇）人大工作落实；县人大常委会每年每季度出台工作动态，动态内容主要从县、乡（镇）人大工作的典型做法中进行采纳，并将工作动态发给17个乡（镇），达到共同学习、共同进步的效果，联系指导乡镇人大工作80次。

（卓玛普尺）

【领导名录】

县委副书记、人大党组书记、人大常委会主任

旦 木 真（藏族，3月任主任）

副主任 索朗旺堆（藏族）

边　　顿（藏族）

舒 元 波

顿　　珠（藏族，8月任）

中国人民政治协商会议昂仁县委员会

【概况】 政协昂仁县委员会成立于2012年7月，编制7人。2016年主席1名，副主席3名，办公室主任1名，科员1名；政协机关设综合办公室。政协第二届昂仁县委员会共有委员101人，共分8个界别：中共党员界，经济界，宗教界，少数民族界，工青妇联界，教育界，文化艺术界，农牧界。2016年，县政协深入学习贯彻科学发展观，认真学习贯彻中共十八大精神，按照县委“牧矿兴县 跨越发展”工作思路，牢牢把握团结、民主两大主题，围绕中心，服务大局，充分发挥委员主体作用，调动各界别委员积极性，切实履行政治协商、民主监督、参政议政职能，狠抓工作落实，推动工作创新，不断开创政协工作新局面，各项工作取得新进展，为促进昂仁跨越发展做出积极贡献。

【一届五次会议】 3月22—23日，政协一届昂仁县委员会第五次会议召开。会议应到委员64名，实到 60名，县政协副主席次仁群培主持会议，县委、人大、政府主要领导和驻昂仁县自治区政协委员、市政协委员，以及部分县直单位主要负责同志应邀列席会议。会议审议通过政协第一届昂仁县委员会第五次会议议程（草案）；审议通

过政协第一届昂仁县委员会第五次会议日程（草案）；审议通过政协第一届昂仁县委员会第五次会议提案审查委员会组成人员名单（草案）；审议通过政协第一届昂仁县委员会第五次会议委员分组及小组召集人员名单。审议通过政协第一届昂仁县委员会第五次会议选举办法（草案）；听取了仓多主席代表政协昂仁县委员会常务委员会向大会所作的《常务委员会工作报告》和尼玛平措副主席代表政协第一届昂仁县委员会常务委员会所作的《县政协一届四次会议以来提案工作情况的报告》，选举产生一名副主席、2名常务委员。会议期间，共收到委员提案43件，经提案审查小组审查立案42件。县委副书记、人大常委会主任旦木真，县委副书记、政府县长普布多吉等领导到会指导，昂仁县政协主席仓多作闭幕讲话。

【二届一次会议】 8月29—30日，政协第二届昂仁县委员会第一次会议召开。会议应到委员101名，实到委员91名，吕世瑞主持会议，县委、人大、政府主要领导和驻昂仁县自治区政协委员、市政协委员，以及部分县直单位主要负责同志应邀列席会议。会议审议通过政协第二届昂仁县委员会第一次会议议程（草案）；审议通过政协第二届昂仁县委员会第一次会议日程（草案）；审议通过政协第二届昂仁县委员会第一次会议提案审查委员会组成人员名单（草案）；审议通过政协第二届昂仁县委员会第一次会议委员分组及小组召集人员名单；审议通过政协第二届昂仁县委员会第一次会议选举办法（草案）；听取了次仁群培副主席代表政协昂仁县委员会常务委员会向大会所作的《常务委员会工作报告》和阿珍副主席代表政协第二届昂仁县委员会常务委员会所作的《提案工作情况的报告》。会议选举产生政协主席1名、副主席3名、常务委员15名。县委书记李有平，县委副书记、人大常委会主任旦木真，县委副书记、县长普布多吉等领导到会指导，县委副书记索旦在闭幕会上作重要讲话，县政协主席吕世瑞作闭幕讲话。

【重要活动】 10月19日，昂仁县政协利用一天的时间，深入开展“政协委员履职能力提升年”系列活动，组织委员实地参观亚木乡民族手工业合作社、卡嘎镇唐卡文化传承专业合作社，视察桑桑镇余松村小城镇化建设；召开政协第二届昂仁县委员会第一期委员培训会。日喀则市政协达扎副秘书长围绕委员履职能力提升，委员提案，视察调研，文史资料等相关知识为委员授课。培训会上，吕世瑞指出：举办这次培训会，是结合2016年开展的“委员履职能力提升年活动”，加强政协委员队伍建设，以此提升广大委员参政意识和履职水平，更好地履行政治协商、民主监督、参政议政职能。

【精准扶贫】 年内，根据《政协日喀则委员会2016年度视察调研计划》安排，2016年7月3日至8日，县政协主席吕世瑞带队，副主席次仁群培、三级政协委员、政协工作人员一行深入到各乡（镇），进行精准扶贫工作调研。了解各乡（镇）精准扶贫工作开展的基本情况，致贫原因、存在的问题，发展潜力和产业优势及扶贫脱贫工作中呈现的特色做法和亮点工作；结合乡（镇）实际提出精准扶贫、精准脱贫的有效措施和对策建议。深入各乡（镇），走村入户实地调查了解一线情况、与贫困户和群众面对面交流；召开座谈会议、听取各乡（镇）精准扶贫、精准脱贫工作情况汇报等。

【监管执法能力建设】 8月5日，市政协经济环境资源教科文卫委员会旺堆主任带队，市环保局党组书记、副局长巴桑次仁，市政协、旅游局、财政局、发改委、环保局、水利局、住建局、国土局主管一行调研组到昂仁县调研环境检测和监管执法能力建设工作；县委副书记、县长普布多吉，县政协党组书记、主席吕世瑞，党组成员、副主席次仁群培陪同调研；普布多吉在现场对昂仁县研环境检测和监管执法能力建设工作做了详细汇报。调研组一行实地查看了昂仁县污水沉淀池、唐东杰布文化广场、污水处理厂建设情况、金措湖周边环境治理情况和县城环境监管情况并检查指导县环境保护局工作；县委副书记、县长普布多吉在现场对昂仁县研环境检测和监管执法能力建设工作做了详细汇报；在听取汇报后，调研组充分肯定了昂仁县境检测和监管执法能力建设工作并对存在的问题给予了专业指导。

【考察学习活动提升委员履职能力水平】 年内，为学习借鉴兄弟县（市）先进经验，切实提升政协委员参政议政的能力和水平，根据县政协常委会工作安排和《政协昂仁县委员会委员履职能力提升年实施方案》，10月29日至11月2日，昂仁县政协组织各界别委员代表和机关干部到萨嘎县、仲巴县、阿里地区考察学习。昂仁县政协副主席次仁群培带领各界别委员代表和机关干部就兄弟县（市）精准扶贫、小城镇化建设、旅游产业发展和文化产业开发等工作进行考察学习，并同各县政协交流学习委员履职能力提升和基层政协建设的经验和做法。

【召开一届五次会议提案交办会】 5月19日，昂仁县政协召开提案交办会，经政协提案审查小组审查立案的一届五次会议42件提案正式交办给涉及承办的14家单位，意见建议22条交政府办理。县政协主席仓多，市政协文史民族宗教法制委员会副主任、县政协副主席洛桑索巴，副县长雷广军，县政协副主席尼玛平措参加会议；仓多主席主持会议。县政协第一届五次会议期间，共收到政协委员提案43件，经提案审查小组审查立案42件。

10月12日，昂仁县政协在党政办公楼五楼常委会议室召开“谈感言、商大计、谋发展”山东淄博市第八批援藏干部与政协委员交流座谈会，县委常务副书记何恒斌，县委常委、副县长张公博，以及冯斌、马强、刘军河代表山东淄博市第八批援藏工作组参加座谈会，县委常委、副县长王卫华，县政协副主席次仁群培、阿珍以及县政协各界别委员代表参加座谈会，县政协党组书记、主席吕世瑞主持会议。座谈会上，各位委员结合自己的本职工作，围绕昂仁县经济社会发展、城市规划、精准扶贫、民生改善、教育卫生工作以及行业业务建设等方面畅谈了自己的感受，也对政协工作的开展提出了意见建议。

【切实履行政治责任】 年内，常委会深入昂仁县各乡（镇）和各寺庙认真宣传党的民族政策和宗教政策，宣传国家法律法规，参与寺庙法制宣传教育和寺庙建设等活动，引导广大政协委员深入揭批达赖集团的反动本质，旗帜鲜明地同达赖集团进行针锋相对的斗争，反对分裂，切实维护宗教和睦、佛事和顺、寺庙和谐，促进宗教与社会主义相适应。政协领导班子按照县委统一安排部署，全力以赴，投身维护昂仁县社会稳定工作中，并在敏感时段蹲守负责包乡（镇）和联系的重点寺庙，开展维护督导和防控工作。

【结对帮扶活动】 年内，昂仁县政协认真落实县委关于“党员干部走村入户，结对认亲交朋友”活动和党员干部4321结对帮扶要求，主席班子成员带头深入各自结对帮扶点了解贫困户生产生活情况，制订帮扶计划，慰问贫困群众，全年落实解决物资资金价值共计4万元，有效改善了贫困群众的生产生活条件。

【党建工作】 2016年，昂仁县政协开展“两学一做”学习教育和“讲学习、讲忠诚、正风纪、转作风、提效能”主题活动，贯彻落实全面从严治党要求。县政协按照县委统一部署安排，认真学习党章、党规及习近平总书记系列重要讲话精神。教育活动和主题活动的开展，巩固拓展了党的群众路线教育实践活动和“三严三实”专题教育成果，进一步加强了政协党员队伍在思想、组织、作风、纪律等方面存在的问题，促进了党的先进性和纯洁性。活动中共开展集体学习会12次，专题研讨10次，专题党课4次。

【党风廉政建设】 年内，昂仁县政协明确以党组书记、主席为机关党风廉政建设第一责任人的责任，严格落实党风廉政建设责任制。贯彻执行中央八项规定、区党委“约法十章”“九项要求”和市委、县委有关要求，坚持精文减会，厉行勤俭节约，践行群众路线，简化工作程序，有效提高效率，切实改进了作风。

（达　吉）

【领导名录】

党组书记、主席
仓　　多（藏族，6月免）
吕 世 瑞（8月任）

党组成员、副主席
尼玛平措（藏族，6月免）
次仁群培（藏族）
阿　　珍（女，藏族，3月任）

副主席　洛桑索巴（藏族）

中共昂仁县纪律检查委员会（监察局）

【概况】 2016年，中共昂仁县纪律检查委员会（监察局）深入贯彻中共十八届五中、六中全会和十八届中纪委第六次全会精神，全面贯彻八届自治区纪委七次全会和一届市委四次全会精神，特别是认真学习贯彻落实习近平总书记的重要讲话精神，坚持以“四个全面”战略布局为统领，全面把握运用好监督执纪“四种形态”，进一步严明党的政治纪律和政治规矩，聚焦监督执纪问责，深化标本兼治，创新体制机制，加强党内监督，把纪律挺在前面，持之以恒落实中央“八项规定”精神，弛而不息正风肃纪，着力解决群众身边的不正之风和腐败问题，推进昂仁县党风廉政建设和反腐败斗争各项工作的开展。

【组织领导】 鉴于领导变动，及时调整充实县党风廉政建设责任制与反腐败工作领导小组，县委李有平书记任组长负总责，县委常委、县纪委屈小刚书记任副组长具体协调落实。县委常委会、县长办公会、县“四大班子”联席会20余次研究部署党风廉政建设责任制和惩防体系建设相关工作，县委常委会、县纪委常委会集体审议纪律审查案件5次，县委主要领导对重要文件、重大问题、重要信访批示批办200余次，切实加强了党风廉政建设和反腐败工作组织领导。

【完善责任网络】 年内，进一步明确了党风廉政建设主体责任，形成县、乡、村三级责任联动网。制订下发《昂仁县贯彻落实〈建立健全惩治和预防腐败体系2016~2017年工作规划〉实施方案》，将任务分解到11个牵头单位和各分管职能部门；召开县纪委八届六次会议，深入传达学习十八届中纪委第六次全会、八届自治区纪委七次全会和一届市纪委四次全会精神，深刻回顾总结了2015年昂仁县党风廉政建设和反腐败工作成绩，对2016年党风廉政工作进行深入部署。年初，县委书记和县直部门负责人、各乡镇党委书记签订《2016年党风廉政建设工作目标责任书》，形成党政齐抓共管的责任体系。同时，各乡镇和县直部门结合工作实际，将责任制拓展分解到下属分管部门和村，层层签订了目标责任书，推动了压力和责任传导“横向到边、纵向到底”。

【党建工作】 按照昂仁县委组织部年度党建工作安排，每年年初制订本支部工作计划。根据计划要求，完善“三会一课”，每周二晚例行业务学习会，每周五下午召开支部学习会议，并拟定党建工作任务推进表，明确责任人和任务完成时限，确保党建工作有人抓、有人管、见实效。分步推进“两学一做”学习教育实践活动，建立机关党建微信群平台，坚持把集中学和个人学相结合，强化学习笔记检查和学习效果评估；积极发挥典型的感召作用，组织学习《优秀领导干部先进事迹选编》，组织观看电教影片，通过各类典型的选树，引导比先进、学先进、赶先进，让老典型永不褪色、新典型层出不穷。

【监督检查】 年内，修订完善《昂仁县党风廉政建设责任制检查考核办法》，实行日常督促检查、半年专项检查和年底全面考核，促进各项工作落实。考核结果在全县大会上进行通报，对严格履行责任制勇创先进的，进行表彰奖励；对不履行或履行责任制不到位拖后腿的，严格责任追究。2016年7—8月，由县委常委、纪委书记带队开展调研活动，对县文广局等单位和17个乡镇执行党风廉政建设责任制情况进行督促检查，对未完成和未启动的工作督促有关部门抓紧落实。共形成了专项调研报告5篇。

【廉政教育】 年内，开展廉政教育“上电视、上网站、上微信、上短信、上街头”和“进机关、进乡镇、进农村、进校园、进家庭”等“五上五进”活动，不断拓展廉政教育的深度、广度。以“两学一做”活动为契机，把深入贯彻《中国共产党章程》和《中国共产党廉洁自律准则》《中国共产党纪律处分条例》《中国共产党问责条例》作为管党治党的重要抓手，10月组织全县46个党支部114名干部参加“2016党风廉政建设知识竞赛”，提高了党员干部遵规守纪意识。建好工作阵地，发放《党风廉政建设主体责任和监督责任工作手册》100本，广泛组织观看《作风建设在西藏》《镜鉴》等廉教短片、开展“一把手”讲廉政党课，并在县委理论中心组和支部“三会一课”中组织反面典型案例学习教育活动，提醒党员干部廉洁从政；建好生活阵地，发放《党风廉政建设辅导手册》口袋书2000余册，并在各个大小节日和重要会议期间发送清风寄语、政策解读手机报信息10余条、1万余人次，共筑“8小时”外廉洁自律防线。年初，联合县网信办开展了廉政知识在线有奖问答活动，发放话费奖励2000余元；积极组织开展“党风廉政建设宣传月”活动，在县电视台开辟了廉政栏目，录制“领导干部廉政电视访谈”节目3期3人，通过身边人说身边事形式，使反腐倡廉宣传教育更有渗透力、感染力、吸引力。

【准确把握“四种形态”】 年内，坚持把运用“四种形态”作为委局的一项重点工作，及时开展廉政谈话和约谈提醒。2016年，昂仁县纪委对新提拔、调整的党员干部进行集体廉政谈话共145人次，对问题党员干部分别开展约谈提醒7人次，组织乡镇纪检监察干部召开工作座谈会1次，同乡镇纪委书记廉政谈话17人次，积极贯彻“四种形态”中的第一种形态。

【狠纠“四风”问题】 年内，抓住各类重要节点和敏感时段，紧盯违反中央八项规定精神和“四风”有关问题，积极开展联合督查、明察暗访。2016年，监督检查开展9次，共查处违反会场纪律、上班纪律12人，违反公车管理使用规定3辆3人，发生在群众身边的四风和腐败问题1起，并对责任人及时进行严肃问责。

【党政机关公务用车问题专项治理】 年内，通过动员部署、登记自查、审查核实、标识喷绘等，对全县256辆公务用车进行筛查。除特种车辆、国务院赠送车辆外，对其余车辆中136辆进行了喷绘，切实方便民众监督举报。

【严控“三公”经费支出】 年内，督促全面落实《昂仁县党政机关厉行节约反对浪费管理办法》《昂仁县公务接待管理办法》，聘请第三方中介机构进行财务审计，规范报销程序、严格报销审查、规范内部账簿，并于2016年3月、7月、11月对“三公”经费使用情况进行监督检查，及时纠正存在的问题。2016年，全县“三公经费”614.93万元，同比减少11.74万元。严格按照县委县政府制度进行开支，未出现违反中央“八项规定”精神问题。

【执纪审查力度】 县乡两级纪检监察机关聚焦主业，把惩治腐败摆在突出位置，切实加大执纪审查力度。2016年，县纪委共受理问题线索13件，初步核实13件，了结处理7件，立案6件，给予党纪处分6人，其中给予党内警告2人、严重警告1人、开除党籍3人。

【开展机关房租收入和财政“其他应收款”清理】 年内，经动员部署、机关自查、登记备案、跟踪核实，2016年共统计全县各行政事业单位出租房190间、整体出租楼3栋，催缴催收2014~2016年机关出租房房租收入上缴财政146.76万元，从源头避免国有资产收入流失和“小金库”腐败土壤滋生；针对机关、工程项目和干部超期预借财政资金未及时冲销账或还款情况，按照县委书记李有平指示，县纪委联合财政全面统计，认真核实逾期预借应收款并印发文件、采取措施督促催收或冲账，使各项资金有序冲账归还，避免了欠款经年累月拖成死账或财政资金为个人贪污挪用。

【开展公益性岗位人员“两项问题”核查】 2016年，昂仁县共下拨公益性岗位指标188个，公益性人员编制已录用177人，在岗在位179人（其中2人占用市教体局名额，工资由县教育局发放），所有公益性人员均按录用程序经县长办公会研究同意后签订用工合同（一年一签），进行录用公示。经统计排查，在以权谋私方面，未发现有私自录用、权钱交易现象；在“吃空饷”方面，除核实1名辞职人员财政多拨付1个月工资外（已追收回来），截至年底，未发现有其他在编不在岗照发工资情况。

【换届纪律监督检查】 年内，采取紧盯“县”关口、覆盖“乡”巡查、延伸“村”触角，以落实广大干部群众对换届选举的知晓率、参与面、民主度、监督权为重点的督查方式，强化对县乡党委、人大、政府和县政协集中换届的监督检查，实行了查核专办、快查快结制度，切实把严肃换届纪律贯穿于干部提拔任用和“两代表一委员”的提名推荐、考察、公示、选举全过程。在2016年换届中，县纪委及组织信访部门未收到任何涉及干部违反换届纪律方面的举报线索，营造了全县风清气正的换届环境。

【惩防体系建设】 年内，在建章立制过程中，县委县纪委不断按照从易到难、从局部到全局、从增量到存量的顺序，先后研究制定或修订完善《昂仁县贯彻落实〈建立健全惩治和预防腐败体系2016~2017年工作规划〉实施方案》《县纪检干部党风廉政建设联系监督工作实施方案》《中共昂仁县纪委问题线索举报和案件查办奖惩制度》《昂仁县村干部及直系亲属享受惠民惠农政策公开制度》《中共昂仁县委、县纪委谈话函询办法》《中共昂仁县委、县纪委诫勉谈话办法》等一系列制度，不断提高惩防体系建设标准和层次，切实把权力关进制度的笼子里。

【深化“三转”工作】 清理议事协调机构。与时俱进、持之以恒，不断清理纪检干部参与2016年其他部门新成立的议事协调机构。截至年底，共统计查找参与17个新议事协调机构，共清理退出12个，保留5个议事协调机构；深化和改进纪检机关建设。严格落实自治区党委办公厅《关于加强和改进基层纪检机关建设的意见》文件精神，在不增加机构、编制的前提下，完成内设机构改革任务，加强纪检办案力量。在2016年县乡换届中，县委、县纪委注重把优秀党员干部配齐到纪检监察系统中来。截至年底，昂仁县纪检监察干部已按照大县20人、乡镇3人要求配齐到位。

【培训提升履职能力】 2016年，始终把加强培训教育放在重要位置抓紧抓好，切实提高全县纪检监察干部思想业务素质和纪律审查能力。组织参加上级纪委培训。通过“以案代训”、组织干部赴北京纪检学院、中纪委杭培中心、自治区纪委、日喀则市纪委培训等方式开展纪律审查业务培训12次48人。截至年底，共培训全县纪检监察干部46人次，同比2015年全年增长475%；强化对乡镇纪委的业务培训指导。按照分级分类和全员培训的原则，制定《昂仁县乡镇纪委书记轮训工作实施方案》，实行由党风政风室、纪检监察室牵头，带领各乡镇纪委书记积极开展惠农政策落实、“三公”经费管理使用、干部离任审计、公车管理使用等领域的监督检查。截至年底，县纪委对17个乡镇纪委书记已全部轮训完毕；不断提升党风廉政建设信息员水平。

加强嗅觉敏度、规范信息撰写，及时收集和掌握党风廉政工作动态，并积极向上报送信息，被自治区纪检监察网站刊登信息91条，位居日喀则全市18个县区最前列。

【内部管理】 明确业务职责，强化相互制约。对县纪委监察局内部进行了明确权限划分，专人负责、责任到人，强化相互制约，防止“灯下黑”：由办公室负责统筹协调，做好接待、后勤会议筹备、办公设备采购、请销假备案等工作；党风政风监督室对问题线索实行集中管理、动态更新，将问题线索拟办单、初步核实呈批表交由委局主要领导批示，按程序移送纪检监察室进行处置；纪检监察室按委局领导批示，对问题线索按五类处置方式进行处理，并向县纪委常委会上汇报处置情况；案件管理室对案件查办工作建立管理登记台账、录入案管电脑系统，向市纪委对口部门及时报送，并做好内部跟踪督办查结工作；县纪委常委会定期召开了专题研究会议，听取工作汇报、进行集体讨论、提出处置要求；规范内部登记，严格财务管理。由纪委办公室专门负责小额办公用品采购、请销假登记备案、出差加班登记，重大事项提请支部大会研究讨论；党风政风监督室负责把关审查报销事由、真实性，对口财政领取报销资金，做好委局账簿登记，做到有源可查，随时掌握资金动态，以便合理计划和安排资金使用。

（吴　欣）

【领导名录】

书　记　翁 爱 忠（6月免）
　　　　屈 小 刚（6月任）
副书记、监察局局长
　　　　旦增南加（藏族）
副书记　顿　　珠（藏族，6月免）
　　　　扎西格桑（藏族，6月任）
副局长　米玛仓决（女，藏族，11月免）
主任科员
　　　　嘎松永西（女，藏族）
副主任科员
　　　　次仁顿珠（藏族）

中共昂仁县委办公室

【概况】 2016年，中共昂仁县委办公室共有干部职工17名，其中公益性岗位2名，县委办下设档案局和机要局。中共党员11名，积极分子1名。年内，紧紧围绕全县中心工作，牢固树立为领导、为部门、为基层和为人民服务的四服务宗旨，发挥好领导助手、综合协调、督促检查、后勤保障和示范带头五大作用，有力保证了县委机关的高效运转，较好的完成了各项工作任务。

【文字材料】 2016年，县委办紧紧跟随县委工作节奏，以高度负责、科学严谨的态度，全面领会上级政策、深入揣摩领导意图，坚持以用词准确、语句精炼、结构缜密为导向，对起草的各类文件、领导讲话、工作汇报等认真研究、反复校对，确保不出任何差错。2016年，共起草领导讲话100余篇，印发各类文件200余篇10000余份，全年共向日喀则市委办信息科提供每日要情1000余篇，采用300余篇，全力做好上传下达文字材料编写工作，有力地确保县委各项工作扎实开展。

【调研工作】 2016年，紧紧围绕全县大局和中心工作，抓住县委决策的重大问题和关键点，积极在党风廉政建设、产业推动、民生发展等方面进行深入研究并形成调研报告5份。

【信息工作】 2016年，充分发挥“上传下达”职能作用，及时收集整理信息并向市委、市委办公室、县级领导和县直各单位进行反馈，确保日喀则市领导、昂仁县领导第一时间掌握昂仁县灾后重建、特色产业、农牧业发展、安全生产等各方面信息，为日喀则市委随时掌握基层动态和县委决策部署提供参考依据，全年累计上报各类信息1150余条。

【督查工作】 2016年，紧紧围绕全县工作大局，紧贴领导工作思路，注重建立健全运行机制，丰富督查工作内涵，提高督查服务质量。坚持突出上级部门和县委、县政府重大决策及重要部署，抓好决策督查；突出上级督查部门的批转件和县委领导批示及交办事项，抓好专项查办；突出对全县中心工作、重点工作的调研，抓好督查调研；突出督查方式创新，积极构建大督查工作格局，2016年共开展督查3次。

【公文管理】 2016年，高度重视公文处理工作，始终将公文处理工作当作一项重要工作抓紧抓好，定期召开会议，及时听取相关情况汇报，研究解决工作中的困难和问题。明确一名副主任专门负责分管公文处理工作，并明确下设的档案局、机要局等相关科室的公文处理工作职责，做到日常工作常抓不懈。始终坚持把质量第一的原则贯穿于公文处理的全过程。做好收发文各项工作，做到收发文有登记，来文有传阅，批示有落实，落实有反馈，切实不断探索、不断完善公文管理制度，确保上级各项决策部署的落实和全县政府系统各项工作的顺利推进。

【办文办会】 全力做好各项会议保障工作，会前精心准备、会中实时跟踪、会后狠抓落实。做到超前、周密、细致，以高度负责的态度、全心全意的服务确保了全年各项会议的顺利圆满召开。全年办公室共承办各类会议170余场次，起草各类材料350余篇，未出现任何疏漏差错。

【素质教育】 2016年，县委办狠抓教育宣传，不断筑牢思想防线，始终把思想教育、宣传引导作为筑牢防腐思想防线的基础性工作来抓，反腐倡廉宣传教育工作不断取得新成效。持续完善办公室周例会学习制度，第一时间组织传达上级文件精神；依托“三严三实”专题教育，狠抓“两学一做”专题教育，结合“讲学习、讲忠诚、正风纪、转作风、提效能”主题活动，根据实际，制订学习计划，开展座谈交流，确保各项主题活动扎根生花；创新学习方式，提高干部职工学习的积极性，理论与实践相结合，做到学用结合，为做好办公室工作奠定坚实基础。

【制度创新】 2016年，昂仁县委办努力探索工作开展新路子，创新举措，大刀阔斧动真格进行改革，激发了全办干部职工的工作新动力，促进各项工作飞跃发展。创新奖励机制，从政治业务素质、廉政建设、工作业绩、工作纪律、综合评价五个方面进行考评，对优秀的干部给予奖励，不断激发干部职工工作积极性；建立完善学习、工作、请销假等制度，以制度管人管事，不断提高办公室工作人员的整体业务水平。

【档案工作】 2016年，始终把档案工作作为一项重要工作来抓，始终把学习、宣传和贯彻落实《中华人民共和国档案法》贯穿于档案工作，着力抓好档案管理的各项基础设施建设，使档案工作步入科学化、规范化和制度化轨道，档案的管理和利用取得了一定的成效。年内，把3个全宗（县委、人大、政府）和17乡镇及县直单位移交的档案全部立卷归档，共1988卷，其中永久918卷、长期1070卷。完成了1988卷的案卷归档目录从手写版全部整理为电子版，进一步完善了档案立卷归档工作。

【机要工作】 严格按照机要人员管理规定，对机要和保密工作进行定人定岗，明确职责分工，实现机要和保密安全畅通。认真完成机要文件及传真电报的阅办，全年共处理电报4669条，其中上级向下级发报3501条，下级向上级发报1168条。全年向领导传阅电报2891余次，领导批示2013条。全年未发生一起漏收、漏报、压误电报现象和失泄密事故，确保了上传下达和政令畅通，顺利圆满完成了全年工作。

【党风廉政建设】 2016年，县委办认真贯彻落实中共十八届三中、四中、五中、六中全会、中国共产党西藏自治区第九次代表大会、中央第六次西藏工作座谈会等各项会议精神，全面落实科学发展观，认真执行中共中央、国务院关于实行党风廉政建设责任制的规定，县委办把党风廉政建设工作摆在首位，与业务工作同部署、同落实、同检查、同考核，确保县委办党风廉政建设和反腐败工作的各项任务落到实处，取得良好成效。全年组织党风廉政集体学习6次，考核考评2次。

【党建工作】 2016年，县委办党支部坚持以邓小平理论和“三个代表”重要思想为指导，深入学习贯彻党的十八大三中、四中、五中和六中全会精神，巩固保持共产党员先进性教育成果，全面落实科学发展观，与时俱进，开拓创新，切实加强党支部的思想建设和作风建设，各项工作取得了较大的进展，党组织建设整体水平不断提高；县委办公室党支部扎实开展“两学一做”学习教育，创新开展“讲学习、讲忠诚、正风纪、转作风、提效能”主题活动，激发了党员干部干事创业的精气神；以驻村工作为契机，着力推进农牧区基层党组织建设。

（郑春成）

【领导名录】

副主任 王崇礼（主持工作）

副主任（主任科员）

白　珍（女，藏族）

机要局局长

平措桑布（藏族）

档案局局长

尼　玛（女，藏族）

中共昂仁县委组织部

【概况】 2016年，中共昂仁县委组织部干部职工共计19名，负责专项工作的7名（其中档案专项审核1名，强基办4名，“两学一做”办2名）；县级领导干部1名，正科级领导干部3名，副主任科员2名，驾驶员1名；共设4个办公室：党建科、干部科、老干部局、档案室。县委组织部属县委下辖机构，主要职能有：研究和指导党组织特别是党的基层组织建设，组织开展新时期党的建设理论研究；负责干部宏观管理工作、抓好干部人事制度改革工作、贯彻执行和结合实际研究制定选拔任用干部的标准、程序、抓好干部双重管理工作；提出关于乡镇和县直副科级以上单位以及其他列入县委管理的领导班子调整、配备的意见和建议，并负责县委管理干部的考察及任免；负责干部监督工作的宏观指导，负责组织工作和干部工作的检查督促，同时抓好干部监督制度的落实和历史遗留问题的审查；制定干部教育规划，组织县委管理的干部和一定层次的中青年干部培训；负责县直机关党的建设指导、监督及党员发展、教育与管理工作；培养和建设适应市场经济发展要求的人才队伍。

【从严管党治党】 年内，制订下发学习教育实施方案和主题活动实施方案，县委常委会先后6次召开会议，传达学习中央和区市委精神，研究部署全县“两学一做”学习教育，制订出台《昂仁县“两学一做”学习教育实施方案》，对全体普通党员及县处级以上党员领导干部开展“两学一做”的学习要求、学习内容、方式方法等进行细化、量化，提出具体措施，做出安排部署。严格落实党员领导干部讲党课活动，县“四大班子”成员分别以普通党员身份，参加所在党支部的组织生活会，组织开展“向榜样看齐、做合格党员”民主生活会37次，开展4次专题学习研讨，党员领导干部讲党课168场次，平均每人撰写学习笔记3万余字，巩固深化了学习效果。开展《中国共产党章程》《中国共产党廉洁自律准则》《中国共产党纪律处分条例》知识测试，使全县党员干部接受了深刻教育和思想洗礼。制定出台《昂仁县流动党员管理办法》《昂仁县党员组织关系接转办法》，通过短信、微信等平台开通“空中课堂”，定期推送学习资料，认真开展组织关系排查工作，加大党费收缴力度，确保流动党员有组织、不掉队，进一步规范党员组织关系接转程序。

【践行“四讲四有”合格党员】 年内，各级党组织认真落实“两学一做”学习教育的主体责任，从严从实组织开展学习教育，并使其贯穿于日常工作、学习、生活中，坚持知行合一，在防汛抗洪抢险救灾工作中，党员领导干部冲锋在前，带头转移受灾群众、抢修防汛设施，在基层一线、在急难险重工作中践行“四讲四有”合格党员要求。紧扣主题活动创新开展“五树五比五表率”教育活动，真正使党员领导干部上党课、上讲台，变过去的“被动学”为现在“主动学”，即是主题活动的“教育者”又是“被教育者”。截至年底，已开展各类志愿者服务活动45次，其中开展“保护魅力金措，党员志愿在行动”主题活动2场次，参与党员1158人（次）；开展“助农收割”志愿服务活动20场次，参与党员2580人（次）；开展环境卫生大整治活动3场次，参与党员1280人（次）；开展抗洪抢险救灾活动20场次，参与党员1462人（次）。

【夯实基层基础】 年内，整合国家资金、援藏资金、本级资金4330万元用于村级组织活动场所标准化建设，2016年已完成2个试点村招标工作。召开干部监督管理联席会议3次，收集意见13条，督促相关单位整改落实13条。对1名虚报冒领国家资金的村干部给予党内严重警告并罢免职务，对3名违反“三重一大”决策制度的正科级干部，2名给予党内警告，1名给予诫勉谈话、全县通报。

【县乡领导班子换届】 严肃换届纪律。加强换届政策和组织纪律的宣传教育，制作藏汉双语换届纪律宣传标语80张、宣传栏3个，编印《昂仁县县乡领导班子换届知识点手册》100份。严格落实“六必签”要求，与各级党组织签订严守换届纪律《承诺书》238份，承诺签订率达到100%。换届结束后，及时组织17个乡镇党政正职参加市委党校培训外，还对全县133名乡镇党委副书记、纪委书记、组织委员、宣传委员、政法委员、统战委员、组织员开展了培训，提高他们的履职能力。制定《关于做好县直机关党组织换届工作的通知》，对38个机关党组织换届工作要以“五个融入”为主线，与加强主题活动为导向、深入推进“两学一做”学习教育相结合，提升机关党组织的凝聚力、战斗力和号召力。严格组织程序。认真落实全面从严治党要求，充分发挥党委总览全局、协调各方作用，切实把好选举提名关、人选关、程序关，做到一个程序不少、一个环节不缺，配出结构优功能强的好班子，切实换出忠诚干净担当的好干部。在对党代表和党员违纪违法进行深入细致的排查工作中，全县本届任期内“两代表一委员”未受到相关处分，只有3名农牧民党员受到了刑事处分，已按处置程序履行开除党籍处分。配强“关键少数”。选优配强党政一把手这个“关键少数”，截至年底，全县17个乡镇全部实现党政主要领导“一藏一汉”配备格局，从“三类人员”中择优选拔了24名干部进乡镇领导班子成员，班子性别结构、学历结构、素质能力得到进一步优化，其中男107人，女44人；汉族30人，藏族121人；大学及以上97人，大专43人，中专11人；平均年龄32.4岁，年龄最大53岁，年龄最小26岁；30岁以下66人。

【强基惠民工作】 年内，通过开展“五心”工作法，把驻村工作队“全员参与、全体覆盖，不留缝隙、整体推进，立足本职、促进工作，三级联动、确保成效，发挥余热、奉献基层”的工作原则融入实际、取得了实效；驻村工作队通过多方面、多形式、多创新等方式，对昂仁县村干部进行培训，全面提升了昂仁县村干部队伍整体素质，增强为民服务本领，逐步解决昂仁县村干部队伍文化水平、能力素质、服务能力偏低等问题，并积极储备村后备干部，为明年村“两委”换届工作奠定了基础；驻村工作队积极履行职责，发挥作用，全力投入到村级组织活动场所化建设工作当中，确保活动场所建设在阳光下运行；通过政策宣讲、新旧对比，使农牧民群众更加明白“惠从何来，惠在何处”，进一步认清了共产党好、社会主义好，坚定了维护稳定的决心；惠民项目的逐步实施，群众的生产生活环境得到了巨大改善，切实为群众排了忧、解了难，使群众真正受惠得益，得到当地群众的衷心称赞和拥护；加大力度全面推进扶贫开发工作，在上级扶贫办的安排和部署下，各驻村工作队坚持做好基础数据统计、制定脱贫方案、就地宣讲实施方案等相关工作，为脱贫攻坚工作提供坚强的基础组织保障。

【党建工作】 强化党建主体责任。先后4次主持召开党建工作专题会议，研究决定党建工作重要问题。每季度听取乡镇党委书记、县直机关党支部书记党建工作汇报，认真研究对策措施，并亲自督导落实。强化非公企业党组织建设工作。制定出台《非公经济党组织和社会党组织党的建设工作的实施意见（试行）》，及时调整非公党工委成员，按照“五有五好”工作要求，明确在各非公企业中建立党的组织工作。截至年底，已对全县34家企业进行摸底排查，共有32家企业有党员的建立党组织，党组织覆盖面达到94%。强化落实党建考核奖惩。认真抓实基层党建7项重点任务工作，按照年初签订党建工作目标责任制要求，推行党建半年考核制度，实行党建工作“一票否决制”，先后对党建工作滞后的3名乡镇党委书记和3名县直机关党支部书记进行组织约谈。建立健全一支数量充足、素质较高、结构合理、适应需要的组织员队伍，全县自下而上配备组织员队伍和相关设备，制订组织员学习培训计划，强抓组织员队伍教育、培训、学习，努力开创基层组织员敢于担当，争当榜样先锋的表率作用。严格按照“三个不发展”的要求，强抓党员发展工作，2016年共发展274名，其中：男186名，女88名，本科学历62名，大专学历39名，中专及以下173名，最大年龄50岁，最小年龄19岁，平均年龄26岁。加强党员队伍的教育监督工作，对那些理想信念不坚定的党员，与党离心离德、对党不忠诚的，零容忍，严惩治，对3名违纪党员进行开除党籍处分。开展党员组织关系集中排查工作，全县共排查出流动党员211名、失联党员25名，经查找取得联系的25名，口袋党员2名，并对具备处置条件的不合格党员进行处置，清退不合格党员1名，纳入组织管理23人，限期改正1人，警告2人。完成全县263个党支部党费收缴检查工作，针对离退休党员党费收缴不规范的问题，对15个有离退休人员的党支部进行重点排查，经排查，除16名离退休人员未能按时、足额交纳党费外，其余已全部按时、足额交纳党费。县委组织部、县老干局和相关支部已主动联系尚未补交党费的16名党员，要求他们按时补交，让他们重新找回党组织生活，切实发挥余热。抓党建促脱贫攻坚工作情况。落实“4321”结对帮扶机制，全县1739干部结对3559户贫困户，重点加强对贫困户的教育引导，帮助转变思想，助力贫困户脱贫致富。

【党风廉政建设】 年内，认真按照县委关于党风廉政建设工作的总体部署和县纪委安排部署以来，领导成员按照党风廉政建设责任制分工，认真履行职责，实行一把手负总责，分管领导重点抓，承办人员具体抓的党风廉政建设责任制。按照“四大纪律，八项要求”的精神，把实施党风廉政建设责任制同党员干部管理、干部队伍建设、基层组织建设、机关作风整顿、创建“五型机关”“树组工干部形象”“保持共产党员先进性教育活动”“五星”组工干部评选活动等工作有机结合，同部署、同落实、同检查。规定每周五为集体学习时间，学习党的“十八届五中全会”会议精神、《中华人民共和国公务员法》《中国共产党党内监督条例》《中国共产党纪律处分条例》《建立健全教育、制度、监督并重的惩治和预防腐败体系实施纲要》以及《关于进一步加强党政领导干部廉洁自律工作规定》；学习县委、县政府、县党风廉政建设领导小组关于实行党风廉政建设责任制的有关文件，进行了党性、党风、党纪和廉政教育，每人都有学习笔记，心得体会，全体干部树立正确的世界观、人生观、价值观，提高了抵御风险和拒腐防变能力，真正做到清正廉洁。

【严格落实干部选任制】 2016年，全县调整交流干部145人，其中县级领导免去兼任正科职务

5人，正科级调整交流51人（副科级提任正科级7人，正科级平职交流30人，正科级其他调整14人），副科级调整交流89人（科员、优秀专业技术干部提任副科级25名，副科级平职交流58人，副科级其他调整6人），未出现信访举报现象。

（宋贺鹏）

【领导名录】

部　　长　拉　　欧（藏族）
副 部 长　扎西旺堆（藏族）
　　　　　李　　铁（6月免）
编办主任　次　　旺（藏族）
老干部局局长
　　　　　朗　　杰（藏族）
副主任科员
　　　　　次仁央宗（女，藏族）
　　　　　拉姆央拉（女，藏族）
老干局主任科员
　　　　　白玛旺姆（女，藏族）
主任科员　洛桑旦增（藏族）

中共昂仁县委宣传部

【概况】 2016年，昂仁县委宣传部紧紧围绕县委、县政府中心工作，始终坚持“团结稳定鼓劲、正面宣传为主”的方针，有计划、有步骤开展宣传思想工作，为全县经济和社会事业的稳定健康发展提供了强有力的思想保证、精神动力、舆论支持和文化条件。昂仁县委宣传部内设办公室、文明办、网信办（网评中心）、文化执法大队。工作人员10名，其中常委部长1名、副部长2名、主任科员1名，副主任科员1名，科员2名，事业1名，参公2名（文化执法大队）。

【理论教育】 2016年，根据《中共昂仁县委中心组理论学习制度》和《县委理论中心组2016年学习计划》，对中共十八届三中、四中、五中、六中全会、习近平总书记系列重要讲话精神以及中央、自治区、市委、市政府的文件精神及中央第六次西藏工作座谈会为重点内容。年内，组织集中学习16次，并为理论中心组征订《领导科学论坛大讲堂》《党建》等4本书籍，进一步扩大了学习范围。同时，加强对全县各级党委理论中心组的学习指导，每季度下发各级党委理论中心组学习安排意见，对全县各级党组理论学习的内容、方式、制度等都有明确的要求。

【“两学一做”学习教育】 2016年，宣传部开展“两学一做”教育活动。县委理论中心组将“两学一做”列为理论中心组必学内容纳入理论中心组学习计划，通过开展专题讨论会、讲党课等形式，县级领导围绕对“两学一做”学习、理解，结合自身实际，畅谈如何进一步贯彻好落实好“两学一做”的若干规定。同时针对“学党章党规”“学系列讲话”“做合格党员”3个专题，结合本职工作开展情况、遵守工作纪律、廉洁纪律等方面，进行深刻剖析，提出自身存在的问题和不足，提出今后的改进方式方法。截至年底，共开展专题讨论4次，上党课6次。认真学习习近平总书记在庆祝中国共产党成立95周年大会上提出的坚持不忘初心、继续前进和庆祝长征胜利80周年大会上的讲话精神。

【党风廉政建设】 2016年，按照县委关于党风廉政建设工作的总体部署和县纪委的要求，坚持以学习贯彻中共十八大和十八届三中、四中、五中、六中全会、中纪委和自治区纪委、市纪委会议精神为重点，紧紧围绕县委和县纪委的工作目标，从加强教育、强化管理和完善机制入手，采取切实有效的措施，积极构筑反腐倡廉防范体系，狠抓工作落实。

【主题宣传教育】 年内，以灵活多样的形式组织干部群众开展主题教育宣讲活动。结合开展的“两学一做”专题教育活动，各乡镇、各党支部组织开展集中学习和自学。同时，发挥驻村、驻寺工作队的优势，深入干部群众、寺庙对“中国梦”、十八届三中、四中、五中全会、习近平总书记不忘初心、继续前进、核心价值观、老西藏精神进行学习宣讲，引导广大党员干部全面领会中国特色社会主义理论、中国梦、核心价值观24个字的重大意义、基本内涵和本质要求，引导广大干部群众为实现伟大中国梦而努力工作。根据市委要求，由县委常委、宣传部部长孙晓锋牵头，在全县17个乡镇进行《习近平总书记坚持不忘初心、继续前进》宣讲，共计3000余人次。在“3·28”西藏百万农奴解放纪念当天，组织全县干部职工、公安干警、武警官兵学生800多人，在县完小广场举行升国旗、唱国歌活动，县强基办、各乡镇组织开展新旧西藏对比图片展达109场次，县电影队播放爱国主义电影316场次，观看人数达18135人，截至年底，县民间艺术团共演出33场次，观众达到22300余人；喜迎中国共产党成立95周年，县委宣传部牵头组织开展第二届“美丽滨湖、幸福昂仁”文艺汇演，用生动的歌曲和舞蹈唱响了时代主旋律；在国道沿线的乡镇制作5个“精准扶贫”、灾后重建和核心价值观为主要内容的户外大型公益广告牌，在县驻地制作对外宣传昂仁的户外广告牌，同时，为大力培育和践行社会主义核心价值观，维护及更新以“24”个字为主体的大型公益广告6组，每组12副，共计72张。

【夯实精神文明建设基础】 年内，为进一步加强未成年人思想道德教育，开展“学雷锋、争当雷锋”活动。组织有条件的县城学校及部分乡镇1200多名学生到敬老院、孤寡老人家，帮助他们打扫卫生、清洁环境；为充分展示昂仁县群众精神文明创建的丰硕成果，激励广大干部群众更加奋发进取，推动精神文明建设深入发展，评选表彰出2015年度文明乡镇（村）3个，文明单位2个，文明户20户；以卡嘎镇和亚木乡中心小学少年宫作为推进未成年人思想道德建设的重要抓手，将促进昂仁县学生的全面发展，推动昂仁县基础教育改革和城乡一体化进程；为丰富广大农牧民精神文化生活，提高农牧业生产技术，改善农牧区医疗卫生条件，县委宣传部牵头联合县相关单位联合制定昂仁县“五下乡”活动方案，并开展昂仁县“五下乡”一系列活动，为17个乡镇免费义诊，发放法律宣传手册8562本，发放政策宣传手册4459本，县民间艺术团义务演出23次，建立的科普知识宣传咨询点共接受咨询13653人次，宣讲26次，营造了良好氛围，昂仁县农牧民群众在活动中改变观念、得到实惠。

【信息报送】 年内，按照上级信息报送工作的要求，县网信办将该项工作纳入重点工作范畴，进一步推进该项工作，不断强化部门信息报送责任意识，认真把好每条信息的采集、审核、上报关口，取得明显成效。截至年底，县政府网站共上传更新各类新闻公告4263条（平均每天11条，含节假日），网信办积极做到写新闻、跑新闻、找新闻，促使全县各单位主动上报信息数量有较大增加，信息公开质量有明显提高。

【网络安全运行管理】 年内，在各重要节点和珠峰文化旅游节，网信办严格按照市网信办要求和部署，以严防网络攻击为重点，严格24小时值班带班制度，建立健全网络安全突发事件应急预案，实行责任到人，强化管理，积极防范，杜绝网络安全事故发生。

【新媒体运转】 根据新型媒体的发展潜力，借助西藏地区移动网络微信微博用户猛增趋势，以昂仁县2015年上线开通的“昂仁县发布”和“网信昂仁”官方微信、微博，善用网言网语，开展线上线下活动。在“3·28”西藏百万农奴解放纪念日活动和“七一”“十一”期间，“昂仁县发布”和“网信昂仁”官方微信、微博全程直播昂仁县各界庆祝活动。在“珠峰文化旅游节”报道中，网信办利用“双微双网”及时发布权威信息，积极回应网民疑问，加强有效引导，掌握主动权。

【完善基层文化设施】 年内，昂仁县17个乡镇文化站已经全部投入使用。全县有185家农（牧）家书屋、44座寺庙书屋，进一步完善长效管理机制和加强了指导管理，不断提高服务质量和管理水平。2016年9月为17个乡镇发放文化设备，为17个乡镇文化站分别配发2台台式电脑、1台打印机；给68个一级文化广场分别配发音响设备一套（每套6件）、给117个村文化活动室分别配发音响设备一套（每套5件）；县民间艺术团配发演出用车一辆、音响设备一套（共8件）；县电视台配发高清数字编辑拍摄设备一套（高清摄录一体机、三脚架、非编系统）等共31类1300余件（套）设备，进一步完善文化站的设施设备，完善县综合文化活动中心免费开放的公共设施及服务项目，落实了文化运营专项经费。

【传统文化的传承保护工作】 年内，开展迥巴藏戏保护工作，同时发展藏戏演出队伍，吸收年轻的藏戏演员，组织藏戏演出队到更大的舞台进行演出，进一步培养传承人，使迥巴藏戏这个民族文化不断香火。2016年，为加大非物质文化遗产宣传工作力度，中央电视台对昂仁县日吾其藏戏队和秋窝乡藏戏队分别进行跟踪拍摄，制作昂仁县藏戏宣传纪录片，并为藏戏队补充制作迥巴藏戏队的服装，使非物质文化遗产发挥出它应有的特点，迥巴藏戏得到了很好的传承、发扬和保护。

【广播电视行业管理】 新闻报道工作重点围绕“牧矿兴县、跨越发展”战略和昂仁县“十三五”规划、“扶贫攻坚”“灾后重建”的新思路、新亮点、新成果和新突破，对昂仁县民生工程、驻村驻寺、城镇网格化管理、“先进双联户”、民族团结教育、党的群众路线教育活动回头看等进行了深入宣传报道并制作了专题，汇聚推动了社会发展的正能量。截至年底，电视台新闻组共编发图像新闻稿件181条，市采用80条；并保证每周二、周四昂仁县新闻联播的正常播出。全县共有224个“村村通”站点，实现了昂仁县“村村通”全覆盖。

【文化市场监管】 年内，宣传部以开展“扫黄打非”和“反宣”专项工作为契机，坚持“一手抓繁荣，一手抓管理”，加强对网吧、朗玛厅、KTV、家具家电专卖店、音像制品店和手机铃声下载等场所的常规性、突击性检查，大大净化昂仁县的文化市场环境。年内，共出动执法人员165人次，检查文化经营单位86家次，共查处非法销售的卫星电视地面接收设备4套、6个锅盖、1个直播卫星室外单元、违禁音像制品3张以及删除手机铃声下载点的违禁歌曲6首。

【队伍建设】 年内，按照“政治强、业务精、纪律严、作风正”的要求，加强整个宣传思想工作队伍的自身建设，造就一大批坚持正确方向、精通各自业务、做出突出成绩、受到人民群众欢迎的业务骨干，为做好新时期宣传思想工作提供坚实的人才基础。严格按照各级党委文件要求，及时充实了宣传文化工作力量；加强自身建设。结合“两学一做”专题教育活动，积极查找宣传思想文化系统干部职工存在的问题；加大交流力度，工作上互帮互助，相互学习，促进了宣传工作的开展有条不紊。

【工作创新】 2016年，重点宣传昂仁县“十三五”规划、“扶贫攻坚”“灾后重建”的新思路、新亮点、新成果和新突破。年内，将昂仁县党员干部如何践行“十三五”规划的鲜活事例由点到面全方位多角度的宣传出去，凝聚起强大正能量，凝聚起昂仁县广大干部群众的精气神，大家心往一处想、劲往一处使，积极作为、主动作为，为建设幸福美丽昂仁再立新功。

【意识形态领域】 2016年，坚持团结稳定鼓劲、正面宣传为主，是宣传思想工作必须遵循的重要方针。坚持巩固壮大主流思想舆论，弘扬主旋律，传播正能量，激发全社会团结奋进的强大力量。提高质量和水平，把握时、度、效，增强吸引力和感染力，让群众爱听爱看、产生共鸣，充分发挥正面宣传鼓舞人、激励人的作用。在事关大是大非和政治原则问题上，增强主动性、掌握主动权、打好主动仗，帮助干部群众划清是非界限、澄清模糊认识，确保昂仁县意识形态领域绝对安全。

（程晓峰）

【领导名录】

部　　长　吕 世 瑞（6月免）
　　　　　孙 晓 锋（6月任）
副 部 长　米玛旺堆（藏族）
　　　　　普　　觉（藏族）
网信办副主任（主任科员）
　　　　　米 培 元（回族）
文化执法大队队长
　　　　　何　　军
副主任科员
　　　　　虎 梦 玲（女，回族）

中共昂仁县委统战部

【概况】 2016年，昂仁县委统战部共设有统战部、宗教工作领导小组办公室和工商业联合会3个机构，总编制人数14名，实有10名，其中副县级1名、正科级2名、副科级3名，共有中共党员7人。全县共设有19个寺庙管理特派机构（6个寺庙管理委员会、7个片区管理委员会、6个专职特派管理机构），驻寺干部编制人数共100名，实有52名。配有驻寺民警20名。

【健全体制机制】 2016年，成立昂仁县统一战线工作领导小组，以县委书记为组长，有关部门主要领导为成员的领导小组，形成党委领导、统战牵头，有关部门各负其责的大统战格局。及时完善和调整宗教工作领导小组，领导小组下设办公室，负责宗教工作领导小组日常工作，确保全县宗教工作有力推进。并以日喀则市统战民族宗教工作会议上的要点，结合昂仁县宗教工作实际，细化“百项考核”内容。以调研为重点、问题为导向，健全驻寺干部、公用车辆、财务监督管理等各类制度，进一步完善和充实寺庙管理机构各项规章制度，推进各项工作制度化、规范化、法治化。

【党外人士培养使用】 2016年，全县党外干部中党内职务1名（正县级），宗教界人士76名担任寺庙管理机构班子成员，11名宗教界人士担任区、市两级佛协理事，27名宗教界人士担任区、市、县三级政协委员，5名宗教界人士担任县级人大代表，1名宗教界人士推荐为县政协一职，切实加强党外人士推荐、交流、任职、培养工作，推进党外人士发挥独特作用创造条件，使昂仁县党外代表人士工作取得了长足的发展和巨大的进步。

【回国探亲藏胞服务】 细查细对每一份申请调查表，热情接待每一名回国探亲藏胞。在2016年元旦、春节、藏历新年来临之际，组织辖区定居藏胞、回国藏胞召开座谈会，向他们面对面宣传党的群众路线方针、惠民利民政策等，并送去3万元节日慰问金，鼓励他们“爱国一家、爱国不分先后”。

【落实创建活动】 年内，昂仁县召开2次创建评选活动，共评选出县级和谐模范寺庙26座、爱国守法先进僧尼183名、先进寺庙管理机构20个、优秀驻寺干部8名；市级和谐模范寺庙9座、爱国守法先进僧尼111名、先进寺庙管理机构9个、优秀驻寺干部8名、优秀宗教工作者2名；区级和谐模范寺庙2座、先进寺庙管理机构2个、优秀驻寺干部15名，优秀宗教工作者1名，共兑现154.72万元奖金，激发了广大僧尼的爱国热情，增强了广大涉宗干部工作积极性。

【联系制度】 2016年，为认真落实县级领导干部联系寺庙工作制度，以“三联制”，加大领导干部联系寺庙力度，以“三多”方式，了解和衡量领导干部对寺庙僧尼联系帮扶情况；全年每人平均深入联系寺庙3次，慰问物资折价5000元、解决困难2件。特别是为进一步加强联系工作，在寺庙僧尼中深入开展“四进四联两交友”活动，带着感情、怀着真诚“四进”，掌握政策、讲究方式

"四联"，以真心、以实举"两交友"，赢得广大寺庙僧尼的高度赞扬。

【落实利寺惠僧政策】 2016年，为深化寺庙僧尼服务工作，把"六个一"活动专项经费纳入财政预算，对全县在编僧尼每人每年解决1000元活动经费，为驻寺干部深化服务、加强服务创造条件。同时，及时落实本年度寺庙"九有"工程，专项经费23万元，加强"九有"工程后续管护，推进作用发挥长效。

【寺庙文物保护工作】 2016年，县委、县政府高度重视寺庙教育服务管理工作，落实吕龙寺、拉顶寺文物保护项目资金475万元，并专门为宗教工作解决30余万元经费，其剩余资金投入到文物保护等寺庙公共服务建设领域。同时在本级财政财力紧张下又解决69.26万元开展寺庙文物保护隐患排查整改行动。

【寺庙僧尼服务】 2016年，昂仁县涉宗部门在抓实"三大职能"工作基础上，把准政策、另辟蹊径、抓紧自选动作，认真开展"进寺联僧、结对认亲""三规范、三融入"等活动，涉宗干部秉持坦率、真诚原则与僧尼真心实意交朋友、结对子，送去4.05万元慰问金。所辖寺庙向僧尼送去价值3.12万元慰问品。

【丰富寺庙僧尼文化生活】 2016年，在9月民族团结宣传月、"3·28"西藏百万农奴解放纪念日等节点，寺庙管理机构在属地寺庙僧尼中开展"党的恩情怎么报"僧尼大讨论、社会主义核心价值观"手抄24字"（藏汉文）书法比赛等形式多样的文体活动，特别是详细制定"双语"学习计划，把常用的单词和词组以及寺庙基本情况用藏文译音，在平时修行之余，以驻寺干部集中培训和僧尼自己学习，以适时相互交流和统一测试等各种方式，深入开展"双语"学习活动，增强僧尼的学习兴趣，提升藏汉双语水平，丰富寺庙僧尼的文化生活。

【改善驻寺机构服务用房】 2016年，在全县19个寺庙管理机构中，对未覆盖综合服务用房的13个驻寺机构，本级财政垫资510.25万元着手修建4个驻寺机构综合服务用房并已完成工程实施前置手续和招投标。剩下9个驻寺机构的综合服务用房，协同县发改委、住建局、国土局等相关部门做好了项目前置手续。

【非公组织建设】 为非公企业适应新形势、承担新任务，年内，召开工作专题会议，总结成绩、安排任务，并在原来的27个会员企业上，吸收7个新会员发展至 34个会员企业；从原来的8个非公企业党支部上增加4个共组建12个非公党支部。下半年，专门召开"百企帮百村"精准扶贫行动对接会，明确帮扶方和帮扶对象，确立工作任务和目标，全年内非公企业共捐赠扶贫110.88万元，真正起到了扶危济困、先富帮后富作用，为昂仁县实现同全国全区全市一道步入全面建设小康社会献出了自己一份力量，也为创建"五好"县级工商联奠定了夯实基础。

【党建工作】 2016年，以"两学一做"学习教育为契机，坚持每周定期学习制，逐步创建学习型、服务型、创新型机关，特别是坚持党的领导和依法管理原则，在全县寺庙管理机构中组建11个党支部，深入开展"两学一做"学习教育，做到了以学提能力、以学转作风、以学保稳定、以学建机制，推进全县在编寺庙实行规范化、科学化管理。

【党风廉政建设】 2016年，及时调整和完善宗教领域党风廉政建设领导小组，进一步建立健全工作制度，强化工作责任，严格单位财经纪律、严肃工作作风，规范干部言行举止、推进为民务实清廉的机关。县委统战部并与驻寺机构签订党风廉政建设目标责任书，锲而不舍抓系统干部"四风"问题，协调县纪检委等部门对全县驻寺机构车辆喷绘"公务车辆"标识，对利寺惠僧政策制订统一落实登记册，进一步严肃宗教领域政治纪律和政治规矩。

【参观培训】 年内，县委统战部专门组织全县驻寺干部，以实地观摩和理论学习等模式，举办2次驻寺干部培训，并选派6名僧尼、6名寺管干部和3名统战科级干部参加自治区社会主义学院培训，3名僧尼和3名寺管干部参加日喀则市社会主义学院培训，4名寺管干部参加日喀则市党校培训，2名工商联（1名主席、1名执委）到上海参加培训，1名党外人士到苏州培训。

【乡（镇）统战委员队伍建设】 年内，为进一步加强统战工作的全局性，筑牢统战工作基层根基，逐步升温基层统战工作，高效发挥属地管理原则，积极协调组织人社部门对全县7个乡（镇）配备专职统战委员，对10个乡（镇）配备了兼职统战委员，并建立健全统战委员责任制，促进发挥统战委员积极作用，明显提升了统战民族宗教的基层基础。

【干部队伍建设】 2016年，为健全驻寺机构班子功能、强化队伍建设、优化队伍结构，驻寺干部提拔上一级职务2人、交流使用9人，非公务员身份驻寺干部转入公务员5人，切实提高了驻寺干部的激情和干劲。

（米玛顿珠）

【领导名录】

部　　长　达瓦次仁（藏族，6月免）
　　　　　尼玛平措（藏族，6月任）
副 部 长　巴　　桑（藏族）
副部长、工商联主席
　　　　　洛　　桑（藏族）
宗教办主任（副科级）
　　　　　央　　玛（女，藏族）
宗教办副主任
　　　　　卓玛次仁（女，藏族）
副部长（副科级）
　　　　　米玛顿珠（藏族）

中共昂仁县委政法委员会

【概况】 2016年，昂仁县委政法委下设办公室、综治办、维稳指挥部办公室、反邪教办、国家安全领导小组办公室、法学会六块牌子一套班子。核定行政编制9人，实有在编人员7名，借调人员2人；核定领导职数5名，实有领导班子3名，其中副书记1名、综治办主任1名，综治办副主任1名。

【党建工作】 2016年，昂仁县委政法委制订总支学习例会制度和理论学习计划，合理安排党章、习近平总书记系列讲话精神和弘扬社会正能量的先进事迹典型学习内容；按优势互补、新老结合的原则，组织新老党员结成藏汉“双语”学习帮扶对子18个，变要我学为我要学，不断增强党性修养，不断推进学习型党组织建设。2016年，共组织召开总支党员大会、委员会、上党课和集中学习42次，撰写各类心得体会80余份，形成个人学习笔记40余万字。以深入开展“讲学习、讲忠诚、正风纪、转作风、提效能”主题活动为契机，组织总支成员查摆自身问题，探讨“入党为什么，为党干什么”，2016年，共组织干部大讲堂科级干部授课9次，“两学一做”专题讨论9次，专题民主生活会4次。

【党风廉政建设】 年内，县委政法委认真贯彻落实县委、县政府关于党风廉政建设工作的部署要求以及《廉政工作目标管理责任书》的要求，召开党风廉政建设工作会议，分别与各综治成员单位签订《党风廉政建设工作责任书》，明确党政一把手对反腐倡廉负总则和第一责任人，同时政法委也制订和完善《机关管理制度》《党风班子成员党风廉政建设岗位职责》《党风廉政责任追究制度》《党政班子成员廉政建设岗位职责》等，保证干部的廉洁意识和自觉行为意识。

【综治维稳】 2016年，昂仁县严格按照上级的既定戒备等级要求，结合辖区实际和部门职责部署任务，不断调整、强化各项措施，狠抓工作落实，取得显著成效。以“和谐稳定”为目标，开创综治维稳新局面。针对昂仁县实际情况，不断调整反分裂斗争策略，深化主动治理，始终坚持稳定压倒一切的方针，保持高度的政治敏锐性和鉴别力，不断增强反分裂斗争的主动性和针对性，有效遏制达赖集团的各种分裂破坏活动，确保2016年危安事件零发生；通过强化维稳第一责任人，加强基层维稳长效机制建设，争取人心、凝聚人心，夯实党在西藏长期执政、长治久安的基层政权基础和群众基础，形成共同维护国家安全和西藏稳定的铜墙铁壁，实现“大事不出县、中事不出乡、小事不出村”的目标；充分发挥“双联户”单位间互联、互通的优势，突出联防联治责任共担、安全管理、同舟共济，鼓励群众参与群防群治，从源头上消除各类治安隐患，做到大街小巷有人管、村村户户有人看，形成社会和谐人人参与、和谐社会人人共享的生动局面；开展社会治安防控体系建设，统一规划推进实施社会治安防控重大项目建设，认真贯彻区、市、县文件精神，建立健全反恐维稳体系，严厉打击各种暴力恐怖犯罪活动，提升反恐防暴应急处突能力。严防重特大案事件特别是命案的发生，进一步提升群众的安全感；全面加强社会治安综合治理工作组织领导，建立预防、监控、打击体系，不断强化社会治安综合治理奖惩制度建设，充分发挥社会治理创新的职能作用。加强基层安全防范分级管理，不间断地开展社会治安重点区域、单位、部门的排查整治、风险化解工作，夯实基层治安防控根基；严格落实信访、矛盾纠纷排查调处工作协调会议制度。建立健全信访、矛盾纠纷受理、调解、履行、回访等内部工作制度，建立与相关单位的纠纷移交委托、重要节点矛盾纠纷大排查、大调解活动制度，研究制定关于完善矛盾纠纷多元化解机制，构建调解、诉讼等有机衔接、相互协调的多元化纠纷解决体系，提升矛盾纠纷预防化解能力；加强辖区流动人口管理。维稳办对各乡镇常住人口和流动人口执行一周一排查、每月一调度措施，对辖区人员变动情况做到底数清、来路明、管得住；开展法制宣传工作，利用3月综治宣传月、6月综治宣传周、“9·16”平安宣传日和其他敏感节点，广泛发动党员干部和农牧民群众参与法制宣传活动，2016年，共开展各类法制宣传教育活动17次，累计宣传52天，发放法制宣传单、宣传手册52000余份，受教育总人数达到28000余人次。在县城、乡镇宣传栏、电子横幅、电杆、街道墙壁等显眼处打印张贴宣传标语、法制宣传画、横幅700余张，让城镇居民时时处处学法律，潜移默化受教育。

【建立健全值班备勤制度】 年内，落实各敏感节点、重要时段县级领导分片包乡镇、乡科级干部包村制度；落实各乡镇、独门独院单位24小时值班带班制度，确保带班领导、值班主任、值班人员要素齐全，严格落实“零报告”制度，落实外来人员、车辆出入登记制度、值班交接制度、涉稳隐患排查制度等，确保辖区基层单位的和谐平稳。

【建立健全治安防控体系】 年内，在县城街道，利用监控探头对重点场所、要害部位、交通要道、人员密集区域进行全天候监控，时刻掌握动态；指导辖区维稳工作的开展，切实掌握了维稳工作主动权。

【建立健全信访和矛盾纠纷排查调处工作制度】 年内，严格执行矛盾纠纷排查制度，利用各级调解委员会，切实解决好人民群众最关心、最直接、最现实的利益问题，重点解决人民群众面临的困难，确保“件件有着落、事事有结果”，把接访活动作为创建“平安昂仁”的具体行动。截至年底，共排查矛盾纠纷413次，调处矛盾纠纷173起，涉及金额600余万元，成功调解172起，调解成功率99.9%，切实把纠纷化解在基层，把隐患消除在萌芽状态。

【建立健全网格化管理体系】 年内，在城镇以警务站为基点，实施网格化管理，建立健全网格巡查、管理、奖惩、例会等制度，注重发挥“1长12

员”作用。在农牧区以联户单位为基础安全隐患联防联控。组织发动群众参与巡逻、情报信息搜集等维稳工作，认真排查治安突出问题，形成不能犯罪、不敢犯罪的良好治安环境。开展防火、防盗、防自然灾害等隐患排查，及时消除、防止安全事故发生，确保群众生命财产安全。

【建立健全寺庙管理制度】 年内，深入开展和谐模范寺庙创建活动，寺庙“九有”“六个一”“六建”工程在44座寺庙得到有效落实；严格佛事活动审批程序；落实惠僧惠寺和寺庙特派员作用；严格僧尼请销假制度和佛事活动审批，提高驻寺工作水平；强化寺庙教育引导等工作，确保宗教领域和谐稳定。

【建立健全安全生产管理制度】 年内，以建筑领域、矿业安全生产为重点，严格安全生产目标考核和责任追究，落实企业安全生产主体责任和各级政府安全监管责任，督促企业加大安全设施投入，严厉打击非法违法生产经营活动。深化安全生产标准化创建工作，实行重大隐患治理逐级挂牌督办制度。开展项目建设领域突出问题专项整治行动，全面提升安全监管工作水平。

【建立健全涉稳风险评估和应急演练制度】 2016年，昂仁县建立完善重大事项风险评估机制2项、制定应急处突方案预案20份、维稳督导检查机制2项，辖区涉稳风险可知、可控、可防。

【“双联户”服务管理】 年内，在乡村组织和“双联”单位中认真学习贯彻中央“依法治藏、富民兴藏、长期建藏、凝聚人心、夯实基础”20字西藏工作原则，贯彻落实习近平总书记“治国必治边、治边先稳藏”的重要战略思想和“努力实现西藏持续稳定、长期稳定、全面稳定”重要指示精神，把社会管理服务与群众工作紧密结合起来，把发展稳定任务分解到千家万户中去；充分把县乡居民组织起来、动员起来，建成稳固的联户保平安、联户促增收利益共同体，做到全县所有居民全部参与、一户不漏。综合考虑乡镇在“先进双联户”评选过程中的方式方法、总结提炼前期工作中的成功经验，制定出台《昂仁县“先进双联户”评选办法》，有效推进全县“先进双联户”创评工作上台阶。卡嘎镇曲充村杂吾隆自然村的次旺多拉为困难家庭送去慰问金及慰问物资折合人民币4.2万元。

【社会面管理】 2016年，在元旦、春节、藏历年以及3月敏感月、“五一”“六一”、中秋、国庆期间、“萨嘎达瓦节”、党的十八届六中全会、自治区第九次党代会和县乡换届期间等重要节点，充分发挥公安局治安大队、武警中队和5个便民警务站、驻村工作队、寺管会（特派机构）、“双联户”户长、护村队、护院队、护校队作用，对重点场所、要害部位、民生基础设施开展了不间断巡逻守护工作，做到“白天见警察、晚上见警灯”。县综治、公安、安监、商务、消防、卫生、工商、文化执法等业务部门组成清查小组，对辖区网吧、超市、宾馆旅店、建筑工地、餐饮娱乐场所、人员密集区域进行全面清查，清查各类出租屋5600余间次、沿街商铺300余间、建筑工地40余处；排查治安重点场所50余处，整治消除隐患17处。

【项目建设领域专项治理】 年内，组织政法、综治、发改、住建、卫生、安监、工商、国土、环保、文化执法大队等相关部门，结合昂仁县实际，研究制订《项目建设领域突出问题专项整治工作方案》，分阶段、不定期对全县项目建设领域进行清查整顿，对草场矛盾、劳资纠纷、涉矿纠纷进行排查调处，切实把矛盾纠纷控制在基层、化解在当地。

【公共安全隐患排查整治】 年内，严格落实“两限一警”客运模式，县公安检查站严格按照“四必查”“五不分”要求对过往辖区的车辆、人员、物品进行盘查验证，从源头上消除涉稳隐患。在重要节点，县交警大队要把主要警力摆到路面上，特别是219国道沿线乡镇、交运局、护路队要加大护路联防工作力度，确保道路安全畅通。业务主管部门联合经常深入重点场所、要害部位、人员密集场所开展消防安全、食品卫生、用火用电的检查排查工作。全年，共排查各类隐患363次，发现并现场消除隐患135处，调解119次，限期整改9处。

【平安建设】 凡涉及群众切身利益的重大决策、重大改革、重大项目、重大工程、重大活动，昂仁县严格实行社会稳定风险评估机制，坚决防止因决策不当损害群众利益，引发新的社会矛盾。完善公共决策社会公示、公众听证等制度，健全民主决策程序、决策问责和纠错机制，落实社会稳定风险评估责任制。凡是应该进行社会稳定风险评估而未评估，引发影响社会稳定案（事）件的，坚决追究部门、单位领导及有关人员的责任。

【服务管理】 年内，积极推进县、乡镇、村三级社会服务管理中心建设，形成群众求助、投诉、报警的联动受理、处理、反馈的统一平台。进一步达到制度化、机制化、规范化的运行标准，解决诉求、化解矛盾、维护稳定、服务大局的能力得到进一步提升，平安建设的承载作用得到充分发挥；及时解决热点难点问题，结合实际，建立联席会议制度，定期调度“平安创建”工作，及时解决工作中的新情况新问题。依托党的基层组织做好群众思想工作，依托司法调解中心、信访接待室畅通居民反映问题渠道，依托民政部门落实社会救助等社会保障制度。2016年，全县各级领导干部坚持多下基层、多走村入户、多深入一线、多为农牧民群众解决实际困难，切实把工作做深、做细、做实，赢得了农牧民群众和社会各界的一致好评。

【综治信息化平台建设】 2016年，信息化平台建设作为全县综治工作的一项重要任务，县委、县政府高度重视，专门从乡镇抽调2名精干人员全面负责此项工作。昂仁县信息化平台建设已经启动，收录了全县综治队伍、实有人口、特殊人群、重点青少年、两新组织、社会治安、矛盾纠纷调处、校园及周边安全、护路护线等九大基础信息。

（达瓦次仁）

【领导名录】

政法委书记、公安局党委书记、局长

求　　琼（藏族）

副书记　尼玛吉拉（藏族）

综治办主任

巴桑旺堆（藏族）

副书记　王玉峰（6月免）

综治办副主任

胡　　洪（5月免）

德吉央宗（女，藏族，5月任）

昂仁县总工会

【概况】 2016年，总工会共有干部职工3人，其中主席1人、副主席1人，科员1人。全年深入开展“结对认亲”帮扶活动，送去慰问金慰问物资折合人民币1300元。通过制定脱贫策略、技能培训的方式帮助贫困户脱贫。推进工会组织建设和工资集体协商工作，开展各类文体活动，不断完善社会化维权帮扶体系建设，加大对劳模的关爱力度。协助企（事）业单位用科学发展观武装工会会员，教育职工群众，做好思想政治教育工作。用科学发展观的要求来衡量工会工作成效，使工会工作突出体现以人为本的发展核心，强化发展的理念，树立为民的理念，突出服务的理念，培育法制的理念。

【工会组织建设】 年内，为进一步夯实工会基层组织建设工作基础，巩固和扩大工会组织覆盖面，充分发挥工会组织作用，增强工会组织的凝聚力和影响力。昂仁县工会本着工会组织建立一个，巩固一个，发挥作用一个的工作原则，发展工会组织，吸收职工、农牧民群众。2016年，县总工会根据西藏自治区总工会关于印发《西藏自治区总工会基层组织建设工作规划（2015年—2018年）》的文件精神，紧紧围绕上级工会的工作部署、任务目标，以加强工会自身建设为基础，进一步解放思想，明确目标，注重发挥工会组织的优势，有效推进了工会组织建设力度。

【党建工作】 年内，县总工会以“两学一做”专题教育活动为契机，着力提高党组织的吸引力、凝聚力、战斗力和生命力。通过抓党建，使工会党员干部的思想意识、理论水平和工作能力普遍提高，切实加强工会干部思想政治教育，着力提高不断推动新形势下工会工作创新发展的能力；充分发挥党员的先锋模范作用和党支部的战斗堡垒作用，坚持“党建带工建”和“长征”精神、“老西藏”精神、“两路”精神，按照“两个普遍”的工作要求，坚持不懈地抓好工会组建和会员发展工作。

【党风廉政建设】 年内，县总工会加强领导干部的理论学习。每季度召开一次党风廉政教育专题会，组织学习中央“八项规定”和区党委“约法十章”“九项要求”精神，认真学习《廉政准则》，增强党员干部廉洁从政的意识，认真执行党员领导干部报告个人有关事项的规定。进一步规范公务接待制度，严禁用公款大吃大喝，坚持勤俭节约，反对铺张浪费。按照工作职责严格执行，例行自纠自查，力求建立一个“勤政、廉洁、务实、高效、创新、为民”的工会组织，为昂仁县营造风清气正的工作环境做出贡献。严格按照新《工会会计制度》《工会预算管理办法》及上级对工会财务会计的相关规定，实行财务工作规范化管理。

【工会机制建设】 年内，昂仁县工会依法推进基层工会组织建设和发展会员工作，截至年底，全县共有会员组织58家会员2685人，国有企业会员数3家会员37人，非公企业5家会员330人，农民工组织数11家会员1036人，新发展3家会员组织，新增农民工会员263人。工会坚持自上而下推动建会与自下而上指导入会相结合，努力探索加强农民会员和个体会员的管理，不断提高农民工入会率；继续抓好“党建带动工建，工建服务党建”的党工共建工作，使党组织和工会组织建设互为依托、互相促进、共同发展。2016年，“五一”劳动节期间与县团委，利用干部职工的闲暇之时，积极筹划、广泛宣传、认真组织、统筹协调，举办形式多样的乒乓球、拔河、象棋、篮球、长跑等“五一”问题活动，并颁发奖金与纪念品。为庆祝党的95岁生日，“七一”建党节期间，县总工会联合团委联合举办“奔跑吧 青春”关爱青年干部职工文体活动和不忘为人民服务宗旨的“牵手夕阳”关爱老年人送温暖慰问活动以及文艺演出活动，总工会与团委为他们送上慰问品，充分肯定了党对人民的关心与爱护。演出活动围绕党的丰功伟绩，以不忘根本为人民服务的宗旨与西藏社会近来的跨越式发展为主题，得到了广大人民群众的充分肯定。为热烈庆祝中华人民共和国成立67周年，热情讴歌新中国社会主义现代化建设的伟大成就，县总工会作为主办单位之一，积极筹备“庆祝建国67周年文艺会演”活动，对文艺汇演的会场布置、舞台设计、人员安排、节目策划等工作进行协商沟通，切实把这项工作抓好、抓实、抓出成效。10月1日，昂仁县以丰富多彩的文艺活动与各族干部群众迎接中华人民共和国67华诞。

【工会职能建设】 工会的根基在职工，血脉在职工，力量也在职工。维护好广大职工的合法权益，是工会组织的生存之本、工作之基、力量之源。为加强企业的民主管理，让职工享有知情权、监督权、议事权，县总工会在非公企业大力推行“两建六公开”，在国有企业推行“三重一大”决策制度。全县3家国有企业厂务公开和职代会推行率100%，非公企业5家，厂务公开及职代会推行率90%。县总工会深入到企业，深入到基层，通过开展“3·5”“3·28”“9·20”等系列活动日对《中华人民共和国工会法》《工会组织》《农民工维权》等相关政策法律以发放传单、手册的方式（已发放传单手册100余份），进行工作宣传，为保证职工、群众合法权益提供坚强的思想保障。年内，县总工会配合县人社局协调解决5起维权案件，追回拖欠的农民工工资14万元。

【开展“送温暖”活动】 年内，县总工会始终把围绕中心、服务大局作为工会工作的政治方向和工作主线，坚持以“心系职工情，温暖进万家”为主题，开展“三大节日送温暖”、生活救助、医疗救助、助学救助、女职工“关爱行动”等系列帮扶活动，“三大节日”期间，开展 “送温暖”活动，帮扶国有企业困难职工24人，按照每人900元的标准共发放慰问金2.16万元；开展昂仁县国有企业以及县环卫工人慰问活动，分别为：国有企业职工23人，每人540元，共计1.24万元；环卫工人28人，每人420元，共1.13万元；开展企业去世员工慰问，昂仁县企业去世困难职工共5人，按照每位家庭800元的标准，共计0.4万元；开展“金秋助学”活动。年内，共上报1户企业困难家庭1名学生考入区外大学，助学金额为0.4万元。县总工会切实把各级党委，政府的关爱之情送到千万户职工家庭和广大困难群众之中，进一步筑牢以“顺民心、解民情、暖民心”的民心工程。

【“结对认亲”帮扶活动】 年内，深入开展昂仁县“结对认亲”帮扶活动。根据昂仁县委、县政府的指示要求，县总工会负责对秋窝乡拉日孜村2户贫困户进行结对帮扶，通过购买砖茶、酥油、蒸锅、水壶的方式进行慰问，并对其致贫原因、家庭需求等进行走访了解，通过制定脱贫策略决定用帮助就业，技能培训的方式做到因人施策、分类帮扶、精准脱贫。

（张晓翔）

【领导名录】

主　席　顿　珠（藏族，5月免）
　　　　彭兆红（女，5月任）
副主席　蒋文菊（女，5月免）

共青团昂仁县委员会

【概况】 2016年，昂仁县辖2镇15乡，185个行政村。截至年底，17个乡镇（185个村居）团委（团支部）团干配备率均达到100%；全县团干部546人，专职团干部2人，兼职团干部544人，西部计划大学生志愿者2名。全县有1所中学，在校学生2432人，其中学生团员1552人，占在校学生63.8%。有22所小学，学校少先队组织22个，少先队辅导员22人。

【团组织建设】 团昂仁县委继续运用县级团建经费为各乡镇配备25套团建制度，同时在团建“十表一总结”的基础工作台账上，补充完善成组织台账8项、青年台账5项和团务台账7项，进一步规范了农牧区团建的各类工作制度，夯实团的工作基础。

【党建、党风廉政建设】 2016年，团昂仁县委围绕队伍建设，进一步丰富党员干部的教育形式和内容，以常态化的学习教育机制，促进党员干部整体素质的进一步提升，进一步加强党风廉政建设教育，深入开展反腐败斗争工作，强化党员干部廉洁从政意识，团昂仁县委以党建促工作，全力打造一支政治过硬、思想坚定、作风务实的队伍。从四个方面全面安排工作：深化教育实践活动，抓班子、抓支部，体现表率作用；深化学习教育培训，抓党课，抓党员、体现先锋作用；深化纪律制度执行，抓作风、抓廉洁，体现先导作用。全年共报送工作信息简报73期，制定各项工作计划、方案及总结26份，参加各类宣传活动5次，组织举办活动4次，在日常中每周开展一次党建和党风廉政学习、每季度开展一次党员大会、每年开展一次民主评议，还把学习上级纪律文件穿插于日常工作学习，确保团昂仁县委党员干部自身加强党性修养，坚定理想信念，提升道德境界，团昂仁县委领域工作整体呈现良好的发展态势。

【青少年思想引领】 年内，为纪念“五四运动”97周年、建团94周年，深入贯彻落实中央和自治区党的群团工作会议精神，引导全县各族青年主动适应新常态、展现新作为、响应号召，争做新时代“五好青年”。共青团昂仁县委与县委宣传部、县总工会、县教体局、县文广局联合组织开展“中国梦、昂仁情”为主题的文体竞赛活动，展现出昂仁县青年的青春与活力，增强青年之间的友谊，促进广大青年的健康成长。全年各项活动参与人数达2000余人，影响范围广泛。团昂仁县委联合昂仁县总工会和昂仁县司法局等单位积极组织各类法制宣传活动，加大法制宣传力度，提升全县青少年知法守法素质。2016年，共发放《中华人民共和国未成年人保护法》《西藏自治区未成年人自我保护知识读本》《西藏自治区青少年法律知识读本》等10余种类的6000余份宣传资料，受惠青少年达8千人。

【坚持组织引领】 年内，为加强少先队阵地建设，切实在建设规范化、活动常态化上下功夫，为未成年人育德、益智、健体创造条件、提供方便。团昂仁县委自筹经费为县3所完全小学配备价值5万元的少先队鼓号队设备及少先队队徽，通过加强阵地建设，引领广大少年儿童听党的话、跟党走。组织和引导全县各界青年立足本职，不断提高岗位文明、岗位技能、岗位效益，培养和造就更多“品德优良、技术精湛、贡献突出”的优秀青年人才，团昂仁县委在由各乡镇、各系统推荐下，联合县委组织部、县纪委筛选确立昂仁县首届“十佳”县级青年岗位能手10名。同时选送昂仁县优秀青年代表参选全区“向上向善好青年”5名及全区“最美人物”1名。

【扶贫助困】 为认真履行服务青年的职能，团昂仁县委积极争取援藏资金支持，团昂仁县委积极参与到全县育才教育基金中，从自身经费中，每年拿出5万元支持和帮扶全县贫困青少年升学问题。同时团县委积极协调内地省市共青团，8月争取淄博团市委4.5万元助学金，为2016年新考入的15名大学新生发放助学金，助力圆梦大学活动。

【开展“藏戏之乡·美丽滨湖·幸福昂仁”主题活动】 10月，团县委联合宣传部、县文广局、工会开展以“第二届藏戏之乡·美丽滨湖·幸福昂仁文艺会演”活动为主题的文艺会演活动，借此庆祝中华人民共和国成立67周年，同时以昂扬向上的精神面貌展现昂仁干部群众在县委、县政府的正确领导下取得的光辉成就。

【开展“奔跑吧 青春”主题活动】 7月，为深入贯彻中共十八大和十八届三中、四中、五中、六中全会精神，深化“两学一做”专题教育学习，进一步加强机关文化建设，丰富机关干部职工的业余文化生活，营造“幸福工作、健康生活”的工作氛围，团昂仁县委联合昂仁县总工会，以“七一建党节”为契机，组织全县干部职工开展“奔跑吧 青春”趣味活动。

【开展暑期自护教育活动】 在临近暑假期间，团昂仁县委积极安排各学校团队干部在各中小学，围绕交通安全、用电安全、消防安全、饮食安全等进行主题安全讲座；各学校团队组织积极响应号召，及时组织召开讲座，并以主题班会等形式让学生之间进行自护教育心得交流活动，取得了良好的成绩。

（李世凯）

【领导名录】

书　记　格桑曲珍（女，藏族）

昂仁县妇女联合会

【概况】 2016年，昂仁县妇联以中共十八大精神、十八届四中、五中全会和全县经济工作会议精神为指导，认真贯彻落实习近平总书记关于新时期妇女工作的重要指示精神，认真贯彻落实中央、区、市县关于加强和改进党的群团工作的决策部署，紧紧围绕全县中心工作，以“三严三实”和“两学一做”专题教育为契机，按照“急党政所急、办妇女所需、干妇联所能”的原则，以建设“坚强阵地”和“温暖之家”为目标，丰富活动内容，创新工作方式，提升服务水平，切实为广大妇女办实事、解难事，充分发挥党联系广大妇女的桥梁和纽带作用，团结引领广大妇女投身到昂仁县经济发展各项事业中发挥了半边天的作用。

【党建带妇建】 年内，按照“党建带妇建”的原则，开展思想建设、组织建设、队伍建设、阵地建设、作风建设、严格按照《中国共产党党和国家机关基层组织工作条例》和“两学一做”活动要求。年初制订支部工作学习计划、工作总结、活动安排，发展党员工作规范；提升素质，开展“两学一做”学习讨论落实活动。按照县委关于“两学一做”学习讨论落实活动的安排部署，认真开展学习讨论落实活动。一方面加强学习，组织全县妇女干部职工学习中央、区党委两级党的群团工作会议精神。在广大妇女群众中广泛深入开展中共十八大、十八届四中、五中全会，中央第六次西藏工作座谈会精神，习近平总书记系列重要讲话和全国两会精神，及时学习传达贯彻落实中央、区党委和全国妇联、区妇联市妇联重要文件和会议精神。认真记录学习笔记、撰写心得体会。一把手带头为妇联全体党员讲党课，全面提升妇联工作整体水平。另一方面深刻开展反思剖析，紧密联系妇联工作实际和每位党员自身实际，支部全体党员之间开展思想交流，查找本单位存在的突出问题，查找自身存在的问题，认真剖析原因，制定切实可行的整改措施。通过学习讨论落实活动，全体同志在思想理论上有了明显提高，增强了妇联工作必须深入妇女群众的理念和意识；加强干部队伍建设，建立联系点，深入基层调研，村妇代会主任在本村组织学习、活动、发挥好妇代会主任作用；发展女党员，建立女干部、女党员、妇联干部信息库。加大村妇代会主任培训工作力度，提高基层妇女工作者素质。

【建设示范“妇女之家”】 2016年，全县185个行政村全部建立“妇女之家”，各类“妇女之家”每年开展活动一、两次，每次参加数15人以上，主要在每年的“三八”妇女节和藏历新年开展文体活动。做好“两新”组织建设，在昂仁县吉木措妇女民族手工编织厂建立了妇联之家活动室。尝试在尼姑寺建立妇女组织，延伸妇联工作手臂，妇联在符合条件的尼姑寺中建立妇女组织10座尼姑之家。

【开展法制宣传活动】 年内，在“三八”期间向群众发放藏汉宣传单，宣传《中华人民共和国妇女权益保障法》《中华人民共和国未成年人保护法》《中华人民共和国婚姻法》《中华人民共和国反家庭暴力法》等法律法规知识，进入乡村宣讲《农村妇女小额信贷财政贴息》政策；组织开展“三八维权周”“6·26”禁毒宣传和“12·4”法制宣传日等法制宣传活动，开展3月综治宣传月宣传教育活动，开展活动4次，发放宣传资料1700份，开展男女平等基本国策和儿童优先原则及“两规”宣传活动。

【农村妇女技能培训】 妇联把“巾帼建功、双学双比”活动作为抓手，充分利用传统的民族手工业优势，开展农牧区妇女传统编织技能培训，努力提升农牧区妇女的科技素质，引领农村妇女积极参与社会经济发展，实现增收致富。针对农牧区妇女“就业难”的问题，以培训为抓手，以促进就业为基点。2016年共举办一期培训班，举办“西部县妇联组织农牧区妇女到日喀则市昂仁县吉木措妇女民族手工编织合作社学习编织技术培训班（培训时间30天，培训人数46人）；举办日喀则市西部县贫困妇女培训班（培训时间30天，培训人数46人）。市妇联确立昂仁县吉木措精美民族手工编织厂为市级妇女编织培训基地并挂牌。

【推动妇女儿童发展规划实施】 以“大地之爱”

“母亲水窖”项目为契机，2016年申报母亲水窖资金52万元，在亚木乡支荣村通过县妇联动员广大妇女群众积极参与，增强全社会“保护生态环境、共建绿色家园”的环保意识；创办巾帼示范基地。

【党风廉政建设】 年内，认真落实党风廉政建设有关规定、中央“八项规定”和区党委“约法十章”及实施细则各项要求，无违纪违法现象，认真撰写党风廉政建设主体责任制落实情况汇报。

（拉巴卓玛）

【领导名录】

主　席　拉巴卓玛（女，藏族）

副主席　卓玛曲增（女，藏族，2月任）

中共昂仁县委党校

【概况】 2016年，昂仁县委党校认真贯彻落实中央、区党委、市委一系列会议、文件及指示精神，认真贯彻《中国共产党党校工作条例》，全国、全区、党校工作会议精神，党校根据贯彻落实《中国共产党党校工作条例》全国、全区党校工作会议精神为契机，以改革创新为动力，根据中央、自治区、中共日喀则市委《关于新形势下加强和改进党校工作实施意见》的要求，坚持党校姓党、从严治党。认真贯彻落实县委、县政府工作部署要求，开展“两学一做”学习教育常态化、制度化和“讲学习、讲忠诚、正风纪、转作风、提效能”主题活动为契机，使村干部教育培训、师资队伍建设和精准扶贫等各项工作有效开展，为加快昂仁县经济建设、实现绿色崛起和全面建成小康社会提供思想政治保障和人才智力支持发挥了应有作用。

【联合办班】 年内，按照上级党委“继续大规模培训干部，充分发挥党校作用，大幅度提高干部素质”的要求，克服经费短缺、师资力量严重不足等诸多因素，2016年，党校与县委组织部联合举办8期培训，参训人员752人，其中，《村干部素质能力提升工程》培训3期、507人，专业技术人员培训4期、195人，初任公务员培训1期、50人。通过培训，进一步提高农村基层干部素质，增强农村基层组织的凝聚力和战斗力，推动农村基层民主政治建设，维护农村社会稳定，促进农村经济发展，充分发挥村干部建设社会主义新农村、构建和谐社会骨干带头作用。

【“流动党校”宣讲形成常态】 年内，党校围绕中共十八届三中、四中、五中、六中全会精神和第六次西藏工作座谈会精神以及习近平总书记系列重要讲话精神、西藏自治区第九次党代会精神，新旧西藏对比等内容为重点，从党校师资库中抽调精干教师到乡镇村进行流动宣讲，年内，流动宣讲8场次，参训人数超过1080人次。举办乡村流动党校，把党的各项方针、政策和支农惠农政策送到千家万户。

【培训工作】 习近平总书记指出：“党校是学校，但不是普通学校，而是党教育培训执政骨干的学校，政治上必须有更高要求。”坚持党校姓党，坚持一切教学活动、一切办学活动都坚持党性原则，坚守思想阵地，筑牢思想防线。绝不能让违背党的思潮和声音出现在讲台上，绝不能让与党的宗旨背道而驰的言论在全县范围内传播。把坚持党校姓党贯穿党校工作始终。

【党风廉政建设】 年内，认真贯彻执行中央“八项规定”和自治区、市委、县委各项要求，坚持厉行节约、反对浪费，规范公务接待行为。认真做好党务校务公开工作，接受社会各界的监督；认真落实党风廉政建设责任制，接受党员群众的监督，从主要领导做起，从班子成员做起，从党员干部做起，时时处处从严要求，率先垂范，促使党风廉政建设迈向制度化、规范化轨道。

【“两学一做”专题教育】 年内，按照县委、县政府的统一部署，开展“两学一做”学习教育启动后，按照每个专题的要求，每一名党员干部撰写心得体会4篇，学习讨论交流会2次，四个专题学习教育研讨提升了党员队伍思想政治素质，用科学理论武装自身，内化于心，外化于行，在立足本职工作的同时，充分发挥好党员的先锋模范作用，确保“两学一做”能够落到实处，同时为今后党校党建工作奠定了坚实的基础。“两学一做”学习教育，基础在学，关键在做，即做讲政治、有信念，讲规矩、有纪律，讲道德、有品行，讲奉献、有作为的合格党员。党员是党这个肌体的细胞。每一个党员都合格了，全面从严治党向基层延伸就有了坚实的基础，全面从严治党的重点和难点问题也就能得到有效的解决。开展“两学一做”学习教育，就是继续添把火、加把劲儿，进一步延展和深化已经取得的成果，抓反复、反复抓，出成果、见成效。

【干部职工队伍建设】 昂仁县党校建立于1997年，核定编制4个，其中行政管理编制2个，事业编制2个。截至年底，党校已配备1名校长，1名副校长，1名教师，其中校长由县委常委、组织部部长兼任。

【选派教师参加学习培训】 年内，党校教师先后分别选派到自治区委党校以及日喀则市委党校学习。

【教学和学风建设】 年内，按照讲纪律、守规矩要求，探索制定教师授课规则；为提高教学科研水准和培训质效的要求，建立专兼职教师课件、讲义把关制度，推行教师校外授课报批制度，同时完善学风、学纪和学员管理制度。

（德　吉）

【领导名录】

县委常委、组织部部长

拉　欧（藏族）

党校副校长（正科级）

德　吉（女，藏族）

中共昂仁县委老干部局

【概况】 2016年，昂仁县老干部局紧紧围绕“两学一做”主题活动，从政治上尊重老干部，思想上关心老干部，生活上照顾老干部为工作准则，进一步加强老干部党支部建设，以求真务实的工作作风和与时俱进的精神面貌，开创老干部工作的新局面。为充分发挥老干部的参政议政作用，广泛听取老干部的意见、建议，昂仁县委老干部局组织成立退休干部宣讲团，不忘讲好故事，传播好声音，为昂仁县社会经济发展建言献策，同时成立昂仁县老年艺术团，参与各类公共文艺类活动，为昂仁的经济社会事业发展增添了正能量。截至年底，全县退休干部共297人、党员189人。其中：行政机关176人、企事业77人、教育系统44人、平均年龄65.4岁。

【党建工作】 2016年，昂仁县委老干部局通过组织退休党干部坚持执行每月学习制度，采取传达文件、听报告、召开座谈会等形式开展各项活动，以开展“两学一做”学习教育为契机，严格按照区、市、县三级党委安排部署，开展政治理论学习15次，学习有关政策法规7次，学习各类文件精神、系列讲话精神20次，引导广大退休干部把思想和行动统一到党中央的决策部署上来，把他们的智慧和力量凝聚到推进社会经济发展上来，用实际行动学习好、贯彻好、落实好；按照民主、公开、择优的办法，把党性观念强，群众威信高，组织能力强，民主作风好，身体健康的老干部推荐到支部书记、副书记、委员岗位上来。对支部班子成员服务意识差、服务能力弱、群众意见大的进行调整，不断夯实离退休干部党支部班子凝聚力、战斗力；参与开展“保护魅力金措，党员志愿者在行动”“环境大整治”等多次大型党员志愿活动，充分体现昂仁县退休党员干部积极奉献、全心全意为人民服务的高尚情操。

【落实“退休干部政治待遇”】 2016年，县委老干部局在市委老干部局安排下组织开展的疗养活动，到云南昆明干部疗养院进行为期20天的参观疗养，极大程度地提高了老干部们对发挥正能量的热情；为隆重纪念“七一建党节”及“重阳节”等重大节日，贯彻落实区、市两级指示精神，实实在在地让老干部感受到党的温暖；组织开展“送政策、送温暖、送爱心”主题活动及“展示阳光心态、体验美好生活、畅谈发展变化”等主题活动，增强退休党组织的凝聚力和战斗力，牢固树立为老干部服务的工作理念，努力实现务实的工作作风、高效的服务水平，让党放心，让老干部满意；根据工作需要，在退休干部党支部专项经费中适当给予离退休干部党支部书记、副书记、委员通讯补助费，标准为支部书记每人每年500元、副书记400元、各委员300元。

【落实“退休干部生活待遇”】 年内，老干局始终将关于“全面做好离退休干部工作”的指示精神作为工作准则，更好的服务与管理全县退休干部，努力做到“六个老有”，做到“一帮三必访”。年内，对因病住院治疗及去世干部13人进行走访慰问及协助申领抚恤金等工作，并送去慰问金2.5万余元，及时把党和政府的温暖送到老干部及遗属的心坎上。年内，“三大节日”慰问期间，分别为安置在昂仁县17个乡镇及拉萨、日喀则、其他县（内地）等退休干部、工人、教职工兑现上级发放“走访慰问金”13.93万元，使广大退休干部思想稳定、心情舒畅、安享晚年，用他们特有的方式支持全县的社会经济发展；根据藏人社文件精神对全县退休干部未转工资人数共计119人的工改增资调资和补发工作，确保广大退休干部生活待遇落到实处。

【发挥老干部余热】 年内，县委老干部局根据“离退休老干部为党的事业增添正能量”活动动员部署会议精神，参与强基惠民、政策宣讲、扶贫帮困等方面发挥余热做贡献。现已有4名退休老干部担任县维稳督导员、人民陪审员、干部监督员、廉政监督员等特殊职务，为全县社会经济发展和长治久安发挥了积极作用；邀请退休干部列席重要会议。2016年的县乡换届工作中，参加县换届的退休党代表10人，参加昂仁县第九次党代会代表3人，充分发挥他们的政治优势、经验优势、威望优势，带动和影响广大干部群众增强对党和政府的信任、在参政议政上提出建设性的意见，为县委、县政府决策拓宽了思路，把握了方向；党的执政能力建设、先进性和纯洁性建设是推动社会主义和谐社会建设强有力的政治保证。在这方面，充分发挥广大老干部的重要作用。比如，老干部理想信念坚定、党性观念强，在党内经常性学习教育活动中，包括在“两学一做”“四讲四爱”主题等系列活动中，邀请退休老干部宣讲团通过现身说法、新旧对比等，教育和引导广大党员干部牢记历史使命，增强宗旨意识，自觉保持和发展党的先进性、纯洁性，弘扬中国精神，传播中国好声音，用积极声音影响社会舆论，维护党和政府形象，努力为昂仁县社会经济发展贡献力量。与此同时狠抓维稳工作，强化行动自觉。按照维稳工作要求，及时组织召开支委维稳工作专题会议，认真传达有关“萨嘎达瓦”等民俗宗教活动及敏感节点期间相关维稳工作的指示精神，禁止和杜绝各支部成员参加此类宗教活动，并成立老干部红袖治安巡逻队，以“两学一做”为抓手，以身作则、榜样引领、传递正能量，共同维护全县社会稳定大局、促进昂仁县经济社会和谐发展贡献力量。

【老干部活动中心】 老干部活动中心是全县老干部政治学习的课堂、文化娱乐的场所、党和政府联系老干部的纽带。为适应新形势下老干部工作的新要求，改善老干部政治学习、生活环境，满足精神文化需要，2016年共投资44540元添置活动中心设备，有助于老干部跟上时代的步伐，使他们始终保持政治坚定，思想常新，理想永存，自觉与党中央保持高度一致。老干部活动中心在“3·28”“七一”“九九”重阳节等重大节日，组织开展丰富多彩的文化娱乐活动，还根据老干部的志趣、爱好、特长，积极搭建平台，组建老年文艺队，参加2016年全县组织的“3·28”“七一”等文艺汇演活动。年内，共组织老干部开展各类文体活动5场次。

【老干部信访工作】 年内，县委老干部局针对老干部反映的问题，按照有关政策规定，积极与有关部门协调沟通，稳妥处理好老干部来电、来信和来访，做到事事有回音、件件有落实。全年接待老干部来访10人次，电话来访15次、处理来信3件。

【机关队伍建设】 作为组工干部，县委老干部局工作人员坚持抓学习，同组织部干部参与各类学习日活动，不断提高工作队伍的理论素养，同时加强与各县区的交流沟通，树立典型，激励先进，营造创先争优氛围。

（白玛旺姆）

【领导名录】

局 长 朗 杰（藏族）

主 任（主任科员）

白玛旺姆（女，藏族）

昂仁县曲德寺管理委员会

【概况】 据历史记载曲德寺建寺年代是在公元1225年，距今已有近800年的历史，创建人为释迦僧格，该寺初建时为萨迦派，后在五世达赖（洛桑加措）时期改奉为格鲁派。该寺曾在历史上规模庞大，影响广泛，但在“文化大革命”时期遭受严重破坏，全寺主要建筑物毁坏殆尽，在党的宗教政策得到落实后，于1986年获得重建。后经该寺民管会努力和上级的资金扶持，发展成现有的规模。

【机构设置】 曲德寺管理委员会于2011年11月31日正式挂牌成立，副县级机构，编制为10人，配备驻寺干部8人，其中副县级1人、正科级2人，副科级2人，科办员3人，驻寺警务室一个，警务室核定编制3人，现已配备2人，正科级1名、副科级1名，总体年龄结构（30~40岁）5人，（40~50岁）5人，管委会设管委会办公室、宣传教育科、宗教事务科、治安管理科4个科室以及驻寺警务室一个。

【党建工作】 年内，曲德寺管委会党支部共有党员10人，并设有专门的党员活动室，定期开展党员集中学习，特别是开展“两学一做”学习教育活动，开展“三会一课”制度，开展党员干部“下百村、访千户”结对认亲工作，2016年先后下乡探望3次并慰问1万多元，同时找准贫困原因，提出具体脱贫路子。管委会党支部加强党员干部管理和创新服务意识重点，以“党员便民服务窗口、党员志愿服务队”着手，积极参与各种党员志愿者服务活动，着力增强曲德寺管委会党组织的凝聚力和战斗力，充分发挥党组织在寺庙管理、教育、服务中的政治核心作用，努力提高管委会干部和民警政策理论水平和依法管理寺庙的能力，积极引导僧众遵纪守法，爱国爱教。

【党风廉政建设】 2016年，曲德寺管委会领导班子带头，结合民族宗教工作实际，规范党支部学习制度，加强自身建设，加强理论知识和相关民族政策法规的学习，不断提高自身的政治理论水平和处理民族宗教方面突发事件的能力和管理民族宗教事务的水平。在日常工作中紧紧围绕保持党的纯洁性，按照“严以用权、严以修身、严以律己和谋事要实、创业要实、做人要实”的总体要求，做到为民务实清廉，坚决反对“四风”、认真解决形式主义、官僚主义、享乐主义和奢靡之风方面存在的薄弱环节。结合单位实际，细化责任制，进一步完善党风廉政建设的各项规章制度，严格规范领导班子成员和党员干部的廉洁从政；遵守财经纪律，不乱开支，严格执行厉行节约的八项要求，不铺张浪费；严格遵守民主集中制原则，充分发扬民主，倾听不同意见，不搞“一言堂”，与班子成员做到和谐相处，精诚团结，重大问题、重要事项，班子成员集体讨论决定；生活上，时刻牢记县委廉洁自律规定，严以律己，做到不公款大吃大喝；不用公款请客送礼；狠抓管委会班子成员和党员干部的廉政自律。认真学习、宣传、贯彻中央关于党风廉政建设有关文件、规定等，修订完善单位党风廉政各项规章制度，进一步加大从源头预防和治理腐败的力度，确保全局无一腐败现象发生。

【综治维稳】 严格执行值班制度，坚持24小时值班，认真排查寺内不稳定因素、巡查寺内防火隐患、及时掌握僧人动态，实行“有事报事、无事报平安”的“零报告”制度，确保寺庙和谐稳定；为加强对佛事活动的依法管理，曲德寺每年主要开展“立经杆”“展佛节”两个佛事活动期间，建立严格的佛事活动逐级审批制度，对佛事活动做全方位的安全风险评估，制定安保工作实施方案及极端事件应急处突预案。在开展佛事活动期间，由昂仁县维稳工作指挥部统一指挥，协调公安、消防等部门，从寺庙重点场所的防火防盗、佛事活动的秩序稳定，寺庙周边的安全警戒和沿途道路交通安全等方面都做了周密的部署和检查，确保佛事活动期间，安全稳定工作万无一失；开展和谐模范寺庙暨爱国守法先进僧尼创建评选活动，曲德寺获得区、市、县三级和谐模范寺庙及爱国守法先进僧尼荣誉。管委会获得区、市、县三级先进寺管会荣誉称号，并有多人获得区、市、县三级优秀驻寺干部的荣誉。曲德寺作为昂仁县最大的寺庙，在全县所有寺庙中树立了学习榜样，发挥了良好的典范作用。

【宣传文化思想建设】 年内，组织寺庙僧人参加“3·28”西藏百万农奴解放纪念日和国庆节升旗仪式活动；寺庙僧众当中开展“书法比赛”；组织僧众观看“新旧西藏对比”展览；组织寺庙僧众开展“建设美丽寺庙人人有责”相关活动。

【实施寺庙“九有”工程】 年内，根据“九有”工作要求，寺管会在规定时间内相继开展送国旗、五代领导人画像入寺活动，这些活动的开展得到广大僧众的积极配合；在落实寺庙安全饮水基础上，管委会申请县人民政府维修资金，经县长办公室会议通过，五年内每年下拨5万元维修经费，大大改善寺庙饮水问题；联合县消防中队对全寺消防隐患进行检查，给广大僧人宣传消防安全知识，提高僧人防火防灾意识，定期检查更换补充灭火器等消防器材设施，并在2016年为寺庙大殿和全寺所有僧舍更换原来的老化线路，保障僧人用电安全；联系县文广局在寺庙会议室内安装电视，组织寺庙僧人集中观看“新闻联播”，并为寺庙订阅《西藏日报》《日喀则报》等相关报纸供僧人阅读，帮助僧人及时了解国家的方针政策。

【开展爱国爱教活动】 年内，管委会在不影响正常宗教活动的同时，深入开展以弘扬历代高僧大德“爱国爱教、遵规守法、弃恶扬善、崇尚和谐、祈求和平”为主题的法制宣传教育活动，为方便广大僧众了解学习掌握相关政策法规知识，管委会收集了相关学习宣传资料，并译成藏文发放给每名僧人；落实“七五”普法工作和“宗教政策法规学习月”活动，重点学习社会主义核心价值观的内容，不断增强僧众的民族意识、国家意识、核心意识、法制意识和公民意识；积极探索和创新“藏汉双语”学习方式，开设僧人“藏汉双语”文化补习班，每月至少集中学习2次，丰富僧人的文化知识以及提高他们的文化素养，努力造就政治上靠得住、宗教上有造诣、品德上能服众的宗教界爱国人士队伍。

【推进“六建”“六个一”活动】 “六建”工作在原有基础上建立完善寺庙管理长效机制，以及各科室工作职责等各项管理机制，严肃政治纪律、组织纪律、工作纪律和保密纪律等相关管理制度。管委会组织驻寺人员分组入户走访56名僧人家庭，了解生活情况，分组走访僧人家庭，先后送去共计价值2.8万元的慰问品；在春节、藏历新年、展佛节等重大节日期间，累计为寺庙和僧人送去慰问物资等共计2余元；为方便僧人与家庭之间联系，确保僧人安全，力所能及地解决僧人实际困难，先后派出管委会车辆接送僧人外出学经和住院治疗等10余次；管委会以服务僧众、关心僧人健康作为基础工作，将患病的僧人及时送往上级医院治疗，并派专人帮助僧人办理相关住院手续，先后探望住院僧人5次，送去慰问品折合人民币3500元。

【落实各项利寺惠僧政策】 年内，积极协调县人社局等相关部门，实现56名僧人农村基本医疗保险和城镇居民社会养老保险的全覆盖，另有53人享受农村居民最低生活保障。按时发放寺庙低保资金和荣获和谐模范寺庙及爱国守法先进僧尼奖金及颁发荣誉证书；经过多次向上级相关部门申请，与2016年通过自治区AAA级旅游景点认证，正在储备景点基础设施整改工作；认真落实“一覆盖”政策，高度重视在编僧人健康体检工作，组织寺庙僧人进行健康检查，并为全部僧人建立了健康档案。

【开展民族团结宣传活动】 年内，根据中央第六次西藏工作座谈会精神，中央民族工作会议和习近平总书记系列讲话精神，特别是习近平总书记在西藏自治区成立五十周年大庆活动提出的“加强民族团结、建设美丽西藏”题词精神，充分利用3月综治宣传月和9月民族团结宣传月契机，在寺内大力开展民族团结宣传活动，使“三个离不开”的思想深入人心，共印发民族团结“七进”藏汉双语宣传单100余份，民族团结知识问答宣传手册40余份，在县城主要路口和街道悬挂宣传民族团结口号，营造良好的宣传气氛。

【灾后重建】 因“4·25”地震影响，昂仁县曲德寺受到不同程度的损害，按照昂仁县“4·25”地震宗教活动场所灾后恢复重建项目工作要求，明确项目实施单位责任和义务，强调重建项目相关工程资料收集、归档工作，对资金和账要求做到专款专用、专人负责等。截至年底，灾后重建工作已全部竣工，并通过县级验收。

（塔　杰）

【领导名录】

日喀则市政协文史民族宗教法制委员会副主任、县政协副主席、管委会第一主任

洛桑索巴（藏族）

主　任　旺　加（藏族）

副主任　扎　西（藏族）

警务室警长

确　列（藏族）

宗教事务科科长

努　布（藏族）

宣传教育科科长

塔　杰（藏族）

治安科科长

琼　珠（藏族）

警务室副警长

袁　媛（女）

昂仁县人民政府办公室

【概况】 2016年，昂仁县政府办公室以“服务领导、服务基层、服务群众”为宗旨，以“强化理论武装、转变工作作风、提高服务水平”为重点，切实履行参谋助手、综合协调、督促检查、信息反馈、后勤保障等职能，深入开展“两学一做”专题学习教育活动，加强自身建设，全面完成办公室各项工作任务。

【以文辅政】 2016年，以政府名义共印发文件345件，以政府办公室名义共印发文件202件；撰写好会议、领导讲话等各类材料。完成换届政府工作报告、政府经济运行分析会材料、精准扶贫和产业发展等各类大型会议材料90余份；全面推进办文及档案管理。全年共传阅、处理中央、区、市及县级有关文件500余份，为相关领导准确把握上级意图提供了可靠保障；为及时、准确传阅文件，规范文件档案查阅工作，2016年10月对办公室所有文件进行全面清理，进一步规范了档案管理；协助县级领导加大基层调研工作。为准确了解各乡镇脱贫攻坚、灾后重建等重点工作开展情况，办公室协助政府各县长开展下乡调研，形成调研报告8篇；高度重视并加强政务信息报送。政府办公室向市政府信息科报送涉及经济发

展、项目建设、社会保障、社会事业等政务信息282条。

【协调督察】 协调相关部门做好会务工作。根据上级部门及县委、县政府的安排，认真搞好会务的统筹协调，全年组织县政府专题会议及县长办公会议11次，政府全体会议4次，政府党组会议1次，协调办理电视电话会议100余次，协助全县各部门办文办会40余次；科学严谨地办理各项事务。2016年，政府办公室坚持以务实的工作态度办理各项事务，将工作做细、做实、做精，做到忙而不乱、杂而不散、应对自如，配合相关部门开展精准扶贫、灾后重建、产业发展和专项整治等重要工作10余项；强化政务督查促使政府各项工作落实到位。督查工作通过书面督查与实地查看等形式执行，全年共落实目标任务完成情况、项目推进等各项工作20余项。

【政务信息公开】 年内，政府办公室根据《西藏自治区人民政府办公厅关于印发2016年政府信息公开要点的通知》精神，针对昂仁县实际情况，协调各乡（镇）和县直各部门，通过政府网站、广播电视、微信平台、宣传资料等形式公开各种规章制度、重点领域信息和体系建设等信息20000余条。

【后勤保障】 年内，细化了接待服务制度，在筹备和接待工作中，严格按照《昂仁县“三公”经费管理办法（试行）》和《昂仁县公务用车管理办法》，对领导用餐、车辆安排等相关事宜进行认真部署，基本做到领导放心、客人满意，全年接待工作组、督导组和考察团等229次、1905人；按照《昂仁县政府采购管理办法（试行）》，会同相关部门完成全县各项政府采购工作。

【信访工作】 年内，共接待信访群众162多人次，处理信访事项33件；根据全县有关信访要求，在敏感节点对11个乡镇和重点区域开展了信访隐患排查，确保各项顺利开展。

【法制工作】 年内，开展行政复议、行政应诉统计工作；在“六五”普法宣传日、“4·22”世界地球日等节日协助相关部门开展法制宣传教育10余次，发放《中华人民共和国环境保护法》《法律援助条例》《公民道德建设实施纲要》等藏汉双语各类宣传资料3000余份。

【教育管理】 年内，对办公室全体工作人员分工进行细化，进一步明确各自工作职责，规范内部管理；通过告示牌对公务车辆派遣数据进行及时公示，进一步规范驾驶员管理。在制度规范方面。结合办公室工作实际，制定并完善《工作人员行为规范》《值班制度》《接待制度》《信访工作制度》等各项办公室工作制度10余项，规范并完善《三会一课》《民主评议党员会议制度》等各项党建工作制度10余项，所有工作制度逐一上墙，确保全体工作人员每天及时看到相关标准，时时刻刻提醒自己，严格按照制度要求规范自己；结合党建工作，设立政府及办公室历年来工作荣誉墙，进一步鼓励并激发了干部职工工作的积极性；重新制作并充实“两学一做、文明创建、党务工作、干部职工去向”等各项宣传公示专栏6个，有效促进了各项工作的顺利开展。

【队伍建设】 年内，始终把干部队伍建设放在突出位置，着力打造忠诚守纪、业务精专、协调高效、团结向上、充满活力的一流团队，办公室整体素质和工作能力进一步提高。

【理论学习】 年内，以“两学一做”、精神文明创建、党风廉政建设等工作为载体，制订学习计划，完善学习制度，结合办公室工作实际，开展多种形式的学习活动，引导干部职工改善知识结构，提高办公室工作效率。全年共组织干部职工学习10余次，撰写学习心得和观后感100余篇。

【业务能力建设】 2016年，开展应知应会业务练兵和工作交流讨论，强化组织会议、协调活动、文稿起草、政务督查等办公室日常工作的学习培训，引导广大干部牢固树立大局观念和窗口意识，认真开展争做服务标兵活动，办公室整体服务水平明显提高。

【领导班子建设】 2016年，贯彻落实民主集中制，坚持批评和自我批评，进一步促进班子和谐；严格落实分工负责制，明确责任，搞好配合，确保各项工作逐级抓好落实。

【党建工作】 2016年，巩固深化“两学一做”学习教育成果，用习近平总书记系列重要讲话精神武装头脑、指导实践、推动工作。深入学习金融经济、产业发展、城乡规划等知识，不断提升专业素养。积极开展“深化五项教育、增进五个意识”主题教育活动，增强干部群众认同感。强化政府办坚定为党服务、为人民服务的宗旨意识。

【党风廉政建设】 2016年，加强党组织建设，健全完善党建制度，定期开展“三会一课”等各类党风廉政建设主题教育和实践活动，加强中国特色社会主义理论体系和党性党风党纪教育，党员干部的党性观念和廉洁自律意识进一步提高；严格落实“一岗双责”制，班子成员带头执行述职述廉、民主生活会、个人有关事项报告等制度，认真履行“廉政承诺”，主动接受党组织和党员群众的监督，自觉抵制各种不正之风的侵袭，广大党员干部的思想政治素质和拒腐防变能力明显提高。

（彭天亮）

【领导名录】

主　任　次仁卓玛（女，藏族）

副主任、主任科员

　　　　朱　营（4月免）

副主任　何继光（6月免）

　　　　格桑达娃（藏族）

后勤服务中心副主任

　　　　索朗琼塔（藏族）

　　　　巴桑次仁（藏族）

昂仁县人民代表大会常务委员会办公室

【概况】 昂仁县人大常委会办公室成立于1981年。办公室核定编制数为3人，实际人数2名，其中办公室主任1名，科员1名。平均年龄为30岁，学历本科1名、大专1名。2016年，昂仁县人大常委会办公室以高度的政治责任感和使命感，提高服务水平，坚持围绕中心，服务大局，严格按照人大常委会年初既定的工作目标，认真开展各项工作任务，充分发挥参谋助手作用。

【文秘工作】 2016年，严格按照人大常委会的要求，起草和审核县人民代表大会、县人大常委会、人大常委会党组会、主任会等相关会议材料、简报、会议纪要等，做好会议的宣传工作；起草县人大常委会开展的视察、监督检查、调研等报告，通过文字服务，发挥人大办公室的参谋助手作用。

【会议服务工作】 年内，严格按照法定程序做好“三会”的会前筹备和会中后勤服务、会后的总结和信息报送等工作，保障会议顺利召开。2016年，共召开县人民代表大会2次、县人大常委会9次，主任会10次。

【督办代表建议】 2016年，县级人大代表共提出建议意见185件，为使各承办单位更好地履行法定职责，加快人大代表意见、建议办理进度，保障办理的实效性，提高代表的满意率，严格按照县人大常委会实行的人大常委会委员联系承办单位的制度，通过走访、座谈、电话等方式提醒和督促承办单位认真办理。人大代表建议意见的办结率、满意率均达到了100%。

【理论学习】 年内，通过“两学一做”学习教育活动和办公室支部学习活动，加强理论学习，提高整体素质。认真学习党的十八大和十八届三中、四中、五中、六中全会、第六次西藏工作座谈会和习近平总书记系列重要讲话精神；学习党章、党规、廉政准则等，转变工作作风，进一步提高干部党性修养，强化为民服务意识。加大人大业务知识的学习。认真组织办公室干部职工学习《中华人民共和国各级人民代表大会常务委员会监督法》《中华人民共和国地方各级人民代表大会和地方各级人民政府组织法》《中华人民共和国全国人民代表大会和地方各级人民代表大会选举法》《中华人民共和国全国人民代表大会和地方各级人民代表大会代表法》等法律法规，努力提升办公室工作人员的履职能力和工作水平。

【“人大代表之家”】 年内，为更好地利用“人大代表之家”这一平台，围绕县委中心工作，结合人大工作实际，年初制订活动计划，协助县人大常委会组织人大代表开展视察、调研、执法检查、学习培训、人大代表述职评议等活动，积极为人大代表履职、学习培训、联系群众等搭建平台，丰富代表闭会期间的活动。同时及时登记和充实“一册八簿”内容，有效地促使了“人大代表之家”的作用发挥。代表视察3次，专题调研4次，执法检查2次，组织人大代表培训2次。

【党风廉政建设】 年内，人大常委会办公室明确以支部书记为机关党风廉政建设第一责任人的责任。坚守廉洁底线，坚持用制度管权、管事、管人，严格落实《关于新形势下党内政治生活的若干准则》和《中国共产党党内监督条例》，时刻要求办公室干部职工，对照廉政准则，增强廉洁意识，端正思想，严明政治纪律，依法办事，清正廉洁，严格执行中央八项规定和自治区“约法十章”“九项要求”，坚持勤俭开会、勤俭办事，改进会风文风，在全县干部职工中正确树立好人大干部“廉洁自律、为民务实”的良好形象；组织办公室干部职工深入学习传达党风廉政建设的有关规定及文件精神，提高了干部职工的自我约束能力，增强自律意识。

【精神文明建设】 精神文明建设是系统工程，需要长期不懈地抓下去，按照年初目标责任书，通过开展精神文明建设，干部职工加强了对社会主义核心价值体系、中国梦等精神实质的理解和把握，牢固了理想信念，坚定了政治立场，提高了综合素质；干部职工的作风形象和业务能力得到加强。通过创造纪律严明、和谐关爱的工作环境，干部职工形成了力争上游、争先创优、相互支持、协作配合的良好工作作风；以加强办公室干部队伍建设为载体，强化队伍素质为目的，以“两学一做”学习教育为契机，以改革创新的精神，切实加强人大队伍自身建设。对人大干部职工做到严格要求、教育、监督、检查，进一步提高了队伍的精神文明建设素质。

【社会综合治理】 年内，昂仁县人大常委会办公室以高度的政治责任感和使命感，做好综治维稳工作。严格执行带班值班制度。在3月敏感节点或重大节日期间，单位领导干部严格执行24小时带班制度，对发现的突发性问题及时上报县一线指挥部；加强单位内保工作。办公室安排专人在下班时间督促干部职工关好门窗、电源，搞好防火防盗工作；抓好单位矛盾纠纷和重要部位排查工作。定期组织人员对单位干部职工进行矛盾纠纷排查，坚持把矛盾纠纷化解在萌芽状态。定期组织人员对办公室重要部位，如涉密电脑、档案柜等开展排查工作，消除泄密隐患；加强党员干部教育。组织办公室坚持开展“团结稳定是福、分裂动乱是祸”“治国先治边、治边先稳藏”“依法治藏，长期建藏”的思想教育，牢牢把握反分裂斗争的主动权，旗帜鲜明地反对分裂和维护祖国统一，民族团结。

（卓玛普尺）

【领导名录】

主　任　卓玛普尺（女，藏族）

中国人民政治协商会议
昂仁县委员会办公室

【概况】 2016年，县政协办公室在县政协党组、主席会和常委会的领导下，深入贯彻落实中共十八大及十八届三中、四中、五中、六中全会精神，开展“两学一做”学习教育和“讲学习、讲忠诚、正风纪、转作风、提效能”活动，围绕县委、县政府中心工作，履行协调服务职能，较好地完成了2016年的工作任务。

【合力做好办文办会】 年内，精心组织，开好政协全体会议。为确保县政协一届五次全体会议、二届一次全体会（政协领导班子换届会），如期顺利召开，县政协机关全体工作人员全力以赴，主动做好一届五次、二届一次会议各项筹备工作，及时起草会议文件、会议材料，为会议的召开提供优质服务保障。精选议题，开好常委会议，共召开了四次政协常委会会议，每次常委会召开之前，县政协办公室都对常委会协商议题和相关材料实行提前告知，并对会议资料进行严格核对，确保不出差错，提高了常委会协商议政的质量；精简高效，开好主席会议，共召开主席会议六次，每次召开主席会议前，政协办都根据《2016年县政协工作要点》以及县委、县政府的中心工作、任务，提前拟出主席会议协商的议题，待政协主要领导审定后，组织筹备有关会议资料，并提前把会议材料分发给主席会议成员，切实提高了协商议政的效果。

【调研视察活动】 年内，县政协机关把为委员开展调研视察活动服务作为工作的重要内容。为使县政协调研视察活动的顺利开展，县政协机关按照常委会工作部署和要求，根据各专题调研视察活动的内容和特点，认真研究，制定各工作组调研视察活动的具体实施计划，调研视察活动都安排政协机关工作人员分工联系，责任到人，确保服务。年内，县政协办公室组织就全县民族手工业经营场所建设情况、精准脱贫、全县环境治理和环境执法能力建设、各级政协委员维稳发挥作用及存在问题工作等开展专题调研视察活动。在开展专题调研和专题视察活动过程中，通过采取分散与集中、走访、召开座谈会的多种形式，了解有关方面的详细情况，听取各单位部门领导和广大群众的意见建议，进行详细分析，融入委员智慧，撰写专题调研、视察报告，为县委、县政府及有关部门推动相关工作提出科学可行的意见建议。

【委员提案工作】 年内，县政协委员紧紧围绕县的中心工作和群众关心的热点、难点问题，加强调查研究，积极撰写提案。2016年，共征集到委员提案55件，经整理，并经提案审查小组审定立案53件，提案内容涉及昂仁县经济社会发展的诸方面，很多提案质量较高，具有很强的针对性和可操作性。所有这些提案已全部移交县政府转有关部门办理。在提案督办工作中，注重突出工作重点。重点提案由县政协分管副主席负责跟踪督办，通过突出对重点提案的督办，有效地推动提案办理的整体工作。2016年，在交办53件提案中，承办单位已办复提案53件，从回收的政协提案办理意见征询函中统计，提案者均表示满意或基本满意，提案办理工作收到初步的成效。

【政协工作“三化”建设】 年内，创新工作模式，开展“政协委员履职提升年”“基层政协组织建设年”。充分利用政协优势，向全体县政协委员发出倡议，号召全体政协委员强化委员意识，增强履职能力。组织委员到兄弟市、县学习考察、召开委员培训班、与援藏工作组座谈会等视察、调研、座谈、考察活动。

【党建工作】 年内，坚持党要管党、从严治党的方针，围绕加强党的执政能力建设和先进性建设，全面推进机关思想建设、组织建设、作风建设和制度建设。紧密结合党总支的工作部署，坚持“三会一课”制度，坚持召开专题民主生活会和组织生活会，做好党员民主评议和党员教育学习，党员联系群众、帮扶工作、党日活动、党费收缴等工作。2016年，政协支部利用“七一”“十一”、中国共产党成立95周年等，组织党员开展精准扶贫结对帮扶和党员志愿者服务活动，全年共走访16户，送去慰问物资折合人民币30000余元，增强了机关党建工作的凝聚力。圆满完成县委安排的各项党员活动任务，为进一步发挥机关党组织的战斗堡垒作用，为政协更好履行职能提供坚强的思想和组织保证。全面提升政协机关队伍的整体素质。制定和完善了政协机关工作人员学习制度、机关工作人员守则、廉政建设制度等，以创建“学习型、创新型、服务型、和谐型”为目标，努力造就一支政治坚定、作风优良、学识丰富、业务熟练的高素质政协工作队伍，增强政协机关干部事业心、责任感、服务意识和政策水平，提高服务质量和工作效率，使政协机关真正成为深受广大政协委员欢迎的团结之家、建言之家和温暖之家。

（李金磊）

【领导名录】

主 任 达 吉（女，藏族）

武 装

昂仁县人民武装部

【概况】 2016年，昂仁县人民武装部坚持把思想政治建设和安全管理教育摆在首位，不断增强官兵的政治意识、大局意识、核心意识、服从意识和安全观念。紧盯国防动员建设和应急应战能力建设，进一步巩固正规化达标成果、坚持党委理论学习制度，深入学习中共十八大和十八届四、五中全会精神，深入学习贯彻习近平主席系列重要讲话和全军政治工作会议精神，以党在新形势下的强军目标为统揽，按照“四个牢固立起来”“五个着力抓好”要求提高党委科学决策、民主决策、依法决策水平；狠抓“强军目标”主题教育，牢记改革强军目标，大兴岗位练兵活动。开展双拥共建、扶贫帮困及助民爱民活动，深入乡（镇）及敬老院进行走访慰问活动，密切军民关系。以“十三五”规划为契机，积极组织民兵参与其中，为地方经济建设做出了应有贡献。

【军事工作】 年内，根据年度军事工作指示精神，科学统筹安排本级军事工作，制订军事工作计划，及时下发各乡（镇）、县直机关民兵分队。认真落实民兵工作制度，组织民兵骨干进行基础训练和防暴处突演（训）练，提高了民兵军事素质，全年基干民兵和普通民兵参训率达86%以上。在节假日和敏感日期间，积极组织民兵配合公安、武警中队搞好维护社会稳定工作，确保社会和谐稳定和人民正常生产生活。根据区市年度征兵工作会议精神，及时成立组织领导，召开专题会议进行安排部署，统一思想、明确任务，各相关单位紧密协作，严把征兵政策、标准和条件关，保质保量完成夏秋季征兵任务，昂仁县人民武装部被军分区评为依法治军从严治军先进单位。

【安全工作】 年内，落实军区及分区2016年安全工作会议精神，牢固树立安全工作无小事的思想，坚持安全工作各项制度，定期召开安全形势分析会议，确保各种安全隐患、苗头消灭在萌芽状态。加强安全教育，全面整治和规范民兵武器仓库，大力开展“争创安全年”“条令学习月”和三互活动，灌输科学发展、安全发展理念，打牢官兵安全思想基础。坚持一日生活制度，落实上下班、请销假等制度，规范了人武部“四个秩序”。2016年，单位未发生任何违规违纪问题。

【后装工作】 年内，落实后装工作制度，加强后勤、装备建设，规范库室物资器材摆放，不断提高民兵应急处突、维稳和抢险救灾中的保障能力。结合实际，搞好后勤农副业生产，加强温室田间管理，提高蔬菜自给能力，改善官兵的生活水平。坚持抓好装备建设，认真开展民兵武器仓库安防工作和装备保养擦拭日活动，确保民兵装备器材随时处于良好状态。

（土旦罗布）

【领导名录】

部　长　杨忠明（6月免）

政　委　勾成洪

副部长　王　全

昂仁县公安消防大队

【概况】 2016年，昂仁县公安消防大队始终站在维护社会稳定的高度，主动作为、担当任事、攻坚克难，消防工作责任得到进一步落实，消防安全基础逐步夯实，消防安全宣传富有成效，消防安全环境进一步改善，灭火和应急救援能力得到提升。2016年，全县共发生火灾1起，抢险救援事故2起，死亡0人，受伤0人，直接经济损失5600元，火灾起数与2015年持平，实现自2009年建队以来未发生一起亡人火灾事故的好成绩。

【部队管理】 年内，大队多次召开部队管理形势分析会，狠抓《条令条例》和部队的规章制度的学习教育，深刻领会精神实质，明确要求、标准，把学习贯彻条令条例作为部队正规化管理的突破口，把条令条例落实到日常管理之中，严格按照正规化管理规定，全面兼顾。严格请销假制度，狠抓部队管理，严格遵守“五条禁令”，落实交接班、晚点名、查铺查哨等制度，确保部队“四个秩序”正规，无亡人责任事故、无刑事案件、无自杀事件、无严重违纪的发生。

【消防保卫】 年内，大队在“12・8”佛事活动、第十四届珠峰文化旅游节、春节、藏历新年等重大活动的消防安保工作中，投入监督检查、执勤安保力量150余人次，出动执勤执法车辆30余台次，开展监督检查、执勤安保20余次，确保了全县各项活动期间“不冒烟、不起火”。

【火灾防控】 2016年，大队在党委政府的重视下、在各职能部门积极协作以及社会单位、广大公民积极参与下，积极开展文物古建筑、人员密集场所、易燃易爆场所等多项消防安全专项检查行动，严防发生火灾事故，为全县的消防安全稳定提供强有力的保障。年内，全县公安机关和消防机构发挥工作合力和专业优势，出动警力1004人次，检查单位502家次，下发法律文书209份，督促整改火灾隐患285处，罚款1500元。期间，工作组深入全县17个乡镇、44座文物保护单位，在各寺庙管理委员会和值班工作人员的陪同下对各殿堂、僧舍、功能用房进行了一次全面细致的排查，发现并整改了一批火灾隐患。

【宣传教育】 年内，大队因地制宜深入开展消防宣传“八进”活动，积极开展“119”宣传周等大型消防宣传活动；开展消防宣传培训11场次，发放各类宣传品2200余份，在昂仁县电视台滚动播出消防专题、新闻、消防公益广告、消防安全提示信息30余条（次），引导广大群众自觉做到不违规、不违章、不造成火灾隐患，不引发火灾事故，各族干部群众消防安全意识得到有效提升。

【消防基础建设】 公共消防设施建设不断提升。县政府持续发力，投资200万元用于消防站基础建设，全面消除昂仁县灭火救援力量空白点；消防大队提前介入，主动作为，对全县的市政消火栓进行摸排，已全面掌握全县市政消防供水情况，并绘制了城区道路水源图，召开了专题会议进行研讨。多种形式消防力量稳步推进。根据《日喀则市人民政府关于开展微型消防站建设工作的通知》文件相关要求，挂牌成立微型消防站7个。其中便民警务站微型消防站5个，重点单位微型消防站1个，寺庙微型消防站1个。“一站多点”局面初步建立，社会消防安全防控水平得到进一步提升。

【党风廉政建设】 年内，在各级党委的领导下，大队党支部狠抓党风廉政建设，严格落实廉洁从警规定，坚决杜绝本单位发生吃拿卡要、接受当事人宴请和钱物、索贿受贿以及参与经商办企业、参与经营娱乐场所、商业贿赂等问题。严格贯彻各项禁令，坚决杜绝本单位发生违反公安部“五条禁令”、部消防局“十条禁令”等违令问题。严格遵守财经纪律，坚决杜绝本单位发生乱收、乱罚、乱拉赞助、私设“小金库”、坐收坐支罚没款等问题。严格履行职责，坚决杜绝本单位发生不作为、乱作为、失职渎职和玩忽职守等问题。严格执行法律法规，坚决杜绝本单位发生违反执法程序、执法不严、执法不公等问题。严格部队内部管理，坚决按照廉政要求，做到“人要精神，物要整洁，说话要和气，办事要公道”，杜绝发生脏乱差、稀拉松、冷横硬以及要特权、道德违规、侵犯群众利益、漠视群众疾苦等问题。与此同时，大队始终把加强理论学习作为加强班子建设的首要工作，坚持用科学的理论武装头脑，采取集中学习、分组讨论、个人学习等方法，认真学习马列主义、毛泽东思想、邓小平理论、“三个代表”重要思想和科学发展观等内容，做到年度有计划、月份有安排、笔记有调阅、情况有汇报。能够把“讲学习”与“讲政治”有机结合起来，不断提高政策理论水平，使部队建设始终沿着正确的轨道发展。

（潘　鑫）

【领导名录】

大队长　陈天驰（7月免）
　　　　章　嘉（9月任）

参　谋　陈瑞翔
　　　　潘　鑫

法 治

昂仁县公安局

【概况】 随着经济社会快速发展，昂仁县社会治安形势相对复杂，是全市维稳一线的主要阵地，维稳任务异常繁重艰巨。2016年，昂仁县公安局现有民警221名（其中党员民警110名）、治安辅警员56名（党员11名）、工人1名、公益性1人。下设机构37个，其中内设机构11个（局办公室、110指挥中心、警务保障室）、政工纪检室（警务督察大队）、特警大队、国保大队、刑侦大队、治安大队、交警大队、网安大队、法制大队、情报中心、出入境管理大队），直属机构26个（看守所、拘留所、卡嘎公安二级检查站、桑桑公安三级检查站、曲德寺警务室，17个乡镇派出所、5个便民警务站）。

【信息搜集】 年内，县公安局紧紧围绕全国“两会”、重要节点安保工作，牢固树立信息是维稳工作的灵魂这一理念，切实将信息工作的触角延伸至接触不到的角落，拓宽情报信息渠道，建立起反应灵敏、触角广泛，能够覆盖社会面的各个层次信息网络。

【案件侦办】 年内，县公安局精心组织、周密部署，开展“两抢一盗”“打四黑、除四害”等社会治安整治和打击整治等专项行动。进一步强化案件侦防工作，继续坚持有案必破方向，严格落实以一长双责制，将打击锋芒对准危害公共安全犯罪、涉枪涉爆犯罪等群众反映强烈的犯罪活动。2016年，立刑事案件14起（破获10起盗抢骗、1起强奸案、1起过失致人死亡案、2起故意伤害案），破案率71%。通过微信公众平台、短信平台、发放宣传单、张贴警示语等方式，多次开展“防网络新型电信诈骗”“禁毒”等宣传防范；同时，坚持“发案少、秩序好、社会良好、群众满意”工作目标，加强推进社会治安管理、提升服务群众能力水平，全面深化“两清一排查”“护校护医”等专项行动，深入农牧区、治安复杂区域、流动人员聚集区开展治安清查和乱象整治，2016年处理治安案件15起，一般程序处理14 起，简易程序处理1起，查处率100%，其中警告3人，罚款33人。

【人口管理】 年内，认真贯彻落实西藏自治区人民政府《关于进一步推进户籍制度改革的实施意见》的通知，办理身份证3579份，录入指纹信息3564人次，出生入户1267人，迁出548人，市外迁入1165、重户和无人注销2023人，为方便群众办理临时身份证561份。

【交通、消防安全管理】 年内，围绕“降事故、保安全、保畅通”为目标，以“百日道路交通整治”为契机，狠抓县乡道路安全隐患排查、农村地区交通违法专项整治、宣传工作，继续深入落实“两限一警”“分片包干”、道路交通严打常态化工作措施，同时，针对国道219线，全警上阵、严管严控、全力以赴“压事故保平安”，确保全县道路交通安全、畅通、有序。深入开展“两站两员”工作力度，县公安局辖区内聘请9名农村道路交通管理员、劝导员，并举办了交通业务培训。2016年，共发生一般交通事故1起，查处各类交通违法行为为98起（无证6起、超速27起、其他65起）。治安联合消防部门加强宣传和检查力度，协调相关部门成立了5个“微型消防站”，延伸开展了“清剿火患”战役，火患防控成效明显，年内，全县未发生火灾案（事）件。

【党风廉政建设】 年内，深入学习贯彻落实中共十八届三中、四中、五中、六中全会、习近平总书记系列讲话精神和全区公安处局长会议精神，全面深化公安改革、深入推进党建及党风廉政建设。坚持一流的廉洁公安队伍，按照中央、自治区、市、县有关党风廉洁系列会议精神，年初层层签订党风廉政责任书，县公安局结合实际，深入开展“两学一做”专题学习教育活动。通过专题研究、周密部署，先后开展“手抄党章100天”、阶段性研讨会，在执法执勤间隙、茶余饭后关注微信公众平台“西藏微学宝”，真正让教育融入日常、进入经常。组织参加了政法系统“两学一做”系列文体活动，进一步增强了部门之间、同事之间的团结协调能力；按照公安厅、市局关于开展纪律作风整治年活动的会议精神，县公安局结合实际，围绕警容风纪、执法执勤、队伍管理等先后开展了网上督查、现场督查，设立意见箱，召开研讨会、征求群众意见等动作，取得实质性的成效。

【治安防控体系建设】 年内，深入推进新形势下平安昂仁建设，在全县各乡镇共建立17支护校队、185支治安联防队。同时，对县城主要路口、重点部位及复杂场所安装的高清摄像头41个进行维护。构筑起点、线、面互动，巡、卡、堵、查并举，打防管控一体的社会治安防控体系。

【抢险救援】 年内，在“8·10”“8·13”灾害中，县公安局按照抢险救灾应急预案，视灾情为命令，全警动员、全力以赴，迅速启动重大自然灾害应急处置预案，奋力开展抢险救援防汛维稳工作，先后出动警力90余人次，圆满完成清理泄洪沟和清淤工作，保障了群众生命财产安全，并取得在自然灾害过程中“六个未发生”的明显工作成效（即未发生一起刑事案件、未发生一起治安案件、未发生一起交通事故、未发生一起火灾事故、未发生一起次生灾害引发的安全事故、未发生一起较大负面舆情），切实维护了全县社会大局稳定。

（阿列次仁）

【领导名录】

县委常委、政法委书记、公安局党委书记、局长、督察长 求 琼（藏族）

党委副书记、政委
达瓦扎西（藏族）

党委委员、副局长
达 桑（藏族）

党委委员、副局长
普 琼（藏族）

党委委员、副局长
索朗多吉（藏族）

党委委员、特警大队队长
旦 增（藏族）

党委委员 索 朗（藏族）

昂仁县人民检察院

【概况】 2016年，昂仁县人民检察院设有6个内设机构，分别为办公室、侦查监督科、公诉科、民事行政检察科、反贪污贿赂局、反渎职侵权局。全院人员编制13名，实有干警10名，检察长1名、副检察长2名，本科学历10 人，男干警6人、女干警4人，藏族7人、汉族1人，苗族1人，夏尔巴1人，院党组成员4人（藏族3人、汉族1人）、支部党员9人、干警平均年龄33岁。

2016年，检察院紧紧围绕跨越式发展和长治久安这个中心，以创建产业强县为目标，以开展“两学一做”活动为重点，全面深化检察改革，立足新起点，把握新要求，顺应新形势，提高法律监督能力，履行法律监督职能，各项检察工作取得新实效，实现新进展，为推进昂仁经济社会和谐发展提供坚实的法治保障。全年共受理提请批准逮捕案件8件11人，受理案件数量相比2015年增加2件。批准逮捕7件10人，不批准逮捕1件1人。受理移送审查起诉9件9人，案件数量与2015年基本持平。提起公诉7件7人，不起诉2件2人，被法院判决7件7人，其中，故意伤害3件3人，强奸幼女1件1人，盗窃1件1人，合同诈骗1件1人，交通肇事1件1人。在两起故意伤害致人死亡和强奸幼女案件中，县检察院严格证据要求，及时做出批捕和起诉决定，使犯罪分子受到应有的法律制裁。

【法律监督】 全年从群众举报、主动发现等方式接收案件线索3件，并发出检察建议，建立与纪检部门、国土部门工作联系制度，切实维护国家、集体利益，发挥检察机关的监督职能。对可能存在的有案不立、犯罪问题治安处理等不合法问题，提出口头建议2条。提前介入侦查活动3次，发出纠正违法《检察建议书》1份，向侦查机关发出《逮捕案件继续侦查意见书》1份，《审查起诉案件补充侦查意见书》3份；根据检法两院民事案件监督联系协调工作机制，审查审判机关民事调解书51份，裁定书7份，重点排查影响公正处理的违法问题，每月定期汇报监督工作开展情况；先后就监管场所管理不严格、存在安全隐患等提出口头建议4次，现场纠正违规活动2次。先后对全县6名社区矫正对象进行执行监督，掌握执行情况，督促落实工作办法，确保社区矫正人员接受经常性教育；严格落实疑罪从无、非法证据排除等法律规定，严把案件事实关、法律关和程序关，对犯罪情节轻微、双方自愿和解的1件交通肇事案做出相对不起诉决定，对事实不清、证据不足的1件涉嫌过失致人死亡案件做出不起诉决定。

【司法行为】 年内，开展规范司法行为的专项整治活动。重点围绕侦查监督、公诉、民行监督、职务犯罪侦查等环节，参照12个方面开展自查自纠。核查前两年已办结案件文书材料，查看办案人员资格、时间、地点、当事人权益保障、诉讼程序合法性等细节，查找出4类不规范司法问题，涉及案件3个。办案干警根据日常工作实际，并结合县人大、政法委、公安局、法院等部门的反馈意见建议，查摆文书写作、办案经验案件审查等方面的不足之处共13项。班子和个人对照查摆出的问题，认真撰写检查材料，制订了整改落实计划和整改销号台账，对存在的问题逐一进行整改。

【作风建设】 年内，院办公室主要承担日常事务性、党建、党风廉政建设、综治、精神文明建设，以及“两学一做”专题教育活动、“讲学习、讲忠诚、正风纪、转作风、提效能”等常规性或专题性工作。先后接收、登记、整理、存档上级检察机关、县直机关来文290份，制订本院文件5份；编发信息简报42期，县政府新闻网采用播发21期；撰写上报专题性、综合性工作总结报告40份，形成业务调研报告6份。进一步调整完善办公模式和方法，细化行政统计、登记工作，确保了全院各项工作有条不紊，井然有序。

【法制宣传】 年内，检察院在以不断创新的方式开展法制宣传及检察职能宣传工作。与有关部门积极配合，采取设置咨询点、发放宣传单、悬挂横幅、张贴标语、发放宣传资料等形式开展“五下乡”等综治宣传活动、“4·15”国家安全教育日宣传活动，开展青少年预防犯罪和应对的法制宣传活动。法制宣传11次，发放宣传材料15000余份，增强群众“学法、知法、守法、护法”的意识，引导群众树立“分裂是祸、团结是福”的民族大团结意识和感党恩、听党话、跟党走的民族团结意识、进一步打牢了各族干部群众团结奋斗的共同思想基础。

【党建工作】 年内，院党支部组织全院党员干警共开展集中学习20次，观看警示教育片4次，召开季度党课4次，召开季度党员大会3次，开展支部民主生活会6次，每人撰写心得体会3篇，撰写工作简报52篇，走访慰问群众4次，共发放日常生活必需品折人民币共1.5万余元，履行党员实践活动7次。通过学习和观看影片以及走访群众，使党员干警思想认识得到了提高，增强了抓好党建的自觉性，使之成为思想过硬、作风正派、素质较好的领导集体。

【党风廉政建设】 年内，每周五下午设为党员理论集中学习时间，开展以习近平总书记系列重要讲话精神，区委、市委关于落实党风廉政建设具体部署为主要内容的学习活动，充分认识到廉政建设对净化队伍、始终保持党的纯洁性和先进性的重要意义。单位主要负责人与副职领导、部门负责人等四人签订年度党风廉政建设目标责任书，定期检查以年中、年度检查和季度工作汇报为主要形式。通过采取听汇报、查资料等方式，检查责任制落实情况，了解工作进展和不足之处，并制定检查工作报告，就检查考核情况在院内进行通报，提出完善意见和要求。季度工作汇报由副检察长向检察长汇报季度阶段性工作，归纳主要方法，提出意见和建议。加强典型违法事例警示教育。组织观看《法眼狱中贪官》《忏悔录》等警示片，集中专题座谈，剖析了薄熙来案、刘志军案、苏荣案等典型案件，全院干警从中深刻认识腐败对党的重大影响，更加明白“权力取之于民、用之于民”的道理，在执法办案工作中摆正了价值观、权力观、金钱观和人生观，没有出现权钱交易、权情交易等违法违纪问题。同时，通过搭建党风廉政建设文化窗、开辟廉政建设专栏等形式，让广大干警及时了解党纪党规，进一步打造了昂扬向上、奋发进取的精神文明环境。

【维护社会稳定】 年内，面对维护稳定的复杂形势，检察院带领全体干警始终筑牢思想堡垒，保持高度的政治敏锐性和鉴别力，坚决服从县委安排部署，不折不扣地执行维稳工作纪律。始终将思想行动统一到区党委、市委、县委和上级院的重大决策部署上来，先后召开维稳会议10余次，制定院内维稳工作实施方案、处置突发事件应急预案，完善工作机制，并开展蹲点包乡指导、巡逻布控、值班备勤等维稳工作，真正做到部署有力、重点突出、强化防范、全体动员。

【强基惠民工作】 年内，检察院派驻宁果乡坚定村工作队认真完成强基惠民活动五项主要任务。促进和完善基层组织建设，注重与村“两委”成员共同讨论工作想法和思路，让他们及时掌握上级政策精神。协助村“两委”制定完善党务、村务、村规民约等规定8个。开展摒弃陈规陋习、倡导互帮互助、睦邻和谐的文明教育，引导村民杜绝酗酒、不讲卫生等不良习惯，鼓励村干部、党员结对帮扶贫困村民，鼓励邻里之间、“双联户”之间互帮互助。在节日期间，通过本院经费筹资和干警集资1.2万余元，为当地群众送去酥油、糌粑、面粉等生活物品，解决群众的实际问题。在驻村点，检察院驻村队员扑下身子、扎根基层，把群众当亲人，热情帮困解忧，受到当地群众的一致赞扬。

【基础设施建设】 检察院新办公楼投入42万元资金，用于新建办公室添置办公设备及基础设施，有效改善干警工作环境条件。

【能力建设】 年内，组织干警参加检察业务、岗位学习，先后选派5人。在干部管理上，检察院始终推行宽严相济的理性原则，在干部培养上，践行以德为先的用人导向，时刻教育干部加强学习，引导干警清白做人。通过多种形式的教育培训，队伍素质建设有了全面的提升，队伍执法水平有了很大的提高。

（张 宇）

【领导名录】

党组书记、检察长

巴桑次仁（藏族）

党组副书记、副检察长

洛桑坚增（藏族）

党组成员、副检察长

黄 增 顺（苗族）

党组成员、公诉科科长

拉巴次仁（藏族）

昂仁县人民法院

【概况】 昂仁县人民法院成立于1964年，级别为副县级，下设6个内设机构，2个派出机构，法院现核准编制18人，实有干警16人。内设机构分别为院办公室、立案庭、刑事审判庭、民事审判庭、执行局、审监庭。派出机构为桑桑镇中心法庭和宁果乡人民法庭。领导班子职数为一正三副。

【党建工作】 年内，紧密团结在以习近平总书记为核心的党中央周围，坚决维护习近平总书记的核心地位，坚决维护党中央权威。认真贯彻区党委、县委重要决策部署，牢固树立“四个意识”特别是核心意识和看齐意识，始终坚持正确的政治方向，坚持司法为民、公正司法主线，努力让人民群众在每一个司法案件中感受到公平正义。全年昂仁县人民法院共受理各类案件84件，同比增加23件，上升0.4%；审执结82件，综合结案率97.6%。

【党风廉政建设】 年内，昂仁县人民法院干警在思想上政治上行动上同以习近平总书记为核心的党中央保持高度一致，做到忠诚于党、忠诚于人民、忠诚于审判事业。坚持学用结合，认真开展“规范司法行为年”活动，履行党员义务和宪法法律赋予的神圣职责，践行司法为民，法院干警在服务全县改革发展稳定大局中的职能作用明显增强。坚持加强廉政制度建设，梳理廉政风险点，确定风险等级，加强风险防控，让广大干警明确自身职责和义务；督促并落实好随案廉政监督卡发放、任职回避等制度，给司法权加上防腐剂，戴上紧箍咒。坚持不懈抓教育，通过正反事例引导干警不断增强职业道德意识和自律意识，做到防微杜渐、警钟长鸣。坚持不懈抓制度，层层签订党风廉政建设工作责任书。院领导班子又单独成立领导小组，把党风廉政建设和反腐败工作与审判执行工作同部署、同安排、同检查，专题学习党风廉政建设理论和法规制度6次，院主要领导讲廉政党课5次，听取分管部门党风廉政建设汇报1次，向院党组书记汇报分管部门党风廉政建设工作2次等一系列党风廉政建设措施，筑牢拒腐防变的坚强堡垒，营造风清气正的崭新气象。2016年法院“无枉法裁判案件、无超审限案件、无重大上访案件、无安全责任事故”，队伍执法形象进一步改善，社会满意度逐年提升。

【强化核心意识】 年内，以开展“两学一做”学习教育活动为契机，强化干警的核心意识教育和引领工作，增强司法为民意识、服务全局意识。坚持把学习贯彻党章和习近平总书记系列重要讲话精神，把学习贯彻《中国共产党党内监督条例》《关于新形势下党内政治生活的若干准则》等法律法规作为加强法院党建、队建工作的根本遵循；把努力让人民群众在每一个司法案件中感受到公平正义作为法院工作的终极目标。

【刑事审判】 年内，共受理刑事案件6件，旧存1件，撤诉1件，审结7件，判处罪犯6人，结案率为100% ；开庭率达到100%；无改判、发回重审的案件；判后答疑率达到100%；不存在超期羁押和无法定事由超审限案件。

【民商事审判】 年内，妥善审理好婚姻家庭、人身损害赔偿以及劳动争议等各类民商事案件；注重落实“调解优先、调判结合”原则，把调解工作贯穿民事审判工作全程，努力从根本上化解社会矛盾。共受理民事诉前调解8件、民商事案件62件，审结60件，未结2件，调解54件，判决0件，撤诉6件，结案率为97.1%，调撤率为100%，结案标的达480.56万余元。

【执行案件】 年内，执行工作坚持依法执行和文明执行并重，分散执行与集中执行、说服教育与强制措施相结合，参与社会诚信体系建设，依法制裁各类欺诈、不正当竞争、虚假诉讼等失信行为，鼓励诚信交易、倡导互信合作。并加强法院内部立、审、执协调配合，与公安、金融等机构开展信息交换，强化执行联动及威慑，全面挤压规避执行者的活动空间，努力破解执行难题。2016年，受理执行案件7件，执结7件，执结率达到100%；执行到位标的额98.62万余元。

【法治宣传】 年内，发挥司法审判推进依法行政、优化经济发展环境的职能作用。坚持开展“法律七进”活动、“三月敏感月”综治宣传活动等，充分发挥“车载流动法庭”优势，深入乡村、田间地头和机关、学校、企业、社区、广场等开展普法宣传26场次，发放宣传资料1.36万余份，受教育群众2.1万人次，接受法律咨询65人次，诉前化解纠纷6起，协助各级机关、社会团体化解调处各类非诉纠纷11起，投入经费达10.65万余元。

【“车载流动法庭”服务】 2016年巡回案件数为7件，同比上升16%。发放宣传资料1.2万本（册），受教育人数达4万人次。巡回指导基层调解员5次120人，指导民间调解组织化解矛盾纠纷数为18件，非诉途径化解矛盾纠纷数为15件。年初，昂仁县人民法院又专门成立“车载流动法庭党员先锋服务队”，作为党建新品牌，努力把法律服务的触角延伸至县、乡、村三级组织，“党员先锋服务队”2016年帮助困难农牧民群众办实事、办好事10余件，进一步拉近了党群、干群之间的亲情，为今后的各项工作开展打下了坚实的基础。

【维稳巡逻】 年内，牢固树立稳定是第一职责、是硬任务的意识，建立健全维稳安保工作规章制度，责任明确，领导干部认真落实“一岗双责”，建立维稳工作台账，进一步完善维稳安保措施，坚决完成社会面维稳管控任务和辖区值班安保任务。另外，在单位内部安保工作方面，法院主要领导与分管领导、法警大队层层签订《安全责任书》，建立健全各类突发事件处置预案。做到物防、人防、技防、心防、巡防、联防“六防”到位。

【维稳工作】 年内，全面加强维护稳定工作、反恐怖工作、社会综合治理工作和安全生产工作，促进全市社会和谐稳定，是法院全体干警的政治责任。为确保县法院维护昂仁社会稳定工作的各项措施落到实处，按照“维护稳定三不出、构建和谐保平安”的总体要求，根据2016年自治区维护稳定工作会议精神和全市维稳工作部署，结合县法院工作实际，制订目标责任书，成立维稳工作领导小组，明确责任，分工负责，一级抓一级，一级包一级，层层抓落实。以县法院党组书记、院长为维护稳定工作的第一责任人；分管院领导为所管部门的主要责任人，并对本院的维稳工作负全责，认真落实自治区党委、自治区政法委、市委、市委政法委、区高级人民法院、市中级人民法院、县委、县政府关于维稳工作的各项部署、要求。

【司法体制改革】 年内，落实“让审理者裁判、由裁判者负责”，正确处理放权与监督、放权与管理的关系，推进轻微刑事案件速裁程序改革，裁判文书繁简分流，简化简易案件裁判文书，提高裁判效率，实现了轻刑快判，进一步推进了司法责任制改革。另外，创新审判体制机制的要求和“五位一体”的总体战略布局，院长主动挂帅执行工作，走进法庭亲自办理案件，大力推进了院领导回归审判一线办案制度。

【“四个意识”教育】年内，强化“四个意识”教育，大力开展向先进典型人物学习，坚决做到忠诚、干净、担当。加强“天平工程”建设，顺应“互联网+”的时代要求，全面建成信息化建设3.0版本。依靠“办公自动化系统、办案系统、执行系统、司法公开”四大信息化平台支撑，促进审判运行更加高效规范、司法为民更加便捷周到。挖掘提炼出“崇法载德”的院训，提升法院文化；把制度文化、廉政文化等有机融合，建设廉政文化墙、法院文化长廊，开展特色实践活动，营造积极向上、健康和谐的法院人文环境，激发队伍活力，陶冶干警情操；通过新媒体、官方微信公众号发布西藏昂仁县人民法院信息40条，昂仁网信办昂仁发布20条。

【强基础、惠民生】年内，全力服从服务于县委、县政府中心工作和农牧区发展工作，2016年共选派8名干警，参与并开展强基础惠民生驻村工作。县法院驻村工作队紧紧围绕保障民生、改善民生这一主题，从解决群众就医难、就医贵、贫困家庭生活物资匮乏等问题着手，加大教育引导和扶持，并捐赠生活用品、学生用品等共折合人民币6.2万元，做到及时了解村情民意，解决乡民之忧。

【强化监督意识】年内，自觉接受人大及其常委会的法律监督和工作监督，加强与人大、政协的联络工作，邀请代表、委员多次视察法院、旁听案件庭审、参与执行，主动将法院工作置于人大、政协和社会各界的监督之下。2016年，先后邀请人大代表、政协委员旁听案件审理2次、指导重大工作1次，并重视吸收人民陪审员参加诉讼活动，5起刑事案件有人民陪审员的参审。

（药　鹏）

【领导名录】

党组书记、院长

米玛旦增（藏族）

党组副书记、副院长

扎西塔杰（藏族，12月免）

党组成员、副院长

次旦平措（藏族）

党组成员、副院长

李　　斌

党组成员、办公室主任

梅　　拉（女，藏族）

昂仁县司法局

【概况】2016年，昂仁县司法局(局编制和司法所编制）现有编制11人。实有人员11人，其中党员8人、入党积极分子3人；本科9人、大专1人、中专1人、男7人，女4人。司法局内设4个业务办公室、一个中心。

【普法宣传】普法办公室对全县公职人员学法用法档案进行了整理规整，进一步增加补充42份个人档案及单位部门档案，调整和充实各级领导小组12人，更新2个普法宣传广告牌，对外出务工人进行一对一讲解项目领域涉法问题，发放法治书籍、音响视频等宣传资料521余份，开展“3·15”消费者权益保护日、“3·28”百万农奴解放纪念日、“4·26”世界知识产权日、“6·26”禁毒日、安全生产月、“9·16”平安西藏等宣传活动，“12·4”全国宪法宣传日。对《宪法》《刑法》《治安管理处罚法》《未成年人保护法》《婚姻法》《禁毒法》等相关内容法律法规的宣传8次。对17个乡镇和重点工地沙场等开展专项法治宣讲活动2次。2016年司法局利用局普法短信平台，积极发送法治宣传手机短信12500余条，尤其对特殊人群法治宣传3次。发放各类法律七进宣传材料15080余份，影音宣传歌碟123余张。

【法律援助】法律援助中心联合人社、工会等部门在县域辖区内工地进行宣传，扩大法律援助的影响；宣讲《法律援助条例》的内容，设立咨询台，就群众提出的问题进行现场解答，年内，收集群众提出的意见35条，接受群众咨询270余人次，发放法律援助明白卡500，使群众了解援助的对象，条件和相关程序。2016年，昂仁县法援中心共受理申请法律援助案件23起；代写文书69份；为受援人挽回经济损失约37万余元，从根本上为弱势群体营造了公正、公平的法律氛围。

【安置帮教】 安置帮教办公室把较为贫困的刑满释放人员纳入低保户，解决了12名刑满释放人员的就业问题，为9名刑满释放人员学习驾驶证条件、装载机资格证提供了便利条件。深入开展刑满释放人员排查工作。年内，对刑满释放人员进行走访105余次，对走访发现的问题进行及时整改落实。截至年底，昂仁县共有刑满释放人员52名，现均已安置，发放了安置帮教证，安置率达100%，重新犯罪率为零。

【社区矫正】 社区矫正办公室对生活中存在困难的社区服刑人员进行帮助，对社区服刑人员送去大米、蔬菜、面粉等物品共计6500余元。将社区服刑人员集中起来进行教育4次，参加人数20人次，期间组织社区服刑人员到养老院、县城主要街道、局院内进行公益劳动2次。截至年底，共有社区服刑人员8人，其中解除矫正1人，移交3人、在册4人，昂仁县社区服刑人员均遵纪守法，接受矫正，未出现脱管漏管情况。

【基层调解组织建设】 人民调解办公室共调整充实人民调解委员会206个，（其中乡镇人民调解委员会17个、村级人民调解委员会185个、企事业调解委员会3个、行业性、专业性人民调解委员会1个），按法定条件及程序推选、聘任调解员，共选任1495名调解员，（其中女性调解员356名，男性调解员1139名，高中及以上学历调解员有812名）；截至年底，昂仁县17个乡镇人民调解委员会和公路沿线村居调委会有独立的工作场所，有印章，悬挂人民调解委员会名称标牌、悬挂人民调解标识和相关工作制度，各级调解组织共排查纠纷123起，共受理各类矛盾纠纷84起，调处84起，调解率100%，调解成功率100%。（其中婚姻家庭纠纷45起、邻里纠纷21起、合同纠纷4起、劳务纠纷14起）涉及金额达12万余元，案件均已调解成功）

【“两学一做”学习教育】 年内，开展“两学一做”专题教育，不断提升局干部素质。认真组织，深入发动，鼓励动员司法行政全体党员干部群众围绕“两学一做”学习教育主题，积极开展宣传，进行集中学习，制作学习宣传栏，撰写学习心得体会，抄写党章100天等活动，通过短信、微信等平台，参与到学习中，营造学习“两学一做”的浓厚氛围，2016年，司法局共形成简报信息35期，接受各类文件材料165份，上报各类信息材料122余份。年内，共组织法治宣传15次，宣传场次26次。受教育人员涉及有：学生、农牧民重点管控人员。

【党建和党风廉政建设】 严明纪律，严格落实党风廉政建设责任制。严格执行党的政治纪律、组织纪律、财经纪律和工作生活等各项纪律。司法局始终坚持把严明政治纪律放在首位，决不允许有令不行、有禁不止，决不允许各自为政、阳奉阴违，自觉在思想上政治上行动上与党中央保持高度一致；严格落实党风廉政建设责任制，强力推进廉洁从政各项规章制度的落实。以严格执行《廉政准则》和党内监督各项制度为主线，认真贯彻落实廉洁自律、个人重大事项报告、述职述廉、诫勉谈话和安徽省纪委十条禁令等各项制度。严格执行民主集中制，完善议事规则和决策程序。坚持党要管党、从严治党方针，强化对领导干部日常监督和管理。

（仓 决）

【领导名录】

局 长 普 布（藏族）

副局长 尼玛卓嘎（女，藏族）

经济管理

昂仁县发展和改革委员会

【概况】 昂仁县发展和改革委员会（简称县发改委）属政府系统正科级国家机关，下设工信局、粮食局、物价局，主要负责经济综合管理工作。粮食局负责粮食流通统计工作及粮油市场监督检查工作。物价局主要负责市场价格监督管理工作及主要商品价格监测工作。工信局主要负责企业备案工作及相关数据收集、材料汇报工作。统计局负责国民经济统计工作，承担着为县委、县政府及有关部门制定促进经济发展和社会进步的决策提供准确、翔实数据的重大任务等。2016年，实有人数6人，行政编制5人，机关工人1人。

【全县项目总体建设情况】 2016年，昂仁县全社会开（复）工固定资产投资项目113个，其中续建项目20个，新建项目93个；全社会固定资产完成投资8.6亿元，对比年度计划目标任务完成率达到100%。

【对在建项目建设管理情况】 昂仁县发展和改革委员会严格按照基本建设程序和条例，从工程质量、资金控制、安全监督、资料汇总、预防“拖欠”和后期交接等方面加强了管理力度。不断完善和补充项目建设资金审批表制度，规范拨款程序，严格按照施工进度拨款；拨款时附民工工资兑现表和使用单位意见证明，杜绝了拖欠民工工资现象的出现；在各部门实施项目过程中，昂仁县发展和改革委员会始终与各部门协调沟通，保证昂仁整体项目进展顺利；为保证县委、县政府主要领导及时掌握项目进展情况，提供有效的决策依据，昂仁县发展和改革委员会每月开展一次项目进展情况统计。

【项目前期工作开展情况】 2016年，充分利用县政府年初安排的项目前期经费，重点开展市政基础设施项目的前期工作。年内，重点完成昂仁县县城道路、县城排水供水等重点项目及昂仁县卡嘎镇特色小城镇建设项目、昂仁县桑桑镇特色小城镇建设项目、整村推进等2个灾后重建项目的前期工作，并已全部开工建设。

【项目储备情况】 昂仁县发展和改革委员会全面负责全县项目的前期沟通、协调、推进和申报工作，督促开展项目前期工作，增加项目储备，搞好项目库建设，优化项目结构，广开渠道筹措项目资金。2016年，昂仁县发展和改革委员会全面梳理了昂仁县已完成前期工作，计划在2017年实施的项目以及正在开展前期工作的储备项目基础上，并向上级行业部门申报了前期工作完成及正在开展前期工作的储备项目。

【灾后重建】 年内，灾后恢复重建工作推进扎实有效，批准实施的灾后恢复重建项目共33个，目标任务为2.37亿元，累计完成投资1.62亿元，占总目标任务的68.35%。其中昂仁县发展和改革委员会负责开展昂仁县卡嘎镇特色小城镇、昂仁县桑桑镇特色小城镇、整村推进等项目的实施。昂仁县2016年上半年灾后重建项目实施的有两镇一乡共11个行政村，牵涉到桑桑、卡嘎、切热，其中纯牧业的桑桑镇（阿布列村、拉聂村、梅朵、洛布村、达仓、亚宁）、切热乡（切多、鲁玛、帕灯）、半农半牧的桑桑镇（余松村）、纯农业的卡嘎镇（江嘎村），该项目实施受益达655户，其中整村推进有483户、易地搬迁172户）、受益人数共2560人、655户。每户国家投资13万元，11个行政村基础配套设施每村700万元。2016年下半年实施易地搬迁150户、642人，同步搬迁137户、772人，牵涉到四乡一镇共9个行政村，亚木乡、达局乡、卡嘎镇、多白乡、日吾其乡。其中亚木乡（沙达村、加冲村、朗孜村）、达局乡（桑嘎村）卡嘎镇（欧村）、多白乡（赤嘎村、德夏村）、日吾乡（色米村、达夏村）。截至年底，项目均开工，共入住359户，其中灾后恢复重建入住270户、1106人，易地搬迁入住89户、301人，入住时间2016年11月，其余现在续建中。

【物价局工作】 年内，为切实维护消费者的利益，针对食品是否过期，是否卫生，餐饮行业的餐具是否卫生，是否办理卫生许可证等情况，根据昂仁县市场发展情况，多次深入对全县药品、食品、蔬菜等商品进行物价专项检查，专门打击囤积居奇、哄抬物价等不法商业行为，切实保护消费者的合法权益。尤其是节假日、敏感时期，发改委加强对市场商品价格监测，并及时上报市物价局，全力保障全县市场秩序的稳定。

【粮食局工作】 年内，进一步加强昂仁县粮食流通监督检查工作，规范粮食流通秩序，维护生产者、经营者、消费者的权益，落实国家粮食收购政策及市场调控政策，稳步推进粮食流通监督检查行政执法工作。

【工信局工作】 2016年，完成对水源点的勘察调研工作，及时处理市工信局下达的各项相关工信工作的数据收集、材料汇报等工作。

【党建工作】 年内，开展党支部换届工作，采取等额选举办法。不断完善党支部建设。建立健全党员花名册、党费收缴台账、党建工作制度、生活制度、学习制度等，这些制度的完善，极大地提高了委党支部的战斗堡垒作用。委党支部支持和参与党务公开，参加党组织的各项活动。深入开展“两学一做”学习教育、党风廉政建设、机关文明创建、“讲学习、讲忠诚、正风纪、转作风、提效能”学习教育等活动。发改委全年共组织干部职工学习50余次，学习内容达20多项，人均自学72小时左右，集体讨论8次、县级领导讲党课3次。2016年，形成了以制度规范人、约束人、推动作风建设的长效机制；同时，设立“党风廉政”教育专栏和“两学一做”学习教育专栏。

【党风廉政建设】 2016年，组织党员干部职工学习《中国共产党廉洁自律准则》《中国共产党纪律处分条例、“中央八项规定”“自治区约法十章”等，不断加强勤政廉政教育，始终把反腐倡廉教育贯穿于干部职工的培养、选拔、管理、使用等各个方面。同时，发改委始终坚持把党风廉政建设与政治思想教育相结合，与项目建设工作相结合，把党风廉政建设贯穿到各项工作当中。单位经费开支经集体研究决定，然后报分管领导审批同意后实施，杜绝腐败现象的发生。

（吴　林）

【领导名录】

主　　任　郑兴邦（6月免）
　　　　　戚　星（侗族，6月任）
主任科员　普　琼（藏族）
副主任科员
　　　　　格桑卓嘎（女，藏族）

昂仁县统计局

【概况】 2009年全市机构改革中，在市委、市政府的大力支持下，在市统计局的精心指导下，在县委、县政府的努力争取下，2009年10月昂仁县统计局正式挂牌成立，2016年1月县级社会经济调查大队正式成立，成为全市唯一的且设有正式机构编制的县级统计局，全局共配有行政编3个，事业编3个。截至年底，昂仁县统计局实有工作人员4名，其中3名行政编制，1名事业编制。

【内部管理】 年内，昂仁县统计局紧紧围绕全县中心工作和经济社会事业发展的各项目标，认真落实区、市统计局的各项工作部署，以“提升统计能力，服务经济发展”为中心，全力打造现代化服务型统计。翻译成藏语版的畜牧业季报、年报、国民经济统计等报表进一步提高了基层统计数据质量；为推动全县经济发展，昂仁县统计局充分认识新形势下做好统计工作的重要性，努力发挥统计工作在经济社会发展和宏观决策中的信息、咨询、督查作用，加强对统计报表的分析，做好每个季度全县国民经济运行分析工作；2016年3月以来，昂仁县统计局收集整理从2000年以来的县域经济数据，并编辑整理印制《2015年昂仁县统计年鉴》。每季围绕全县主要经济发展指标，特别是考核指标，加强分析，及时预警预测，撰写经济运行分析报告，统计服务水平进一步提高。较好地完成了畜牧业、工业、固定资产投资等各专业的2016年报表报送工作；统计数据的完整性、时效性和准确性进一步提高，全面反映了全县发展实际。

【经济总量】 年内，地区生产总值完成7.5亿元，同比增长12.6%。

【全社会固定资产】 固定资产投资力度不断加大，2016年全县完成固定资产投资8.6亿元，与2015年同期相比增长24.7%。

【收入】 年内，在一系列支农惠农政策的支持下，农牧民收入继续保持稳定增长态势，全年完成农牧民人均可支配收入6589.35元，同比增长10.07%。

【消费】 年内，消费品市场较为活跃，全年完成社会消费品零售总额1.5亿元，同比增长20%。

【财政收入】 年内，财政收支稳步增长，全年完成地方财政一般预算收入3083万元，同比增长23%。

【工业】 年内，工业经济健康发展，全年实现工业增加值372万元，同比增长10.7%。

【依法统计建设】 以权责清单工作为平台，进一步理清统计局权利与责任，借机梳理统计执法程序及思路，共梳理出6项，3大类 清单。同时，在日常工作中注重加强统计法律法规的宣传教育，使统计用户、调查对象和统计人员牢固树立统计法治思维、法治理念，为建设法治统计营造良好的社会氛围。

【全国第三次农业普查】 农业普查是全面了解“三农”发展变化情况的重大国情国力调查。普查将查清全县农业、农村、农民基本情况，掌握农村土地流转、农业生产、新型农业经营主体、农业规模化和产业化等新情况，反映农村发展新面貌和农牧民生活新变化，这对科学制定“三农”政策、具有十分重要的意义。因此，昂仁县统计局严格按照区、市统计局的统一部署，通过以岗代训、以会代训等方式强化业务培训，做好了五大普查表格850个指标关系培训讲解，进一步提高了普查人员业务素质，同时动员全县40名农业普查指导员和普查员，从11月全面开展全国第三次农业普查前期摸底工作，确保全县全国第三次农业普查顺利开展。

【党建工作】 年内，以开展“两学一做”学习教育实践活动为契机昂仁县统计局根据县委、县政府要求，始终坚持党建工作基本原则，扎实开展党建工作各项基本工作，明确领导责任制，并成立统计局党建工作领导小组，确定个人任务分工以及党建工作职责，形成了党建工作人人有事做，人人有分工的工作格局。组织开展党内各项活动以及党的先进性教育实际活动，确保党内各项规章制度得到有效落实。

【党风廉政建设】 年内，坚持党要管党、从严治党，以明确责任主体为基础，坚决纠正党员干部队伍中存在的各种不良作风，加强思想政治工作和增强学习的自觉性为先导，组织学习和照抄党章、《习近平总书记在建党95周年上的讲话》等，及时传达学习中央及区市县纪委会议精神，并要求每人撰写心得体会。引导党员干部尤其是领导干部自觉加强党性修养，加强和改进思想作风、学风、工作作风、领导作风和生活作风，把全面从严治党各项要求真正落到实处。

【精准扶贫】 年内，昂仁县统计局紧紧围绕县委、县政府对精准扶贫工作要求，充分了解结对帮扶的基本情况、致贫原因和户主对脱贫措施方面的具体愿望，先后组织干部对结对帮扶户进行1次入户，共计慰问金额2000元。

（格桑卓玛）

【领导名录】

局　长　格　旦（藏族）

昂仁县财政局

【概况】 2016年，昂仁县财政局共有干部职工12人，领导班子3人，内设办公室、国资委办公室、核算中心。2016年，财政局深化财政改革不断完善财务公开，扎实推进决算、预算、资金使用等情况的公开公示；全年在宏观经济下行压力情况下，完成县总收入达3083万元，同比增长23.27%，增收582万元；全年支出130849万元，同比增长50%，其中“三公经费”支出1374.51万元，同比增加9%，有力促进了全县经济持续健康发展。

【深化财政改革，推进财政管理】 2016年，贯彻实施财政政策，整体推进国库集中支付改革工作，全面推行部门预算改革，强化绩效预算意识，严格预算编制程序，改革预算编制方法，细化预算编制，进一步公平预算分配；进一步扩大政府采购范围，健全政府采购机制，实行财政业务网上大平台办公；全面加强国有资产清理清查和会计核算工作，建立健全国有资产软件登录和台账制度，防止国有资产流失；在现有基础上不断完善后勤服务中心改革，按照统筹兼顾、突出重点、有保有压的原则，大力压缩“人、车、会、话、电费”等一般性开支，确保维护稳定、社会保障、教科文卫、改善民生等重点支出需要；加强财政各项基础性工作，不断提高财政管理水平，规范和加强乡村财务管理，大力推行乡村财务公开制度，确保财政资金安全、合规、高效运行，不断提高财政管理质量和水平。

【经济运行情况】 地方一般公共预算收入3083万元，增长23.27%；返还性收入577万元，增长100%，一般性转移支付收入52667万元，专项转移支付收入73428万元。

收入执行情况：2016年，全县地方一般公共预算收入完成3083万元，完成年初预算2201万元的140.07%，同比2015年2501万元增长23.27%。约占全县收入的2.356%。其中：税收收入1672万元，下降13.27%（各项主体税种完成情况是：增值税实际完成898万元，增长89.97%；营业税实际完成398万元，下降71.44%；企业所得税实际完成120万元，下降25.46%，主要是营改增后存在税源流失等问题的影响；个人所得税实际完成38万元，下降9.5%；非税收入1411万元，增长59.39%。

支出执行情况：截至年底，完成年初预算56087.69万元的133.29%，同比增长50.58%。按功能科目分：一般公共服务支出 15723 万元，外交支出 0万元，国防支出31万元，公共安全支出6803万元，教育支出28189万元，科学技术支出309万元，文化体育与传媒支出2311万元，社会保障和就业支出29419万元，医疗卫生与计划生育支出6602万元，节能环保支出2324万元，城乡社区支出5521万元，农林水支出25109万元，交通运输支出548万元，资源勘探电力信息等支出 72万元，商业服务业等支出34万元，国土资源气象等支出2799万元，住房保障支出5039万元，粮油物资储备支出 16万元，其他支出0万元。

【转观念，法治意识继续强化】 为增强依法行政、依法理财意识，利用微信、LED显示屏等宣传载体，通过集中及轮岗培训、有奖知识竞赛等方式，广泛宣传《预算法》；同时，以预算编制为抓手，试编全口径预算，公开预决算数据，甄别政府性债务，充分发挥《预算法》在规范预算管理和促进经济社会发展中的作用。

【聚合力，财政实力不断增强】 以开源节流为抓手，细化收入征管措施，优化收入征管环境，强化收入动态分析。制定非税收入管理办法，深挖收入潜力，确保应收尽收。制定公务接待、会议、培训、休假差旅等管理办法，建立“三公”经费月报制度，规范公务支出预算管理，厉行勤俭节约政策，近一步加强党风廉政建设。

【惠民生，重点支出得到保障】 2016年，坚持教育优先发展，支出28189万元，同比增长86.28%；支持医疗卫生事业，支出6602万元，同比下降0.3%；确保社会保障和就业，支出29419万元，同比增长448.04%；推进农林水工作，支出25109万元，同比增长4.88%；确保生态环境良好，支出2324万元，同比下降36.92%；保障科技支出需求，支出309万元，同比下降24.26%；促进文化继承与发展，支出2311万元，同比增长130.17%；确保社会长治久安，公共安全支出6803万元，同比增长35.54%；加快保障性住房建设，支出5039万元，同比增长22.31%。

【促改革，预算管理更加科学】 完善政府预算体系，完成县本级全口径预算编制。盘活财政存量资金，收回部门预算结转结余资金700万元，建立结转结余资金定期清理和盘活机制；扩大预决算及“三公”经费公开范围，县本级公开范围在自治区要求的50%扩大到了100%。

【防风险，债务管理加以规范】 继续加强地方政府性债务管理工作，完成上级安排的对2015年12月底以前存量债务的清理甄别工作，合理划分债务类型，逐步化解存量债务，积极推进地方政府性债务全额纳入预算管理。根据市财政下发的《关于加强地方政府债务管理工作的通知》，强化考核问责，进一步提高了防范债务风险的能力。

【重监督，预算约束逐年硬化】 树立“全口径预算监督”，认真开展“三公”经费、涉农资金、教育“三包”、会计信息质量等财政监督检查，积极配合各级审计、纪检机关及上级财政部门专项检查工作，主动邀请北京中瑞诚会计事务所西藏分所完成2011年至2016年6月财政决算和其他财政收支情况审计。

【灾害重建工作】 年内，财政大力支持灾害重建工作，依照县委的有关规定，及时足额拨付灾害重建资金，同时加强“4·25”灾后重建、脱贫攻坚资金全程跟踪检查，采取定期不定期对昂仁县灾后重建、脱贫攻坚资金进行4次以上专项检查，在资金使用上坚决做到专款专用，确保了两项重点项目资金的安全运作。

【坚持改革创新、依法科学理财】 年内，在全力支持经济社会加快发展的同时，不断加快自身改革，努力提高工作效率。严格执行《会计法》《预算法》等法律法规，深入推进部门预算、国库集中支付、预算绩效管理、预决算公开管理等改革，进一步规范会计电算化，全面启用 “大平台”软件和财政系统办公自动化、工资统发系统、直接支付系统。强化基本支出和项目支出管理，建立国库集中支付体系。加大财务人员的在职培训力度，大力开展财经法律法规的普法教育，财政干部依法理财、科学理财的水平显著提高。同时加大存量资金盘活力度和往来账清理工作，全年盘活各类资金11891余万元；联合县纪委清理借款，重点对长期借用公款不冲账问题进行催缴，全县往来账规模明显减少。

【党建工作】 年内，财政局推进“两学一做”学习教育，全面开展党员结对认亲活动，强化入党积极分子培育工作。2016年，制定出台《财政局“两学一做”学习教育实施方案》，集中组织学习党章、习近平总书记系列总要讲话精神20余次，召开学习讨论会3次，撰写心得体会、调研报告36篇，组织开展手抄党章100天活动和党史知识竞赛；共组织走访慰问帮扶对象4次，捐赠各类生活用品价值15000元；县财政局全面加强党的建设，选举产生县局机关党支部支委，深入贯彻落实《关于进一步加强和改进机关党建工作的意见》，建立健全党员发展、请示汇报等制度；加强干部培训力度，全年共派遣干部职工参加各类学习培训20人次组织开展乡（镇）财务能力提升培训20人次，多层次、多途径提升干部队伍整体素质。2016年，财政局评选出优秀党员1名，发展入党积极分子1名。全年财政局围绕以提升党员素质、完善工作机制为主要工作载体，继续加大党建品牌“清风工程”的实施。

【党风廉政建设】 年内，在严格执行党风廉政建设工作中，县财政局局认真抓好干部职工廉洁自律有关规定的落实，进一步完善各项规章制度，凡涉及重要决策、以及大额度资金使用等重大问题，必须经局领导班子或局全体干部职工集体研究做出决定，努力形成用制度管权、制度办事、制度管人的有效机制。党支部将党风廉政建设工作列入重要议事日程，在抓好本职工作的同时抓好党风廉政建设和反腐败工作，按照组织分工，明确各自职责，实行“支部统一领导，党政齐抓共管，纪检组织协调，科室各负其责，全体参与反腐”的领导体制和工作机制，将全年党建工作任务分解到了各个科室，切实做到该项工作有部署、有落实、有检查、有考核；坚持科学决策、民主决策、依法决策、效率决策的原则，对重大决策、重大项目安排和大额资金使用事项，全体干部职工参与决策，对事项执行的过程和结果实行有效监督；要求全体干部职工人人参与，在对各项廉洁从政制度的学习领会和违纪案例的深化认识中，坚决反对特权思想、特权现象，对照检查，认真反思，吸取教训，拟订《重大事项议事规则》《经费管理制度》、使公务接待、差旅费支出、车辆维修费支出等方面有章可循，为防止腐败行为的发生起到了有效的防范作用。

（高小强）

【领导名录】

局　　长　谭　　明
副 局 长　达瓦罗布（藏族）
　　　　　次仁旺久（藏族）

昂仁县国土资源局

【概况】 2016年，昂仁县国土资源局现有工作人员9人，其中正科级1人、副科级2人、科员2人、专技人员2名、公益性岗位1人、企业合同工1名。国土资源局主要负责昂仁县土地管理，矿产资源管理和地质灾害防治等工作。

2016年，昂仁县耕地保有量不低于9.73626万亩，基本农田保护面积不低于9.01398万亩。为进一步加强基本农田保护工作，2016年11月正式启动昂仁县永久性基本农田划定工作，制订《昂仁县永久基本农田划定工作实施方案》和工作领导小组，申报总投资803.12万元的亚木、达局两乡1005.6亩的土地开发项目，经上级国土部门评审已立项。

主要做法是：加大宣传耕地保护力度，努力提高全民耕地保护意识，利用“4·22”世界地球日“5·12”防灾减灾日、“6·25”全国土地日，通过多种形式宣传耕地保护的重要性和必要性；落实责任，严格检查执法，昂仁县人民政府每年都与各乡镇人民政府、各乡镇人民政府与各个村民委员会，各村委会与农户，层层签定《耕地保护责任书》，做到各乡（镇）的耕地保有量及基本农田保护面积、耕地占补平衡制度、基本农田“四落实”的要求，昂仁县国土资源局负责对全县耕地保护工作进行执法检查。

【基本农田保护率】 2016年，为贯彻落实国土资源部、农业部《关于进一步做好永久基本农田划定工作的通知》及自治区相关文件精神，切实加强和完善基本农田保护工作基础，确保实现基本农田总量不减少、用途不改变、质量有提高的目标。截至年底，完成永久性基本农田划定工作，全县基本农田保护率达到92.1%。

【编制完成土地利用总体规划】 《昂仁县土地利用总体规划（2006—2020）》已由哈尔滨工业大学城市规划设计研究院编制完成。《土地利用总体规划》主要阐明规划期内全县土地利用目标，优化土地利用结构和布局，划定土地用途区和建设用地空间管制分区，调控（乡）镇土地利用，落实重点建设项目用地，协调土地利用与生态环境保护，提出规划实施的保障措施，为落实土地宏观调控和土地用途管制制度，统筹各项土地利用活动提供法律依据。

【用地报批工作】 2016年，昂仁县国土局完成建设项目用地预审25个，完成69个项目建设用地425.23亩的农用地转用手续，批次用地分别为：昂仁县2016年度第一批次城市建设项目用地新增面积98.58亩；昂仁县2016年度第二批次村镇建设项目用地新增面积262.78亩；昂仁县2016年度第一批次村镇建设用地新增面积63.87亩；为昂仁县项目单位及时办理项目前置手续、早日落成项目，做好了基础性工作。

【土地矿产卫片执法】 做好土地卫片执法工作，卫片执法检查工作有序推进，按照上级工作要求，开展对照下发土地、矿产卫片影像图进行核查、查处和整改工作，实地复查，疑似违法图斑均已整改到位，按照市国土局图斑31的要求，工作人员于12月31日陪同国测三队深入昂仁县11个乡镇，实地进行一一核查，经检查发现31个图斑里面有12个图斑是昂仁县“4·25”地震灾后重建项目（报件已完），4个图斑为学校教职工楼和学校教学楼以及幼儿园、2个是农用设施地（有国土局用地批复）、1个是公租房、1个是全县给水项目、6个民房改扩建图斑、精准扶贫易地搬迁项目1个、人工种草基地1个、乡政府职工周转房3个（报件已完），为全县年度卫片执法工作实现“零约谈、零问责”的工作目标。

【矿产资源总体规划预算】 依据《国土资源部关于开展第三轮矿产资源规划编制工作的通知》《西藏自治区国土资源厅关于开展矿产资源规划编制工作的通知》及《西藏自治区国土资源厅关于做好矿产资源规划编制工作的通知》相关文件精神，要求切实组织做好各地（市）和县级矿产资源规划编制的各项工作，有矿业活动的地（市）和县都要编制矿产资源规划，位于国家级整装勘查区内的地（市）、县要加快规划编制工作。县级矿产资源总体规划于2017年6月底之前报国土厅审核。据悉，昂仁县域内有金属矿探矿权21个，拟设金属探矿权34个，已有金属采矿权2个，拟设金属矿采矿权1个，已有非金属采矿权1个，上报拟设非金属采矿权21个。昂仁县矿产资源总体规划编制工作经费预算为人民币69.24万元。

【地质灾害防治】 2016年，出台地质灾害防治方案，签订目标责任书，6月15日完成260处地质灾害隐患点群测群防监测网络建设，昂仁县国土局协同专业队和各乡镇，对260处地质隐患点发放了防灾明白卡，危险点防御预案表、应急疏散路线图，确定每个点监测人员，力争提高基层的灾害防治意识，以此确保人民群众生命财产安全。

汛期前，为最大限度确保昂仁县域内矿区人

民群众的生命财产安全，针对昂仁县近期降雨量大、雨势猛的特点，从四川省冶金地质勘查局水文队西藏分公司聘请2位资深专家组成检查小组，对县域内4家矿山企业开展了汛期地质灾害隐患点（巡）排查工作和了解矿山企业管理规范情况。11月25日，组织各相关乡（镇）及相关部门人员召开“昂仁县2017年地质灾害防治知识宣传培训会”，为2017年地质灾害防治工作打下坚实的基础。

【建立各项制度】 2016年，昂仁县国土资源局严格在汛期实行上下联动的工作机制，制定防治方案、应急预案，落实群测群防，层层夯实责任；认真执行24小时值班、灾险情速报、应急处置、零报告等制度，实现了地质灾害防治工作“零伤亡”的目标。同时，建立昂仁县地质灾害速报员微信群，以便随时掌握全县地质灾害情况；同时，无险情发生时，每日下午4：00前，各乡镇速报员将在微信群里报平安。

【地质灾害治理工程项目】 2016年，认真做好“4·25”地震后灾区地质灾害防治的前期核查评估和项目申报工作。6月县国土资源局相关工作人员陪同日喀则市国土资源局下派的四川省冶金地质勘查局第六0六大队等6家单位技术专家人员深入昂仁县5个乡镇9个村9个地质灾害隐患点进行项目前期现场勘查工作；2016年度评审通过的7个地质灾害应急排危项目资金概算为954.59万元。2016年度卡嘎镇欧村4号沟谷型泥石流治理工程和秋窝乡宁布村泥石流两个治理工程已评审并批复，项目审核后的工程总投资为670.20万元，资金来源为尼泊尔地震西藏灾区灾后恢复重建中央财政补助资金。

【自治区级地质遗迹保护】 昂仁县搭格架地热间歇喷泉群是我国目前最大的喷泉群，成泉机制独特，喷泉种类齐全，景观保存完好，具有十分重要的科研价值和观光旅游价值，同时最大限度上改善昂仁县沿线旅游服务设施，提升旅游服务质量，能使当地群众增收致富提供经济平台，搭格架地热间歇喷泉群自治区级地质遗迹类自然保护区建设项目已批准实施，总投资额2967.26万元，2016年6月29日已经按照设计报告放线完毕，预计2017年7月竣工。

【农村土地制度改革】 2016年，根据《西藏自治区农村村民住宅用地管理规定（暂行）》和农宅审批程序，审批方式以及建设用地、临时用地、设施农用地的使用规定等方面的知识，结合昂仁县实际工作，2016年，县国土局对各乡（镇）提交的29户农民建房用地进行实地踏勘，对符合规划的19户（4.9亩）予以审批，对不符合规划的10户要求重新选址。坚守土地公有性质不改变、耕地红线不突破、农民利益不受损“三条底线”，防止犯颠覆性错误。深化农村土地制度改革的基本方向是：落实集体所有权，稳定农户承包权，放活土地经营权；深化农村土地承包经营制度改革，抓紧修改有关法律，落实中央关于稳定农村土地承包关系并保持长久不变的重大决策，适时就二轮承包期满后耕地延包办法、新的承包期限等内容提出具体方案。

【健全耕地保护和补偿】 2016年，严格实施土地利用总体规划，加强耕地保护，全面开展永久基本农田划定工作，实行特殊保护。特别是2016年国土工作会上下达的各县农宅发证率达到40%的硬任务，要求尽快统计农村土地所有确权登记发证数据同地籍信息化建设结合起来，争取最好、最快、最好的效果完成农宅的发证工作。

【维稳工作】 2016年，根据县委、县政府的统一安排，县国土局始终坚持日常值班、节假日领导带班值班制度，自觉把社会治理放到全面推进依法治藏大局中来，牢固树立稳定压倒一切的思想，严格落实各项维稳制度，制定单位内部消防、交通管理制度，并将制度上墙，确保单位内部平安建设。

【矛盾纠纷排查化解】 2016年，共接到涉矿信访案件9件，涉案人数40人，涉案金额2007233元，截至年底，信访案件已全部办完。同时，国土局认真排查违规建设用地、证件不齐全的采砂采石和临时用地租让合同等矛盾方面，坚持“保持稳定、依法规范、确地为主、民主协商、因地制宜”，对有据可依的矛盾问题依法依规调节处理，对没有明确依据的问题参照相关法律法规和政策精神，秉持“尊重历史、面对现实、平等协商”的原则妥善解决确保国土工作平稳有序发展。

【党风廉政建设】 2016年，支部班子在工作中坚持将党建工作纳入重要议事日程，成立以支部书记任组长，其他支委任副组长，各党员为成员的党建工作领导小组，具体负责党建工作的组织、领导和协调。同时明确目标任务，切实抓紧党建工作不放松。国安环党支部多次召开党建工作专题会议，及时研究和解决党建工作中遇到的困难和问题，研究并下发党建工作的相关文件，以更好地指导全系统党建工作。

2016年，经支部组织培养教育和考察，并经党员大会投票表决，党员转正1名，发展党员1名，同时确定3名同志为发展对象。2016年，为进一步提高干部职工的政策理论水平和业务能力，昂仁县国土局深入贯彻党的十八大、十八届三中、四中、五中、六中全会和中央第六次西藏工作座谈会精神，西藏自治区第九次党代会精神，贯彻落实习近平总书记系列重要讲话精神，特别是“治国必治边、治边先稳藏”的重要战略思想和“加强民族团结、建设美丽西藏”的重要指示，坚持“五位一体”总体布局和“四个全面”战略布局，坚持党的治藏方略，坚持依法治藏、富民兴藏、长期建藏、凝聚人心、夯实基础的重要原则，扎实开展党的群众路线教育实践活动、“三严三实”“两学一做”学习教育和“讲学习、讲忠诚、正风纪、转作风、提效能”主题活动，全面增强国土局党员干部的党性意识和责任意识，力争学以致用，以学促做、学用结合，更好推进新启动的不动产登记和昂仁县国土实事等工作。

2016年，昂仁县国土局牢固树立“不抓党风廉政建设是渎职、抓不好党风廉政建设是严重失职”的观念，强化责任意识，积极履职尽责，常态推进落实，实现党风廉政建设与国土资源管理业务两促进、两提高。精心安排部署，坚持把履行主体作为党风廉政建设工作的重要手段，与国土资源工作同部署、同落实、同检查。国土局先后2次召开专题会议研究部署党风廉政建设工作，进一步健全了惩治和预防腐败体系，按照落实主体责任要求，及时解决反腐倡廉中的重点、难点问题，确保反腐倡廉工作不断取得成效。

切实增强“第一责任人”责任意识，按照《2016年昂仁县党风廉政建设目标责任书》要求，成立以索多局长为组长的领导小组，统抓全局党风廉政建设工作；坚持把党风廉政建设纳入重要工作日程，保证党风廉政建设工作力度；根据单位干部职工分工，层层细化责任，明确目标要求及具体职责；切实发挥好“一把手”牵头抓总作用，有效强化了党风廉政建设责任制。

（李　涛）

【领导名录】

局　长　索　　多（夏尔巴族，6月任）
副局长　索　　多（夏尔巴族，6月免）
　　　　益西次仁（藏族）

昂仁县商务局

【概况】 昂仁县商务局成立于2004年9月，前身为昂仁县经济贸易局和昂仁县乡镇企业管理局。昂仁县乡镇企业管理局成立于1993年6月。2003年6月根据地位行署的要求，昂仁县乡镇企业管理局正式更名为昂仁县经济贸易局。2004年9月根据地委、行署的要求，昂仁县经济贸易局正式更名为昂仁县商务局。2016年，昂仁县商务局编制3名，1名正科级，1名副科级，1名科员，现有4名干部，中共党员4名。2016年，昂仁县已与上市公司招商新能源签订了光伏发电项目合作协议，协议总投资5亿元，年利税可达1000万元，已到位项目资金6300万元，完成市下达的年度招商引资目标任务；农牧区配送碘盐297.61吨，配送率达到100%，惠及全县农牧民总计54111人；圆满完成市局下达的2016年碘盐配送工作指标任。

【党建、党风廉政建设】 2016年，商务局围绕队伍建设，进一步丰富党员干部的教育形式和内容，以常态化的学习教育机制，促进党员干部整体素质的进一步提升，进一步加强党风廉政建设教育，深入开展反腐败斗争工作，强化党员干部廉洁从政意识，全年开展廉政学习23次，廉政讲课3次。商务局以党建促工作，全力打造一支政治过硬、思想坚定、作风务实的商务队伍。全年共派遣培训学习5次，共计6人，形成学习报告6份，报送工作信息简报等65期，制定各项工作计划、方案及总结等30份，每周开展一次党建和党风廉政学习、每月开展1次党小组会议，每季度开展一次党员大会、每年开展一次民主评议，还把学习上级纪律文件穿插于日常工作学习，确保商务局党员干部自身加强党性修养，坚定理想信念，提升道德境界，追求高尚情操，全县商务领域工作整体呈现良好的发展态势。

【以招商引资为抓手】 2016年，在县委、县政府高度重视招商引资工作下，成立了组织机构，制定了优惠政策，明确了部门职责，并多次召开会议研究推进招商引资工作，先后与招商新能源、北京恒基阳光、中科光电、西藏德琴、昊天混凝土等多家公司洽谈投资事宜，及时形成招商引资工作信息和统计报表（月季年），上报市商务局和县委、县政府。2016年，昂仁县已与上市公司招商新能源签订了光伏发电项目合作协议，协议总投资5亿元，年利税可达1000万元，已到位项目资金6300万元，完成市下达的年度招商引资目标任务。

【精准扶贫】 自全县启动精准扶贫工作以来，县商务局商务局高度重视，迅速行动，精心安排部署，认真抓好各项工作落实。县商务局4名干部积极与切热乡次如村，多白乡荣奴村与日果村9户，入户走访和深入到田间地头实地查看，调查了解户情况，逐一找准贫困户脱贫基本情况、致富存在的难点，分析致贫的原因，探讨解决贫困的方法，送去慰问资金2700元，为精准扶贫工作奠定基础。

【油气市场监管】 2016年，为方便办理零散成品油购油审批，特制定了“藏汉”双语的《昂仁县零散成品油购油流程》，并在全县开展15次宣传并发放各类宣传资料641份。对3家加油站、1家液化气站开展行政执法检查23余次，共出动执法人员102人次，排查整改安全隐患处7处。为严管成品油源头管理，确保全县油气领域安全，切实发挥“反自焚”斗争工作中的积极作用。

【市场安全监管】 年内，商务局指定专人积极联合其他职能部门加强开展市场监管工作，准确掌握市场动态。特别是重大节前为确保市场的平稳安全，年内，安委会成员共联合开展8次较大规模的执法检查，主要到县城里的餐饮、超市、商店、农贸市场、学校等30多家各类饮食品经营户及经营市场检查。经检查所有涉及质量问题的食品均被依法没收，并进行统一的存储销毁工作。

【惠农工作】 农牧区碘盐配送情况，2016年农牧区配送碘盐297.61吨，配送率达到100%，惠及全县农牧民总计54111人；圆满完成市局下达的2016年碘盐配送工作指标任。积极推进家电家具下乡工作，2016年商务局通过下发文件、发送手机短信、张贴宣传海报、实地宣传等多种形式大力宣传家电家具补贴政策，全年累计销售家电家具下乡销售金额约为660.48万元，补贴资金达216.1618万元。加强万村千乡市场工程建设，自2008年开展“万村千乡市场工程”以来，截至年底，全县共有“万村千乡市场工程”农家店168家，乡镇商贸服务中心2个。截至年底，除15家农家店因家庭原因，经营不善倒闭，其余农家店运行良好，农家店行政村覆盖率达到90.8%，促进商品城乡流通，服务三农。

【以商贸流通为支撑】 年内，积极组织特色产品加工销售企业及广大农牧民参加各种物交会，物交会期间17个乡镇积极派出代表，展出各类手工产品、农畜产品，促进了特色手工与农畜产品的销售。物交会期间，向群众发放昂仁文化、旅游、特色产品等宣传资料500余份，摆放宣传板6余块，共投入使用5顶标准帐篷，参会商户38家，展销产品总计5大类9种产品，据不完全统计2016年物交会上商品总交易额约120万余元，相比2015年同期增长12%，通过政府主导，企业参与，市场运作的新运营尝试，越来越多的民间企业、普通老百姓参与其中极大的推动农牧区发展、扩大消费，活跃了市场，增加农牧民收入群众，取得了良好的社会效应。

（廖龙俊）

【领导名录】

局　　长　果　　杰（藏族）

副局长、主任科员

参决卓拉（女，藏族）

主任科员　格　　桑（藏族，11月免）

昂仁县安全生产监督管理局

【概况】 昂仁县安全生产监督管理局（以下简称县安监局）组建于2009年。县安监局综合管理昂仁县安全生产监督管理工作，承担安委会办公室日常工作。级别为科级。2016年，有职工人数6人。其中在职干部职工5人，公益性职工1人。积极开展“结对帮扶”活动，为贫困户送去物资，慰问金等共折合人民币5600余元。

【党建工作】 昂仁县安监局同县国土局、环保局设一个党支部，下设3个党小组，支部正式党员15名，其中安监局正式党员5名。2016年，国、安、环党支部班子在工作中坚持将党建工作纳入重要议事日程，成立以支部书记任组长，其他支委任副组长，各党员为成员的党建工作领导小组，具体负责党建工作的组织、领导和协调。同时明确目标任务，切实抓紧党建工作不放松，并多次召开党建工作专题会议，及时研究和解决党建工作中遇到的困难和问题。结合“两学一做”专题教育学习活动，从2016年4月20日开始，在全体党员中开展“手抄党章100天”，并开展以“四讲四有”为主题的研讨活动，认真落实支部学习制度、支部委员会“三会一课”制度，结合专题教育和研讨活动，坚持把深入学习中国特色社会主义理论体系，特别是习近平总书记系列重要讲话精神作为一项重大、长期的政治任务，采取多种形式组织全体党员和入党积极分子开展“学党章党规、学系列讲话，做合格党员”学习教育活动。

【党风廉政建设】 以落实党风廉政建设责任制为主线，明确责任，构筑科学管理体系。坚持一手抓安监工作不放松，一手抓党风廉政工作不动摇。成立以局主要领导任组长的党风廉政建设领导小组，“一把手”负总责，全体干部职工积极参与的群防群治、齐抓共管的预防腐败体系，为全面开展党风廉政建设提供了强有力的组织和领导保障；全面落实党风廉政建设责任制。绩效考核为重点，提高工作效率。昂仁县安监局把每一项工作目标任务都纳入绩效考核范围，从明确目标责任、细化目标任务、落实责任，把每一项工作细化落实到人头上、体现到工作进度上，班子正职与副职、班子成员层层签订党风廉政建设责任书，完善了党风廉政建设责任体系，完善和落实责任考核机制；坚持专业和理论知识学习，通过组织全体干部职工认真学习廉政读本等，采用集中学习、座谈讨论、写心得等形式，教育引导党员干部在思想上筑起廉政勤政的思想防线，从源头上预防和治理腐败行为；认真组织开展主要领导上廉政教育课等廉政教育活动，以6月22日召开的安全生产下半年工作部署会议为契机，组织昂仁县安委会相关成员单位集体观看2016年安全生产警示教育片《筑基》，期间每名参会人员都写了观后感。

【目标管理】 年内，根据县委、县政府的指示，及时于年初召开安全生产部署会，并与安委会成员单位、乡镇、项目单位及各矿山企业、危化企业等签订安全生产目标责任书，确保安全生产责任落实到位。认真履行安全生产监管职责，加大执法检查工作力度，推动企业认真落实安全生产主体责任，建立健全安全生产管理制度，落实安全生产各项措施，加强现场管理，提升企业安全管理水平，督促用人单位全面落实职业安监健康主体责任，维护好劳动者的职业健康权益，有效预防和减少生产安全事故的发生，促进全县安全生产形势持续稳定好转。

【专项执法】 年内，结合“打非治违”专项行动，重点行业领域专项整治工作，针对重点敏感时段和阶段性、汛期、事故多发易发行业领域，以道路交通、危险化学品、矿山、烟花爆竹、人员密集场所等重点领域坚持“全覆盖、零容忍、严执法、重实效”的总体要求全年开展安全检查不少于70次。

【汛期期间安全生产专项检查】 年内，按照县委、县政府关于汛期各项工作的安排部署，安监局多次组织开展安全检查和隐患排查，防范各类事故的发生，并对昂仁县辖区内非煤矿山企业（嘎日尾矿库）、道路交通、建筑施工、危化品等领域进行了汛期安全隐患排查工作。此外，对各乡镇强调及时排查电力、道路交通等安全隐患，以预防安全事故的发生。汛期期间，针对非煤矿山企业安监局组织检查5次，协同市局安全生产工作组检查及汛期安全隐患排查1次，共计发现隐患11项，并根据安监局制定的汛期非煤矿山应急预案及安全生产相关规定，对违规现象下发整改指令，责令限期对存在问题进行整改落实到位。同县交通、交警部门组成联合工作组，对昂仁县的个别临近江、河、湖水的乡镇进行了逐一的安全隐患排查。在经过了全面的排查后，发现因水位上涨而冲毁的路段，检查组立即对冲毁较为严重的路段周边，设立道路障碍，对可能存在安全隐患的路段、桥梁，写下行人、车辆慢行的双语警示语。

【安全生产监管执法】 非煤矿山方面，截至年底，已进点矿山企业（西蒙、嘉实、长源、丰恩、同泰）五家，安监局组织检查工作小组开工复查验收，并协同国土、人社、环保等相关单位召开进点前协调工作会，对矿企备案及开工复查情况提出建议和意见。特别是结合“十个一”活动督促各矿企健全安全制度、矿山安全隐患等问题，对矿山企业检查共20次，排查隐患问题33项、下发整改指令14份；危化品方面；为认真贯彻县委、县政府的关于加强全县危险化学品安全大检查工作指示精神和《全市危险化学品、易燃易爆企业安全隐患“三查三改”行动方案》的通知要求，安监局多次对昂仁县辖区内所有危险化学品从业单位进行全面检查。各有关部门、被检查单位都高度重视，精心组织，密切配合。印发了安全生产责任制、管理机构和安全教育培训、基本台账、规章制度建设、危险化学品从业人员资质证照等情况的登记表，按照“三查三改”一企一册要求，对所查单位情况进行登记。安监局联合商务局认真开展危化领域监管工作，3月分别在桑桑、卡嘎加油站进驻督导。截至年底，对昂仁县危化品企业（卡嘎镇中石油加油站、中兴加油站、桑桑永兴加油站）安全生产检查 21次，下发整改指令34份，排查安全隐患39处，整改率达100%。卡嘎镇、桑桑镇两家私营加油站于9月27日均都已通过加油站标准化验收考核。为做好昂仁县辖区内三家加油站油气监管工作，加大油气监管队伍建设，通过请示上级，特从每个加油站所在地，雇佣两名油气监管员实时进行监管。人员密集场所方面。联合安委会相关成员单位，针对节点、敏感时期出动执法人员，对娱乐场所、寺庙、旅馆、超市、中小学校、各商铺进行安全检查，确保市场正常有序运行。道路交通方面。截至年底，对国道、乡村道路进行11次排查，认真贯彻落实区、市道路交通安全视频电视电话会议精神，安监局联合交通、交警部门对国道1923—

2127界桩总里程204公里及农区乡村道路事故多发地段、道路安全标志、警示灯、弯道标志等进行排查，共查处隐患点42处，并进行登记造册，上报县交通局，国道219道路标志已向卡嘎养护段协调整改。多次对乡村道路进行隐患排查，告知县交通部门立即整改，并督促县交警支队结合道路交通百日大整治工作，加大道路交通执法力度，为了使昂仁县道路交通领域遏制重特大事故发生，确保人民群众生命财产安全。经县委、县政府主要领导同意，对道路219国道沿线设置警示车辆，由县安监局牵头联合交警支队对5处事故频发点，用报废车辆5辆设置警示，对此安监局与县交警支队协调开展确定施工方及有关警灯、车辆改装等共产生费用41950元。建筑施工领域方面。联合人社局、住建局、项目办主要对县城附近的重点工程、市政道路、县城排水工程、桑桑、切热、卡嘎11行政村整村推进项目等进行安全检查7次，下发整改通知25份，现场检查记录21份，存在安全隐患79处，均已都整改到位，对工程隐患防范提供了有力保障。并根据县政府的指示对整村推进工程制作施工道路警示牌14个、安民公告11个，确保昂仁县建筑施工安全生产，预防各类安全事故的发生。

【职业卫生安全监管】 为落实用人单位职业病防治主体责任，保障昂仁县广大劳动者的职业健康权益。于10月期间，安监局通过开展专项行动，对县城及卡嘎镇75家存在职业病的个体户进行检查并将信息情况逐一上报作业场所职业病危害申报与管理系统。有效提高了昂仁县各行业领域职业危害防治法律意识，落实用人单位职业病防治主体责任，建立职业病危害防治工作的长效机制，治理职业危害突出问题和薄弱环节，改善工作场所作业环境，提升劳动者职业危害防护能力，实现昂仁县各行业领域职业病危害防治形势的稳定好转。

【企业安全生产教育培训】 为做好企业安全生产教育培训工作，提高农牧民务工人员的健康、安全意识，安监局于8月1日特组织县辖区内建筑施工领域的特种作业务工人员180名，举行了2016年昂仁县第一批特种作业培训教育开班典礼，超额完成预期目标；12月13日，经县委、县政府同意，邀请国家安全生产专家、自治区安监局政策法规处副处长索朗罗布，日喀则市交警支队法制宣传科科长琼达授课，组织各成员单位、乡（镇）、警务站、检查站、派出所负责人员以及非煤矿山、危化品、烟花爆竹领域负责人开办了一期安全生产培训班；组织全县非煤矿山、危险化学品、建筑施工企业集中观看安全生产警示教育片《痛思》，强化企业安全生产意识，有效预防各类事故的发生。警示教育片通过一个个典型案例，深刻剖析了造成安全生产事故发生的主要原因以及应吸取的经验教训，宣传党和国家的安全生产方针、政策，普及安全知识，强化红线意识，使与会人员深受震撼。为进一步加强安全生产宣传，提高安全生产服务水平，营造良好的安全生产氛围，安监局充分利用手机短信发布信息便捷、传播及时、接收方便的特点，建立安全生产短信平台。该平台所发送的短信内容主要是新安全生产法、安全生产提示、预警信息，在事故高发期、重要节假日等重点时段、重要时节，将安全生产温馨提示及时、准确地发送到相关人员的手机上，提示人们时刻关注安全，关爱生命，达到强化责任意识，防范事故发生的目的。

【安全生产责任制】 3月27日，召开2016年安全生产部署会。按照“属地管理”和“谁主管、谁负责”“谁审批、谁负责”的原则，与安委会成员单位、乡镇、项目单位及各矿山企业、危化企业等签订安全生产目标责任书。全面落实安全生产的政府领导责任、部门监管责任、行业管理责任、生产经营单位主体责任以及领导干部的“一岗双责”，提高了各级抓安全生产工作的自觉性和责任感。按照“三个必须”的要求理清道路交通、建筑施工、非煤矿山、危险化学品、消防等重点行业领域有关部门的安全监管职责，进一步完善补充了《安全生产委员会成员单位职责分工》。

【隐患排查治理】 2016年，县安监局组织开展节假日安全检查和隐患排查治理工作，制订检查方案。开展非煤矿山进点复产验收及撤点前安全检查等工作，2016年辖区进点5家非煤矿山企业，全年未发生任何安全生产事故。开展危险化学品和烟花爆竹安全检查工作。加大对危化品生产、经营、储存、使用、废弃处理等环节的安全监管力度；不间断地对危险化学品进行安全隐患排查、整治；进行危险化学品持证上岗检查、安全资格证培训，全县危化品从业单位负责人、管理人员和特种作业人员持证上岗率达100%。2016年，昂仁县辖区危化领域标准化建设达100%。做好烟花爆竹零售点销售许可审批工作，确保烟花爆竹零售安全有序地进行。道路交通安全整治工作，联合交通、交警部门对国道、乡村道路事故多发地段、道路安全标志、警示灯、弯道标志等进行排查。开展职业健康专题会议，结合昂仁县实际情况，对全县70多家企业（危化品领域、非煤矿山企业、宾馆、电焊、汽车维修、沙场等）开展了职业健康病危害统计、检查工作。完成对涉及职业危害的企业进行彻查并分类登记备案、造册工作。安监局坚持“全覆盖、零容忍、严执法、重实效”的总体要求全年开展安全检查71次、出动执法人员213人次，出动执法车辆82辆，下发执法文书119份、其中现场检查记录83份、责令整改指令36份，查处隐患214处、已整改207处、整改率达96.7%，通过全县上下共同努力，2016年未发生任何安全生产事故。

【安全生产应急管理】 2016年，县安监局修订完善《昂仁县生产安全事故应急预案》及各专项安全生产应急救援预案，明确应急救援体系建设目标、内容、要求和步骤，增强对突发事件的应急救援能力。

【安监队伍建设】 年内，围绕加强队伍建设、增强队伍素质、提高执法水平，把安监队伍建设作为加强安全生产工作的重要保障措施，切实加大力度，不断充实加强了安监力量。乡镇有一名安全生产专职工作人员，各行政村有安全生产联络员，解决了乡镇以下安全检查力量薄弱的问题。坚持安全生产“红线、底线、高压线”，以有效遏制重特大事故为重点，坚持标本兼治、综合治理、源头管控，积极响应市局及县委、县政府对安全生产工作的指示精神，始终为促进全县安全生产形势持续稳定奋斗，获得了市局以及县委、县政府的一致好评。切实加强领导，精心组织，强化措施，狠抓落实，深化源头治本工作，构筑反腐倡廉体系，着力解决党员领导干部在廉洁自律方面存在的突出问题，使反腐倡廉工作在巩固中深化、在创新中提高，使全局干部职工的廉政勤政意识进一步增强，工作质量和效率明显提高，机关管理制度不断健全、完善，有力地促进了安全监管事业深入开展，安全生产形势进一步稳定好转。

（边巴穷达）

【领导名录】

局　长　米玛顿珠（藏族）

副局长（主任科员）

格桑曲珍（女，藏族）

昂仁县国家税务局

【概况】 2016年，昂仁县国家税务局现有干部职工6人，领导班子成员3人，内设办公室、监察室、办税服务厅。2016年，在宏观经济下行压力持续加大的情况下。2016年，昂仁县国家税务局组织税收收入2820万元，同比增长12.5%，增收313万元；落实税收优惠政策减免税金337万元，其中促进小微企业发展减免税金38万元，促进区域发展企业减免税金260万元，有力地促进了地方经济社会发展。

【地方政府支持税收工作】 2016年，县委、县政府充分理解税务干部为国聚财的艰辛，主动做税务机关的坚强后盾；党委政府重视、支持税收工作，帮助协调征管工作中遇到的矛盾，解决实际困难；切实关心税务干部的工作和生活情况，尽最大努力帮助基层税务干部解决具体困难，改善基层办公和生活条件，为圆满完成各项税收任务奠定基础。

【税收收入】 2016年，昂仁县国家税务局组织各项收入2820万元，同比增收313万元，增长12.5%，其中：税收收入2717万元，同比增收293万元，增长12.09%；其他收入103万元，同比增收20万元，增长24%。2016年全市非公有制经济实现税收2652万元，占总体税收比重达94%，二产收入仍居首位。落实各项税收优惠政策，减免税规模达337万元。

【税收收入特点与分析】 年内，受“营改增”政策影响，中央级收入增幅高出地方级增幅43个百分点。结构趋优，发展合理，产业指标匹配良好。采矿业收入略有增长，部分主体行业增势迅猛；基本建设项目投资拉动作用明显。

【营业税改征增值税】 截至年底，昂仁县共有“营改增”试点纳税人419 户，其中，建筑业345户，房地产业4户，金融业7户，生活服务业63户；一般纳税人6户，小规模纳税人413户。共申报增值税762万元，全县试点纳税人通过增值税发票新系统共开具增值税发票 1.7万份，县办税服务大厅共为纳税人代开增值税发票 0.12 万份。

【税收法治】 2016年，昂仁县国家税务局严格贯彻落实国家法律、法规及各项税收政策规定，减免税规模达337万元；加强与地方党委、政府的沟通，主动配合职能部门的工作，把好政策“出口”；加强争创法治税务示范基地建设工作，经过考核评议，昂仁县国税局被列为全市第二批“西藏国税系统法治税务示范基地”的称号。

【税收政策落实】 2016年，昂仁县国家税务局减免税规模达337万元，其中改善民生减免17万元、促进小微企业发展264万元，促进区域发展23万元，支持其他各项事业34万元。

【税种管理】 2016年，昂仁县国家税务局进一步加强个人所得税全员全额扣缴明细申报工作，争取地方政府帮助和支持、加强股权转让个人所得税的征管，开展2016年年所得12万以上个人所得税自行纳税申报工作；继续做好资源税改革工作，密切部门协作、开展耕地占用税清理工作。

【纳税服务】 2016年，昂仁县国家税务局联合工商等部门开展守信激励和失信惩戒协同管理，向社会公示3户严重失信的纳税人名单；推动“银税互动”，促进小微企业依法诚信纳税，降低融资成本，助力小微企业发展。推行网上申报、批量扣税、涉税事项通办业务、简并申报纳税次数、自助办税终端、开辟绿色通道、严格落实“二维码”一次性告知制度和首问责任制，提供预约、限时办结、延时、提醒等服务。

【税收征管】 2016年，昂仁县国家税务局税务登记户数276户，较2015年增加166户，同比增长151%。其中，内资企业213户，个体工商户63户；夯实征管基础，结合标准化建设工作，推行税收征管档案标准化；抓住重点，全面强化税收风险管理工作，共计推送风险户数30户，核实有问题户数21户，通过风险管理入库各类税款23万元；全年新增网上申报24户，累计推行达到27户。

【税务检查】 2016年，昂仁县国家税务局围绕“严厉打击涉税违法行为、配合稽查体制改革、切实提高检查工作质量、完善队伍建设”五大工作任务，突出重点税源企业检查、打击发票违法犯罪活动、区域专项整治四项重点工作，持续推进专项检查法制化、现代化建设，充分发挥“以查促管”“以查促收”的职能作用，共检查纳税户5户，共查补入库各项税收收入7.8万元。

【电子税务管理】 2016年，昂仁县国家税务局继续加强税收电子化建设，推行电子发票；推广网上申报、TIPS三方协议等多元办税方式，提高纳税服务水平。全年共处理各类运维事项多笔，运维处理响应时间平均缩短20%以上。

【人事管理】 年内，根据现实工作需求和为各基层县局领导班子建设提供人力保障，国税局成立党组，单独成立党支部；完成基层与基层、基层与机关干部交流共11人次。

【教育培训】 年内，制订了2016年干部教育培训计划，明确教育培训工作的目标和任务，共落实参加上级安排的培训任务4期，培训16人次，自行组织内部培训3期，培训人次达17人次，主要开展“营改增”培训，为顺利上线“营改增”奠定良好的基础；参加市局开办的“国税课堂”14期；自行参加网校学习，全局网校上线学习人数达135人，完成课程的学时242课时。

【纪检监察】 2016年，昂仁县国家税务局年初召开党风廉政建设工作会议；参加市局邀请的党校老师举办专题讲座、全市税务系统演讲比赛；开展廉政文化作品征集评选活动；接受市局组织的2016年度党风廉政建设责任制考核验收工作；明察暗访3次；有序推进监察部门各项工作。

【政务管理】 年内，昂仁县国家税务局本着“提前介入、先行先试，积累经验、逐步规范、积极跟进、同步到位”的原则部署绩效管理工作，提高行政效能，传达学习区局、市局主要领导的重要批示精神，加大工作执行力度，强化督促检查工作，树立抓工作落实的“新常态”，全年共下发督办单4份，认真梳理年初安排的66项重点工作任务，创造性地开展了绩效管理工作，取得了全市税务系统绩效成绩第一的好成绩。

【财务管理】 2016年，昂仁县国家税务局严格控制“三公”经费和会议费支出规模。全面自查2013~2016年财务收支情况进行巡视自查和整改工作，进一步规范财务工作；认真开展资产清查工作，进一步加强票据管理。加强对财经纪律和财务制度执行情况的日常监督，并组织开展针对区局、市局审计、巡视和各类检查发现的财务问题及时整改清理。

【内部控制与督察审计】 2016年，昂仁县国家税务局开展全面自查自纠工作，并接受市局经济责任审计工作领导小组开展的领导干部经济责任审计，对1名领导进行离任经济责任审计。

【党风廉政建设】 年初，昂仁县国家税务局层层签订《国税系统税务人员廉政责任书》《国税系统税务人员廉政责任状》，进一步明确各自的责任与义务、权利；召开会议集中学习廉政责任书，以此来增加记忆、引起重视；增加干部职工的廉政责任与行为准则，同时制定“一案双查”工作机制，加大依法治税工作的透明力度与合法合理化，保证干部职工的廉洁意识与自觉行为意识。

【文化建设】 年内，该局继续做好丰富文化载体，全面学习、宣传和践行“攀登”文化的价值理念，结合该局实际，充分发挥税务文化的辐射功能与教育功能，扎实推进文化建设工作，让日喀则“攀登”文化的理念在潜移默化中形成良好的国税风貌。

【维护稳定工作】 年内，国税局以做好社会维护稳定工作的指示精神，服从当地党委、政府的统一安排，一如既往地做好维护稳定工作，抓好本单位的安全稳定工作，树立“稳定压倒一切”的思想，安排好各个节点安全保卫与值班工作，切实维护好社会安全稳定与税务机关正常工作秩序，确保实现“三不出”工作任务。

（石达扎西）

【领导名录】

局　　长　欧　　珠（藏族，6月免）

　　　　　石达扎西（藏族，6月任）

副 局 长　熊 安 琴（女）

纪检组长　曹 茹 丽（女）

昂仁县工商行政管理局

【概况】 2016年，昂仁县工商行政管理局有5名干部，中共党员5人，其中本科学历4人，大专1人，平均年龄28岁。截至年底，全县市场主体发展到2093户，注册资本77498.8万元，从业人员16607人，其中：企业390户，注册资本66225.3万元，雇工人数13144人；个体工商户1653户，从业人员2627人，注册资金5811.28万元；农民专业合作社50户，成员总数836人，出资总额1469.22万元。2016年新增市场主体330户，从业人员4286人，注册资本20456.87万元；个体工商户175户，从业人员306人，资金数额992万元；新登记农民专业合作社13户，成员数141人，出资总额626万元。与2015年相比市场主体户数增长19.04%，注册资本增长35.86%，从业人员增长34.78%。

【实行“五证合一”改革】 年内，县工商局全面实行“五证合一”改革，开展“三证合一、一照一码”工作，2016年10月1日起全面推行“五证合一、一照一码”登记模式，截至年底，共受理换发加载有统一社会信用代码的“三证合一”营业执照421份，换照率达到95.77%。县工商局持续推进工商登记便利化，进一步深化企业住所登记改革，实现企业登记全程电子化，全面放宽名称、经营范围登记；继续深化“先照后证”改革，全面实施工商登记双告知制度和市场主体简易注销登记程序，为企业发放告知书109份，申请人提交各类承诺书154份。

通过深化商事制度改革，促进了市场活力的持续释放。全县新登记注册市场主体330户，同比增长率达到19%，连续三年实现高速增长。全县实有市场主体达到2063户。新登记市场主体吸纳从业人员和雇员7948人。公司制企业在新登记企业中的占比达到9.72%，较2015年有明显提升。建筑业一枝独秀，对农牧民脱贫的帮助凸显；特色手工业异军突起，带来了新的经济增长点；新能源、特色手工业企业实现零的突破，为全县产业结构的调整和优化注入了新活力；企业登记由法定的15个工作日普遍缩短到3至5个工作日，名称登记、备案登记、简易注销登记均实现当场登记，企业办事成本进一步降低。

【市场主体信息公示】 年内，县工商局切实加强事中事后监管，加强市场主体信息公示工作，全县企业2015年度年报公示率达到100%，个体工商户和农民专业合作社年报公示率均达到100%。县工商局制作了藏语版《企业年报公示信息指南动漫》，受到广大市场主体的欢迎；加强公示信息“双随机”抽查，抽查企业8户、个体工商户和农民专业合作社72户；强化全区统一的经营异常名录管理和使用，列入异常（表示为异常状态）27户，移除8户。县工商局全面强化企业信用监管，加强信用系统建设，严把输入数据质量，国家企业信用信息公示系统（西藏）归集的全县2000余户市场主体的基本信息达到次日更新，实现一处失信，处处受限；加强违法信息公示，在法定时限内公示行政处罚信息2条，公示率达到100%；加强工商信息共享，向有关部门提供信息2000余条。

【市场专项监管】 县工商局深入开展市场专项整治，部署开展打击假冒伪劣、“红盾护农”行动、整治虚假广告、打击传销行动、打击商标侵权、查处无照经营、整治寄递物流市场、塑胶管材市场、流通领域商品质量检测等专项执法行动，查办各类经济违法案件15件，案值1.80万元，办结11件，罚没款0.8574万元，促进了市场秩序的持续好转。县工商局开展公用企业垄断行为调查取证工作，对供电公司、通讯企业等进行多次执法检查，引导纠正服务中存在的霸王条款、发布虚假广告、强行搭售产品、滥收费等行为8次。

【推进商标品牌发展】 年内，县工商局大力实施商标战略，指导市场主体新注册商标11件，申请总数突破30件，同比分别增长366.67%、76.47%；“桑桑酥油”等四个地理标志商标申请工作有序开展。县工商局支持发展广告产业，广告经营主体达3户，年经营额突破50万元。

【推动精准扶贫】 县工商局支持精准扶贫，对于特色、优势农产品加工和手工业登记实行绿色通道，新登记9户，开展建筑企业和农民专业合作社专项调研，指导企业规范经营。

【打击传销】 县工商局加大打击传销力度，发挥牵头作用，完善涉传人员档案信息和涉传动态信息收集体系，多次上门规劝涉传人员及其亲属远离传销。县工商局加大对招商引资企业的扶持力度，全年为1户招商引资企业、1户国有企业的注册登记提供绿色高效全程服务。

【完善“12315”系统体系建设】 年内，县工商局不断完善“12315”系统体系建设，消费维权效能显著提升；推进“12315”“五进”规范化建设，消费维权服务站增加到19家，实现乡镇全覆盖；对消费者满意度较低的干洗、维修等3户经营者进行约谈；加强诚信市场建设，整治“霸王条款”和利用不公平合同格式条款侵犯消费者权益的行为；受理消费者投诉、举报、咨询26件，办结率100%；调解消费纠纷1起。在2016年3月15日，县工商局开展大规模宣传活动，通过发放宣传材料、示范产品鉴别方法等，提高了消费者的维权意识和能力；发放宣传资料450余份，电视媒体宣传2次，悬挂宣传横幅6条；公开销毁一批价值5万余元的假冒伪劣物资，极大地震慑了违法经营者。

【信息化建设】 年内，在市局党组的支持下，县工商局完成了大楼的整体维修，重新装修、高标准建设注册大厅，为后续的办公履职奠定良好基础。县工商局坚持把信息化建设作为重要支撑，大力加强各类信息硬件设备的配备力度，更换、新购置防火墙、交换机等设备4台，正版化软件5套。

【党建工作】 年内，县工商局深入践行“三严三实”，开展“两学一做”，开展结对认亲工作。2016年，共向帮扶对象捐赠各种生活用品价值2500余元；认真整改“不严不实”问题，加强机关规范管理，“三公”经费连续下降；开展“两学一做”学习教育，制订出台实施方案，组织集中学习6次，召开学习讨论会3次，撰写心得体会8篇，组织手抄党章100天活动和党史知识竞赛。县工商局全面加强党的建设，选举产生县局第二届机关党支部支委，贯彻落实《关于进一步加强和改进机关党建工作的意见》，建立健全重大决策向机关党支部征求意见、通报情况等制度。县工商局继续推进依法行政，修改完善了权力清单及责任清单，上报至昂仁县审改办，依法公开执法人员执法信息，进一步健全了行政许可、行政处罚等工作制度。县工商局加快推进法治工商建设，坚持把依法行政作为立局之本，全面强化执法为民理念，构建各个环节的依法行政工作规范，队伍依法行政能力和全体干部运用法治思维和法治方式推进改革的能力不断提升。县工商局加强干部培训力度。全年共派遣干部5人次，参加各类培训12次，多层次、多途径提升队伍素质。2位干部被评选为日喀则市工商局优秀共产党员、县级十佳青年等荣誉称号。非公党建工作取得明显成效，为18名非公党员办理党组织关系转移。截至年底，昂仁县辖区共建立非公党总支1个，党员17人。2016年，4名积极分子转为预备党员，发展积极分子13名。

【党风廉政建设】 年内，县工商局全面贯彻落实“两个责任”，签订廉政责任状，层层落实廉政责任，推动了廉政责任落实；深入学习贯彻《中国共产党廉洁自律准则》和《中国共产党纪律处分条例》，强化廉政风险预防。县工商局加强对“四风”问题的监督检查，队伍作风持续改进，认真开展党风廉政拒腐防变每月一课学习活动，要求党员干部讲政治，顾大局，把思想和行动统一到市局党组决策部署上，在落实上不打折扣不讲条件。在“七一”前夕，邀请昂仁县委组织部副部长次旺给支部全体党员讲了一堂专题党课。局长索朗平措在3~5月期间围绕党章、准则、条例讲党课3次，并就如何学好党章党规贯彻条例谈了自身理解和体会。

（张万瑛）

【领导名录】

局　长　索朗平措（藏族，6月免）
　　　　巴　　罗（藏族，6月任）

副局长　次旺班典（藏族，6月免）
　　　　张 万 瑛（6月任）

昂仁县旅游局

【概况】 昂仁县旅游局为全县行政管理部门，具体职能为负责昂仁县辖区的旅游规划、管理和监督工作。旅游局为昂仁县人民政府工作部门，正科级建制，设有1个内设机构办公室，1个国有企业单位西藏唐东杰布旅游文化发展有限公司。2016年，共接待游客12.5万人次，其中外宾接待人数为820人次；内宾接待人数为12.4万人次；旅游总收入达到502.5万元，AAA级景区2 处（日吾其金塔、铁索桥景区，曲德寺景区）；AA级景区1处（扎桑寺景区）；A级景区1处（拉扎寺景区）。农牧民家庭旅馆及小型招待所24家，其中1家金星级农牧民家庭旅馆。

【党风廉政建设】 年内，为全面贯彻落实党风廉政建设“两个责任”，年初县旅游局签订党风廉政责任状，层层落实廉政责任制，将党风廉政建设和反腐败工作落实到每个责任人。同时，以开展“两学一做”教育实践活动为契机，认真贯彻落实中央“八项规定”和自治区“约法十章”“九项要求”，持续深入纠正“四风”等问题，并将党风廉政理论学习教育纳入重点，共组织政治理论学习42次，召开专题研究部署会议7次，观看警示教育片2次，落实廉政讲党课14次，并在每季度末定期检查工作任务推进情况。

【党建工作】 年内，为贯彻落实党的十八大大精神，深入开展“两学一做”教育实践活动，围绕全县旅游经济中心任务，全面推进党的思想、组织、作风和制度建设。截至12月底县旅游局共参加支部组织学习政治理论知识42次；积极参加县委宣传部、县综治办等组织的宣传活动4次，发放730余份宣传材料；积极组织党员领导干部参加党员志愿服务活动了7次。同时，商务、旅游党支部改选了支部领导班子；做好党费的收缴、管理工作，严格党费收缴标准，对支部党员的党费进行收缴，并按比例上缴。在党费管理上，做到专款专用并接受上级单位的检查；进一步深入基层，做好党员领导干部结对认亲工作。截止12月商务、旅游党支部的每名党员都完成了年度的结对帮扶工作，县旅游局共帮扶7户，发放慰问品以及现金折价2800元整。

【“两学一做”学习教育】 年内，按照中央、区委、市委、县委关于“两学一做”相关文件指示精神及工作部署，深入贯彻落实从严治党要求，进一步解决党员队伍在思想、组织、作风、纪律等方面存在的问题，保持党的纯洁性、先进性。着力解决全局干部职工思想和作风方面的突出问题，结合开展“两学一做”制订符合旅游局的《“两学一做”专题教育实施方案》。

【旅游宣传】 7月，旅游局完成昂仁县90%的景区景点的图片收集和景点资料整理工作，并已于8月由旅游局自己编辑图文并茂制作完成第一本昂仁旅游宣传手册。

8月25日，协同县宣传部、文广局参加“第十四届珠峰文化旅游节”，旅游局把代表昂仁特色的拉堆强唐卡、马头六弦琴、欧村藏鸡蛋以及妇女民族手工业合作社的藏式卡垫、靠背等拿到了珠峰文化节进行参展销售。

8月15日—17日，旅游局邀请专业的音乐制作人和歌手扎西平措、旦平进行为期3天的昂仁县旅游宣传歌曲MV的拍摄。此次拍摄内容以昂仁县著名景点为重点，其中拍摄了昂仁朗措湖、金措湖、扎桑寺、桑桑湿地以及日吾其金塔。此次拍摄的MV有《梦中的故土》《林恩大佛》等10首歌曲，将放录在2017年出品的昂仁旅游宣传专辑《唐东故里、藏戏之乡、魅力昂仁》，此专辑蕴含着浓厚的唐东文化和藏戏文化。

11月26日，按照自治区旅发委指示要求，旅游局协同西藏自治区旅发委《垂直极限》摄制组到昂仁县布玛村拍摄“布玛谐庆”，有效宣传了昂仁优秀的传统民族文化。

【旅游基础服务设施建设】 年内，申报朗措湖景区、曲德寺旅游基础设施建设项目等“十三五”旅游项目共10个项目，其中桑桑湿地草滩景区旅游基础设施项目于10月竣工；完成“十三五”期间计划申报3A级旅游景区的“五通两有”摸底调查工作，即日吾其金塔景区、灵恩摩崖造像景区、曲德寺景区的“通油路、通电、通水、通宽带、通无线网络、有环卫设施、有咨询服务中心”的摸底调查工作。

【“厕所革命”】 年内，根据国家旅委关于“厕所革命”的相关政策和要求，6月，旅游局申报了国道沿线、重点旅游景区、湿地公园、重点文物保护单位等在五年内需新建和改扩建的旅游厕所共35座，其中AAA级3座、AA级9座、A级23座。

【旅游文化产业】 为进一步打造和宣传昂仁独具特色的拉堆强传承唐卡及手工艺品，2016年7月6日，旅游局在卡嘎镇拉堆强传承唐卡文化发展合作社举办“拉堆强传承唐卡优秀作品展览会”。展览会邀请了县委副书记、副县长普布多吉等县级领导，以及各部门主要负责人参加。此次参展的作品以昂仁县优秀的拉堆强唐卡画师旦增平措的作品为主，参展作品共30余幅，都曾经获得各种奖项。在会展现场，县常委副书记、县长普布多吉高度重视，县长对昂仁民族优秀唐卡文化现状给予肯定并对今后保护和传承唐卡文化工作提出了希望。要求旅游局继续加大对拉堆强传承唐卡合作社的扶持力度，保护和传承好昂仁独具特色的拉堆强唐卡文化，并以此吸引更多的国内外游客。做好昂仁旅游宣传品牌，使民族传统文化和区域旅游业联动发展，促进昂仁经济。

【旅游安全生产】 2016年，旅游局结合“打非治违”专项整治行动，加强领导，协调县公安、消防等单位，对国道沿线的宾馆、旅馆、餐馆进行安全隐患排查和整治工作。2016年，全县旅游市场未发生重大安全事故和旅游服务质量投诉事件。

【旅游精准扶贫】 年内，按照中央扶贫开发战略部署，进一步强化落实精准扶贫工作原则，紧密结合“五个一批”扶贫开发实施要求以及深入实施乡村旅游扶贫工程，2016年旅游局对全县范围内具有旅游开发条件的贫困村、贫困人口数量以及户数进行统计，确保旅游扶贫精准到村、精准到户。截至年底，昂仁县符合发展乡村旅游扶贫工程的有22个村，涉及680户、2477人。

【旅游产品】 年内，为打造昂仁旅游纪念品，旅游局以唐东杰布旅游文化公司为平台，积极与昂仁传承唐卡合作社、昂仁民族手工业合作社联合开发区域特色唐卡和六弦琴等传承民族手工艺品，并作为唐东杰布旅游文化公司的产品推向市场。此外，旅游局于2016年6月完成了一首旅游宣传歌曲《金木措》的MV制作并推向微信等网络传媒，歌曲深受网民的喜爱，点击率四万以上，有效宣传了昂仁和推动了昂仁旅游。

（琼　吉）

【领导名录】

局　长　米玛多吉（藏族）

副局长　琼　　吉（女，藏族）

社会事业

昂仁县民政局

【概况】 昂仁县民政局属于正科级单位，核定行政编制5人，领导职数3人。2016年有干部职工21人，其中正科级干部1人，副科级3人，科员1人，事业人员2人，工人1人，五保集中供养中心公益性岗位13人。县民政局负责全县城乡低保、城乡医疗救助、“五保户”、老龄和孤儿管理工作，“双拥”优抚安置、残疾人事业、救灾救济、婚姻登记管理、基层政权建设、勘界、区域地名管理等工作。

【党风廉政建设】 2016年，昂仁县民政局坚持以中共十八大、十八届六中全会、自治区九次党代会以及习近平总书记重要讲话精神为指引，结合民政工作实际，围绕中心，服务大局，强化责任，标本兼治，开拓创新、狠抓落实，党风廉政建设取得较好成效，为各项民政工作和民政事业的发展奠定了基础。开展“两学一做”学习教育和“讲学习、讲忠诚、正风纪、转作风、提效能”主题活动，通过开展集中学习和结合实际工作开展了践行“两学一做”，规范最低生活保障政策落实的相关工作，进一步规范了城乡最低生活保障审核审批程序，确保农村低保在阳光下运行。坚持“一岗双责”，全面落实党员领导干部承诺制度、重大事项报告制度、一把手讲廉政党课等制度，始终把党风廉政建设与民政业务紧密结合，形成“谁主管，谁负责，谁负责，谁签字”的工作格局。

【城乡低保】 2016年，以深入开展“两学一做”学习教育活动为契机，开展昂仁县社会救助联席会议，践行“两学一做”，规范最低生活保障政策落实的相关工作，制订出台《昂仁县2016年城乡低保核查工作实施方案》《昂仁县践行“两学一做”规范最低生活保障政策落实家庭收入情况核查细化表》等相关文件，并深入17个乡镇，185个行政村2903户，8956人农村低保和232户，270人城市低保进行了入户调查，重新对低保对象家庭收入进行核实。通过开展此项活动切实做到动态管理下的“应保尽保，应退则退”。共清退农村低保937户3315人，清退城市低保222户260人。2016年，共对270名城镇低保对象落实生活保障资金58.5万元，以及2016年城保提标补助资金13.9万元，对8956名农村低保对象，落实2016年上半年生活保障资金559.05万元，经下半年低保调整后，对1996户，5769人落实下半年农保资金400.2万元。

【医疗救助】 年内，昂仁县县民政局严格根据《西藏自治区关于进一步完善城乡医疗救助制度全面开展重特大疾病医疗救助工作实施意见》的通知，深入推进城乡弱势群体医疗救助服务，巩固和完善重特大疾病医疗救助制度，规范救助办法，扩大救助内容，简化救助程序，提升救助效果，提高救助的准确性和时效性。对245名农村特困群众实施医疗救助，救助资金92.43万元；对4名城镇特困群众实施医疗救助，救助资金1.25万元，从根本上解决困难群众看病难、看病贵的问题。

【临时救助】 年内，为切实解决好因生活暂时出现困难或因病、因灾、就业、教育等问题生活临时出现困难或返贫现象家庭的实际困难，根据《自治区关于开展“救急难”试点工作实施意见》，通过“一门受理、协同办理”社会救助窗口，方便群众“求助有门”受助及时，努力保障困难群众基本生存权利和人格尊严，避免陷入生活窘境，防止发生冲击社会道德和心理底线的悲剧事件，消除后顾之忧，安心创业就业，促进社会公正，让改革发展成果惠及更多人。截至年底，对56户落实城乡困难群众临时救助金6.18万元。

【教育救助】 年内，昂仁县民政局认真贯彻执行《2016年高校特困生一次性资助申报工作的通知》要求，2016年共申报67名高校特困生一次性教育救助，其中61名区内考生，1名区外考生；2016年8月，及时兑现2015年高校特困生一次性教育救助资金，共56名学生兑现资金14.3万元。

【“双集中”供养工作】 2016年，全县共有154名“五保户”，其中集中供养96名，分散供养58名，分散供养“五保户”分布在17个乡镇，分散供养由村委会和亲属托养，有意愿五保集中供养率达到100%；2016年全县共有46名孤儿，其中到市级福利院集中收养37名，集中收养率达到80.4%。根据西藏自治区人民政府《关于全面推进五保集中供养和孤儿集中收养工作意见》，县民政局年初制定工作计划，并与17个乡镇签订“双集中”供养工作目标责任书，不断提高五保集中供养服务中心附属设施，2016年底，完成五保集中供养中心的供暖项目的前置手续办理工作，该项目总投资166万元，2017年全面开工建设，满足“五保老人”的取暖需求，降低生炉灶带来的火灾隐患。建立健全供养机构规章制度，为确保供养机构各项工作在制度的约束和阳光下运行，建立并逐年完善保管员职责、学习会议制度、财务管理制度、突发事件应急制度、护院人员职责、食品卫生制度等各项规章制度14项，确保用制度来管人管事、明确职责。及时兑现五保供养经费及运转经费，专款专用，全年给154名“五保老人”兑现五保供养经费73万元，机构支出主要有食材费、燃料费、医疗费、衣物费、丧葬费等，全年食材费和燃料费等日常支出18.24万元；丧葬费5500元，为41名老人进行住院治疗，医疗总费用支出为7.71万元（其中合作医疗报销5.7万元、医疗救助金报销2.01万元），“重阳节”期间给“五保户”发放慰问金5000元。

【流浪乞讨工作】 年内，为进一步加强县流浪乞讨人员及“三无”人员的管控工作，从源头上治理流浪乞讨人员的管理工作，全面维护社会局势稳定，为确保做好县流浪乞讨人员和“三无”人员的管控，民政局在年初民政工作部署会议上与各乡（镇）签订《昂仁县2016年度流浪乞讨人员救助管理工作责任书》基础上，再结合县实际印发《昂仁县关于进一步做好流浪乞讨人员及“三无”人员相关工作的通知》，并下发至各乡（镇），确保做好昂仁县在大庆期间流浪乞讨人员和“三无”人员的管控工作；同时为9名外籍流浪乞讨人员落实救助金 1350元，对全县分布流浪乞讨的11个乡镇发放流浪乞讨救助金6万元。

【婚姻登记】 年内，严格按照《中华人民共和国婚姻登记条例》《西藏自治区施行〈婚姻登记办法〉的变通规定》要求。婚姻登记室严格遵守婚姻登记规程，深入推进婚姻登记规范化建设，建立婚姻登记联网登记查询系统，提高服务质量。坚持依法行政，严格婚登手续，不办人情证、关系证，加强婚姻证件管理，坚持规范化管理。为降低离婚率促进社会和谐稳定，严格控制离婚率，对离婚当事人进行思想教育，帮助他们查找问题所在原因和解决办法。2016年，县民政局共办理155对结婚证，29对补办结婚证，12对离婚证。同时，将2003—2016年婚姻档案全部录入婚姻系统，以便政府相关单位信息共享。

【残疾人福利事业】 年内，根据《关于全区残疾人基本服务状况和需求信息数据动态更新工作》文件精神，自治区残疾人信息核查工作培训会议内容，2016年，昂仁县民政局残疾人联合会工作重点放在残疾办证业务和残疾人两项补贴申报工作，全县共有残疾人数1299人，2016年办理残疾证的人数为363人，审批残疾人两项补贴的人数1028名，其中重度残疾人364名，困难残疾人1028名，共兑现两项补贴115.896万元。

【防灾减灾】 年内，制定完善村、乡、县三级自然灾害应急预案，使其更具可操作性和合理性，并成立三级灾害信息速报员，形成统一领导、综合协调、分类管理，分级负责、属地为主的灾害应急工作机制。准确调查、统计、上报灾害信息。受灾害影响，汛期期间洪涝灾害、泥石流等灾害造成昂仁县1978户10201人受灾，转移安置人数731人，其中房屋受损267户（倒塌155户，中度损毁73户，轻度39户），约6563.7平方米，造成直接经济损失763.4万元。为切实保障受灾群众生产生活，恢复受灾群众正常生产生活，有效开展救灾工作，进一步提升救灾工作能力，根据实际受灾情况，给受灾群众发放240顶救灾帐篷、100双雨鞋、400件雨衣；确保受灾群众安全度过今冬明春，在“暖”字上特别下功夫，引导受灾群众备足燃料，并及时储备大衣、棉被、帐篷等防寒衣物，确保受灾群众安全过冬。2016年10月14日，民政局向九个受灾乡镇下拨了冬春受灾资金105万元，资金中20%用于购买燃料（牛粪7万斤），80%用于购买口粮，（大米58333公斤、糌粑48276公斤、面粉1217.50公斤）。为提高防灾、救灾物资保障能力，开展救灾物资储备工作，截至年底，在县级救灾仓库和查孜乡、措迈乡救灾物资储备库里储备了毛毯1090床、毛皮鞋1000双、折叠床1080床、帐篷723顶、棉被1662床、藏袍2049件、棉褥572床、棉大衣860件、藏被2250床、棉衣棉裤515套、雨衣3箱、雨鞋500双。做到“三有一到位”，即县有救灾仓库、乡镇有救灾仓库、库库有充足物资、确保防抗灾工作到位。在上级部门调拨的救灾物资基础上，本级财政及时动用应急资金50万元，以政府采购形式购买过冬物资，为防抗工作打下坚实的基础。以“5·12”防灾减灾宣传日为契机，制订宣传活动实施方案，在县城主街面悬挂横幅、发放宣传单250余份，给学生和群众讲解减灾知识，营造浓郁的防灾减灾氛围。

【优抚工作】 年内，优抚工作在各级党委政府的正确领导下，得到较快的发展。在优抚资金的管理和使用上，县民政局坚持专户储存，专款专用，专人负责，确保资金的高效安全运行。及时足额兑现2016年优抚抚恤金，对伤残军人、伤残国家机关工作人员等4名重点优抚对象兑现抚恤金4.17万元；走访慰问昂仁县驻军部队，在2016年“三大节日”“八一”建军节来临之际，昂仁县民政局协同县委、县政府领导走访慰问昂仁县4个驻军部队，并送去慰问金1万元。在重大节庆日，组织开展走访慰问贫困优抚对象212人次，送去慰问金6.5万元。2016年为4名退役军人发放家属优待金9.6 万元。2016年为4名退役军人发放自主择业一次性补助20万元。

【老龄工作】 2016年，昂仁县60岁以上享受养老保险的有4622人，80~89岁寿星老人458人，90~99岁寿星老人70人，100岁以上0人。昂仁县民政局全面落实老年优待政策。全县80岁以上寿星老人528人，发放健康补贴 17.24万元；办理适龄老年人寿星证和老年优待证23本。

【党建工作】 2016年，昂仁县民政扶贫支部在县委、县政府的正确领导和县委组织部的具体领导下，精心组织，周密安排，以中共十八大和十八届历次全会精神、习近平总书记系列讲话精神为指导思想，带领全体党员干部，开拓进取，真抓实干，认真贯彻落实区市县关于加强党建工作的一系列文件精神，通过抓党建，落实各项惠民政策，推进民生工作，并以“惠民生、重管理、强服务、促和谐、保稳定”为支部活动载体，打造“窗口服务人性化，着力打造微笑服务化”党建品牌，进一步加强学习教育，不断提高党员思想政治意识和党员干部队伍素质，结合业务工作实际，制订学习制度、学习计划、学习内容，进一步加大党建知识学习力度；建立健全班子建设和党建工作运行机制，进一步增强党建促进业务工作能力，认真巩固党的群众路线教育实践活动各项成果，深入贯彻落实“两学一做”学习教育活动，切实改进作风，扎实推进行政效能建设。以发展后备力量为起点，建机制，明责任，进一步完善机关党组织建设。县民政局以青年工作者为重点在工作一线组织开展“学党章、学党史、学理论”活动，高效率培养入党积极分子。截至年底，民扶支部12名党员，其中1名转为正式党员、预备党员1名，支部入党率达到100%，更好的壮大了基层党组织的力量。明确支部班子成员职责分工，并上墙公开，落实党组织书记述职报告和“三会一课”制度，把党建的各项目标任务进行明确，确保全局党建工作顺利开展。

【地名普查】 年内，根据《西藏自治区第二次全国地名普查领导小组关于〈西藏自治区第二次全国地名普查实施方案〉的通知》文件精神，昂仁县从2015年8月初召开动员大会，全面启动全国第二次地名普查各项工作。截至年底，完成所有的室外数据采集、室内作业、通过验收等一系列工作，历时9个月。共完成99幅《昂仁县县地名图志》的标绘工作，处理地名5335个（其中一致处理2731个，正音280个，新增645个，正字585个，置换4个，更名1090个），制作地名标志牌186个。

【村务监督组织建设】 年内，昂仁县民政局协同县纪委对全县184个成立村务监督委员会（主任184名、成员368名）任职一年来工作进行了民主测评和绩效考核，并根据考核结果，民政局请示本级财政承担对552村务监督委员会成员发放了2015年误工补贴 191.5万元。根据《日喀则市民政局 中共日喀则市委组织部关于印发〈关于深入开展村务公开民主管理示范单位创建活动的意见〉的通知》精神，中共昂仁县委组织部和县民政局制订《关于深入开展村务公开民主管理示范单位创建活动的实施方案》，2016年全县完成20%的试点建制村、16%的乡（镇）分别达到村务公开民主管理示范单位创建标准。

（晋　巴）

【领导名录】

局　长　吴　　琼（藏族）

副局长　晋　　巴（藏族）

　　　　索朗曲宗（女，藏族）

副主任科员

　　　　旦增曲觉（藏族）

昂仁县人力资源和社会保障局

【概况】 昂仁县人力资源和社会保障局位于昂仁县金塔路55号，正科级单位，下设社保中心、就业局、公务员局、劳动保障监察局，编制核定人数为11人，现有在职在编人员10名。2016年，昂仁县人社局坚持以科学发展观为统领，深入贯彻落实县委、县政府工作部署和会议精神，牢牢抓住“民生为本、人才优先”工作主线，以精准扶贫为契机，突出统筹城乡就业重点，强势推进社会保险覆盖，健全完善社会保障体系，着力发展和谐劳动关系，不断优化人才发展环境，创新工作机制，狠抓工作落实，各项工作取得明显成效。

【社会保险】 养老保险（包括企业基本养老保险、城镇居民养老保险）、医疗保险（包括城镇职工基本医疗保险、城镇居民医疗保险）、工伤、生育和失业保险，参保人数分别为33747人、2836人、1875人、1730人、970人，完成日喀则市下达任务的参保率分别为103.19%、98.57%、118%、126%、97%，缴保险费金额分别为742.9万元、2200.09万元、49.43万元、130.56万元、171.78万元。

【精准扶贫】 截至年底，昂仁县劳务输出稳步增长，实现劳务输出2.96万人次，实现劳务收入7052.3万元，分别完成年初目标任务的101%，126%。按照市、县精准扶贫的工作要求，及时制定全县转移就业脱贫工作实施方案，昂仁县人社局联合县职教中心、科技局、扶贫办等部门联合开展了钢筋工、混泥工、农机及摩托车维修等实用技能培训，参加培训人数共计465人，培训合格率达95%，实现就业280人，其中408人为精准扶贫建档立卡人员，建档立卡培训人员135人实现就业，完成年初目标任务的125%。此外，县人社局深入17乡镇调研，根据农牧民群众培训需要，有针对性地、分批次地输送昂仁县农牧民到区、市开展装载机、挖掘机、农机维修、藏餐厨师、汽车驾驶、民族绘画、电工等技能培训，输送培训人数达195人。

【人事人才】 年内，根据上级组织分配原则，及结合昂仁县的实际情况，先后合理分配78名新生到各相应单位工作；顺利完成2016年度昂仁县政府系统512人公务员信息系统维护及数据更新工作；完成181名公益性岗位人员合同签订及公益性岗位人员的信息库建立工作；完成24名农牧、卫生、文化系列初级职称评聘工作，完成4名农牧、卫生系列中级职称评聘工作；完成2016年度工人职称申报工作，涉及机关事业单位工人共12人。

【劳动监察】 广泛宣传劳动保障法律法规政策。利用各种宣传日，昂仁县人社局组织全局干部在县城主要街道开展《中华人民共和国劳动法》《中华人民共和国劳动合同法》工资支付条例等法律法规进行了宣传；截至年底，昂仁县人社局先后开展日常巡视检查5次和专项检查1次，出动监察人员10人次，检查用人单位16家，涉及劳动者116余人；先后接访劳资纠纷案件11起，涉及农牧民工89人，涉及拖欠资金53.8万余元，结案率98%，有效维护广大农牧民工合法权益，保障县域社会持续稳定；继续加强农牧民工工资保证金管理工作，共29家承建企业缴存了工资保证金，缴存金额达662万元。

【工资福利】 截至年底，及时审核并落实干部职工调资增资工作，完成2015年年终一次性奖金的上报工作及2016年机关事业单位正常晋升和考核增资上报工作；完成昂仁县2015年干部调整后工资变动工作、2016年5月52人提拔32人平调变动工资以及2016年享受五年浮动、40年固定工资调整，确保每名干部职工及时享受应有的工资福利；根据《西藏自治区县级以下机关建立公务员职务与职级并行制度的实施办法》通知精神，在昂仁县内进行摸底调查，确立符合条件的人员有五名，已上报日喀则市人社局，市人社局审核通过，该五名同志的工资待遇均已落实。

【党风廉政建设】 年内，坚持党组中心组学习制，不断强化领导班子思想建设；坚持重大事项集体讨论和民主集中制，保证决策的民主、科学、公开；坚持民主生活会制度，主动接受职工群众监督；坚持述职述廉和勤廉公示制度，示范带头做好党风廉政工作；认真贯彻落实党政机关厉行节约要求，打造节约高效机关。全面落实党风廉政建设责任制，严格执行中央、自治区、市县改进工作作风、密切联系群众有关规定，进一步加强人社队伍建设。

【党建工作】 年内，加强政治理论学习活动。发动党员在“两学一做”主题教育活动中发挥先锋模范作用，并多次组织学习活动，畅谈改革开放的丰硕成果；加强支部党的建设。截至年底，支部会议14次，党员会议2次，党员活动2次，结对帮扶1次，“讲学习、讲忠诚、正风纪、转作风、提效能”专题研讨党课开展五次，年内人社局支部将发展两名党员，已确定为积极分子。积极探索“一个支部一个特色，一个支部一个品牌”的党建工作新路子，大力实施精准培训，精准就业工作，培训共开展8期，主要工种有汽车驾驶、装载机、挖掘机、太阳能设备维修、厨师、酒店服务、美容美发、木工、绘画、六弦琴、唐卡等，共培训了378人（其中290人属于建档立卡贫困人口），从2016年1月至11月实现135人就业。以党建工作为引领，全力开创人力资源和社会保障工作新局面。截至年底，昂仁县基本社会保险覆盖率实现98%，共参保41158人次，征缴社会保险费3294.76万元。2016上半年劳动监察3次，抽检20余家用工单位及企业，涉及劳动者150余人。受理劳资纠纷案件6件，调解6件，为劳动者挽回经济损失76万余元，调解率达到100%，按期结案率达到100%。

【“两学一做”教育活动】 年内，认真落实领导班子成员联系点制度。持续落实党支部“三会一课”制度。严格要求领导班子成员参加双重组织生活，切实加强对各联系点（支部）的指导、管理和服务；创新组织活动形式。通过创新性的组织活动，加大党员“一对一”帮扶力度；落实“三严三实”教育。认真贯彻落实党的十八届三中、四中、五中全会和习近平总书记系列讲话精神，教育引导党员干部牢固树立法律意识，营造守纪律、讲规矩的浓厚氛围；推进学习型党组织建设。把学习型党组织建设与加强业务能力建设相结合，开展“全员阅读进机关”活动。

（翟林州）

【领导名录】

局　长　边　巴（女，藏族）

副局长　格　桑（藏族，5月免）

　　　　旺　堆（藏族，6月任）

主任科员

　　次仁顿珠（藏族）

公务员局长

　　米玛卓玛（女，藏族）

副主任科员

　　德庆旺姆（女，藏族）

昂仁县民族宗教事务局

【概况】 昂仁县有44座寺庙，现有僧尼人数为577名。2016年，昂仁县民族宗教事务局坚持中共十八届历次全会精神为指导，认真学习中央第六次西藏座谈会精神及习近平总书记系列讲话精神，全面贯彻新世纪、新阶段民族宗教领域和“三个离不开”总体思路要求，紧紧围绕昂仁县工作基本方针，认真开展党风廉政建设和反腐倡廉工作“两学一做”学习教育活动，扎实推进昂仁县民族宗教领域和谐稳定工作取得较好成绩。

【党建工作】 年内，健全制度，增强党建工作，建立健全支部党建创先工作顺利开展的根本保证，落实责任制是搞好党建工作的关键。在具体抓党建工作中，单位负责人作为“第一责任人”，召开班子会议深入分析研究讨论，将县民宗局党建工作为党支部工作重点，列入重要议事日程。制订详细的《党建目标责任书》。为更好地提高县民宗局党员干部的思想政治素质，民宗局以“提高素质，增强党性”为目标，采取行之有效的措施，力求取得实效。县民宗局坚持把党委班子自身建设作为党建工作的首要任务来抓。2016年，不断强化班子的政治理论学习，以“创建学习型党组织”为载体，完善领导干部学习机制，努力提高班子成员的政治思想素质；建立健全党支部班子的各项规章制度，严格执行民主集中制，局领导坚持做到不抢先发言定调子、不压制发言堵路子、不强制拍板作决定，对重大问题做到有主见不主观、能果断不武断，坚持开展批评与自我批评，做到及时沟通协调，确保班子团结，从而充分调动班子成员的主动性和积极性，突出党支部班子的集体领导地位。

【党风廉政建设】 年内，县民宗局始终把党建工作和党风廉政建设工作作为第一政绩，作为县民宗局中心工作的重中之重，摆在重要位置，纳入重要议事日程，同部署、同检查、同考核。党风廉政建设领导小组，明确第一责任人的责任，班子成员分工抓好职责范围内的工作，做到一级抓一级，层层落实责任，强化廉洁自律意识，形成党风廉政建设工作“齐抓共管”的工作格局，建立完善干部请销假制度、上下班考勤制度、三公经费制度、三重一大制度等6条规章制度，认真贯彻执行中央“八项规定”区党委“约法十章、九项要求”。

【民族团结】 年内，流动人员管理有序开展，在少数民族流动人口的服务和管理工作中，做好少数民族流动人口的服务和管理。严防和高度重视境外组织对昂仁县辖区进行反宣渗透相关事宜和动态，防止辖区人员出境。利用民族间的优良传统，相互汲取，排忧解难，昂仁县各民族之间互相尊重各族信仰以及风俗习惯。在日常工作中，积极与回民同胞取得联系、进行协商，明确要求流动人口相关管理规定，保证各项工作有序开展，确保民族领域的稳定。开展民族团结宣传活动，按照习近平总书记在西藏自治区成立五十周年大庆活动提出的“加强民族团结、建设美丽西藏”题词精神，结合“昂仁县打造成为民族团结示范县城”总体目标要求，县民宗局把民族团结工作放在首位，组织干部开展民族团结“七进”等一系列民族团结宣传活动，发放宣传单、张贴宣传标语、接受民族政策咨询等形式，使“三个离不开”的思想深入人心，截至年底，共印发宣传单2500余份，宣传手册500份，在县城各街道悬挂横幅12条；开展民族团结创建活动，紧紧围绕民族团结根本任务，创新工作方法、丰富工作手段，严格按照评选办法，采取自上而下、逐级推荐、好中选优、综合平衡的办法评选模范集体和个人。2016年9月，在昂仁县委、县政府的领导下对民宗局开展民族团结模范集体12个和模范个人15名进行表彰，共发放奖金11.1万元。

【寺庙恢复重建和少数民族工作】 年内，全力推进灾后重建工作，召开会议明确灾后恢复重建工作的总体目标、分解工作任务，挂钩路线图，指明工作方向，成立以分管县长为组长和民宗局局长为副组长，各寺（民）管会、特派机构等相关单位负责人为成员的灾后恢复重建工作领导小组，保障组织领导；由市民宗局、扎什古建筑队技术人员组成的工作组深入昂仁县15座寺庙开展相关调研工作，对寺庙建筑面积进行精心测量，从专业角度勾画寺庙整体构造和形状示意图，并根据图形的面积推理维修预算；各寺庙重建维修工程内容和建筑施工队由各寺庙自行确定，扎什古建筑队技术指导，民宗局和各驻寺机构全程参与，监督指导；扎实做好灾后重建寺庙项目工程建设工作，切实发挥好该项目预期社会稳定效益，分管副县长带队，联合相关部门定期对寺庙工程质量和进度、安全等进行7次实地督促检查，并且相关业务单位按照工程内容及实施方案提出具体意见，杜绝出现自行扩建、乱建、改建的现象。截至年底，15座灾后恢复重建寺庙中，卡嘎镇曲德寺等6座寺庙已竣工；日吾其乡苏龙寺等5座寺庙完成总工程量的80%；多白乡聂支龙寺等3座寺庙完成总工程量的50%；孔隆乡扎西曲林寺完成总工程量的15%左后。1月，日喀则市民宗局组织的兴边富民项目交叉验收组到昂仁县进行2014年第二批、2015年第一批“少数民族”项目验收，通过两天的实地验收，县民宗局在两年内所实施的项目都通过了日喀则市级的验收。在各项目施工过程中未出现任何的交通、安全事故，按照县委、县政府的相关规定，项目资金以工程完成量兑现，未存在拖欠民工工资等情况。

【僧尼请销假登记备案程序】 年内，严格审查、审批传统宗教活动，规范正常宗教活动秩序，维护信教群众合法权益，活动开展前县民宗局严格执行各项审批程序，按照属地管理，“谁主管、谁负责”的原则，协同相关部门认真制订各项活动方案及预案，活动的安保措施和风险评估报告等，确保昂仁县寺庙传统宗教活动顺利有序开展，满足了广大信教群众的需求；在各类宗教活动期间，县民宗局主要领导到现场靠前指挥、督促指导，实现昂仁县宗教领域“三不出”的维稳工作目标。县民宗局按照市、县三级维稳工作精神，严格执行僧尼请销假报批程序和备案制度。

【保障僧尼“两保一低”】 截至年底，覆盖44座寺庙，参加城镇养老保险参保率达100%，参加城镇医疗保险参保率100%，455名僧尼享受社会低保覆盖率为78.8%，确保广大僧尼老有所医、病有所养。2016年，僧尼免费体检工作于5月6日开始有序开展，为所有僧尼方便就医，健康体检档案都留底于县人民医院。

【抓教育促平安】 年内，昂仁县民宗局始终把宗教领域维稳工作作为各项工作的头等大事来抓，始终绷紧维护稳定工作这根弦，在主要节假日、重要敏感节点、大型宗教活动期间做好维护社会稳定和维护宗教领域稳定的一系列指示、要求，先后转发上级文件12余份，印发《关于进一步做好宗教领域维护稳定工作》相关通知8份，安全隐患排查6余次，下发关于各寺庙做好安全防范工作的通知9个，上报信息简报52篇，宗教活动场所开展明察暗访4次，了解驻寺干部在岗情况、僧人请销假制度执行情况、寺庙安全隐患排查情况等，确保昂仁县宗教领域和谐稳定，实现宗教领域“三不出”的目标，在“春节、藏历新年”期间深入昂仁县15座宗教活动场所进行送温暖慰问活动，发放慰问金28000余元，激发宗教界人士的爱国热情。

【排查非法招收童僧】 为准确了解昂仁县在编（编外）僧尼底数，仔细掌握僧尼管理动态和擅自招收童僧或容留编外僧尼情况，做到民宗局所掌握的僧尼信息与寺庙提供的僧尼数量准确无误，确保任何寺庙不出现瞒报、漏报情况和脱管、漏管现象。同时，县民宗局制订《昂仁县在编（编外）僧尼信息登记表》，在信息登记中除外个别（学经、看病）特殊情况的僧尼外，与僧尼面对面、一对一进行逐一填写信息登记表，保证提供的数据和信息准确可靠。

（吴　琼）

【领导名录】

局　长　旺　堆（藏族）

副局长　边　珍（女，藏族）

昂仁县卫生局

【概况】 2016年，昂仁县共有医疗卫生机构210个，其中县级医疗卫生机构2个（卫生计生、县医院、县藏医院、县疾控），乡镇卫生院17个，村卫生室185个，诊所6个。全县卫生系统共有513人，其中卫生计生5人、县医院44人、县藏医院17人、疾控5人，乡村医生442人（正式职工39人，聘用乡医2人、村医370人，公益性岗位31人），县、乡、村三级医疗卫生服务网络和公共卫生服务体系已基本完善，医疗服务职能得到有效发挥。

【党建工作】 年内，认真落实党要管党、从严治党责任，自觉践行“三严三实”，全面落实党建工作责任制，把党建工作抓在手里，落到实处。通过集中学习与自学相结合，领导讲党课与学习研讨相结合，参加县委理论中心组学习和卫生局第一支部学习相结合；加大学习力度，提高党员干部的党性修养；通过开展手抄党章，撰写心得体会，增强党员干部的党性观念；通过结对帮扶，党员志愿服务等活动，强化党员干部的为民服务的意识；严肃党内组织生活会和民主生活会，做到不少程序、不走过程，以整风精神开展批评和自我批评，从思想观念、宗旨观念、组织纪律、工作作风等方面，问题说透、根源深挖，针对存在的问题，提出整改措施，进一步推动作风建设规范化、常态化、长效化。

【党风廉政建设】 年内，坚守廉洁底线，坚持用制度管权、管事、管人，严格落实《关于新形势下党内政治生活的若干准则》和《中国共产党党内监督条例》，筑牢防腐拒变的思想防线。严格执行中央八项规定和自治区“约法十章”“九项要求”，坚持勤俭开会、勤俭办事，改进会风文风，营造廉洁从政，清廉务实的人大党组和常委会。

【医疗制度】 2016年，昂仁县农牧区医疗管理筹资人数为53790人，人均筹资20元，筹资率达99%。门诊核销人数337812人次，核销金额587.8万元；总住院人数31325人，总报销金额1287.21万元。

【公共卫生服务】 年内，组织县乡专业技术人员对全县寺庙僧尼、农牧民群众开展免费健康体检，截至年底，已完成所有全民免费体检工作，昂仁县累计体检54980人，体检率达98%；在编僧尼体检456人，体检率100%。利用市卫计委驻村工作队为契机开展白内障复明手术共56名，儿童先天性髋关节脱位筛查60人；秋窝乡等7个乡镇卫生院进行信息化软件设备安装工作，同时在县集中开展为期4天的操作培训，共参加人数45人。通过大力开展孕产妇保健及高危孕产妇筛查接送等工作后，2016年全县住院分娩人数达1354人，住院分娩率达96.5%。各级医疗机构严格落实上级部门有关分级诊疗工作的相关文件精神，不断加强医院服务能力建设，逐步建立和完善分级诊疗工作制度，强化领导小组，制定分级诊疗工作实施细则，明确各级各类医疗机构的诊治病种，更好的实现“小病在基层，大病到医院，康复到乡镇”的目标。

【人口计生】 年内，卫生局严格落实政策，准确掌握县内需扶助户信息。据统计，昂仁县“一孩双女”扶助对象共有648人，独生子女伤残死亡家庭138人；落实扶助金共计1176720万元，开展免费孕前优生健康检查工作，2016年孕前优生检查目标农牧民625对夫妇，1250人的免费孕检任务。2016年农牧民群众采取节育措施8699人，综合节育率为93.9%，落实幸福工程救助贫困母亲项目，争取50万元资金在达局乡帮扶24户贫困母亲的生产生活。

【医疗卫生基础设施建设】 年内，国家投资675万元项目，其中县疾控中心改造投资240万元、秋窝乡卫生院投资165万元、孔隆乡卫生院投资145万元；雄巴乡卫生院投资125万元。桑桑镇卫生院灾后重建项目投资500万元。红十字会投资21万元项目，投资达局乡帮玉村卫生室。

【医疗服务落实】 年内，由解放军302医院专家、自治区疾控中心医疗组以及市疾控中心工作人员等组成的医疗队共14名到昂仁县开展包虫病患者筛查工作，共筛查659人，其中群众453人、学生206人。此次筛查工作中确诊17名，截至年底，共救治6例。

（次仁吉拉）

【领导名录】

局　长　边　　加（藏族）
副局长　米玛旦增（藏族）
　　　　次仁珍拉（女，藏族，10月免）
　　　　次仁吉拉（女，藏族）

昂仁县食品药品监督管理局

【概况】 2015年昂仁县食品药品监督管理局正式成立，为县政府工作部门，核定行政编制2名，其中：科级领导职数2名，在职干部3人，藏族干部2人，干部平均年龄32岁。2016年是“十三五”开局之年，昂仁县食品药品监督管理局认真贯彻落实中共十八届五中、六中全会精神，以“四个最严”总要求为统揽，以问题导向、风险防控为抓手，以加强事中事后监管为驱动，以全面推进信息化、网格化监管为支撑，不断提高“四品一械”（四品：食品、药品、保健食品、化妆品，一械：医疗器械）监管水平，为昂仁县人民群众提供坚实可靠的食品药品安全保障。

【食品安全综合协调】 年内，食品药品监督管理局认真履行食品安全综合协调职责，当好政府食品安全的“抓手”，按照日喀则市食品安全委员会办公室工作部署和相关文件精神，县食品安全委员会办公室及时转达上级主管部门的文件精神，进一步加强与食品安全委员会各成员的沟通联系，重点针对“三大节日”、中小考考试期间、中秋、国庆、“两会”期间的食品安全进行检查，组织各成员单位开展各类专项整治，特别开展与群众生活息息相关的米、面、食用油、肉制品及食用农产品等重点品种的监管工作。

【餐饮服务食品安全监管】 年内，针对“违禁超限”和“假冒伪劣”两大突出问题，深入开展隐患大排查、大治理集中执法行动。重点排查整治带有行业共性的隐患和“潜规则”，清理整顿不符合食品安全条件的餐饮服务单位，切实净化餐饮消费环境；开展春秋季开学前学校食堂食品安全专项检查工作，落实学校食堂食品安全管理员主体责任。指导和督促学校食堂食品安全管理员落实晨检制度、进货查验台账制度、食品采购索证索票制度、餐饮具的清洗消毒制度、食品留样制度、食品储存制度、餐厨垃圾处理制度以及从业人员的健康管理培训制度等，进一步保障师生在校期间饮食安全，确保校园食品安全水平。不断加强信息沟通与上级及其他部门的工作联系协作；加强日常监管，落实监管责任，日常监管工作实行“四化”即“网格化、格式化、痕迹化、信息化”，做到监管工作责任到人，监管标准统一，监管工作有记录；逐步推进餐饮服务单位食品安全量化分级管理工作，将监督量化分级管理作为日常监督检查的重要手段，大力推广阳光厨房、明厨亮灶工程；合理安排执法人员，切实做好中小考考试期间、中秋、国庆、“三大节日”“两会”等重大节庆活动餐饮服务食品安全保障工作。确保重要活动期间无重大食品安全事故、无食物中毒事件的发生。

【生产流通环节食品安全监管】 年内，加强农村食品市场监管，开展农村食品安全治理和“利剑、清源、扫雷”行动。以城乡结合部、乡（村）镇、批发市场、集贸市场、超市、校园周边食品小卖部等为重点区域，以消费者申诉举报集中的五毛辣条食品和食品添加剂为重点品种，杜绝不合格食品、过期食品、“三无”食品和假冒、仿冒食品进入农村市场，取缔无照经营，切实维护农村食品市场秩序；开展超过保质期食品整治工作。要求每个食品经营户必须做好食品的日常管理，重点对保质期短的食品加大检查频次，加大对销售过期食品的查处力度。并对销售过期食品的行为实行“零容忍”，要求发现一起查处一起；整顿校园周边、凉菜卤肉专营店、打击销售病死猪肉、畜禽水产品质量安全、植物油塑化剂等专项整治工作。

截至年底，开展日常及专项监督检查32次，协助日喀则市食品药品监督管理局对3家火锅店进行火锅底料抽检工作，摸底调查登记辖区内食品经营小作坊共15户；检查食品经营户、市场摊点、超市等510多户，出动执法人员70人次，责令约谈10户，下达责令整改和监督意见书70份，查扣过期食品3000余公斤，销毁过期食品折合人民币53542元。

【药品经营企业监管】 年内，对昂仁县19家医疗机构、3家诊所、3家药品的索票索证以及供货商资质证照进行核查，对已过期、变更的供货商资质证照进行更新，进一步规范各类药品、医疗器械在采购、验收、储存、使用等各个环节的管理，加强对有效期药品的管理，及时清理过期药品，确保监管无遗漏；在药品使用环节，进一步加强对“精、麻、毒”类特殊药品的购买人个人信息制度，严厉打击以此制毒的违法行为；加大市场巡查力度，清查问题药品，根据上级业务主管部门的通知和国家食品药品监督管理总局网站药品公告通告内容，第一时间排查问题产品，确保不合格产品及时暂控。

【疫苗监督】 年内，严格按照《中华人民共和国药品管理法》《疫苗流通和预防接种管理条例》和疫苗储存和运输等规定，对疫苗在储存、运输、供应、销售、分发和使用等环节中的质量加强监督检查，全年检查疾病预防控制中心2次，检查疫苗使用单位19家，未发现从非正规渠道购进疫苗等违法行为。

【专项检查】 核查药品经营使用单位药品供货商资质证照的专项整治；开展药品流通领域挂靠经营走票等违法违规行为专项整治；开展个体诊所药械安全专项整治；集中整治医疗器械流通领域违法经营行为；化妆品经营单位专项检查等各项专项整治工作，进一步规范药械化购进、储存、销售和使用行为，切实提高本部门第一责任人的责任，确保药械化供应和公众用药安全。

【基层藏药制剂监管】 根据《西藏自治区基层藏药制剂监督管理办法（试行）》及《基层藏药制剂配制现场检查方案》要求，年内，在日喀则市食品药品监督管理局药品与化妆品监管科和昂仁县食品药品监督管理局工作人员对昂仁县藏医院藏药制剂室从藏药制剂申请备案到厂房布局、人员等方面进行培训。2016年9月，昂仁县藏药制剂工厂开始动工。

年内，对19家医疗机构、3家药品零售店、2家化妆品专卖店进行检查，出动执法人员30多人次，下达责令整改通知书6份；协同市食药局对昂仁县卫生服务中心、卡嘎镇卫生院阿莫西林胶囊和注射用青霉素钠两个品种三个批次药品的监督抽验，经西藏自治区食品药品检验所检验显示药品符合规定。

【依法行政审批、简化审批】 年内，进一步规范和简化餐饮服务和食品流通许可的申请受理、现场核查、资料收集、审批签字、证件发放、意见反馈等工作，及时组织执法人员对新开办食品经营企业进行现场检查验收工作，严格许可标准，严守验收纪律，对不符合标准的坚决不予发证。2016年，共审批许可新版食品经营许可115张。

【开展宣传活动】 随着政府职能的转变和食品药品机构改革的不断深入，县食品药品监督管理局主动转变工作方式方法，变被动监管为主动服务，切实提升服务能力。除在法定的宣传日开展设点宣传外，还充分利用开展“全国安全用药月”、法制宣传活动、安全生产月等有利契机，组织和带动食品、药品经营单位一起广泛开展宣传活动，把食品药品法律法规、安全知识深入人心，切实增强人民群众维护自身饮食用药安全的法治水平和维权意识，使广大群众自觉抵制假劣食品、药品、医疗器械，形成人人关注食品药品安全，人人参与食品药品安全氛围。借助“3·15”活动平台，县食品药品监督管理局集中销毁过期失效及假劣食品药品折合人民币1.92万余元（其中不合格食品累计50个品种，主要包括使用清油、食品添加剂、调味品、5毛钱麻辣食品等共计326公斤左右）。同时做好食品经营环节投诉举报查处工作，做到有报必查，全部按时限进行检查并向投诉人员及时反馈。2016年，共收到电话举报四起，在调查了解后及时将了解情况反馈举报当事人。

（张 夏）

【领导名录】

局　　长 次仁多布拉（藏族，6月免）
　　　　 桑珠次仁（藏族，6月任）
副 局 长 多　吉（藏族）

昂仁县藏医院

【概况】 昂仁县藏医院于1993年在原县人民医

院藏医科的基础上成立，并与1994年搬进新建的藏医院开展工作。全院占地面积为3779平方米，建筑面积达1200平方米，其中，业务用房占地804平方米，住院部占地275平方米，藏药制剂室占地300平方米，其他占地1200平方米，内设20张床位，分别摆放在七间病房里。昂仁县藏医院现有职工20人，其中医务人员15人，后勤5人。

【职称结构】 2016年，藏医院副主任医师1名、主治医师2人、医师8、医士2人、主管药师1人、药剂师1人；学历结构：本科9人、大专2人、中专4人。

【科室设置】 2016年，藏医院有内科、外治科、骨伤科、理疗科、取药室、住院部、财务科、院办。1996年，山东淄博援助总投资10多万元，新建一栋二层楼的藏药制剂室，配备粉碎机4台，混合机一台、制丸机一台，当时生产40多种常用药品，解决当地群众的少药问题。但是由于地震灾害加上雷雨天气等种种原因，2002年初这座制剂室倒塌。2016年又在国家对民族医药的重视下，准备新建占地300平方米的二楼制剂室并前期工作忙碌的开展当中。 1997年，昂仁县藏医院被自治区卫生厅列为重点藏医院建设项目，现昂仁县藏医院已成为条件比较好，技术比较高，科室比较全面的日喀则市唯一的独立县级藏医院。

【业务开展】 截至年底，昂仁县藏医院承担全县范围内所有人群的常见病、多发病诊治任务，同时处理各种突发性公共卫生事件，并积极做好传染病的防治工作以及农牧民健康体检、食品从业人员健康体检等工作。外治科、心血管内科以及消化科是昂仁县藏医院特色业务。2016年昂仁县藏医院接诊门诊病人25000人次，住院病人450次，完成各例藏医外治疗法达720人次，建立农牧民健康档案9000人，健康体检15000人。

【医疗设备】 2016年，昂仁县藏医院拥有彩色超声仪、500毫安X光机、全自动血生化分析仪、全自动血液分析仪、全自动尿液分析仪、全自动血凝分析仪、B超、心电图、熏蒸治疗仪、红外线按摩床等高科技精密医疗设备，有完备的医院管理体系和人才培养计划，拥有一批年轻有为、团结协作、上下齐心的高素质职工队伍。

【开展药品不良反应监测】 年内，贯彻落实《医院感染管理办法》，认真排查隐患，有效降低医院感染率的发生；对临床抗菌药物和贵重藏药、毒性藏药使用情况进行督导；开展药品不良反应的监测工作，全年共上报药品不良反应1例、医疗器械不良反应0例；积极开展处方点评工作，全年共抽取处方350余张，处方合格率达90%以上；认真落实基本药物制度工作，截至年底，基本药物使用率达92%。

【优质护理】 2016年，护理质量指标完成情况：基础护理全年合格率达100%，特、一级护理全年合格率达90%，急救物品完好率达100%，一人一针一管一灭菌一带合格率达100%，常规器械消毒灭菌合格率达100%，一次性医疗废物回收率达100%，患者对护理工作满意度达91%，年褥疮发生次数为0。

【援藏工作】 2016年，在山东援藏干部扶持下，基本形成新建藏医院理疗康复中心楼，为昂仁县藏医院向前发展奠定基础。

【党风廉政建设】 自2014年9月首次召开职工代表大会以来，医院重大问题决策、重要干部任免、重大项目投资决策、大额资金使用都由职代会通过决定。职代会的成立，加强医院党风廉政的建设，实现医院又好又快发展，有效规避医院运行发展中的各类风险。

【创建平安医院活动】 年内，藏医院深化改善医疗服务；加强医德医风建设，树立良好的行业作风；妥善处理医患纠纷，高度重视病人投诉工作；医院积极参加医疗责任保险；加强医院安全工作，切实保护职工和患者安全；加强对院内的安全检查，消除隐患；加强医院普法教育工作，切实提高干部职工法制观念。

【党建工作】 年内，以医院党建作为医院全部工作的头等大事来抓，坚持以“三会一课”“两学一做”以及党的各项方针政策列入到藏医院党建工作中，把在平时工作中素质好、业务能力强的干部吸收到藏医院党员队伍中，并严格执行党员义务和权益，在每周星期五下午定为党员学习日，同时把藏医院重大事情和决策通过职代会形式讨论和研究决定，这对医院的发展和建设起到了关键作用。

【抓医疗安全提升医疗质量】 医疗质量是医院现代化管理的核心，医疗安全管理是医院管理的重要组成部分，也是医院生存和发展的基础。为此，藏医院加强领导，通过切实整改、狠抓落实，体现医疗质量的持续改进，确保医疗安全管理工作的各项措施落到实处。做到“服务好、质量好、医德好，让病人满意”，坚持实行医疗安全督查和考核制度，积极防范医疗纠纷事件发生。

【推行“先诊疗、后结算”服务模式】 2016年，藏医院优化就医流程，提供人性化服务，提升服务水平和病人满意度，最大程度上方便群众就医，确保病人得到及时、安全、规范、有效的治疗。

【人才培养】 立足医院发展，提高医务人员技术素质，强调临床与实践相结合，年内，选派年轻医师到上级医院进修学习，送出进修学习B超、藏医放血疗法、检验专业等5余人次。接受乡、村级医护人员培训120余人次。

【基本药物零差价】 年内，为进一步深化医药卫生体制改革，积极稳妥推进基本药物制度的实施和基本药品零差率销售工作，保障农牧民基本用药，减轻群众医药费用的负担。2015年12月，藏医院正式执行自治区《基本用药目录》，落实药品零差价，各科室印发《基本用药目录》，启动基本药品零差率销售工作，此工作开展以来得到广大农牧民患者的一致好评。

【特殊药品管理和使用】 年内，严格执行药品价格政策和医疗服务收费标准，严格执行药品收支两条线，积极参加药品集中招标采购工作。进一步规范药品采购工作，通过医生的药品使用需求，实行药品采购品种统一制定计划并逐一申报审批制度。向社会公开收费项目和标准，完善并严格执行价格公示制度，住院病人费用清单制度，提高收费透明度。严格规范药品使用，定期或不定期召开院委会，广泛征求群众意见，集中解决存在的问题。积极完善医疗服务项目和费用核查制度，季度清库制度，药品入出库登记制度，报废药品登记核查制度，毒、麻限制药品管理制度，特殊药品双锁双管、每月报表等管理制度。

【精准扶贫】 年内，昂仁县藏医院党员先后利用扶贫日等开展走访贫困家庭活动6次，送去生产生活资料以及现金合计2万余元。

（普　琼）

【领导名录】

党组书记、院长　扎西顿珠（藏族）

副书记、副院长　普　琼（藏族）

昂仁县卫生服务中心

【概况】 昂仁县卫生服务中心前身是1961年设立的卫生所—昂仁县卫生所，1998年被评审为“一级甲等医院”。2003年根据《西藏自治区卫生服务中心建设与管理标准（试行）》文件精神，改名为昂仁县卫生服务中心，2013年复审通过“一甲等级医院”。总占地面积为9024平方米，建筑面积5053平方米，现编制床位51张，实际开放床位80张，担负着全县及过往人员的抢救、预防、保健、计划生育和乡村医疗人员培养为一体的综合性医疗卫生服务体系。

2016年，有职工61名，其中国家正式干部41名，公益性及临时工20名，编制59名，缺员19名。职称情况：其中副主任医师1名、中级5名、执业医师4名、执业助理医师6名、员级15名，护师8名、护士6名，后勤13名、管理人员2名，学历情况：本科14名、大专23名、中专12名、无学历和其他人员 11名。2016年，主要科室有内科、外科、妇产科、儿科、眼科、口腔科、病案科、检验科、急救创伤科、妇幼保健科、药剂科、影像科、心电图室、手麻科等临床科室，院办公室、财务科、医务科、护理部、消毒供应室、洗衣房、病案统计科、后勤保卫科、收费等科室。病区有总病区、产科病区和传染病区。主要设备：迈瑞DR拍片机、飞利浦彩超机、A8推车式B超机、IMS-972电解质仪器、瑞图全自动生化仪、彩虹半自动生化仪、优利特尿常规仪、迈瑞常规仪、迈瑞全自动生化分析仪、心电监护仪、牙科综合诊疗议、阴道镜、除颤器、眼科裂隙灯显微镜、A、B超等较全的医疗设备及规范化消毒供应室、远程医疗中心和图书阅览室。

【业务开展】 2016年，门急诊看病人数34149人次，门诊看病人数29812人次，急诊看病人数4337人次，上级转院361人次，救护车救护接转326车次、行程达60412公里、抢救成功率95%左右。

住院病人人数1467人次（其中治愈68.2%、好转16.7%、转院15.1%），总病区962人次（外科手术57例，其中上腹部2例），产科病区416人次，其中住院分娩288人次，其中难产51人次，双胎3人次、早产6人次，药流80人次，妇科448人次，传染病区89人次。健康体检人数6576人次，居民健康体检2054人次，建档2054人次， 前10例病种有脂肪肝、高血压、胆结石、肝包虫、酒肝、多血症、风湿性关节炎、慢性胃炎、胆囊炎和支气管炎。征兵体检46人次；僧尼体检348人次；干部体检513人次；免费孕检 605对；艾滋病检查667人次；梅毒筛查637人次；结核抗体379人次；AFP257人次；白内障筛查45人次；出生缺陷370人次；协助精神病调查66人次；协助肝包虫病流调601人次；计划生育总人数2080人次；宫内死胎引产术4人次；上、取环术106人次；上、取皮埋术293人次；人工流产术12人；结扎术1人次；药物流产及口服避孕等180人次；计划生育知识宣传4次，受益人数达951人次；辅助科室服务人数60698人次；检验科13954人次（22种项目）；B超检查12030人次；放射、拍片人数9862人次；心电图检查5031人次；门诊发药人数19821人次。

【医疗设备】 2016年，拥有彩色超声仪、DR机、500毫安X光机、全自动血生化分析仪、全自动血液分析仪、全自动尿液分析仪、全自动电解质分析仪、全自动血凝分析仪、牙科治疗仪全套、医星网络管理系统、B超、心电图、除颤/心多参数监护仪、胃镜、激光治疗仪、眼科手术显微镜、角膜裂隙灯等一大批高科技精密医疗设备，有完备的医院管理体系和人才培养计划，拥有一批年轻有为、团结协作、上下齐心的高素质职工队伍。

【开展药品不良反应监测】 年内，认真贯彻落实《医院感染管理办法》，根据《二乙医院评审细则》，组织医院感染管理委员会督查指导胃镜室、供应室、手术室以及内科传染病病区等医院重点部门及科室发放相关防护物品以及进行消毒隔离工作，认真排查隐患，有效降低医院感染率的发生；对临床抗菌药物使用情况进行督导；积极开展药品不良反应的监测工作，全年共上报药品不良反应2例、医疗器械不良反应0例；积极开展处方点评工作，全年共抽取处方5千余张，处方合格率达90%以上；认真落实基本药物制度工作，截至年底，基本药物使用率达87%。

【优质护理】 2016年，护理质量指标完成情况：基础护理全年合格率达96%，特、一级护理全年合格率达90%，急救物品完好率达99%，护理文件书写合格率达97%，护理人员“三基”考核合格率达98%，一人一针一管一灭菌一带合格率达100%，常规器械消毒灭菌合格率达100%，一次性医疗废物回收率达100%，患者对护理工作满意度达90%，年褥疮发生次数为0，手术切口感染率0。

【党风廉政建设】 自2014年1月首次召开职工代表大会以来、卫生服务中心重大问题决策、重要干部任免、重大项目投资决策、大额资金使用都由职代会通过决定。职代会的成立，加强卫生服务中心党风廉政建设，实现又好又快发展，有效规避卫生服务中心运行发展中的各类风险。

【党建工作】 2016年是“十三五”规划的开局之年，是新修订的《中国共产党廉洁自律准则》和《中国共产党纪律处分条例》正式实施之年，也是巩固党的群众路线教育实践活动和“三严三实”专题教育成果，坚持全面从严治党的重要一年。2016年，卫生服务中心党建工作的总体要求是：全面贯彻落实中共十八大和十八届历次中央全会精神及西藏第九次代表大会精神，全面落实“党委抓党建”工作责任，围绕中心、服务大局，进一步加强制度建设，创新工作载体，提高服务水平，将党建工作渗透到落实卫生服务中心工作的各个方面，为各项工作发展提供有力保障。

【创建平安医院活动】 年内，深化“医院管理年”活动，改善医疗服务；加强医德医风建设，树立良好的行业作风；妥善处理医患纠纷，高度重视病人投诉工作；积极参加医疗责任保险；加强卫生服务中心安全工作，切实保护职工和患者安全；按照消防部门要求，制定防火预案并组织演练，加强对院内的安全检查，消除隐患；加强卫生服务中心普法教育工作，切实提高干部职工法制观念。

【抓医疗安全提升医疗质量】 医疗质量是医院现代化管理的核心，医疗安全管理是医院管理的重要组成部分，也是卫生服务中心生存和发展的基础。为此，加强领导，防微杜渐，通过切实整改、狠抓落实，体现医疗质量的持续改进，确保医疗安全管理工作的各项措施落到实处。卫生服务中心坚持实行领导负责制，领导亲自参与医疗质量督查，直接参与事故原因分析，同时制订和完善措施，所有工作要体现“一切以病人为中心”，充分体现“服务好、质量好、医德好，让病人满意”，坚持实行医疗安全督查和考核制度，积极防范医疗纠纷事件发生。

【推行“先诊疗、后结算”服务模式】 2016年，昂仁县卫生服务中心全县17个乡镇农牧民执行住院即时结算，以便民、惠民、利民为目的，优化就医流程，提供人性化服务，提升服务水平和病人满意度，最大程度上方便群众就医，确保病人得到及时、安全、规范、有效的治疗。

【人才培养】 立足医院发展，以巩固“二乙”医院为工作主线，提高医务人员技术素质，强调临床与实践相结合。年内，委派年轻医师到上级医院进修学习。外科2名医生选派中山大学规培3年、儿科1名医生选派自治区人民医院骨干培训1年，内科1名医生选派青海大学高原病培训6个月，1名眼科医生选派自治区人民医院眼科培训1年，3名医生选派到日喀则市人民医院骨干培训各1年，分别为DR、普外、内科和胃镜技术。继续教育：6名考入临床专升本和4名护士护理专升本，2名聘任中级职称。

【基本药物零差价】 年内，为进一步深化医药卫生体制改革，积极稳妥推进基本药物制度的实施和基本药品零差率销售工作，保障农牧民基本用药，减轻群众医药费用的负担。卫生服务中心2015年11月正式执行自治区《基本用药目录》，落实药品零差价，各科室印发《基本用药目录》，并单独定做零差价药物处方单，启动基本药品零差率销售工作，此工作开展以来得到广大农牧民患者的一致好评。

【特殊药品管理和使用】 年内，严格执行药品价格政策和医疗服务收费标准，严格执行药品收支两条线，积极参加药品集中招标采购工作。进一步规范药品采购工作，通过医生的药品使用需求，实行药品采购品种统一制定计划并逐一申报审批制度。向社会公开收费项目和标准，完善并严格执行价格公示制度，住院病人费用清单制度，提高收费透明度。严格规范药品使用，定期或不定期召开院委会，广泛征求群众意见，集中解决存在的问题。积极完善医疗服务项目和费用核查制度，季度清库制度，药品入出库登记制度，报废药品登记核查制度，毒、麻限制药品管理制度，特殊药品双锁双管、每月报表以及安瓿瓶回收等管理制度。

【精准扶贫】 年内，昂仁县卫生服务中心党员先后利用扶贫日等开展走访贫困家庭活动2次，送去生产、生活、学习用品以及现金合计3万余元；年内，为全县寺庙僧尼进行免费送医送药活动深受广大百姓的好评。

（边　巴）

【领导名录】

党支部书记、主任

边　巴（藏族）

党支部副书记、副主任

曲　宗（女，藏族）

昂仁县文化广播电影电视局

【概况】 2016年，昂仁县文化广播电影电视局共有干部职工33人，其中行政编制4人；专业技术人员8人；公益性19人；临时工2人。2016年，按照上级部门指示精神，共维护13个乡镇“村村通“站点”，更换广播直播卫星清流设备2950套（其中包括8个乡镇的维护和新增有线用户1800户）。共4次到日喀则市领取“村村通”设备，共领取“村村通”设备5050套，并对全县直播卫星数据进行造册留底，把实际情况报送日喀则市广电局；加强新闻宣传报道，2016年共制作新闻201条，自治区采用1条，市电视台采用96条，确保每周2期昂仁县新闻；另制作6部县委组织部、县教育局和驻村工作队的专题片；县电影放映 580场，观众达23040多人次。

【文物调查和保护】 年内，为更好地保护各级文物，文广局深入15乡2镇，对各级文物进行摸底调查，对实施文物保护管理提供法律和理论依据。

【灾后重建】 “4·25”以来，昂仁县吕龙寺、拉定寺已确定为灾后重建重点项目。吕龙寺由市文物局统一安排部署，拉定寺由县发改委统一安排部署。截至年底，两个项目正处于前期工作筹备阶段。

【文化市场管理】 年内，昂仁县秉着“高效联动，齐抓共管”有效净化县域文化市场的机制。按照昂仁县“扫黄打非”行动方案，开展“扫黄打非”专项行动，深化查堵分裂势力反动出版物及宣传品、非法宗教宣传品及有害信息；持续加大对网吧的专项整治工作，深入持久开展文化市场专项整治工作，制订年度“扫黄打非”工作方案，联合文化执法大队、公安局、工商局等执法单位对县城文化娱乐场所进行突袭检查共计12次，加大对网吧、歌舞娱乐、音像制品、打字复印店、茶馆等场所的监管力度；坚决打击盗版、分裂势力反动出版物、违禁光碟，切实维护了音像、书刊市场的正常经营秩序。

【管理使用文化活动中心】 年内，完善了县综合文化活动中心免费开放职能，保证开放时间和发挥宣传文化思想阵地的作用。共举办活动4次，宣传图片展览2期，接待群众1000多人次。加强文化队伍建设，重视人才的培养。5月12日，开办了农村电影管理人员业务培训班，对昂仁县7个乡镇农村电影管理人员进行培训。

【民间艺术团】 年内，下乡采风，搜集乡下民间的文艺，创作《珠峰脚下的牧人》《强谐》《阳光下的牧场》和《堆谐》等舞蹈作品以及相声《幸福在哪里》等精品节目。邀请拉萨市编导老师对所有演员的体能素质和舞蹈基本演技进行为期一个月培训。深入农村、单位慰问演出，2016年共新增作品5个，演出45场，观众达1.2万余人次。从7月开始，唐东艺术团选派一名代表，参加舞剧《太阳的女儿》，分别前往北京中国保利剧院、陕西人民大会堂演出。

【农家书屋】 年内，加强对乡镇文化站、农家书屋的管理，更好的服务农牧民群众。全县有185家农（牧）家书屋、44座寺庙书屋，进一步完善长效管理机制和加强了指导管理，不断提高服务质量和管理水平。

【党建工作】 年内，采取多种形式，加强机关党员干部思想政治教育。按科学发展观学教活动的内容制定计划，安排加强学习完成任务，并将周一、周四定为学习日，每月最后一周的周三定为中心理论组学习日，把学习贯彻党章、十八大、中央、区市县重大会议和领导讲话精神作为全年理论学习的重点，作好安排，上半年共谈话18人次，充分发挥了思想政治工作预防在前、教育帮助在前的先导作用；以岗位练兵、技能培训等形式，调动了职工的积极性和创造性，发挥了主人翁作用，提高了“争先创优”的意识，着力提升党员的综合素质。

【党风廉政建设】 2016年，文广局领导班子高度重视党风廉政建设，讲政治、讲大局，切实把组织建设、思想建设、作风建设贯穿于各项工作之中，严格落实惩防体系和廉政防线防控机制建设，制定《中共昂仁县文广局2016年党风廉政建设工作要点》，将党风廉政责任进行有效分解，严格落实“一岗双责”，签订了党风廉政建设责任书，明确单位主要领导是党风廉政建设和反腐工作的第一责任人。

【基层组织建设】 党支部共有中共党员17人。年内，党总支以“抓基层、打基础”为重点，加强基层组织建设，强化目标责任管理，加强考核监督，进一步加强了机关党组织的规范化建设。健全组织，打牢基础；落实责任，明确要求。按照年初签订的目标责任书，将工作任务细化，层层分解，并结合半年考核，兑现奖惩；加强队伍建设，及时需转正的预备党员和入党积极分子，再次进行了谈话、考察，对系统入党积极分子和预备党员进行了培训，进一步提高他们的政治素质；建立党组织负责人联系制度。以支部为单位，收集党建、组工方面的信息并及时上报，做到上情下达、信息畅通，为加强党支部与各支部之间的协调管理做了充分准备；加强对党员干部的管理和监督。总支通过到各支部督导检查，半年考核等形式，督促基层党组织认真落实“三会一课”制度，党员定性分析、民主评议党员、评议优秀党支部、督促党员认真履行职责，积极缴纳党费，参加组织生活和党组织举办的各项活动中来。

【文化建设】 年内，开展落实科学发展观、创建文明单位活动，以人为本，全面协调可持续发展，以“搞活动、促和谐”为根本，活跃机关文化生活，教育和引导机关党员干部职工树立健康向上的文化意识。文化活动形式多样。开展庆元旦、春节、以及“三八”妇女节、“五一”国际劳动节、“五四”青年节“六一”儿童节等节庆文化系列活动；党建月活动内容丰富多彩。开展了电影下乡、党员培训，“重温入党誓词”、扶贫帮困结对帮扶活动，活跃了政治文化生活，增强了机关党组织的凝聚力和向心力。

（蒋慧明）

【领导名录】

局　长　徐培煜

副局长　拉　珍（女，藏族）

旦巴次仁（藏族，5月免）

昂仁县农牧局

【概况】昂仁县农牧局属政府系统正科级国家机关，主要负责全县农牧业工作，下设农牧综合服务中心，农牧综合服务中心主要负责种植业、畜牧业、动物检疫与防疫、草原奖励机制等。

2016年，昂仁县农牧局现有16名干部职工（男10名、女6名），其中正科级干部3名、副科级干部2名、科级1名、技术人员10名。

【完成良种推广任务】年内，昂仁县共落实农作物播种面积7.853万亩，同比去年增加0.397万亩，其中粮食作物播种面积6.393万亩、经济作物播种面积0.94万亩、饲草饲料作物面积0.52万亩。粮、经、饲三元种植比例为81.41∶11.97∶6.62。

在6个粮食主产乡（镇）推广青稞良种“藏青2000”2万亩、“喜拉22号”2.5万亩；建设二级种子田0.36万亩；开展测土配方试验田4万亩；高产创建示范面积为4.5万亩；在多白乡示范“千亩千斤”0.1万亩、在日吾其乡共示范“百亩千斤”0.14万亩。

【农机推广】2016年，县农牧局订购和分发农机556台（件），落实2015年第一批购置补贴资金239万元，进一步加大农业机械作业力度，全县机耕面积3.3万亩，机播面积3.3万亩，机收面积将达到 3.1万亩，秋收机械利用率达到40%。成功举办了农机现场会。

【“三秋”工作】9月20日，昂仁县秋收工作开始。严格按照区、市两级《关于切实加强“三秋”工作的紧急通知》要求，密切关注天气变化，强化措施落实，切实做到成熟一片收割一片，抢收、抢运、抢打和防霉变、防火、防盗，做到颗粒归仓；同时，有效利用农机户以及农机专业合作社服务功能，粮食主产乡（镇）秋收农机利用率达到85%，超额实现秋收面积3.1万亩目标任务；抓好秋翻工作，粮食主产乡（镇）机械化秋翻率达到70%以上，非主产乡（镇）达到50%以上。

【技术指导服务】年内，昂仁县从日喀则市农业技术推广服务中心邀请2名农业专家，开展为期1天的种植业实用技能培训，培训人员达146余人。以日喀则市农业技术推广服务中心安排的2名蹲点技术人员为带头，组织县、乡农技人员深入各乡镇、村田间地头，采取理论培训、现场示范、实际操作，疑难解答等方式培训乡村干部，培训人员达265余人。

【农业受灾情况】年内，昂仁县受灾乡镇10个，受灾村庄130个，户数1898户，人数9686人；耕地受灾面积7264.62亩，其中绝收1402.31亩、重灾2107.97亩、轻灾3754.34亩。粮食损失2万余斤；饲草料损失2.5吨；草场淹没11098亩，造成经济损失约646.43万元。

【接羔育幼及牲畜死亡情况】年内，昂仁县高度重视牲畜接羔育幼工作，组织牧民圈舍饲养，备足牲畜越冬过春的草料、药品等物资。全县新生仔畜为180303头（只、匹），成活率为94.38%，成畜死亡数为10513头（只、匹），死亡率为1.93%。牲畜出栏数174834（只、匹），出栏率为32.17%。

【动物疫病防控】年内，昂仁县高度重视牲畜疫病防控工作，年初逐级签订重大动物疫病防控目标责任书，同时县、乡、村专职工作人员到各户进行疫苗注射工作，并由驻村工作组带队经常相互督导检查。全县共免疫 584323头（只），免疫密度达到99%，免疫抗体合格率达到95%，做到

"县不漏乡、乡不漏村、村不漏户、户不漏针、针不漏量"和"应免尽免、不留空当"。

【草划和草奖成效明显】 年内，全县草场面积为2864.85万亩，其中可利用面积2754.59万亩，落实草场承包面积为2754.59万亩，禁牧面积290万亩。在县委、县政府高度重视及各乡镇共同努力下，2015年全县草奖工作顺利通过区、市两级验收。截至年底，兑现草畜平衡奖励资金及禁牧补助资金共计5242万余元。

草原基本划定外业方面，图纸绘制工作已完成，已经顺利通过市级验收，并取得优秀成绩；内业方面，做好草原基本划定工作基础资料整理归档工作。

【防抗灾物资储备】 昂仁县三秋工作开始后，全面安排部署各个乡镇今冬明春防抗灾饲草料储备工作，同时县政府成立今冬明春防抗灾领导小组。并将加强今冬明春农牧业防灾减灾具体工作通知下发给各乡镇，要求各乡镇做好防大雪灾的准备。县储备今冬明春防抗灾饲草料2535吨，其中县政府自筹623吨，群众自筹1074.85吨，已调运至基层一线的饲草料837.15吨；农牧局储备的防抗灾兽药55箱。

【农牧业发展】 年内，实施退牧还草工程等5项农牧业基本建设项目，总投资为5778万元；其中第三批青稞基地建设项目、草奖人工种草基地建设项目中土建部分已完工，水利工程部分已完成95%；退牧还草工程已全部完成；草奖牧道桥涵工程已完成90%；灾后重建温室大棚项目已完成全部工程量90%。

【农牧业经营主体健康发展】 年内，农牧局切实加强农牧业经营体的培育和扶持，各类经营主体得到了长足的发展。截至年底，昂仁县共注册农牧民专业合作社35家，其中农牧业加工专业合作社13家，民族手工艺品加工业13家，农机服务专业合作社4家，养殖业合作社5家，注册资金为1051.2万元，参与农牧户356余户，辐射带动2563人，实现经营收入560余万元。昂仁县桑桑酥油正在申请地理标志注册商标。

【"两学一做"学习教育】 年内，"两学一做"是一项重大政治任务，为保证"两学一做"学习教育尽好责、抓到位、见实效，农牧局党支部精心筹备、细化安排、抓早落实，有序开展2016年学习教育各项工作。按照县委"两学一做"有关文件要求，农牧局党支部于4月22日召开农牧局党支部"两学一做"动员部署会议，成立以局长为组长的"两学一做"学习教育领导小组，并制订出台"两学一做"学习教育实施方案以及学习计划安排表。主题活动启动以来，农牧局始终把学习作为主题活动的基础，切实处理好工学关系，确保工作学习两不误、双带动。要求全体党员每天利用1小时开展自学，改变以往我念你听、沉默党会的不良现象，力争人人参与、人人发言。

【党建、党风廉政建设】 年内，根据县委、县政府统一要求，结合农牧局实际，形成局长统一抓、副局长具体抓，全体党员干部协抓的良好工作格局。根据农科林党支部2016年党建工作计划要求，支部结合各单位工作实际，结合昂仁县"两学一做"教育活动要求，严格按照"党规、党纪"，从严从实开展党建各项工作。党风廉政方面，农牧局加强公务用车的管理，做到用车有派车单，行车路线有记录，停车有规定，交车有说明，杜绝公车私用。

【"讲学习、讲忠诚、正风纪、转作风、提效能"】 年内，根据县委、县政府以及上级相关部门的统一安排，11月初，召开"讲学习、讲忠诚、正风纪、转作风、提效能"动员部署会，成立学习领导小组，起草了"讲学习、讲忠诚、正风纪、转作风、提效能"实施方案。

（姜 龙）

【领导名录】

局 长 米玛次仁（藏族）

副局长 普布次仁（藏族）
央　吉（女，藏族）

昂仁县科学技术局

【概况】 昂仁县科学技术局位于昂仁县金塔路，县农牧局院内，属政府下属正科级行政管理单位，于1995年6月成立，下设昂仁县科学技术协会（成立于2010年5月），现有干部职工人数为4人，其中行政在编人员3人（正科级2人、科员1人），事业人员1人。共有中共党员4人。

【完善科技服务体系】 截至年底，全县共有科技特派员370名，已遍及全县17个乡镇180个村（居）委会，覆盖率达100%。2016年上半年完成370名农牧民科技特派员工作考核。2016年6月6日开始着手实施2015年农牧民科技特派员370名的生活补助资金兑现工作，累计兑现资金达222万元。同时按照2016年农牧民科技特派员实用技术培训方案内容，昂仁县科技局共开展了三期培训，第一期《2016年科技特派员种植业实用技术培训》，专门邀请种植技术专业老师、种职业技术专家，全面对农牧民科技特派员进行面对面授课，培训投入资金达39314.00万元，参训人员98名。第二期《科技特派员牲畜养殖技术培训》，邀请日喀则市兽防站专家，投入资金12.5万元，参训人员202名。第三期，日喀则市西部9县农机综合培训，邀请职教农机技术教师，投入资金40万元，参训人员60名。

【昂仁县中学科技馆】 按照西藏科协科普部关于推荐《农村中学科技馆公益项目学校的通知》要求，昂仁县科技局根据推荐对象的条件、向上级申报昂仁县中学且已获得批准，并于2016年8月签订农村中学科技馆公益项目运行合作协议。该项目主要对昂仁县中学添加科普展品、科普图书、科普创意作品等设备，同时对学校有关人员进行辅导与维护的培训。项目的实施对树立中学生讲科学、爱科学、学科学、用科学的意识，培养创新和动手能力，鼓励当地学生设计制作创意作品，努力达到“一提升，两促进”，即提升农村青少年科学素质，促进科普资源均衡发展，促进科技馆展品产业发展具有重要的意义，项目投入资金达20万元。

【科普工作】 年内，充分利用“科技活动周”“全国科普日”“综治宣传月”“5·12”防灾减灾日、“五下乡”等活动契机，利用科普大篷车组织全局工作人员、农牧民科技特派员以及“三区”科技服务人员在县城和农牧区开展科技普法、惠民政策、科技专业知识等方面的宣传，进一步营造“科技兴县”的发展氛围。累计宣传次数达16次，咨询人数达3000余人次，发放各类宣传资料达3200余册，科普宣传挂图30余套。农牧民科技特派员宣传次数每月至少达1次，参训人数达上百人次。科普活动站建设；为进一步探索和增强基层科普活动服务能力，推动科普工作群众化、社会化、制度化、经常化建设，逐步形成科普工作长效机制，昂仁县科技局向上级申报昂仁县剩余13个乡（镇）科普活动站建设且已获得批准，并于2016年2月将全部的科普配备设备发放给各乡（镇），该项目的实施对农牧民群众树立讲科学、爱科学、学科学、用科学的意识起到了重要作用。 2016年建设13个科普活动站，投入资金19.5万元，截至年底，全县共建设17个科普活动站，已遍及全县17个乡（镇），覆盖率达100%。

【项目开展情况】 科技特派员创业项目，昂仁县科技特派员奶牛养殖专业合作示范项目，以昂仁县卡嘎镇卡嘎村、布玛村、布嘎村奶牛养殖示范为基础，逐步发展成100人的专业服务队伍，创建奶牛规模化、高效化和产业化养殖科技特派员示范大户3户，培养和培训农牧民200人，创建1个专业合作社，该项目共计资金20万元，示范点启动后每年利润达5万元。亚木乡温室蔬菜栽培示范推广项目，项目资金11万元，通过引进幼稚蔬菜品种，开展示范种植技术培训和种植技术指导，培养专业技术人员10名，培训农牧民科技特派员20人次，辐射带动农牧民15户。拉堆强传承唐卡制作专业合作社项目，项目资金5万元，通过专业合作社的建立来传承和保护民族特色的绘画艺术，培养贫困子女传授绘画技能和知识，带动群众增收致富，通过项目的实施，共培养了7名科技特派员，辐射带动周边农户10户，人均年收入达1万元。阿木雄乡过那村白绒山羊养殖示范推广项目，本项目投资资金10万元，项目开展主要目的是增加当地白绒山羊的数量，满足白绒山羊遗传育种、绒毛分析、饲料配制、疾病防治和繁育技术的基础研究和应用技术的推广需求，培训农牧民10名，带动农户5户，年均收入达5万元。

【“两学一做”学习教育活动】 年内，为保证“两学一做”学习教育尽好责、抓到位、见实效，科技局党支部精心筹备、细化安排、抓早落实，有序开展了2016年学习教育各项工作。按照县委“两学一做”有关文件要求，农、科、林党支部于4月22日召开农牧局党支部“两学一做”动员部署会议，成立以科技局局长普琼为组长的“两学一做”学习教育领导小组，并制订出台“两学一做”学习教育实施方案以及学习计划安排表。主题活动启动以来，科技局始终把学习作为主题活动的基础，切实处理好工学关系，确保工作学习两不误、双带动。要求全体党员每天利用1小时开展自学。改变以往我念你听、沉默党会的不良现象，力争人人参与、人人发言。

【党建、党风廉政建设】 年内，根据县委、县政府统一要求，结合科技局实际，形成局长统一抓，全体党员干部协抓的良好工作格局。根据农科林党支部2016年党建工作计划要求，支部结合各单位工作实际，结合昂仁县“两学一做”教育活动要求，严格按照“党规、党纪”，从严从实开展党建各项工作。党风廉政方面，科技局加强公务用车的管理，做到用车有派车单，行车路线有记录，停车有规定，交车有说明，杜绝了公车私用。

通过学习，进一步加强党员干部道德修养和纪律观念，更深一层学到“讲学习、讲忠诚、正风纪、转作风、提效能”的精神，并提升了科技局工作人员素质和学习自觉性。

（次仁潘多）

【领导名录】

局　长　普　琼（藏族）

副局长（主任科员）

达　琼（藏族）

昂仁县扶贫开发办公室

【概况】 2016年，昂仁县扶贫开发办公室实有干部5人（在编5人），脱贫攻坚指挥部实有干部13人（抽调6人、志愿者2人）。2016年，县委、县政府认真贯彻落实区市委、市政府关于打赢脱贫攻坚战的决策部署，把脱贫攻坚作为“十三五”时期头等大事和第一民生工程来抓，精心谋划，狠抓落实，脱贫攻坚工作成效明显，净脱贫2911人，完成市委下达指标的100%，10个贫困村实现退出。

【完成脱贫摘帽】 2016年，昂仁县共计完成2911人的脱贫任务，脱贫率达到100%，脱贫户基本实现“三有”“三不愁”“三保障”。

【完成贫困村退出程序】 年内，全县10个行政村，通过全方位考核，贫困发生率降至3%以下，达到贫困村退出相应要求，符合退出相关程序，完成贫困村整体退出任务。

【易地搬迁】 2016年，共实施易地搬迁304户1122人。其中11个集中易地扶贫搬迁点（覆盖172户569人）完成总工程量的95%以上，其余7个集中易地扶贫搬迁点已全部施工，完成总工程量的20%，下拨建房资金3164万元。已入住103户321人。为确保完成2017年1717户，6226人（其中跨县搬迁94户302人）的易地扶贫搬迁工作，提前谋划，截至年底，完成17个安置点的选址、设计、地勘等前期工作，并下拨第一批资金（8025万元）的启动资金，提前备工备料；确保2017年4月全部动工。

【产业项目】 在6个农区乡（镇）大力推广蔬菜温室项目和民族手工业、旅游服务业等产业项目，促进贫困户在产业项目中直接受益；在11个牧区乡（镇）实施桑桑畜产品开发及畜产品统销统购等产业项目，采取“公司+基地+贫困户”和家庭牧场等经营模式，建立起产业、企业、贫困户的利益链条。截至年底，投资433万元的扶贫宾馆于2016年底已建成并投入使用；总投资960万元的桑桑游客服务接待项目已开工建设；投资722万元的桑桑牧民宾馆建设项目、投资1080万元的卡嘎镇蔬菜温室建设项目、投资3285万元的曲古龙布温泉开发项目已做完可研正在做项目资金贷款工作。投资1.1亿元的唐东杰布文化旅游园区二期项目以及15个“短平快”扶贫产业项目，前期工作有序推进。

【发展教育】 年内，在国家教育减免政策的基础上，成立县教育育才基金，对建档立卡贫困户的在校高中生、大学生，从2016年开始，每年资助生活费和学费，以减轻贫困家庭负担。2016年县财政从本级财力安排100万元注入基金，社会企业募集资金17万元，团建经费5万元，共计122万元，资助了102名高中生、大学生学费和全额生活费。

【转移就业】 年内，通过协调矿企安排岗位、引导外出务工和实施“雨露”技能培训对650名贫困群众实现转移就业脱贫。主要是结合灾后恢复重建，有针对性地开设了钢筋工、混泥土工、农机维修等工种的培训班2期，参加培训的70人全部在县内建筑工地实现就业，年收入约1.5万元。邀请市农科所、市兽防站等单位的10名技术专家对有一定农牧业生产经验的贫困群众先后开展种养殖技术培训5批次，50名贫困人员培训合格，被聘用为科技特派员，年收入增加约6000元。同时，积极与区、市技能培训基地衔接，已向区、市输送汽车驾驶、厨师、民族绘画、保安等14个工种的技能培训4批50人，15人顺利实现就业，年收入约1.8万元。截至年底，正在进行培训的有137人。共培训550人，实现就业脱贫135人。

【生态补偿】 年内，充分利用草场监督管理员、自然保护区生态补偿管护员等政策性补助资金，争取16275个生态岗位，安排有劳动力的贫困人员和低收入人员16275名转为草场监督管理员、自然保护区生态补偿管护员等7个岗位，每人每年可实现工资收入3000元，及时足额落实岗位工资4882.5万元。

【医疗救助】 认真贯彻国家医疗政策的同时改善县乡村三级公共卫生服务体系，加强医疗救助保障体制、逐步提高贫困人口的新农合筹资标准和大病补偿比列，加大新型合作医疗报销比例，通过民政医疗救助，临时救助等措施，采取医疗救助贫困人口享受大病统筹住院报销，乡镇90%、县级85%、县级以上75%比例上提高5%优惠政策。

【社保兜底】 年内，强化政府救助托底功能，对全县1045户2821人无劳动能力和严重缺乏劳动力的贫困户实行社会保障兜底，保证了弱势群体的正常生活。

【信贷扶持】 年内，充分发挥金融扶持、有效利用信贷扶持政策、大胆创办村级合作社、寻找贫困户脱贫门路为工作思路，从银行贷款，坚持民借、民还、民管民用，积极创办村级合作社，发挥各村的资源优势，实现经济效益，切实解决贫困群众生产经营小额资金短缺问题。2016年小额贷款资金1491万元，覆盖336户贫困户。

【结对帮扶】 年内，认真贯彻落实《日喀则市开展精准扶贫结对帮扶“4321”工作方案》，将4343户建档立卡贫困户实现结对帮扶全覆盖，健全资金保障机制，建立本级财政配套扶贫资金持续增长机制，从2016年起本级财政预算每年安排扶贫开发资金，投入占本级财政收入比例不低于10%以上，并随财力的增长逐年增加，专项用于扶贫开发；成立注册资金300万元的昂仁县滨湖扶贫开发投资有限责任公司，并为公司投放500万元产业项目风险保障金；成立扶贫专项基金，以解决建档立卡贫困户最困难、最急需解决的现实问题。号召广大干部积极参加扶贫工作，共筹集资金62.355万元。在下一步资金使用上，围绕建档立卡贫困户最困难、最急需解决的问题，按照村级收集提交，乡镇审核，县级研究的程序进行使用；积极协调第八批山东淄博援藏小组，三年内将援藏资金10640万元投入脱贫攻坚，占援藏总资金的88%。

【党风廉政建设】 明确责任分工，健全党风廉政责任体系。为加强党风廉政建设，把落实党风廉政建设作为工作的中心来抓紧抓好，成立党风廉政建设工作领导小组，并将党风廉政建设列入重要议事日程，全年共召开4次研究党风廉政建设和反腐败专题会议，明确了领导班子和领导干部在党风廉政建设中承担责任；突出廉政廉洁，领导班子带头履行职责。落实党政主要领导负责制。年初主持召开会议学习责任书，研究党风廉政建设，对全年工作任务作出安排部署，重点工作亲自过问，抓好落实；组织调查并解决好群众反映强烈的问题；召开4次廉政党课；观看廉政警示教育片1次，各项工作在阳光下运行，做到“早发现、早提醒、早纠正”，远离职务犯罪，廉洁一生平安；抓好作风建设，推进效能监察工作。充分利用党的群众路线教育实践活动，严格按照群教总要求，认真解决“四风”“两问题”“一薄弱”，广泛开展批评与自我批评活动，查摆问题、剖析问题，提出改进的方法和今后的努力方向，切实加强作风建设，并加大对作风方面突出问题的整顿力度。

【“两学一做”教育活动】 年内，昂仁县开展“两学一做”活动上，及时组织扶贫办党员干部，针对“两学一做”活动进行集体学习，以手抄党章、观看教育影片、传达习近平总书记重要讲话精神等形式来有效开展“两学一做”活动。在各项党风廉政纲领性文件和反腐工作决策部署上，熟记廉政警句格言当作每个干部职工的必修课来抓，不断严肃政治、组织纪律和经济工作纪律，做到按制度管权，按制度办事，靠制度管人，从源头上抵制腐败。

【产业项目效益发挥缓慢】 项目前期设计到评审及招标周期长，当年项目很难在当年发挥效益。

【基础设施有待进一步完善和提升】 自然环境恶劣，群众发展生产困难。昂仁县地处高寒，自然灾害频发。这对种植业和畜牧养殖业的发展都带来极大的制约。加之受地理因素、交通不便等影响使得群众发展生产带来困难，进一步加深了精准扶贫工作难度。

（德吉卓嘎）

【领导名录】

主　任　旺　　加（藏族，5月免）
　　　　次仁顿珠（藏族，5月任）
副主任　格桑次仁（藏族）
　　　　旦增卓玛（女，藏族）

昂仁县林业局

【概况】 昂仁县林业局是昂仁县林业主管部门，为昂仁县人民政府的正科级部门，行政编制2人，实际在岗人员4人，共有中共党员4人。2016年，昂仁县贯彻落实区、市、县林业有关会议精神，围绕昂仁县2016年林业工作目标任务，开展各类造林、生态安全屏障防沙治沙工程项目，林地资源、野生动物保护及各类林业直补资金落实等工作。

【党建工作】 年内，结合“两学一做”“手抄党章100天”等活动，坚持把思想理论建设摆在党建的首位，自觉用邓小平理论和“三个代表”重要思想和科学发展观武装头脑，以农科林支部集中学习、个人自学、开展讨论、座谈交流等方式，努力提高党员干部的思想政治素质、管理水平和业务能力，真正树立权为民所用、情为民所系、利为民所谋的思想。

【党风廉政建设】 年内，认真贯彻落实中央“八项规定”和区党委“约法十章”“九项要求”，强化党员领导干部的廉政教育，加强“两学一做”教育落实，将党风廉政建设和反腐败工作列入重要议事议程，加大反腐倡廉的力度，着力使廉政建设制度化、常态化，实现廉政建设常抓不懈。坚持开展党性党风党纪教育，以理想信念教育为核心，从警示教育和典型教育入手，深入开展反腐倡廉教育，不断提高党员领导干部拒腐防变能力，强化党员领导干部廉洁从政意识，提高党员素质。

【造林绿化】 2016年，完成重点区域造林910.4亩；拉萨及周边造林2000亩，封育6000亩；高原生态安全屏障保护与建设防沙治沙工程23647.05亩，防护林体系建设440亩；全县义务植树1.37万株；补植补造1.81万株。

【林业后续管理】 年内，结合往年的管护经验，在划分片区后仍将新旧造林承包给集体或个人管护。

【项目验收】 年内，完成2016年造林项目县级自查验收工作；完成2017年各林业生态项目规划设计前期工作；完成了桑桑湿地自治区级自然保护区总体规划修编外业调查。

【资源林政管理】 林地是森林资源的重要组成部分，是森林赖以生存和林业发展的基础。因此，林地的建设、保护和利用工作尤为重要。昂仁县林业局把林地保护管理工作作为林业工作的重点，采取得力措施予以保护。特别是对征用占用林地，严格按照《中华人民共和国森林法》《森林法实施条例》《占用征用林地审核审批办法》的规定，严格按照程序申报各项材料，认真落实行政许可制度。年内，将保护林地资源纳入局工作日程中，开展打击破坏林地资源的专项行动的同时，加大巡查和培训力度，对全县17个乡镇共81名群众进行培训，普及林政资源等方面的知识。为有效杜绝破坏林地资源提供有力保障，全年未发生林地资源非法侵占等现象；与各乡（镇）层层签订目标责任书，加大对17个乡镇的执法监察力度，协同县公安局、农牧局开展打击非法征占林地，滥砍滥伐、盗猎野生动植物、森林防火等宣传活动。发放野生动物保护方面宣传材料500余份，发放森林资源防火宣传单1000余份，进一步保护全县森林资源，保障林业资源健康有序的发展。

【有害生物防治】 2016年，县林业局认真贯彻执行《植物检疫条例》和《森林病虫害防治条例》，严格执行苗木“两证一签”制度，全面开展检疫、监测和防治工作，坚决杜绝带病苗木进入造林点，累计年内共赴各造林点巡查和防治15车次，按时上报森林病虫鼠害发生表、森林病虫害防治表，为上级部门掌握病虫鼠害的测报、防治提供准确数据。

【野生动物疫源疾病监测防控】 昂仁县监测站于2008年被正式列入西藏自治区国家级陆生野生动物疫源疫病监测站。其监测范围有昂仁县全县及萨嘎、仲巴两县，实行林地管护与野生动物巡护相结合，重视巡护工作，加大野生动物及其栖息地管理力度。近年来，昂仁县林业局克服层层困难，并在萨嘎、仲巴两县的极力配合下，将陆生野生动物迁徙所经区域、各候鸟越冬区域等野生候鸟密集区和陆生野生动物繁殖重点场所，建立健全了分级而统一的监测体系。三个县以各乡镇领导及村长为主要领导人，由当地兽医人员直接监测，采用点面结合方式，分线路巡查和定点观察两种方法开展监测工作，争取做到早发现、早报告、快反应。实行了重大动物疫病防控日报告、零报告制度，由昂仁县林业局负责监测信息的收集、分析和汇总，并向国家林业局做网上日报告，截至年底，未发生陆生野生动物及野生候鸟非正常死亡情况。

【自然保护区和湿地资源】 年内，县林业局加大对桑桑湿地自治区级自然保护区等湿地资源范围内的巡查力度，设立桑桑湿地自然保护区内违建行为举报箱，开通举报电话，同时累计发放宣传材料3000余份。在县委、县政府的高度重视下，从昂仁县从财政列支40万元开展了《桑桑湿地自治区级自然保护区总体规划修编（2016—2025）》工作，为继续开展好桑桑湿地自然保护二期工程，提供了有力保障，截至年底，已完成外业调查。

【林业直补资金兑现】 年内，按照上级下达各项目资金节点，及时安排资金兑现工作，保证各类林业惠民资金无截留、挪用等情况的发生。截至年底，共计兑现林业各类惠民资金620.578151万元，在实现群众增收的同时，有效调动了群众的工作积极性，更好地为林业各项工作的开展奠定基础。

（次　吉）

【领导名录】

局　长　次仁卓拉（女，藏族）

副局长　次　　吉（女，藏族）

昂仁县水利局

【概况】 2016年，昂仁县水利局在职人员共有12名干部职工，其中正科1人、副局长主任科员1人、主任科员1人、科员2人、助理工程师2人、技术人员2人、高级工人1人、公益性岗位2人。党支部共有中共党员10人，其中中共预备党员1人。2016年，昂仁县水利局水利工程项目共开工建设共15个，其中《2016年小型农田水利基础设施建设专项县项目》12个、《“4·25”灾后恢复重建村庄供水工程》1个、《“4·25”灾后恢复重建村庄防洪堤工程》1个、《水利公益性项目》等，总投资为2127.1万元。截至年底，共完成15个项目。通过项目的建成有效解决1.09万亩灌溉、新增0.19万亩耕地灌溉的用水问题及476户1893人28180（只匹）牲畜的饮水安全问题，365户、1463人，674.4亩农田，21308亩草场的防洪问题，同时有效改善了险工险段处的安全隐患问题。

【2016年小型农田水利基础设施建设专项县项目】 该项目根据《西藏日喀则市水利局、财政局关于昂仁县2016年小型农田水利专项县建设项目实施方案的批复》，总投资为1149.4万元，涉及昂仁县亚木乡12个行政村，共有12个项目点，建设规模：新建取水枢纽13座，新改扩建水塘3座、总库容为0.54万立方米，新修水渠12条、总长19.53公里。

【灾后恢复重建村庄供水工程】 该项目根据《关于日喀则市昂仁县“4·25”地震灾害恢复重建村庄供水工程建设项目初步设计概算的批复》，总投资为270.36万元，涉及桑桑镇、卡嘎镇、切热乡6个村1893人、28180头（只、匹）人畜饮水安全问题。工程规模：新建截潜流取水枢纽3座（坝长8~10米），大口井9眼，铺设输、配水管道4.233公里，新建高位蓄水池2座，管道沿线建筑物7座，集中供水点7座，保暖房228米。

【灾后恢复重建村庄防洪堤工程】 该项目根据《关于日喀则市昂仁县“4·25”地震灾害恢复重建村庄防洪堤工程建设项目初步设计概算的批复》，总投资为355.6万元.涉及桑桑镇、卡嘎镇（余松村、洛布村、梅朵、江嘎村）365户、1463人，674.4亩农田，21308亩草场。工程规模：新建堤防总长2.902公里，其中桑桑镇余松村新建堤防右岸总长1.055公里，洛布村新建堤防右岸总长

0.611公里，梅朵村新建堤防两岸总长0.82公里，江嘎村两岸0.416公里，堤防基础结构为钢筋笼石笼，堤身为铅丝石护坡式结构。

【水利公益性项目】 总投资为351.74万元，项目点9个，其中防洪堤项目4个、水渠水塘项目5个。

【水资源管理】 昂仁县的水资源来源于地表水、地下水资源、冰川水资源和大气降水。昂仁县境内河流密布，主要河流10余条，水面面积近万平方公里，河流总长度近1000公里。全县湖泊水域面积为15050440亩。为切实加强昂仁县最严格水资源管理工作，建立完善昂仁县最严格水资源管理体制机制。由于昂仁县河流较多，采砂现象普遍，为防止出现乱挖、滥采造成生态环境的破坏，对昂仁县境内的采砂行为进行严格管理，根据县里建设供需情况，昂仁县境内采沙场数量控制在符合国家规定的数量以内，县水利局选点限制采砂范围，对经营性采沙场按政策要求缴纳采砂管理费，并签订生态保护协议，做好采砂后恢复环保工作。

【防汛工作】 年内，为全面做好昂仁县防汛工作，确保农牧民群众生命及财产安全。昂仁县以行政首长制为防汛抗旱领导小组的组长，调整充实了防汛抗旱领导小组，并编制《昂仁县2016年防汛抗旱预案》《昂仁县2016年水库度汛方案》《山洪灾害防御预案》。汛前，昂仁县县防指制定下达县、乡两级防汛物资储备任务。储备防汛物资铅丝笼150卷、防汛袋20000条、彩条布10包。2016年雨季以来，昂仁县境内普降大雨到暴雨，降雨持续时间长、强度大，水灾频发，致使昂仁县内基础设施受损严重。汛期期间，县委、县政府及时启动县财政应急资金300余万元，积极开展抢险自救各项工作，确保昂仁县交通、水利、民政、电力等部分基础设施能够基本运行。因强降暴雨昂仁县境内受灾严重，各级各部门和广大群众发扬自力更生精神，不等不靠，全面掀起恢复灾后生产，修复水毁工程的热潮。年内，昂仁县共计修复防洪堤59处长度23220米；抢修水渠39处长度19804米；维修管道引水9处管道长度3650米；抢修行洪道2处长度145米；蓄水池1座；水塘7座；大口井14眼；清淤冲沟1条1200米；清淤河道4处清淤沙石量111800立方米；修复小桥8座、公路路面路基23公里、涵洞11道、耕地修复700余亩，自救修复轻微受损房屋39间。

【党建工作】 年内，昂仁县水利局紧紧围绕“两学一做”教育活动和“讲学习、讲忠诚、正风纪、转作风、提效能”主题活动。年初，昂仁县水利局党支部召开专题会，研究和部署2016年局党建工作，制订《昂仁县水利局党支部党建工作计划》，成立以党支部书记任组长，副书记为副组长，局党支部委员为成员的党建工作领导小组，建立健全各项规章制度，支部书记是局党建工作第一责任人、具体抓，分管领导和支部成员认真做好职责范围内的党建工作，既有分工，又有合作，将责任层层分解落实到人头上，按照党建“一岗双责”的要求，把党建工作与局业务工作同时安排，同时部署，同时实施，同时检查，2016年昂仁县水利局在党建工作上有了显著的成效，得到了上级部门的认可。

【党风廉政建设】 年内，昂仁县水利局党支部始终把党风廉政和反腐败工作作为党建工作的重点，按照中共中央建立健全惩治和预防腐败体系，县委关于2016年度党风廉政建设和反腐败工作的意见文件精神，围绕“建一流班子，带一流队伍，创一流业绩”的发展目标，狠抓全局党风廉政建设责任制落实和“一把手”工程建设，通过建制度、强机制、强监管，层层签订党风廉政建设责任书，教育干部职工“常思贪欲之害，常怀律己之心”；同时组织党员干部学习正反两方面典型事例，进一步增强党员干部廉洁自律的自觉性，进一步做好水利工程质量监督力度，进一步增强行政执法、行政审批工作的公正透明和廉洁自律力度，有力地促进了水利局党风廉政建设和反腐败工作的深入开展。

（次仁麦拉）

【领导名录】

局　　长　李瑞建

副局长（主任科员）

次旦卓嘎（女，藏族）

主任科员　德庆拉姆（女，藏族）

昂仁县教育局

【概况】 2016年，昂仁县教育局内设局长办公室、副局长办公室、局办公室、项目办公室、教研办公室、财务办公室、统计（督导）办公室、师资办公室，全局共27人，其中包括行政人员5名、援藏人员1名、事业编制人员19名，公益性岗位1名，合同工1名。2016—2017学年，昂仁县各级各类学校共40所，其中初中1所、小学22所、幼儿园6所、教学点11所。2016—2017学年在校学生8920名，其中初中生2432名，毛入学率达到96.16%；小学生5508名，净入学率达到99.95%，毛入学率达到100.15%；在园儿童980名（其中县幼儿园157名，乡镇小学和教学点附设学前幼儿园823名），学前一年、两年、三年入学率分别为68.72%、52.05%、35.79%。在岗正式教职工486名，其中初中144名、小学312名、幼儿园21名、教研人员9名，临时工160名。全县专任教师学历合格率达到100%，校长培训上岗率达到100%。

【义务教育均衡发展】 2016年，经县委、县政府批准，县教育系统组织人员到康马县、仁布县、阿里地区措勤县考察交流学习。完成了均衡发展达标细则摸底汇总工作，起草了均衡发展实施方案、领导小组文件。对照均衡发展指标，完成教育局、学校各级各项工作分工，同时开始着手建设资料室。

【基建项目】 2016年，开复工项目36个，总投资17350万元。其中县中学、波热小学、县幼儿园、秋窝乡一小扩建4个项目，投资3493万元，已完工。阿木雄乡小学等14所学校改薄项目、秋窝乡龙木其村幼儿园建设15个项目，投资9397万元，已完成主体工程，进入装饰阶段，完成率65%，完成投资6096.35万元。阿木雄乡小学等14所乡镇小学附设幼儿园及亚木乡亚木村等3所村幼儿园建设17个项目，投资4460万元，已完成定位放线、基础部分，完成率12%，完成投资535.2万元。

【党建工作】 年内，坚持“抓党建、促发展”的工作思路，切实明确学校党建工作重要性。在年初，安排局机关党建工作，并召开学校校长会议部署本系统党风廉政建设工作。坚持局机关党员学习活动，集中学习次数达到40次以上，另召开7次“两学一做”专题探讨会、5次廉政集中学习会。为提高党员干部的思想觉悟与认知能力，县教育局组织开展“两学一做”学习教育活动，并制定《昂仁县教育系统学校党建工作实施意见》《关于推广学校党建“三二一”创新思路的实施意见》等，推进学校党建工作。严格贯彻落实“三会一课”制度，每名党员人手一本党建笔记，及时参加党员学习，并做好记录。昂仁县教育系统现有党支部25个，其中机关党支部1个，初中、小学、幼儿园党支部共24个，全县教育系统现有中共党员383人，少数民族党员365人，汉族党员18人，女性党员136人。

【党风廉政建设】 教育局机关党总支始终把党风廉政建设工作作为“一把手”工程，放在突出位置切实抓好抓实，把责任制的全面落实贯穿到党风廉政建设和反腐败各项工作之中。完善以教育局局长为组长的党风廉政建设工作领导小组，及时根据实际工作需要调整充实了党风廉政建设领导机构，按照“谁主管，谁负责”“管行业必须管行风”的原则，制定目标责任书并层层签订落实。加强机关作风建设，落实干部职工廉洁自律，推行党务、政务、财务公开制度。县教育局严格落实“三重一大”制度，召开18次局长办公专题会议，研究议题达到150多项，做出决策100多项，向县委、县政府提出10多次书面申请，严格遵守请示报批相关规定。

【德育工作】 年内，将立德树人作为德育工作的根本出发点，加强反对分裂、维护统一和民族团结教育，努力使养成教育规范化，培养可靠合格的社会主义新西藏建设者和接班人。邀请法制副校长和司法局相关人员进行未成年人保护法、新旧西藏对比等教育讲座活动3场次；学校开展“师德师风交流会”2次，为培养学生讲究卫生的好习惯，组织各学校开展了卫生习惯教育活动10场次。清明节组织师生为烈士扫墓，悼念先烈继承革命遗志，高举红旗接好革命班，县城3所学校每校1名教师及一个班级以上的学生参加活动，参与人数184人；各学校坚持开展国旗下讲话活动，“七一”“十一”期间组织歌唱祖国、组织各学校多次召开家长会，并进行家访，努力构建学校、家长和社会三位一体的德育教育网络。

【“三包”营养改善】 “三包”和营养餐政策是国家针对自治区农牧民子女能够顺利接受学校教育的一项特殊优惠政策，也是一项民心工程、阳光工程。为此按照上级部门的要求，昂仁县教育局及时部署，周密安排，制定“三包”及营养改善工作实施方案、工作计划等一系列保障措施，层层成立具体工作领导小组，上下签订年度工作目标责任书，分工明确、责任到位，杜绝出现丝毫问题。2016年春季学期“三包”政策惠及8598名学生（其中包括学前生），惠及资金共计14024269元。2016年秋季学期“三包”8832名学生，惠及资金共计13120067元。2016年春季学期享受营养改善政策学生达7864人，资金共计3145600元。2016年秋季学期享受营养改善政策学生达7885人，资金共计3154000元。

【教研教改】 昂仁县教育局教研室编制数8人，截至年底，实有专兼职教研员8人，其年龄结构为：40~44岁的教研员1名，30~40岁的教研员7名；学历结构为：本科学历7人；大专学历1人；职称结构为：一级职称7名；业务履历方面：市级教学能手1人。全体教研员中有3名曾被西藏自治区教育厅评为自治区级优秀教育工作者，1名曾被评为日喀则市优秀教研员。

针对全县小学毕业班，组织实施3次摸底考试、3次模拟考试；全面整理历年小考4个科目真题、近3年市级和县级各类考试真题形成册子，统一购买复习图书，借鉴先进县区复习资料，提供给学校。按照适度集中原则，在职教集中了除桑桑镇外牧区小学毕业班学生，进行集中教学和管理，由2名教研员蹲点指导教学工作。此举得到了牧区学校和群众的支持。在县小学设立补习班，安排4名教研员蹲点研究指导教育教学。加强质量监测，对各类考试都及时进行了质量分析及反馈，并对成绩相对优秀学生落实奖金。中考、小考、全市学业水平成绩稳步提升。5月小学全市学业水平测试中，大多数学校都有不同程度的进步，最明显的提高101个名次，在排名后30名中由9所学校减少到5所。在全区小考中，县4名考生成绩达到内地西藏班录取分数线，中考中30名考生达到重点高中录取分数线。

【电化教育】 9月8日，县教育局开展电教员培训，参训人数达28人；2016年配备电子白板共65套，其中初中有42套，小学有23套，总价875000元；中学各有3间实验室（理化生），总价240000元，中学有1间电教室，总价300000元，小学有6间电教室，总价1800000元；386名中小学教师参加了2016年“一师一课”活动，其中386名教师获得市级荣誉。

【学前教育】 年内，共开办5所乡镇附设幼儿园及1所村级幼儿园，6月，成立学前双语教育工作办公室并安排一名学前专职教研员。9月，县实验幼儿园9名教师分别对3所乡镇附设幼儿园进行为期一月的蹲点，蹲点期间完成了园内墙上文化建设、指导该园教师完善各种体制机制、上示范课。

【教育基金落实情况】 年内，从育才基金中发放落实大学生奖励328000元，覆盖147名学生；中考、小考、县内统考以及优秀教师等奖励432097元，共落实760097元。

【校园安全】 牢固树立安全稳定压倒一切的思想，制订实施《昂仁县教育系统三月份安全维稳工作实施方案》《昂仁县教育系统各类安全应急预案一本通》坚持把教育系统安全稳定工作作为以人为本、科学发展、维护广大师生切身利益出发点和落脚点，签订《昂仁县教育局系统安全目标责任书》，层层落实目标责任，建立健全安全规章，坚持常态化值班值勤，经常性开展中小学安全检查，不断强化校园保安、食品卫生、大型集体活动、课外活动、交通等方面的安全防范措施，加强反恐防暴演练，协调民警进驻校园。会同卫生、食药、安监、消防等部门深入学校基层检查指导安全工作4次确保了校园平安无事故；开展综治宣传10次、法制讲座2次、消防等各类安全演习每校3次；举行安全知识、交通安全主题班会每校4次，增强学生的安全知识，提高学生的安全防范意识，提升他们的应急避险能力。

【体育卫生】 年内，认真贯彻落实《中小学生健康体检办法》，建立学生健康档案，对全县中小学生、幼儿园儿童进行全面体检。加强对学校食品安全的监督管理，开展传染病防控知识和食品安全卫生知识的宣传教育活动；开展中小学校食品安全、传染病防控等专项检查，及时发现问题，提出整改要求，落实整改措施，排除食品安全隐患。开展中小学生夏季安全工作宣传教育活动，通过主题班会、学生集会和家长会以及“致家长一封信”等形式广泛宣传春季传染病预防工作和夏季防溺水工作，教育引导学生重视夏季安全，提高他们的安全防范能力。加强学生体育锻炼，开展阳光一小时体育运动，组织学生进行体育质量检测，并组织各校体质检测负责人进行了为期2天的培训工作，开展校园足球赛、田径运动会等活动；成功举办昂仁县第一届教职工运动会。

【财务工作】 进一步完善、出台执行《昂仁县教育系统公用经费报销管理办法》《昂仁县教育系统“三包”及营改经费管理制度》《昂仁县教育系统公车维修合同内容》等，进一步规范教育经费使用与管理。

【淄博市第七批援藏工作组援助】 从2013年6月，淄博市第七批援藏工作组安排1名管理干部，担任县中学书记、副校长，2016年6月完成任务返回内地。5月21日，淄博市第七批援藏工作组为昂仁县2015年教师节表彰捐资10万元资金。5月20日，为昂仁县小学（完小）捐赠400件上衣，折合12.8万元。

【淄博市第八批援藏工作组援助】 2016年6月，淄博市第八批援藏工作组安排1名管理人员担任县教育局副局长。2016年9月，组织昂仁县5名教师（县中学3名，贡久布乡、措迈乡小学各1名）参加“组团式”教育人才援藏项目，该培训将于2017年7月完成。8月26日，淄博市第八批援藏工作组对昂仁县籍2016年考入大学的15名学生资助“圆梦行动”助学金4.5万元，每名学生得到3000元。11月23日，举行“手牵手爱心传万里，心连心淄藏一家人”淄博援藏爱心捐赠仪式，为全县中小学学生捐赠11500余件棉衣，折合92万元；为措迈乡小学捐助“嘉杭助学金”0.6万元，今后为该校每年继续落实0.6万元。

（群　培）

【领导名录】

局　长　次仁顿珠（藏族）

副局长（主任科员）

孙　守　运（山东援藏，6月任）

主任科员

罗布次仁（藏族）

副局长（主任科员）
罗　迪（5月免）
副局长 巴　桑（藏族）
次旦卓玛（女，藏族）
副主任科员
益西拉姆（女，藏族）
教研室主任
加　央（藏族）

昂仁县藏语委办（编译局）

【概况】 根据日机编委《关于县市藏语文及编译工作机构编制调整的通知》文件的要求，2014年6月昂仁县二级班子调整的同时，从县委办公室管理的副科级事业单位调整为县政府直属事业单位正科级建制，核定编制3到4名，实有人数4名，并配备藏语委办（编译局）主任（局长）1名，副主任（副局长）1名；科员2名，学历均为大专以上；因工作需要2016年一名科员调到桑珠孜区编译局工作，现有人数3名，昂仁县政府新办公大楼的运用，现已安排3间办公室，设备齐全。

2016年，昂仁县藏语委办（编译局）认真贯彻执行新时期党和国家民族语言文字方针政策，围绕县委、县政府的中心工作，服务大局履职尽责，全体干部职工努力工作，开拓创新，确保昂仁县藏语言文字工作取得较好的成绩和发展，为构建和谐语言文字环境，推进昂仁县跨越式发展和长治久安做出积极的贡献。

【坚持多措并举】 年内，及时制订学习计划，定期组织干部职工学习党中央、自治区、市委、市政府的一系列方针政策和文件精神，主动参与党的群众路线教育实践活动。在抓好政治理论学习的同时，结合工作实际，狠抓业务方面的理论学习，学习自治区党委副书记、主席洛桑江村《关于全区藏语文工作》电视电话会议精神，《西藏自治区学习、使用和发展藏语文的规定》等，通过学习讨论，增强对学习、使用、发展藏语文工作的现实意义和长远的历史意义的认识。协助开办全县机关、乡（镇）干部“双语”培训班，有效提高了干部职工的藏语文水平，在一定程度上减少了因语言不通带来的工作阻力，增强干部开展群众工作的能力。

【做好翻译工作】 年内，昂仁县编译局围绕全县中心工作，为高质量的召开全县三大会议，圆满完成县委、人大、政府、政协、纪检委的五年工作报告等大型材料以及开闭幕会领导讲话稿、会议议程的翻译、审定工作，县乡换届三大会议翻译字数达24万字左右。围绕全县发展稳定大局，运用通俗化，大众化的语言，加大对群众的教育力度，引导群众有序参与项目建设，资源开发等活动，进一步加强昂仁县市场建设领域专项整治工作的力度以及完成灾后重建各项工作任务，圆满完成《西藏自治区农民施工队管理办法》和农业生产购油程序流程、精准扶贫、“4·25”灾后重建整村推进项目规划说明、寺庙灾后重建目标责任书和关于组织特种作业操作人员安全生产培训摸底方案、货运车辆超限超载认定标准、村干部素质提升能力培训班的相关讲话材料等大型民生政策以及各单位送来的应急翻译任务，翻译字数达35610字。完成县委、政府一系列重大决策部署和决策性文件以及县委重要会议上主要领导的讲话稿、文件等相关材料的翻译校对、录入排版，统一制定格式等工作；共完成近12万字的翻译任务，全年共完成近 494112字的翻译任务。

【开展藏语言文字社会用字规范工作】 年内，昂仁县藏语委办（编译局）根据区市两级藏语委办藏语文社会用字检查整改情况的相关文件要求，结合昂仁县实际。制订昂仁县《关于进一步做好藏语文社会用字检查整改工作的实施方案》，藏语文社会用字检查整改工作领导小组相关成员着重对桑桑、切热、卡嘎等交通沿线及县城主街道所在的党政机关、窗口行业、路识标牌、旅游景点、商户门牌等藏语文使用情况进行认真细致的检查整改，在检查中发现存在的问题，要求个体工商户在限期的时间内尽快整改，为昂仁县藏语文社会用字检查工作的有序开展奠定了基础。截至年底，县编译局开展藏语言文字社会用字管理工作，加大对个体工商户、街面门牌610面、路边宣传标语92条，服务窗口单位13家，路识标牌50处，出动人员共12次，在检查过程中发现，藏汉翻译不标准的有15个，同时未使用藏汉双语的有10个，错译及漏译、错字15个左右，主要涉及县城主街道及个体工商户门牌和路识标牌、宣传标语的使用上；与县工商局、公安局积极协调，在全县内凡是注册商户，登记办理公章、私章等使用及翻译藏汉双语的，都有县藏语委办统一审查，统一翻译，大力规范社会用字，全年共受理开具证明210余枚章；提前谋划，加大力度，认真做好市编译局领导及市社会用字管理领导小组到昂仁县进行的各项考察工作和督促检查指导对全县藏语文社会用字管理情况及相关工作开展的前期准备和迎接等工作。

【党风廉政建设】 年内，为确保编译局工作的连续性，促使编译局工作快速走入正轨，编译局加强办公室管理，制定向政府请示报告制度，办公室固定资产、设备购置使用管理制度，办公室内务管理制度，干部职工事（病）假管理制度等，切实做到利用制度管人管事，提高干部职工工作积极性，队伍建设得到了加强。

【党建工作】 年内，按照上级党组织要求，认真贯彻落实昂仁县机关党建目标任务，传达学习区、市、县重要文件精神，制订党建工作计划，成立领导小组。认真开展“三会一课”制度，召开支部委员会、党员大会，进行研究决定支部重大事项，全面安排各项任务，确保每人有事做，每项工作有人负责。结合昂仁县“两学一做”实施方案要求，制订“两学一做”学习教育方案，通过手抄党章、学习教育活动、专题教育研讨会、讲党课等形式，了解活动的意义、目的、内容和要求，营造良好的舆论氛围，同时，办公室做好有关学习教育资料的准备工作，统一发放党章等学习资料，并通过专题教育活动研讨会等形式，制定专题学习方案和学习计划，助推“两学一做”学习教育有序开展；持之以恒深化作风纪律建设。

（普布卓玛）

【领导名录】

局　长　白玛仁增（藏族）
副局长　旦　　增（藏族）

昂仁县粮食公司

【概况】 昂仁县粮食公司成立于1960年1月（前为昂仁县粮站，1993年7月改为昂仁县粮食公司），位于昂仁县雪村伟色路59号、注册资本570万元，公司法人次旺罗布。昂仁县粮食公司职工共有10人，其中正式工8人，临时工2人。公司现在主要经营粮油，桑桑招待所，房屋出租等经营。全县现有6个库点。公司下设财务、统计、营业、保管等。

【公司性质】 昂仁县国有粮食企业，注册为西藏昂仁县粮食公司，由县发改委业务主管，县粮食公司实行独立核算，自负盈亏。

【经营范围与职责】 负责粮食公司资产的经营管理，负责全县农民余粮收购，全县粮食市场稳定，保证粮油供应。

【粮油收购】 县粮食公司按照国家粮食部门相关收购政策，充分认识秋粮收购对管理通胀预期、保持价格总体水平稳定的重要性。在保护农民利益的前提下，增强政府宏观调控能力、稳定市场价格，促进国家和西藏粮食安全的高度，坚持“多收粮、收好粮、防风险”和“购得进、销得出、有效益”的原则，认真处理好保收购与防风险的关系，切实防止“大白条”现象出现。2016

年县粮食公司共收购青稞85809公斤，各地采购粮油 679045.5公斤。

【粮油销售】 县粮食公司按照粮食流通体制改革的新政策和新措施，特别是县政府和县教育局、县民政局的大力支持和统一安排下，结合昂仁县广大农民群众的用量需求和全县低保粮和“三包”学生的粮油供应量而出发，进一步扩大销售渠道，组织开展各乡镇粮食保管员要根据本公司年初制定的经济目标责任书来进村进户销售，县粮食公司按照充分发挥引导作用，转变服务方式，按照薄利多销的原则，放心粮油进学校进村活动。2016年，县粮食公司粮油总销售 743093.5公斤。

【“两学一做”学习教育活动】 2016年，昂仁县粮食公司在县委、县政府坚强领导下深入开展“三严三实”和“两学一做”学习教育活动，认真组织公司员工重点学习宪法、党章、中共十八大和十八届三中、四中、五中全会精神。学习习近平总书记系列重要讲话精神、特别是“治国必治边、治边先稳藏”的战略思想，学习俞正声主席“依法治藏、长期建藏、夯实基础、争取人心”的指示要求。以及区、市、县委统一部署要求，加强学习，不断提高自己的思想道德情操，坚定信念、坚于职守，思想上要与党中央保持高度的一致。

【党建工作】 公司现有党员1人。2016年，根据党支部的安排部署，积极参加昂仁县委“两学一做”学习教育实践活动，深入学习习近平总书记的重要讲话精神，签订践行“四讲四有”公开承诺书。通过集中学习，交流思想，增进共识，进一步教育引导党员干部带头奉献、做合格党员，锻造了一支“四讲四有”的合格党员队伍。

【安全生产】 年内，公司始终坚持“安全第一、预防为主、综合治理”的方针，认真贯彻落实安全生产工作会议精神，为做好安全生产工作，全年完成工作如下：加强安全规范化管理，深入开展“安全生产年”活动；认真开展“安全警示日”和“安全生产月”活动等。切实把安全生产工作落实到生产、建设、经营、管理等各个方面，确保了安全生产局面的持续稳定。

【遵守各项规章制度】 年内，工作上加强职工业务水平提高，严格遵守本公司各项规章制度和安全生产制度。始终把安全生产工作放在首位，落到实处，做好全县粮油收购及销售工作，为昂仁县的经济社会跨越式发展和长治久安提供更加优质服务。

（次旺罗布）

【领导名录】

总经理　次旺罗布（藏族）

副经理　次仁旺堆（藏族，5月免）

昂仁县职教中心

【概况】 昂仁县职业技术培训中心成立于2005年10月，开设有手工木工、民族绘画、缝纫裁剪、农机维修、汽车维修、卡垫编织等专业技术培训班。在编6名国家专任教师，民间聘请技术教师5人（其中公益性岗位3人）。后勤炊事员2人、保安1人、保洁员1人。学校占地8609平方米，建筑面积1500余平方米。各种职业技术教育教学仪器设备折价400余万元。

【培训情况】 年内，根据日喀则市科技局关于举办农牧民科技技术培训的相关要求，为做好农牧民技能培训工作，切实提高西部县农牧民科学技术水平，实现向技术型劳动者的转移目标，促进农村经济社会的发展。2016年，县职教中心协调昂仁县科技局承办日喀则市西部九县科技特派员农机维修综合技术培训。该培训主要对西部县基层科技特派员传授了摩托车维修技术、电焊加工技术和农用拖拉机维修技术。此次培训共参训人员90名，培训分三批进行，每批培训30人。在技术培训开班和结业典礼上，日喀则市科技局副局长边巴扎西和国巴参加考核鉴定和开班仪式，并作重要讲话。培训合格率百分之百，市科技局给予高度评价。2016年，与昂仁县科技局联合举办昂仁县村级科技特派员种植技术、养殖兽医、建档立卡贫困人员创业知识培训、林业科技推广技能培训等共计四期600余人次培训，极大提升了昂仁县基层科技特派员的工作能力；与昂仁县人社局联合举办手工木匠、民族绘画、农机维修等技能培训。完成对43名建档立卡贫困人员的技能培训任务。培训时间长，实用性强，通过严格的考核鉴定，促使43名贫困人员熟练掌握了一技之长；与县委组织部联合举办两期“村干部文化素质提升”培训，完成村干部文化素质提升集中学习培训任务。

【科技特派员技能提升培训】 10月27日，县职教中心承办昂仁县科技局举办的昂仁县科技特派员养殖和兽医技能提升培训，来自昂仁县17个乡镇185个行政村的185名科技特派员和兽医工作人员以及17名乡镇兽防工作人员共202名学员参加了此次培训，培训为期4天。

【青稞增产行动培训】 通过合理实施青稞良种品种布局，切实加大肥料、农药等物资的投入力度，扎实开展耕地地力提升、良种繁育基地建设、粮食绿色高产高效创建、测土配方施肥等项目，全面加强科技支撑力度，大力推进农机化进程，实现全县2017年青稞产量达到2.075万吨以上，青稞亩产比2016年平均增加25公斤以上，同时，青稞良种覆盖率达到80%以上，农机“三项”作业率达到70%以上

【党建工作】 年内，学习习近平总书记系列重要讲话精神，落实从严治党，加强干部队伍建设，深化拓展党的群众路线教育，按照上级部署要求，昂仁县职教中心开展“两学一做”“讲学习、讲忠诚、正风纪、转作风、提效能”主题教育活动；开展扶贫结对认亲活动。积极发展党员，吸收入党积极分子7人。

（达瓦扎西）

【领导名录】

校　长　旦增晋美（藏族）

副校长　米　　玛（藏族）

昂仁县中学

【概况】 昂仁县中学位于西藏日喀则市西部昂仁县城。海拔4320米。学校始建于1979年，占地84337平方米，建筑面积为27765平方米。昂仁县中学设有校长室、团委、妇联、工会、校务党务办公室、教务处、政教处、总务处以及各年级教研组。随着昂仁县教育事业的发展，在各级主管部门的重视和正确领导下，在各方大力支持和援助下，规模不断扩大，发展迅速，学校现有教职工147人，专任教师135人，学生2432人。

昂仁县中学自建校以来，在上级主管部门的大力支持下，教学环境不断改善，学校的硬件设施不断更新，学校有微机室2间，语音室1间，图书阅览室、实验室3间、科技馆1间、藏文书法室、德育室、广播室等师生文化活动场地充足，青少年活动中心建在昂仁县中学之内，办公设备基本齐全。该校按照教学大纲的要求，开足开齐所有科目的同时，开办了藏文书法兴趣班、音乐兴趣班、传统美术兴趣班、迥巴藏戏社团、足球篮球社团、舞蹈社团等丰富学生的课余文化生活。

【教育教学质量】 年内，昂仁县中学立足学校实际，着眼于未来意识及办学总体规划，开拓进取，大胆实践。学校全面贯彻党的教育方针，积极投入新课程实施。在新课程的实施过程中不断更新教育理念，不断加强师德师风教育，狠抓教学管理，严格执行学籍管理制度，完善教学常规管理体系，做到奖勤罚懒，学校领导经常深入教学第一线，加大课堂教学研究力度，构建创新型

教育模式，保证教学过程的优化。努力提高教学质量。学校按照自治区义务教育阶段相关规定，开齐、开全所有课程，并根据学校实际，编撰校本教材。上下一心，齐抓共管，全力实施“素质教育”相关工作。通过一系列活动，学校风貌有较大变化，办学质量明显提高。各项工作取得了一定成效。

【党建工作】 年内，学习习近平总书记系列重要讲话精神，落实从严治党，加强干部队伍建设，深化拓展党的群众路线教育，按照上级部署要求，昂仁县中学召开深入开展“两学一做”“讲学习、讲忠诚、正风纪、转作风、提效能”主题教育活动；开展了“四讲四爱”主题教育活动。

【综治工作】 年内，昂仁县中学高度重视安全教育和安全防范工作，成立由校长统领全局，分管校长具体抓，以政教处和总务处为中心，各班主任分管和科任老师、后勤工作人员协作的全员安全工作网络和安全工作责任制；建立完善的安全教育制度、安全工作责任制及岗位追究制；学校还定期开展消防安全检查，消防演练，重新配备消防器材等设施设备，防止火灾事故发生；进一步加强学校食品安全监督管理工作，消除学校食品安全隐患，有效控制学校食品安全事故发生；定期排查安全隐患，确保师生人身安全，及时做到“防患于未然”；经常对师生进行安全常识教育，结合国家法律法规讲安全，结合生活实际讲安全，结合安全隐患讲安全，大力宣传如何预防食品中毒、防溺水、防电、防交通事故、防意外伤害等安全知识，树立师生安全意识，制定各种应急预案，做到安全工作警钟长鸣，确保学校财产安全、师生人身安全。

【聘请法制副校长】 年内，昂仁县中学聘请了法制副校长，定期为学生进行法制宣讲和爱国主义教育。通过一系列活动，进一步建立健全学校、家长、社会“三位一体”的安全工作联系网络，充分发挥合力教育职能。学生外出有严格的审批手续，为全体师生营造了一个安全、和谐、良好的生活环境。

【增强学生安全知识】 年内，昂仁县中学还充分利用“防灾减灾宣传日”“应急逃生演练”等活动，每开学第一课设立为安全课，每学期开展1次消防安全知识讲座和1次防火防震疏散演习。完善各类应急预案，加强“三防”（火灾、洪灾、震灾）演练，增强学生的安全知识，提高学生的安全防范意识，提升他们的应急避险能力。

【“廉政文化”进校园】 为弘扬社会主义先进文化，构建社会主义核心价值体系，全面推进素质教育，全面提升师生思想道德修养，建设清正和谐的校园，学校制订并落实“廉政文化进校园”活动工作计划，并成立工作领导小组。坚持统筹兼顾，相互配套，全员参与。由党支部牵头，党政齐抓共管，部门各负其责，全校师生共建，形成工作合力，将廉政文化建设纳入学校文化建设的整体之中，将廉政教育纳入学校德育建设的整体之中，积极推进廉政教育进教材、进课堂、进头脑。

【德育工作】 年内，昂仁县中学始终把培养社会主义接班人作为教育工作的根本出发点，为适应新形势的要求，不断改善德育工作的方式方法。学校成立以校长为组长的德育工作领导小组，成员有政教处、各教研组长、班主任、学生会等。

（扎西顿珠）

【领导名录】

校　长　巴桑扎西（藏族）
副校长　平　措（藏族）
　　　　阿旺琼达（藏族）

昂仁县完全小学

【概况】 昂仁县完小是一所距日喀则市217公里

的西南边陲，海拔4330以上的农区学校，学校占地面积有28457平方米，建筑面积5619.72平方米，现有12个教学班，在校生人数423人，学校肩负着县城及如多等五个村六年义务教育任务，现有教职工27人（中级职称16人），本科学历11人，大专16人，组成一支作风踏实，教书育人，勇于进取，乐于奉献的师资队伍。

【校园建设】 昂仁县完小以“依法治校、以德树人、质量求存 ”的办学理念和公平公正的管理理念，结合实际提出“以德育为中心，一手抓教育教学质量，一手抓规范管理”的工作目标，大力推进学校本着“以人为本，为学生终身发展奠定基础”为理念，以教学质量为生命线，努力打造教学特色品牌，学校自建校以来，有一支团结奋进、开拓进取、率先垂范的领导班子；有一支高素质的教师队伍，教学管理严格有序，教学活动形式多样，教师们在新课程改革活动中教学能力不断提升。教育是一种“活动”，活动是促使学生发展的基础，学校开展丰富多彩的课外兴趣小组，如藏汉书法兴趣小组，为师生提供展示智慧的平台，张扬个性，以此来提升师生的素质品位。在每年全县范围内的统考中成绩显著，深得家长和社会的好评。建校以来，学校办学的实力不断提升。2016年，荣获日喀则市级“平安学校”、县级2016年统考总分“一等奖”。百年大计，教育为本，教育大计，德育为先。昂仁县完小从农民学生的行为习惯养成教育入手，努力将学校打造成为县级农区示范学校。“让学生成才，让家长放心，让社会满意”的办学宗旨注重学生全面发展，严格实施“三包”管理制度，确保学生进的来，留得住，学习的好，生活得愉快，现学生巩固率达到100%，达到了相关评估验收的目标要求。

【德育工作】 学校坚持德育为首的工作思路，积极开展德育工作，针对新时期德育新问题，提出学校德育工作新思路，改进学校德育工作方法，努力提高德育工作效益，主要做了以下几个方面的工作：开展各项少先队活动；每周坚持升国旗仪式，以班级为单位轮流进行国旗下讲话；开展主体班会；集体召开家长会；开展教师师德师风建设；组织开展安全教育工作；行为养成教育进入课堂等。

【班子建设】 学校特成立以校长为中心的领导集体，统一管理学校各项工作，把学生的学习，安全放在首要任务，为他们的健康成长提供最好的服务和可靠的组织保障。为进一步提高管理水平和教育教学质量，学校执行原有的期中期末考试外月月考，并对每一次考试进行分析，分析时既要分析试卷又要分析学情，教情，严格执行期中、期末、县内统考等各项考试奖惩制度。总之在提高教育教学质量上达到预期制定的目标要求。

【教职工队伍】 年内，全校班主任完成班级常规管理的同时，还要关注学生的吃、穿、住、行，进行不定期监督及走访，到学生当中谈心，了解和帮助学困生存在的实际问题，每一位教师都有学困生帮扶对象，并且每学期学校将期末时统一检测学困生学习转换工作情况，并将教师个人撰写的学困生成长档案存档，并作为评优评选工作的重要依据。

【党建工作】 作为教师中的先锋力量，党员教师在平常的教学工作中要做到带头作用，时时刻刻努力完成为学生服务的工作目标。每学期学校组织开展“献爱心，让学生健康成长”为主题活动的捐款活动，党员教师走访摸底的情况下有实际困难，需要帮助的选出23名贫困生，不仅给他们生活上的帮助还要时刻监督，关注学习上的动态，总之，学校23名党员干部做到自已应有的责任和义务。

【安全卫生】 年内，昂仁县完小始终把安全卫生工作纳入为每项工作达标的范畴中，高度重视，抓细抓实，为此，学校专门成立由校长任组长的安全卫生领导小组，制订《安全目标责任书》《昂仁县完小师生交通应急预案》《教学事故目标责任书》。实行一系列安全制度并在学校开学前，学校与班主任签订目标责任书，班主任与家长签订目标责任书，学校与任课教师签订交通安全责任书的各项制度落到实处，同时学校实行校长为带班，以教职工为主的24小时值班制度，经常跟县公安局的协调下，完成彻底排除安全隐患工作，2016年学校始终保持安全事故零记录。

【提高教育教学质量】 年内，为进一步加强和管理教师队伍，促进教师理论学习和教学研究，积极提高教师队伍整体素质。2016年，学校举行一次教师业务考试及参加市教育局组织的业务考试，以新课程为指导，以促进教师专业化成长为宗旨，坚持面向全体，以考促学，以考促教的原则，全面提升教师业务素质，努力提高教育教学质量。

【丰富文化生活】 长期以来学校十分重视学生的业余文化生活，培养学生德智体美学习兴趣，促进学生全面健康成长，长期利用周六时间给住校生发放一些爱国主义教育片，周日给学生发放一些体育器材，每年认真组织校内运动会，书法比赛，歌咏比赛，诗歌朗诵，每天体育老师坚持开展“两操”，阳光一小时等丰富多彩的业余生活。学校不定期开展学生有意义的社会实践活动，如“清扫英雄坟墓”到敬老院打扫卫生，有组织，有顺序地开展各项活动。

【建立学生干部队伍】 在长期的实践中，学校逐渐选出在学生当中责任心强，有组织能力的6名学生成立学校护校队，既有利于培养学生管理能力和沟通能力，又让学生走进学生，让学生了解学生，为学校管理增添新的动力和活力。

（桑巴伦珠）

【领导名录】

党支部书记

普布顿珠（藏族）

校　长　桑巴伦珠（藏族）

副校长　占　　堆（藏族）

昂仁县供电有限公司

【概况】 昂仁县电力有限公司成立于1982年8月（前为昂仁县农电公司），位于昂仁县金塔路18号，注册资本1053万元，公司法人加布。2016年，昂仁县电力有限公司职工共有29人：其中正式工19人，公益性岗位5人，临时工5人。公司现有一座彻朗水电厂，装机容量为2*500千瓦、总容量为1000KVA，彻朗水电厂形成局域网输送线路为县城及秋窝乡、达局乡，总输电线路为143公里。公司下设财务科、营业部、材料销售部、运行部、外线队5个职能部门。

【公司性质】 昂仁县电力有限公司是国有企业，注册为昂仁县电力有限公司，由县水利局业务主管，县电力有限公司实行独立核算，自负盈亏。

【经营范围与职责】 负责县电力有限公司资产的经营管理，负责县供电区域内发、输、配、售电业务，组织开展县域范围内的供电服务工作；负责组织实施县城及各乡村电网改造与线路维护工作；负责按照有关部门和单位委托的其他经批准经营业务。

【开展“两学一做”学习教育活动】 2016年，昂仁县电力公司深入开展“三严三实”和“两学一做”学习教育活动，组织公司员工重点学习宪法、党章、党的十八大和十八届三中、四中、五中全会精神。学习习近平总书记系列重要讲话精神、特别是“治国必治边、治边先稳藏”的战略思想，学习俞正声主席“依法治藏、长期建藏、夯实基础、争取人心”的指示要求。以及区、市、县委统一部署要求，进一步加强学习，不断提高自己的思想道德情操，坚定信念、坚于职守，思想上要与党中央保持高度的一致。

【党建工作】 2016年，公司现有中共党员7人。公司紧紧围绕昂仁县委“两学一做”学习教育实践活动，深入学习习近平总书记的重要讲话精神，与每一位党员签订践行“四讲四有”公开承诺书。通过集中学习，交流思想，增进共识，进一步教育引导广大党员干部带头奉献、做合格党员，锻造了一支“四讲四有”的合格党员队伍，为建设团结美丽的昂仁而奋斗。

【安全生产】 年内，公司始终坚持“安全第一、预防为主、综合治理”的方针，认真贯彻落实安全生产工作会议精神，牢固树立安全生产不以牺牲生命为代价的意识，为做好安全生产工作，全年，加强安全规范化管理，深入开展“安全生产年”活动；加大违章督查力度，严格落实整改措施；认真开展“安全警示日”和“安全生产月”活动。切实把安全生产工作落实到生产、建设、经营、管理等各个方面，确保安全生产局面的持续稳定。

【严格遵守各项规章制度】 年内，工作上加强职工业务技术水平提高，严格遵守各项规章制度和安全生产制度。始终把安全生产工作放在首位，落到实处，做好供电线路和供电设备的维护检修工作，完成好全年各种保输电任务，保障供电可靠性，不断提升供电服务水平，为昂仁县的经济社会跨越式发展和长治久安提供更加优质的电力保障。

【“十三五”时期发展思路】 加强农村电网建设，提高供电服务水平，实现全县城乡电力一体化，均等化，智能化，大幅提升农牧区用电水平，到2020年，基本建成到乡到村的完整县城电网，电能成为县城和农牧区的主要能源，建立完善符合现代制造要求的先进供电企业管理体制和运转机制，建成安全可靠，节能环保，技术先进，管理规范的农村电网，实现电网覆盖率达到全县人口的60%， 农网供电可靠律达到55%，建立资产清晰，权利明确，管理科学的先进供电企业管理体制。

（加　布）

【领导名录】

总经理　加　布（藏族）
副经理　达瓦扎西（藏族）
　　　　普　琼（藏族）
主　任　达瓦次仁（藏族）
　　　　尼玛平措（藏族）
　　　　拉　旺（藏族）

城市建设·环保

昂仁县住房和城乡建设局

【概况】 昂仁县城建局于1998年成立，2012年更名为昂仁县住房和城乡建设局。2016年，住建局共有28人，编制7人（行政编制5人，机关事业编制1人， 公益性1人）。其中公务员5人，高级工1人，驾驶员1人，城管环卫队21人（公益性7人，临时工14人），党支部共有中共党员6人。县住建局紧紧围绕年度工作目标，坚持以科学发展观为指导，践行创先争优，充分解放思想，密切联系群众，务实奋进，攻坚克难，较好地完成项目建设、城市管理、行政审批和行政许可等各项工作任务。

【党建工作】 年内，按照上级党组织要求，认真贯彻落实昂仁县机关党建目标任务，传达学习区、市、县重要文件精神，制订党建工作计划，成立领导小组。开展“三会一课”制度，召开支部委员会、党员大会，进行研究决定支部重大事项，全面安排各项任务，确保每人有事做，每项工作有人负责。结合昂仁县“两学一做”实施方案要求，制定“两学一做”学习教育方案，通过手抄党章、学习教育活动、专题教育研讨会、讲党课等形式，充分认识学习教育的重大意义；开展民主生活会，针对党员自身存在的问题进行开展相互批评和自我批评； 组织党员干部公开承诺，并严格抓好承诺兑现，规范党员干部的一言一行，确保党员队伍纯洁；持之以恒深化作风纪律建设。对各种作风建设问题进行排查纠治，维护住建部门的良好形象，促进机关作风的转变；干部职工的晋级晋职、推先评优、考核以及财务收支情况、大宗物资采购事项等，进行党务公开，促进党建工作不断提升；严格执行上下班考勤专人负责制度，做到上班有签到、请假有手续、公差明去向，有效地控制干部职工的迟到、早退、缺勤现象；严格落实公务用车制度，加强车辆及驾驶员规范化管理，对公务用车使用严格管控，落实车辆出入登记、车钥匙管理、驾驶员管理、用车申请审批、公务用车定点维修、公务用车使用情况公示等制度，严防公务用车失管失控；着力加强机关行风建设。结合实际制定完善《县住建局限时办结制度》《县住建局岗位责任制度》《县住建局政务公开服务承诺制度》《县住建局首问责任制》等系列规章制度，进一步规范服务窗口工作人员的行为，并使全局干部职工形象公开、姓名公开、服务公开、职工联系电话公开，切实解决百姓的实际需求，不断提高局机关的对外服务水平。

【党风廉政建设】 年内，党风廉政建设工作在县纪委要求下，认真贯彻落实上级文件精神及领导重要讲话，坚持标本兼治、综合治理、惩防并举、注重预防方针，强化领导责任，班子成员实行“一岗双责”，把党风廉政建设责任制落到实处；抓好党员干部政治纪律教育，增强党性观念，加强遵守政治纪律的监督检查，从严执纪，加大违反党风廉政建设责任追究工作力度；抓好政务公开，党务公开，重大事项公开，拓展源头治腐的工作领域。结合住建局工作实际，着力加强领导作风建设，不断提高班子成员的思想水平、政策水平和廉政建设水平，为住建局各项工作的顺利完成提供有力的政治保障和纪律保证。

【项目建设】 2016年，负责组织实施项目共9个，共计投资2.03亿元，开工建设1个，已完成建设4个，项目前置资料办理4个。

【2015年国家投资续建项目】 2015年，乡（镇）干部职工周转房建设项目：新建乡镇干部职工周转房353套，总建筑面积17650平方米，总投资为6177.5万元，该项目现已完工。2015年县公租房建设项目：新建公租房120套，建筑面积4800平方米及相关附属工程，项目总投1200万元，该项目现已完工。县城供水工程项目：新建日供水3000立方米水厂一座，主管网长11.28公里，支管5公里及相关附属工程，项目总投2100万元，该项目现已完工。桑桑镇垃圾填埋场项目：日处理垃圾2吨及附属设施，项目总投资903万元，该项目现已完工。

【2016年国家投资新建项目】 2016年，公租房建设项目：新建公租房200套，总建筑面积10000平方米，总投资3500万元。截至年底，已进入装修阶段。 7个村整村推进项目：新建修复道路、广场、给排水、路灯、电力设施等配套附属设施，项目总投资4900万元，截至年底，该项目正在办理前期资料。昂仁县非住宅维修加固项目：建筑面积4286平方米及附属设施，项目总投资300万元，截至年底，该项目正在办理前期资料。

【2016年计划实施国家投资项目】 2016年，计划实施国家投资项目1个，昂仁县经六路延伸段建设项目，项目建设总长度为509.88米，包括道路、照明、电力、通信等工程，计划项目总投资577.88万元，截至年底，该项目已开工。

【行政审批和行政许可】 年内，严格遵守《中华人民共和国城乡规划法》《西藏自治区城乡规划条例》《中华人民共和国建筑法》《建筑工程施工许可管理办法》以及自治区、市相关行政审批、许可规章制度，结合《昂仁县住房和城乡建设局限时办结制度》，依法依规核发“一书三证”和施工许可证，保障建设项目的正常实施。截至年底，2016年度建设项目选址意见书共计核发证书66件，建设用地规划许可证共计核发证书28件，建设工程规划许可证共计核发证书32件，乡村建设规划许可证共计核发证书136件，施工许可证共计核发证书15件。

农牧民施工队资质审核：根据《西藏自治区农牧民建筑施工队伍管理办法》文件精神及上级业务部门相关要求，按照自治区及市业务部门有关农牧民施工队资质管理规定，开展昂仁县农牧民施工队资质申请审核工作。住建局实际筛选出相对符合农牧民施工队资质申请条件的共计48个。为能够有效促进昂仁县劳动力转移就业、增加农牧民群众收入，促进城乡一体化发展，提升昂仁县农牧民建筑施工工作规范化，根据《中华人民共和国房屋登记办法》及自治区相关规章制度要求，开展房屋登记工作。截至年底，共办理房屋登记73件，其中：初始登记69件，变更登记2件，他项权登记2件。根据《国家发展改革委财政部关于取消收费许可证制度加强事中事后监管的通知》以及《关于规范自治区房屋登记费计费方式和收费标准等有关问题的通知》文件要求，住房登记收费标准为每件50元，非住房房屋登记收费标准为每件250元。截至年底，住建局共收取2016年度房屋登记费66979元。

【保障性住房管理】 年内，昂仁县保障性住房建成已入住的共有673套，其中公租房320套，周转房353套。公租房320套按照《日喀则地区公共租赁住房管理暂行办法》和《住房城乡建设部、财政部、国家发展改革委关于公共租赁住房和廉租住房并轨运行的通知》文件要求并轨周转住房使用。昂仁县保障性住房入住审批立足“合理使用、有效周转”的工作原则，严格按照自治区住房政策规定，依规管理，公开透明。2016年，昂仁县符合发放住房租赁补贴条件的城镇低收入住房困难家庭共有137户，共计165人。根据每人每月255元的补贴标准，采取年底一次性全额发放的方式发放住房租赁补贴，共计发放住房租赁补贴资金504900元。其中自治区补助资金429165元，市补助资金50490元，县补助资金25245元。

【建筑市场管理】 2016年，住建局以日喀则市建筑工程领域专项整治活动为契机，按照集中治理与日常监管相结合的方式，针对建筑市场弄虚作假、安全生产、未批先建等现象，突出重点，综合治理，标本兼治，惩防并举，不断规范昂仁县建筑领域市场行为，维护建设市场秩序。加强管理，依法规范建筑市场各方主体行为。严把市场准入、施工图审查、招标投标和施工许可等各个关口，严禁违法项目开工建设；规范有形建筑市场运作，打造诚信平台。昂仁县建设项目均以委托招标公司招标的形式公开招标，确保招标公开、公正、透明，保证投标单位公平竞争；加大监管力度，查处违法行为。对未办理施工许可擅自开工建设的工程按照《中华人民共和国建筑法》《建筑工程施工许可管理办法》及自治区有关规章制度依法进行处理；查找薄弱环节，进行专项整治。有计划、有步骤地开展了建设工程监理、施工质量和安全生产、拖欠民工工资等专项检查，对检查中存在问题的工程，责令停止施工，限期整改；转变管理模式，狠抓建筑施工安全生产监管工作。针对已往企业抓安全生产只为应付检查和评优的现象，住建局加强施工现场全过程的监管，落实建设工程监理责任，对脚手架、起重机械、施工用电等安全薄弱环节开展了专项治理，对不符合《建设工程安全生产管理条例》规定的工程，限期进行整改；加强管控，保证民工工资按时发放。凡在县域内新建、扩建、改建的建设工程项目，均按照自治区、市有关规定缴纳民工工资保证金，保障民工的合法权益。

【安全生产】 年内，住建局始终坚持“安全第一、预防为主、综合治理”的方针，加强对建筑施工地点工程安全管理薄弱环节的监管工作，强化施工企业对施工现场危险源的控制能力，建立健全建筑施工重大事故应急救援预案，定期进行安全生产形势分析，及时发现安全隐患，找出薄弱环节，加大对事故多发地区和薄弱环节的监督检查力度，狠抓事故超前防范。扩大宣传，增强意识。加大辖区内建筑施工从业人员的法规技能、业务知识的指导力度，加大施工、监理安全技术交底及安全培训台账的检查力度，保证从业人员具备安全生产知识。通过现场办公会、设立宣传牌、发放宣传材料等多种方式加大宣传力度，极大程度地提升了广大从业人员的安全意识；强化监督，杜绝隐患。深入施工场地、液化气站进行巡查监督，重点就用电、用气、施工建筑内宿舍、脚手架搭设、安全网、安全带设置使用、五大员配备到场等情况进行督查，强化参建各方责任主体的履职情况，对排查出的问题及时督促相关责任单位制定可行的处理方案，限时进行整改，对拒不整改或整改不达标的，采取果断措施予以处理，确保不留下任何安全隐患。2016年，住建局安全生产工作持续稳定良好运行，未发生任何安全生产事故。

（庞　飞）

【领导名录】

局　长　戚　　星（6月免）

　　　　郑 兴 邦（6月任）

副局长　扎西多吉（藏族）

昂仁县安居办

【概况】 昂仁县农牧民2016年灾后恢复重建及易地搬迁工程建设在县委、县政府的全力组织实施下，在全县广大干部职工和农牧民群众的参与下，把此项建设作为昂仁县“4·25”灾后恢复重建及易地搬迁工作的切入点和突破口，高度重视，采取扎实有效措施，狠抓各项工作的贯彻落实，扎实推进灾后恢复重建及易地搬迁项目，保证了工程的施工进度、质量和安全等各项工作协调进行。

为深入贯彻落实中央、自治区、日喀则市扶贫工作会议和《中共中央国务院关于打赢脱贫攻坚战的决定》精神，加快推进昂仁县异地扶贫搬迁工作制度，县委、县政府结合整村推进提早谋划、周密部署，拟在两年内完成7348人的建档立卡贫困人口易地扶贫搬迁工作（其中2016年完成1122人的易地扶贫搬迁工作，2017年完成6226人的易地扶贫搬迁工作）。截至年底，按日喀则市下发指标1122人，其中开工建设172户569人，其余553人易地扶贫搬迁正在开展前期工作。截至年底，易地搬迁项目工程量完成率达到90%。

【灾后重建及易地搬迁项目】 2016年，昂仁县灾后重建及易地搬迁项目实施由2镇1乡11个行政村，牵涉到的乡镇有桑桑镇、卡嘎镇、切热乡，其中纯牧业的桑桑镇、（阿布列村、拉聂村、梅朵、洛布村、达仓、亚宁），切热乡（切多、鲁玛、帕灯），半农半牧的桑桑镇（余松村），纯农业的卡嘎镇（江嘎村）。该项目实施受益达655户，其中整村推进有483户、易地搬迁172户、受益人数共2560人。截至年底，共入住359户、1407人、其中灾后恢复重建270户、1106人，易地搬迁入住85户、301人。

【宣传引导】 年内，昂仁县灾后重建共打造655户（整村推进483户，建档立卡易地搬迁172户），在项目建设上争取群众意见后决定此次灾后重建项目由施工经验丰富、实力雄厚并且信誉度较高的当地施工队来承建，在发包前由重建办对整个项目施工要求进行详细的解答并译成藏文发放给当地施工方；大力宣传惠民政策，让群众充分认识整村推进项目的实惠，先后走村入户30余次，召开村民大会50余次，深入细致讲解灾后重建项目的相关政策、要求、条件，引导农牧民群众参与支持灾后恢复重建；在工程建设之前，对项目的建设地、规模、结构等逐村进行群众民意摸底调研，征求群众意见，将设计好的效果图和平面图向农牧民群众详细讲解，重点对农牧民群众关注的房屋结构、面积、户型、房屋重建方式等方面进行释疑解惑，切多村、鲁玛村、亚宁村、帕灯村、达仓村因原址地质灾害频繁，居住分散采取异地搬迁，其余村采取原址推倒重建的统规统建方式以及在主动解决房屋面积扩大的资金自筹问题，得到了广大农牧民群众一致的支持和认可。

【基础工作】 年内，成立应急指挥中心和灾后重建办，多次走村入户收集受灾情况及相关数据统计工作，并及时上报上级有关部门。项目任务下达后，昂仁县立即成立由县政府领导带队的工作组、到实地再次调研及核实相关数据的真实性，并多次实地下乡确定灾后重建项目的行政村、项目的选址点；项目方案确定之前，政府主要领导亲自带队的昂仁县有关县级领导及相关乡镇领导，县机关有关部门的负责人到兄弟县城取经，同时结合本县实际多次论证，并征取昂仁县有经验的当地施工队意见后初步确定户型方案，经过多次下乡调研和征取群众意见后最终确定7个户型（A120平方米、B200、C240、D100、E110、F120、G140）ABC为农区的户型、DEFG是牧区户型、工作组根据昂仁县实际情况牧区乡镇，属高寒区，在房屋结构上专门设定玻璃暖房；为减少农牧民的自筹负担，在投劳方面政府跟施工方沟通尽量用本村农牧民，在用工方面与施工方达成了男160元一天、女140元一天的协议，有效解决农牧民的房屋面积超出国家补助范围的资金短缺问题；县政府专门给重建办配备专用车，5辆摩托车，便于开展工作，同时，灾后重建办所产生的工作费用由重建办人头经费来支出，超额部分以及施工过程中填方、移动电线杆、地勘、设计等造成的额外开支全部由昂仁县财政来承担。

【抓好过渡安置】 年内，房屋拆迁及安置工作在3月1号至3月30号全部拆迁并安置完毕，为了广大农牧民避免发生不必要的损失，拆迁均由户主自主拆迁，工作组决定原材料能达到设计要求规格的户主跟施工方交谈买卖，材料价格由政府统一规定，按照一户一顶的要求为拆迁户农牧民群众搭建帐篷，在每个安置点都成立治安巡逻小组、医疗救护小组、安全生产小组，切实保障广大群众的日常生活、生命财产、施工建设的安全，确保重建工作安全有序进行。

【抓实工程质量】 制作隐蔽工程验收台账，对进度等方面进行打分制，按照打分高低来安排往后项目上的倾斜，发现的问题及时向施工方和设计单位反映并提出整改要求；安排4名县级领导干部包乡包村责任制度，重建办牵头，国土、环保、住建、发改委、协助下，监理单位、乡镇科级干部、驻村工作队、“双联户户长”、村务监督员、村“两委”班子党员代表成员为项目监督员，对各点项目的质量、规模、进度等进行每日循环监督，发现问题及时向施工方和设计单位反映及整改要求，确保项目质量；前期县政府邀请专门设计公司和地勘单位，对所有民居进行实地勘测与规划设计，并多次与农牧民、设计方沟通协调后，确定最终方案及施工图纸。设计方案中同步设计总面积2500~3000平方米的村委会活动场所和幼儿园、卫生所，确保乡村的合理布局及保证了房屋的安全。项目开工后，昂仁县聘请专业的监理单位对民房重建项目进行全程监管，并要求指定5名监理人员现场监督指导。

【规范资金管理】 昂仁县严格按照项目拨款程序，整村推进和易地搬迁分别从各自的账目中进行拨付。截至年底，85%的民房建设资金已全部落实到户，由各户再拨付给施工方，剩下的15%民房建设资金按照程序已拨付85%的资金，待民房全部竣工后再行拨付。

【完工情况】 2016年，昂仁县灾后重建及易地搬迁主体工程验收已通过，未入住的续建当中。

【个人申请】 首先个人申请并由村委会核实签字后报乡（镇）政府，再由乡（镇）政府查实签字盖章上报到县安居办，最后由县安居办调查核实、审批。

（普琼次仁）

【领导名录】

主　任　达瓦罗布（藏族）

昂仁县环境保护局

【概况】 昂仁县环境保护局成立于2010年10月，设有环境监察大队和环境监测站（为县环境保护局管理的副科级事业单位），环境监测站编制2人，实有2人；环保局现有6人。昂仁县环保局位于昂仁县金塔路林业办公大楼里，设有局长办公室、副局长办公室、党员活动室、监察支队和环境监测站。环保局牵头开展生态文明建设和全县环境保护工作，日常开展环境监察和全县污染防治以及负责一年四季度的全县大气、地表水、地下水、集中式饮用水水源地的环境监测工作。

【环境监测】 2016年，昂仁县监测工作严格按照《西藏自治区环保厅关于对日喀则市昂仁县环境质量监测方案的批复》要求组织实施，县域水体、空气监测工作由第三方具有监测的资质单位每季度监测一次，监测报告显示与上年度整体持平。县城内主要河流水质达到Ⅲ类以上标准、空气质量达到二级以上标准。根据四季度监测结果表明昂仁县集中式饮用水水源地（地下水）水质各项监测指标均符合《地下水质量标准》（GB/T 14848-1993）表Ⅱ类标准限值；昂仁县地表水（湖泊：金措湖）和集中式饮用水水源地（地下水：县城水源地、中学水源地）水质的各项监测指标均符合《地表水环境质量标准》（GB 3838-2002）Ⅲ类标准限值及集中式生活饮用水地表水源地补充项目标准限值；昂仁县环境空气质量各项监测指标均符合《环境空气质量标准》（GB 3095—2012）二级标准限值。

【贯彻落实《中华人民共和国环境保护法》】 年内，县政府向县人大或人大常委会报告当年环保工作部署及目标任务完成情况。2016年3月18日，召开昂仁县第十二届人民代表大会第八次会议，政府主要领导作了工作报告，整个报告中提到环境保护工作4页多，并对2016年环境保护工作进行安排部署。会后，县环保局、林业局结合各自工作实际，按照人大政府工作报告内容要求，分解工作任务逐步实施，报告中涉及的工作任务在年内已全部完成。同时，根据县人大常委会安排，2016年8月16日，县环保局向县人大常委会作《履行监管职责 大力改善环境 推动城市环境卫生管理工作再上新台阶》的工作报告。年初，县委、县政府对生态环境保护工作进行安排部署并对任务进行分解。昂仁县于2016年3月底召开“两会”，会上均对县环境保护工作进行安排部署，全委会上政府工作报告中第4、12页均提到环保工作，并对2015年环保工作给予认可。提供《依照“两会”部署县环保局、林业局工作任务分解和完成情况》。

【生态环境保护】 真抓实干，政府牵头，整治砂场。昂仁县人民政府制订印发《昂仁县采砂专项整治工作方案》，并召开多次专题会议进行研究确定。年内，完成综合整治工作，主要包括取缔证件不全、整合现有砂场数量、划定统一区生产、采取政府招标拍卖、生态恢复现有开采点等内容，即能保护好环境，又有利于监管，将改变以往的分布广、不好监管等不利情况。

【医疗废物处置逐步规范】 产生医疗废物的单位主要有县人民医院、藏医院及17个乡（镇）卫生院。昂仁县人民医院制订实施《昂仁县人民医院医疗废物处理方案》，对具体处置工作进行细化，并制订《昂仁县人民医院医疗废物处理登记本》《各科室的医疗废物收集交接登记表》和《医疗垃圾转动联单》，将处理种类、数量、收集人、处理方法，科室收集到集中收集处置均进行详细登记、说明，并建有危险废物贮存设施。对医疗垃圾的收集处置等流程均进行严格操作，严格执行医疗废物收集交接登记，与县垃圾填埋场建设医疗废物转运联单制度，并提供转移联单登记。县垃圾填埋场实现生活垃圾、医疗垃圾分类妥善处置填埋。对全县17个乡（镇）卫生所医疗垃圾的处理严格按照规程进行，在填埋中，做到先定点焚烧、再运至县生活垃圾填埋厂进行定点填埋。2016年10月，县环保局开展了全县核技术利用单位辐射安全专项监督检查工作，形成《昂仁县关于开展核技术利用单位辐射安全监督检查工作情况》；环境安全隐患排查治理。2016全年共开展3次除患排查工作。3月，结合昂仁县实际情况，制订《昂仁县环境保护局2016年环境隐患排查工作方案》，对全年环境安全隐患排查工作进行安排部署，同时，不定期开展隐患排查；结合环保综合督查，进一步深化污染防控工作。根据《日喀则市环保局关于印发日喀则市环境保护综合督查工作方案的函》通知要求，昂仁县结合实际，及时动员部署，按照规定要求认真开展县城内的城镇垃圾填埋厂、县城水厂、中学水源地、矿产资源开发领域、自然保护区、砂场、液化气站、加油站等重点督察领域及危化从事单位环境保护自查工作。

【饮用水水源保护】 年内，加强集中饮用水源地的巡查频率。对县城水源地和中学水源地内外进行不定期检查，及时修补网围栏、防止不法行为发生，保证水源地区域内无污染源。县环保局按照月检查一次的标准，截至年底，对两个水源地巡查12次，同时要求水源地的管理单位强化巡查和管理及对设施的保护措施；采取有力措施开展污防工作。

【砂石运输车辆管理】 年内，整治砂、土、石运输车辆，防治路面掉砂土，起扬尘等环境污染。研究制定《昂仁县县城内建筑行业运输车辆环境卫生责任书》和《关于运输砂石土、渣土车辆的管理通告》（藏汉）等文件，凡在县城内运输砂石的车辆采取必须缴纳保证金、办理准运证、覆盖防护网等措施。年内，共办理准运证的渣土车辆65辆，每辆2000元，共13万元，均已上交县财政进行统一管理。在整治工作的后续管理中，由城管大队进行监管，对不符合要求不加装防漏装置的运输车辆不得进入县城，对违反规定的进行扣留、劝说，对不服管理的交由交警部门处理。

【对施工工地环境实行保护】 年内，各施工工地从开工建设到竣工期间，均进行严格监管，特别是降尘、降噪作业均进行要求，每个工地出口均有专人冲洗，防止砂土带入主干道，维护县城主干道卫生，防止扬尘产生。租用林业浇水车每天实施4次路面洒水，对撒落尘土的路面及时进行冲洗，维护路面清洁。

【燃煤锅炉淘汰工作】 根据《日喀则市昂仁县大气污染防治目标责任书》的具体要求，结合昂仁县实际，制订《关于昂仁县开展燃煤锅炉淘汰工作计划》，截至2016年10月底，已淘汰锅炉2台。

【环境综合整治】 年内，全县动员、不留死角，整治的同时加强宣传教育。4月，昂仁县结合县域实际，为做好城乡综合整治工作，制订出台《昂仁县开展县城市容市貌综合整治专项行动方案的通知》《昂仁县开展县城及乡（镇）环境卫生综合整治活动实施方案的通知》，根据文件精神，开展相关检查指导工作，并依照属地管理原则，对全县各乡（镇）、县直各相关部门的职能和任务及责任进行了明确。根据工作开展情况，形成了《昂仁县人民政府办公室关于2016年“两次”环境综合整治工作的情况通报》，整治工作情况与年内的县级环境保护考核挂钩。

【建设项目环境管理】 建设项目环境管理工作逐步规范化运作。昂仁县全年共开工建设项目115个。环保局全年共办理环评登记手续115个，开具环评证明10个。各项手续严格按照《项目分类目录》进行，实现不越权办理，按规定办理。工地环境管理中，各施工工地从开工建设到竣工期间，均进行严格监管，施工中必须制作环境保护宣传口号或标语。同时与全年所有开工的项目签订环境保护目标责任书，2016年共签订责任书85份。

【生态村创建工作】 2014年，昂仁县卡嘎镇卡嘎村、热龙村，桑桑镇梅朵村等3个被评为自治区级生态村，2015年，昂仁县切热乡曲尔木村、帕灯村，桑桑镇西果村等3个被评为自治区级生态村。2016年，昂仁县桑桑镇番巴村、阿木雄乡热果村、甭那村，达若乡其日村、强玛村、查庆村、卡嘎镇布玛村等7个村被评为自治区生态村，截至年底，昂仁县共创建完成13个自治区生态村。

【党建工作】 年内，环保局机关党支部以党的十八大精神为指导，全面落实科学发展观，加强支部建设，加强党员的廉政教育，充分发挥支部的战斗堡垒作用和党员的模范带头作用，牢固树立服务意识、宗旨意识、大局意识和效率意识。不断提高党员的政治素质和业务水平，认真完成上级党组织交办的各项任务，通过一系列措施，提高环保干部队伍的整体素质和干事、创业、为民的能力。2016年共开展结对帮扶活动4次，培养入党积极分子1人，1名预备党员转为正式党员，共有5名党员。

【党风廉政建设】 年内，严格落实党风廉政建设责任制，加强党纪政纪条规和警示教育，完善教培和管理制度，加强权力运行监督，以优良的党风促政风带民风。认真组织学习《中国共产党党员领导干部廉洁从政若干准则》，充分认识学习贯彻廉政准则的重要意义，进一步增强贯彻落实的责任感和紧迫感。

（旦　增）

【领导名录】

局　长　王维杰

副局长　次成江措（藏族）

副主任科员

旦　增（藏族，6月免）

环境监测站站长

益西群宗（藏族）

交通・通讯

昂仁县交通运输局

【概况】 昂仁县交通运输局成立于2003年。2016年单位职工有8人，行政编制3人（其中实有干部6人，公益性1人，临时工1人）；共有养护抢险保通机械2台（装载机），公务用车1辆。全县农村公路通车总里程2273.157公里，其中：国道1条187公里；省道2条248公里（S205线173公里、S206线75公里）；县道1条233.789公里；乡道8条665.051公里；村道867.893公里；专用公路通达里程70.965公里。县交通局负责管护1805.714公里，占通车里程的88%。乡镇通畅率为24%（全县17个乡镇中4个乡镇已通畅）；建制村通达率为100%，建制村通畅率为11%（其中185个建制村中20个建制村已通畅）；专用公路通达率为100%，通畅率为7%；基本形成县、乡、村等公路网格。

【实施项目】 2016年，实施交通基础建设项目8个，建设里程95公里，总投资3.5亿元，其中新落地项目6个总投资3.29亿元。其中重点项目3个总投资3.02亿元。重点项目中，秋窝乡至亚木乡公路改建工程总投资2.36亿元，该项目于2016年7月底开工，截至年底，已完成进度为工程总量的30%。G349线岔口（阿木雄桥）至阿木雄乡公路改建工程总投资5890.18万元，该项目已完成工程总量50%；X206线达局乡柱村吊桥项目工程总投资623.9万元，已顺利完工。一般项目3个，总投资2666.8035万元。一般项目中，秋窝乡南木加中桥工程总投资623.9万元，已完成工程总量85%，G349线岔口至列村、南玛村、帕嘎村公路工程总投资1264.3462万元，已完成工程总量的30%；卡玛线岔口至曲古龙布村公路工程总投资778.5573万元，已完成工程总量的30%。续建项目2个，总投资3048.97万元；多白乡仁青顶村至仁青林村公路建设工程总投资1522.87万元和强谢线岔口至雄巴乡普扎村公路建设工程总投资1526.10万元，两个续建项目已顺利完工。

【养护工作】 昂仁县交通运输局管养的农村公路范围广、面积之大，致使公路养护工作任务重。经请示上级有关部门同意后，按照养护责任主体的要求和属地养管的原则，将公路养管工作交给各乡（镇），同时每年年初与各乡镇签订养护工作目标责任书，并结合各乡（镇）管养范围的实际里程，相应的分配了养护补助资金。2016年6月汛期水毁灾害中，全县农村公路受损严重，全力抢通受灾路段，及时组织核查上报了水毁受损统计情况及恢复重建初步方案，经上级部门实地核查，最终确定昂仁县汛期水毁灾害中，公路恢复重建初步资金9659.8万元。

【项目前期工作】 2016年，乡镇通畅方面已完成桑桑镇至日吾其乡、卡嘎镇—多白—日吾其乡、G216线岔口至如萨乡、阿木雄乡至查孜乡、措迈乡至贡久布乡、如萨乡至孔隆乡、查孜乡至宁果乡、G349县岔口至（S209线）达若、措迈等8个乡镇通畅公路改建工程的前期工作，争取2017年落地实施建设；建制村通畅方面基本已完成G349线岔口至孔列村、次如村、曲尔木村、秋窝乡培村、桑珠村、拉萨普村；亚木乡萨那达村至许如村等15个建制村通硬化路的前期工作； 力争2017年内实施开工建设；易地扶贫搬迁安置点交通需求方面，昂仁县桑桑镇达仓村集中安置点公路工程等5个建制村安置点公路工程前期工作正在开展中。

【政务公开】 2016年，大力推行政务公开，公开权责清单202项，其中行政许可11项、行政处罚161项、行政强制8项、行政检查6项、行政确认1项、行政奖励1项、其他权力7项。

【安全生产】 2016年，昂仁县交通运输局组织开展公路项目专项安全生产检查4次，排查道路安全隐患10条，下发限期整改通知书4份，不安全因素得到有效整改：投资43万元加强和改善公路安全通行质量，在公路沿线增设警示指示牌55块、更换褪色公路标志标牌25块；设置波形护栏5.4公里；危险路段新增设防护墩85块；排查桥梁35座、涵洞105道：形成对安全生产齐抓共管的良好局面。在积极开展道路交通安全活动的同时，联合交警、安监等部门联合开展超限超载专项整治检查8次。

【党建工作】 年内，昂仁县交通运输局设1个党支部，全局中共正式党员5名，中共预备党员1名。

【党风廉政建设】 年内，坚持党要管党、从严治党。调整充实党风廉政领导小组，与县纪委签订《党风廉洁目标责任书》，制定《党风廉政建设和反腐败工作要点》，按照《党风廉政建设工作目标责任制分解表》，全年召开党风廉政建设专题研究会议4次，全面从严治党得以加强；开展“两学一做”学习教育。专题研讨“两学一做”学习教育5次，开展专题党课活动2次。在重要节日对贫困户进行慰问，积极协调解决困难。开展党员组织关系排查，完善党管档案。落实党员公开承诺书；全面推进作风建设。以贯彻中央八项规定和自治区“约法十章”“九项要求为切入点，引导全局党员干部做服务交通运输事业、服务群众的合格党员，在全局营造风清气正、干事创业的浓厚气氛；加大执纪问责力度。配合上级有关部门对昂仁县城至秋窝乡公路改建工程质量进行了专项调查，对相关责任单位和人员进行了处罚。

（索　多）

【领导名录】

局　长　达　娃（藏族）

副局长（主任科员）

多　吉（藏族）

副局长　拉　平（藏族）

副主任科员

次仁吉宗（女，藏族）

中国邮政集团公司西藏自治区昂仁县邮政分公司

【概况】 中国邮政集团公司西藏自治区昂仁县分公司位于昂仁县金塔路。2016年，公司现有在职职工共计7人，其中经理1人，A类员工3人，B类合同工3人，C类职工1人。根据业务类型分为代理金融，代理保险，包裹收寄，收订党报党刊及其他报刊等。是经中国邮政集团公司批准运营的金融网点。2016年，昂仁县邮政分公司认真贯彻落实集团公司和区（市）分公司的各项决策部署，应对复杂多变的市场环境，积极进取，克服各种困难和市场环境的不利因素，圆满完成各项市分公司下达的目标任务，取得一定成效。

【完成各项考核计划】 2016年，昂仁县邮政分公司响应市分公司的市场外拓营销精神，宣传金融业务，取得一定成绩。昂仁县邮政在2016年秉承“激情，实干，争先”的企业精神，深化企业改革，加速业务转型。抓住业务发展重点，努力提升服务质量服务地方经济，为昂仁县2016年经济做出一定的贡献。另外公司推进内部机制改革，增强内控制度，加强员工队伍建设。着力提高员工服务素质，各项工作得到有利发展。

【寄递发展】 年内，昂仁县邮政分公司不断提高寄递通信的覆盖率，确保寄递工作正常运行。在巩固寄递成果的同时，昂仁县邮政分公司2016年共投递党报党刊56多万份。快递总量完成7.5万件，快递收入7万元，邮政业务总收入96万元。

【服务三农】 中国邮政集团公司西藏自治区昂仁县分公发展到现在是当地党委、政府和有关部门关心支持的结果。全局将提高服务质量，本着人民邮政为人民的宗旨，紧紧围绕市邮政分公司的经营指导思想开展工作，严格落实各项经营决策，以企业发展为中心，在市邮政分公司的坚强领导下，求真务实、真抓实干、开拓创新，真诚服务，勇于开拓，克服种种困难，加大基础管理工作力度，加大金融揽收和宣传力度，让更多的人，信赖邮政，依赖邮政，为昂仁县经济繁荣做出应有的贡献。

【党建工作】 2016年，昂仁县邮政公司党支部按照“强组织、增活力、创先争优加快发展”的要求，认真落实党建工作责任制，充分结合邮政企业实际，把基层组织建设年活动与当前中心工作紧密结合起来，采取多种形式，借助不同载体，调动广大党员干部创先争优积极性，积极融入幸福昂仁建设。以选优训强基层党组织带头人为抓手，强化基层党组织建设，为适应企业改革发展机构设置的需要，由市邮政速递公司党委及县邮政企业党组织双重领导。并在调查摸底的基础上，选配党性强、懂业务、会管理、威信高的同志担任基层党支部书记。要求各支部从健全工作机制和工作机构入手，党支部书记要坚定不移地履行一把手的职责，不断增强 “抓党建、带队伍、促发展”的意识和能力。牢牢坚持抓党建就是抓发展，抓党建就是抓和谐，始终把党建工作作为重中之重，列入重要议事日程。

【党风廉政建设】 2016年，县邮政分公司党风廉政建设工作在县委、县政府、县纪委和市分公司的正确领导下，以邓小平理论、“三个代表”重要思想和科学发展观为指导；全面落实上级反腐倡廉建设工作会议精神，坚持“标本兼治、综合治理、惩防并举、注重预防”的方针，把党风廉政建设融入邮政业务建设、领导班子建设、干部队伍建设和党的建设之中，以作风为突破、以教育为基础、以制度为保障、以监督为关键、以纠风为重点，加大从源头上预防和治理腐败的力度；继续推进惩防体系建设，加强党风廉政建设和反腐败工作，为推动邮政事业实现新跨越提供坚强保障。

（拉巴次仁）

【领导名录】
经　理　拉巴次仁（藏族）

中国电信集团公司日喀则分公司昂仁县电信局

【概况】 昂仁县电信业务始于1998年，1998年正式开办电信业务，主要经营固定电话、移动通信、电视电话会议，互联网接入及应用等综合信息服务。2016年有员工26人，17个乡（镇）实现实体店。截至年底，3乡1镇实现实体店、全县共建设76个基站，其中3G基站42个，17个乡（镇）及100多行政村手机信号已基本覆盖，现已全县无线网络覆盖达到76%以上。

【工作开展】 年内，净增移动用户数3800部，完成全年计划的100%；来电显示渗透率100%；七彩铃音渗透率90%。全县农牧民群众使用电话7000多部，17个乡（镇）及全县覆盖光纤宽带，2016年累计完成固网宽带新装568部、完成年计划的100%。移动业务3200部，完成年计划的150%。

【移动通信】 年内，为更好提高和改善昂仁县农牧区通信条件，加快农牧区建设小康社会步伐，昂仁县电信局在上级部门的支持下实施“乡村通光纤”等工程，昂仁县电信局每年让广大农牧民享受优质的通信服务。2016年发展上针对羊年开门红活动和天翼村活动，昂仁县电信局按照农牧区经济条件的特点，结合西藏电信公司的服务特色专门制订“天翼村”及“综治E通”优惠政策。使用电信用户者都已享受医疗和养老保险由电信缴纳，昂仁县电信局全体员工的足迹踏遍了17个乡（镇），走村串户为当地农农牧民群众办理了存话费送手机1689部。

【网络覆盖】 全村级覆盖3G信号。全县共建设76个基站，其中3G基站42个，17个乡（镇）手机信号已覆盖，现已全县无线网络覆盖达到76%以上、17个乡（镇）覆盖光纤宽带。

【客户服务感知提升】 昂仁县电信局以“用户至上、用心服务”为理念，以提升用户满意度为指引，以关键服务环节为切入，以感知测评为手段，强化差异化服务优势，参与政风行风建设，不断规范昂仁县市场，加强用户信息安全、网络安全和信息化建设。

【科学发展观】 昂仁县电信将进一步深入学习和实践科学发展观，实施聚焦客户的信息化创新战略，坚持“用户至上、用心服务”的服务理念和“追求企业和客户价值共同成长”的经营理念，努力实现业务又好又快发展，做优秀企业公民，为仁布经济发展和社会信息化建设做出更大贡献。

【党建工作】 昂仁县电信局在2015年向县组织部提交了组建党支部的申请，鼓励未入党的员工响应党的号召，写好入党申请书，为昂仁县电信局的党组织建设添砖加瓦。

【党风廉政建设】 年内，昂仁县电信局在公司各层领导的带领下，组织开展学习“两学一做”，深刻领会习近平总书记系列讲话精神，教育各基层干部要做到党风廉洁，扎实施行党组织的一系列工作安排，定期与昂仁县电信局的党组织成员进行谈话，了解员工思想动态并积极汇报。

（仁增朗加）

【领导名录】

局　长　尼玛扎西（藏族）

中国移动通信集团西藏有限公司昂仁县分公司

【概况】 2016年，昂仁县移动分公司全体员工的共同努力下，不断创新，积极探索，结合“三在”的要求：在一线、在基层、在路上。其中心思想是把工作必须要下沉到一线和基层的工作理念实际建立健全各项规章制度，确定各项考核项目的发展目标，落实相关责任制度。注重市场细分，进行利民惠民的营销，给客户提供优质的服务。

【数据信息】 2016年，昂仁县分公司完成运营收入2106万元，低于年度指标值16万元，完成年度指标的99.27%。全年家宽完成客户数221户，完成年度指标的60.55%。全年新增活动客户数6929户，完成年度指标的53.62%，新增占比41.56%。全年存量用户8675户，存量保有率达到68%，日均活动份额70.44%。

2016年用户发展情况：昂仁县移动新增活动用户达到6929户，同比增长26.91%，市场份额达到61.59%，建设渠道20家，覆盖17个乡镇，给农牧民提供了非常方便的充值话费和办理业务的平台。同年建设基站100多台，覆盖用户1万多人次，极大地提高了昂仁县的语音通话质量和数据网络速度。

【管理文化】 昂仁县分公司所有员工牢记“态度不可移、一切皆可动”和“你若不想做，总会找到借口；你若想做好，总会找到方法”的工作态度，规范营业厅建设，加大对外服务工作力度。严格贯彻分公司管理制度和考核方法，认真落实日常管理工作，加大精神文明建设。严格执行上级有关规定，定期开展安全生产检查工作。进一步完善绩效考核制度，努力做到公平、公正、公开，建立一套既能确保企业发展，同时又能真正激发员工的工作责任心和上进的心。

【党建工作】 年内，昂仁县移动分公司贯彻落实中共十八大、十八届三中、四中、五中、六中全会和中央第六次西藏工作座谈会精神，贯彻落实习近平总书记系列重要讲话精神，以深入推进学习型党组织建设为抓手，着力研究新情况、解决新问题、总结新经验，切实在武装头脑、指导实践、推动工作上下功夫，不断提高运用理论分析和解决实际问题的能力，全面提高党建工作科学化水平，为推进落实公司党建和全面从严治党主体责任，加快公司转型发展提供强有力的思想政治保障。

【党风廉政建设】 年内，组织党员干部学习习近平总书记系列重要讲话精神、党的十八届六中全会精神和《中共中央关于制定国民经济和社会发展第十三个五年计划的建议》。

【“两学一做”专题教育】 年内，昂仁县移动分公司组织学习市公司党委、县委、县政府各会议精神，重点以“两学一做”为引领加强学习，自身对政治理论、法规禁令、业务能力的学习，提高团队的纪律意识和履职能力。通过深入学习习近平总书记系列重要讲话及有关规章制度和相关业务知识。学习“六条禁令”“六个一律”“党员干部十严禁”等法规禁令，以及“三严三实”“两严”活动的核心内容，认真进行对照自查自省。积极参与“严明纪律、严格履职”主题讨论活动，增强团队的责任感、危机感。对团队人员在执行制度、遵守法纪方面进行检查与督促，找出差距并整改落实，提高团队政治业务素质，强化从警意识。

【服务规范】 丰富市场营销形式，构建以客户为中心的服务营销体系，转变服务观念、强化服务意识、抓好服务工作，避免服务工作的单一化。积极主动地做好服务、加大宣传力度，加强对网络的维护工作，提高网络质量。

为更好地服务大众，移动分公司在以下方面加大管理力度：在营业服务中，认真做到统一着装，挂牌上岗，规范用语，闲时站立，微笑服务，“五声”服务，多说一句话，多做一件好事，真正把用户当作朋友、亲人，做用户信赖的伙伴。提升员工培训工作，不定期安排合作营业厅员工来主厅进行学习，锻炼和加强员工处理问题能力和解决用户问题的实际能力。加强业务培训和考核，结合实际技能和操作，对一些新文件及时上传下达，随时学习并掌握。加强营业员在实际工作中学习的力度。

【发展思路】 昂仁县分公司作为业务发展的前线，不断创新、积极探索，结合工作实际建立健全各项规章制度，确定各项考核项目的发展目标；工作的安排与部署，员工的呵护与培养都紧紧围绕集团公司的发展方向；持续追求价值，共创简单美好。

（拉巴平措）

【领导名录】

经　理　拉巴平措（藏族）

中国联合网络通信有限公司日喀则市分公司昂仁县营业部

【概况】 昂仁县联通营业部建于2010年8月，2016年，共有自办厅2个、员工4人。在实际工作中，昂仁县营业部全体员工一如既往地在日喀则市分公司的直接领导下，坚持以发展为中心，积极应对困难和挑战，采取有力措施，加快业务发展步伐；努力抓好集团营销与服务，做好行业信息化和新业务推广，尽可能地提高经营效益；抓好精细化管理，做到管理到位、责任分明；认真搞好服务管理与考核，根据实际情况完善、细化管理办法，制订合理的鼓励措施，改善服务短板，确保服务质量的稳步上升，提高了客户满意度。

【实现产品客户规模增长】 昂仁县联通营业部在日喀则市分公司的领导下结合季度业务发展主打产品及重点指标的改善，提升用户规模，鼓励经营单位全面开展促销活动，充分抓住节日营销契机，以指标改善为抓手，促进规模发展与效益提升，实现产品客户规模增长和社会渠道快速拓展的双丰收，2016年营业部共完成主营收入161万元。

【市场管理】 年内，昂仁县联通营业部严格按照《中国联通西藏分公司客户资料管理实施细则》要求，在办理用户入网时坚持对用户的有效证件通过拍照、扫描、复印等方式，并对用户个人电子信息进行留存，同时对用户资料的真实性、一致性进行核实。对于用户资料不全、不真实等情况严禁办理入网业务，努力做到无差错、人证匹配。昂仁县联通营业部工作在省公司的政策指导下，在市分公司领导全局统筹、周密规划及各经营部全力推行下，充分利用渠道补贴成本建设，渠道工作取得了可喜的成绩，渠道数量显著增加。

【网络运行维护】 截至年底，昂仁县联通网络共覆盖219国道沿线、2镇1乡和县城区域。2017年公司将加大投入对信号覆盖较弱的村镇增加基站。2017年预计对昂仁县秋窝乡通联通信号，受惠群众将达2032余人。

【团队建设】 年内，加强对营业员的全面管理。进一步梳理和优化工作流程，科学分工，强化服务意识，提升服务质量。对营业员现有分工进一步细化，视工作需要，合理安排工作任务。要求营业员学好业务知识，提高业务推广能力，提高工作效率和质量。加强财务管理，开源节流，以最小的支出换取最大的收益。

（格桑曲珍）

【领导名录】

经　理　格桑曲珍（女，藏族）

融

中国农业银行股份有限公司昂仁县支行

【概况】 中国农业银行股份有限公司昂仁支行，成立于1995年7月1日，是昂仁县内网点遍布城乡、资金实力雄厚、服务功能齐全，承担着支持地方经济建设和服务“三农”历史重任的一家国有大型股份制商业银行分支机构。全辖7个机构，分别为卡嘎二级支行、桑桑营业所、多白营业所、查孜营业所、措迈营业所、煤矿营业所、亚木营业所。昂仁支行内设机构有昂仁支行营业室、信贷股、工会、安全保卫股，农行昂仁支行人员编制20人，辖属网点人员编制为4人，截至年底，布放助农取款服务点191台、ATM机3台、自助终端1台，超级柜1台，基本上覆盖全县乡（镇）及行政村。从人员结构来看，昂仁支行共有员工37人，其中乡（镇）网点22人，占全行人数的59.46%。党员18人，占全行人数的48.65%，女员工9人，占全行人数党的24.32%，单位平均年龄达32岁，大专以上学历26人。县支行业务产品涉及存贷款业务、结算业务、银行卡、自助银行、网上银行、电话银行、现金管理、第三方存管、消费信贷、开放式基金买卖、代发工资、代收油费（油料销售款），代理保险、国债、养老金、医疗保险等业务。有着全县最大的金融服务网络。同前相比，各项业务经营呈逐年增长态势，经济建设方面具有一定的潜力。

【党风廉政建设】 2016年，昂仁县支行始终坚持党风廉建设工作和经营任务齐抓共进，配合县委、县政府各项工作，在当前同业竞争压力加剧的经济金融环境中，有条不紊的开展各项工作，致力于用好、用活“三农”金融优惠政策和惠农利农的各项工作放在全行业务发展和完成营业部下达的各项工作目标为首要职责，把积极的工作态度放在服务“三农”和发展县域地方经济建设上，始终把“抓住业务上水平、加强安保零案件、内控严谨促发展”为口号，顺利完成全年各项工作任务。2016年，农行昂仁县支行在维持社会稳定工作中，坚持以“创建平安社会、构建和谐企业”为主题，从组织领导、工作开展、建立各项值班制度等方面进行积极有效的落实，确保农行昂仁县支行的稳定和各项工作有序进行。

【“两学一做”教育活动】 年内，贯彻落实两级农行2016年工作会议精神，坚定不移地按照自治区分行既定的“稳中求进”总基调，结合自身实际情况，坚持以“市场为导向、客户为中心、效益为目标”的经营理念，在全行员工共同努力下，克服种种困难，深入践行“两学一做”教育活动，在经营环境异常艰难的条件下，圆满、优质地完成2016年各项工作任务。按照分行党委的工作部署，昂仁县支行坚持“早谋划，早部署，早落实”的思路，在充分调研市场，综合评估各营业所前三年业务指标完成情况的前提下，分解下发2016年全年各项经营指标计划，明确战略目标和指导思想，做出全行工作重点及具体要求，为确保昂仁县支行各项工作顺利开展，奠定良好的基础。

【业务开展】 2016年，各项存款余额达138126万元，比2015年增加63874万元，完成年任务的485.03%；各项贷款余额70324万元，比2015年增加11986万元，完成年任务的217.93% 。积极拓展零售业务，截至年底，个人消息服务3257户、个人网银30户、企业网银40户、转账电话46户、POS机商户35户、有效商户3户。三农金融服务点191户。为广大客户了解更多金融知识，昂仁支行以营业网点为阵地，采取门面悬挂横幅，通过户外宣传与大堂宣传结合方式，主动将银行卡、电话银行、转账电话、个人网银、企业网银等金融产品知识送到消费者身边。

【业务发展主要举措】 昂仁县金融资源匮乏，加之业务开拓环境异常艰苦，如果不认清内、外部形势，不认清“行”情，就没有明确的市场导向和正确的市场定位，就会导致一盘散沙，乱打仗。因此昂仁县支行领导高度重视，调查研究，认清工作环境，打有准备仗。2016年第一项工作就是全行总动员，充分调动广大员工干事创业的积极性和创造性。2016年昂仁县支行以存款、贷款和中间业务收入为核心指标，并突出重点业务发展指标及计价体系建设指标，为确保经营取得实效，昂仁县支行按照市分行工作部署，加大对储蓄存款工作力度，采取行之有效的措施，制定具体的营销方案，在持续抓好网点规范化服务的基础上，统一时间、统一主题在全辖区开展形式多样的储蓄吸存工作，在维护存量个人高端客户的前提下，努力拓展新的个人高端客户，实现储蓄存款增加目标。按照市分行要求昂仁县支行组建精准营销团队，营销团队负责人由昂仁支行一把手兼任。对公存款重点营销财政、县住建、交通、水利、卫生局等单位，在“三大节日”来临期间通过短信问候，上门拜访，联欢座谈等方式，做好增存工作，防范杜绝出现节日期间，客户资金流动频繁，存款下降的现象。在季末开展经营分析会，鼓励优秀，鞭策后进，并认真总结业务发展情况，分析当前存在的短板业务，制订解决方案，为开展2017年业务工作打开良好的局面。

【提升服务水平】 作为窗口服务行业，要想赢得客户，除了产品自身优势外，主要是靠自身优质文明的服务。借服务提升之年，昂仁县支行把网点规范化管理列为全年工作重要目标。在走访客户活动中，征求客户意见，针对客户反映的昂仁县支行前台员工服务质量差、工作效率低等问题，及时召开全员大会，反馈客户意见。树立客户至上的服务理念。合理安排人员岗位，配备大堂经理，采取大堂经理监督前台业务服务，业务人员监督大堂经理服务，主管全面监督并及时回复客户意见的措施。利用晨会总结前一天整体服务情况，互提意见，共同进步，规范管理。2016年，昂仁支行无投诉事件。这些举措不仅提升了昂仁县支行服务质量，更维护了农行形象，为各项业务全面营销奠定良好基础。

【服务“三农”】 年内，在农户贷款证升级的基础上，根据农牧民金融服务需求，营业所在规范手续前提下积极投放农村个人生产经营贷款，支持边贸商户重新购置大型运输车辆，“135”规划及精准扶贫要求，昂仁县支行快速发放农户小额贷款。同时有效监督营业所员工在服务“三农”工作情况。积极支持昂仁县社会主义新农村建设及城镇化建设，得到地方各级党政领导的高度肯定和广大农牧民的广泛赞誉。认真执行信贷扶贫政策，开展信贷扶贫工作。根据区分行《中国农业银农户小额管理办法》的通知文件精神及西藏精准扶贫一系列文件要求，精准扶贫建档立卡的农户贷款执行扶贫利率贷款政策。实施金穗“惠农通”工程，履行服务“三农”社会责任。

2016年，实现辖内助农取款无金融网点的行政村全覆盖，截至年底，已布放三农服务点191户，完成年布放任务的132%，满足广大农村地区各项支农补贴资金、日常小额取现、刷卡消费、余额查询等金融服务，努力提升农牧区金融服务的覆盖面。开展“钻石卡”评定工作。2016年一季度以来，昂仁支行全面开展“钻石卡”评定工作，将原有的金卡客户，根据其资信状况，评定不同等级。全年发卡1532张，为后期投放农户贷款工作做准备。

【风险管控】 年内，昂仁支行重点抓内部管理，提出“以管理促发展”的战略，力求从基础管理到制度建设，从技能培训到专业服务水平，以及三防一保工作都有明显提高，从而有力保障和推动全行业务的发展。基础管理规范化、制度化、标准化。无论是信贷、还是临柜业务，严格按总、分行的有关业务章程来规范和完善操作程序。进一步加大信贷管理力度，防范和化解信用风险。严格信贷“三查”制度，加强贷款到期管理，提高正常贷款到期收回率。扎实开展贷后管理工作，加强用信管理、贷后监管、风险预警处理等工作，切实提高贷后管理精细化水平；加强临柜业务事后监督工作，年度错误率零；做好维护稳定和安全保卫工作。县支行与营业所签订《安全保卫工作责任书》《农行日喀则分行金库安全管理责任状》和《农行日喀则分行社会治安综合治理目标管理责任书》；开展金库安防达标检查和枪支管理全面检查，加大防弹玻璃、电视监控、消防等安防基础设施建设力度；做好代保管库的押运及营业所的护送工作；继续加大对辖属营业网点安全保卫工作的检查督导，先后对7个基层营业网点进行监督工作的常规检查，检查面达到100%。继续加强“三严三实”教育活动成果的同时，狠抓“两学一做”教育活动。按照上级行的要求，定期组织党员集中学习和个人自学结合起来，明确自学要求，引导党员搞好自学。按照“三会一课”制度，以党支部为单位定期组织党员。党支部每季度召开一次全体党员会议，每次围绕一个专题组织讨论。学习讨论要紧密结合现实，联系个人思想工作与生活实际，在新任务新考验面前，坚守信仰，正确处理公与私、义与利、个人与组织、个人与群众的关系，带头践行社会主义核心价值观，保持积极健康向上的生活方式，自觉做到党规党纪面前知敬畏、守规矩，真正提高认识，找到差距，明确努力方向。

【队伍素质建设】 员工队伍是银行工作的“本钱”，没有一支思想上进、作风过硬、素质优良、同心同德的员工队伍，银行工作很难开展。因此，县支行领导首先从员工思想教育入手，搞好行风行貌建设，同时做员工的贴心人，为员工排忧解难，切实解决员工的困难，极大地鼓舞员工士气和斗志。

【党建工作】 年内，贯彻落实党风廉政建设责任制，层层签订《党风廉政建设责任书》，将党风廉政建设责任落实到任；持续加强党的群众路线教育实践活动，狠抓“两学一做”教育活动，多次组织全行党员进行集中学习，在规定动作的基础上，结合支行实际开展集中学习“两学一做”专题党课并撰写心得体会。年内，开展“两学一做”知识竞赛并鼓励竞赛中取得优异成绩的党员进行鼓励来增强党员干部对党的认识，并先后开展党员公益活动，通过简报形式上报上级党组织。

【“职工之家”建设】 年内，县支行领导始终以“员工第一、没有员工就没有客户”为工作理念，切实解决员工的困难。关怀住院员工，及时慰问，使他们感到组织的温暖，增强员工的归属感和凝聚力；制定合理的绩效管理考核办法，收入凭贡献，解决员工切身利益问题，充分调动员工创业积极性；开展“开拓视野、放松心情、强身健体”篮球比赛，缓解员工工作压力，倡导员工用健康的体魄，阳光心态投入工作，以丰富多彩的活动增强团结协作精神，促进员工间的交流，为县支行和谐发展做出贡献；牢记“职工之家”建设的指导思想，以邓小平理论和“三个代表”重要思想为指导，深入贯彻落实科学发展观，紧紧围绕业务经营中心，把“建家”和“兴行”结合起来，发挥“职工之家”的能动作用。昂仁县支行以如何做好服务“三农”为抓手，在经营机制、经营理念、经营方法上不断创新突破，探索出一条服务“三农”的新路径。大力发展普惠金融，已建立大众服务体系为出发点，制定普惠金融实施方案，实施惠农通工程，出台专项考核办法，推行客户经理联村制，着力解决农村金融服务不足问题；认真贯彻落实中央赋予优惠金融政策，推出以“金、银、铜、钻”四卡、“钻石卡”“一星钻石卡、二星钻石卡、三星钻石卡”为载体的农牧区小额信用贷款、安居工程贷款、惠农卡等业务，开展信用乡（镇）、村创建工作，先后同昂仁县1万多户农牧民建立借贷关系，促进农牧民发展生产和脱贫致富，有力地助推昂仁县社会主义新农村建设。得到地方各级党政领导的高度肯定和广大农牧民的广泛赞誉。重视银政、银村合作，支持农户迁移集聚、旧村改造、移民安置等重点民生工程项目，改善农牧民居住条件，助推新农村建设；支持农牧业产业化。创新推出“三农”金融产品，个体工商户、特色奶油资源等优良客户的信贷支持，提升力服务“三农”的内涵和能力；改善农村支付环境。丰富农民易于接受与使用的支付产品，构建多层次、广覆盖、可持续的农村支付渠道，推动城乡金融服务一体化发展。县支行在不断加强服务“三农”的同时，十分重视同当地人民政府的沟通协调与合作，解决县域经济发展中出现的新情况、新问题；不断深化内部改革，强化内控管理，完善服务功能，凭借自身网点、网络、资金、产品优势，致力于服务西藏经济社会的跨越式发展，支持昂仁县基础设施建设和优势骨干小企业的发展壮大，努力满足城乡居民的金融消费需求。

（边巴次仁）

【领导名录】

党支部书记、行长　扎西普拉（藏族）

副行长、纪检委员　边巴次仁（藏族）

乡（镇）概况

卡嘎镇

【概况】 卡嘎镇位于昂仁县西南部，219国道横贯镇域，距县城5.7公里，全镇总面积2970平方公里，平均海拔4386米，是典型的农牧业结合乡镇。常见的自然灾害有寒冻、冰雹、干旱、暴雨、洪水、大风等，气候长年干燥多寒。镇下辖25个行政村71个自然村，27个党支部，有两所小学（卡嘎镇完小、布热村分校）、卫生院一所、寺庙四座（曲德寺、桑旦寺、彭布其寺、达苏寺）。镇区域内拥有金、玉等矿产，拥有国家保护动物藏羚羊、鹤等。全镇耕地面积13721.1亩，草场面积213.05万亩。农业主要种植青稞、油菜、豌豆、土豆等农作物，畜牧业主要养殖绵羊、山羊、牦牛、犏牛。2016年，农村经济总收入4864万元，人均收入6120元。

2016年，全镇共有2034户，8285人，正式党员人数共计905名，其中农牧民党员854名，入党积极分子185名。镇政府机关干部职工共计42名，其中行政编制16名（包括大学生村干部4名），事业编制20名，村居公务员2名，工人2名，公益性岗位2名。卫生院职工5名。共有两所小学（镇完小和布热分校），其中教师30名，在校学生648名。镇域辖四座寺庙，在编僧尼80人。

【党建工作】 党委书记是基层党建工作第一责任人，班子其他成员对挂钩村、分管部门党建工作负主要领导责任。镇党委年初结合党建工作创优工程，谋划制订年度基层党建工作计划，并与各村党支部、驻村工作队签订《卡嘎镇2016年党建工作目标责任书》，做到分工明确、责任到人。抓好党建工作与经济发展工作的衔接，找准党建与经济发展的切入点、着力点，切实做到经济工作部署到哪里，党建工作就延伸、服务到哪里，形成“围绕经济抓党建、抓好党建促经济”的良好局面。

【党员教育管理】 年内，严格按照“控制总量、优化结构、提高质量、发挥作用”十六字方针原则，积极鼓励返乡大中专学生、外出务工经商人员、退伍军人、致富能人纳入党组织队伍中，认真做好审核把关工作，在年初党建工作安排会议上，对村党支部书记开展一次培训，再次从入党程序上做到规范和严格，对上报的培养对象，镇党委组织专人进行政审和条件的审核把关，严谨杜绝出现政治思想有问题、文化程度偏低、年龄偏大、家庭条件差，不能起到带头作用现象，为全镇党员队伍提供很好的组织保障；每年开展1次民主评议党员活动，妥善处置不合格党员，强化党员在党意识；全镇全年共发展中共党员18人，中共预备党员23人，吸纳积极份子26人。

【党风廉政建设】 年内，为使党风廉政建设工作规范化、制度化，镇党委始终坚持“两手抓、两手都要硬”的方针，积极贯彻落实“两个”责任，进一步明确党风廉政建设的目标和责任，年初召开《卡嘎镇党风廉政建设和反腐败工作专题会议》，并和各村党支部、驻村工作队签订《卡嘎镇2016年党风廉政和反腐败工作目标责任书》，进一步明确责任，层层传导压力、狠抓落实。镇党委和纪委始终坚持以“三个有利于”作为行动指南，严格按照“以人为本”的原则，制定和完善了一系列的规章制度，让广大党员干部从思想上引起高度重视，在行动上始终与镇党委、镇纪委保持高度一致，不断巩固党风廉政建设工作的阵地，坚决落实“中央八项规定”、自治区“九项要求”“约法十章”。2016年，卡嘎镇纪委下村清查惠民资金落实情况52次，未发现惠民资金没有落实的情况，对镇机关干部职工廉政谈话40余人次。

【综治工作】 年内，为保持镇持续稳定、长期稳定、全面稳定的的大好局面。镇党委与各村党支部书记、驻村工作队签订《2016年综治维稳工作目标责任书》，同时制订《综治维稳应急预案》，确保把各种突发事件第一时间消灭在萌芽状态，防止事态扩大化。加大法律宣传力度，以进村法律巡回宣讲及发放法律宣传手册的方式，进一步引导农牧民群众、知法懂法。2016年，组织宣传工作人员进村法律巡回宣讲50次，发放法律宣传手册410份。

【民族宗教工作】 年内，镇党委高度重视民族宗教工作，经常深入到镇辖区的寺庙，加强对僧尼的教育，引导他们爱国、爱教。帮助他们解决生活上的困难及完善寺庙基础设施，为他们营造良好的佛教学习环境，进一步引导宗教与社会主义相适应。

【农牧业】 2016年，劳务输出6085人次，收入1159万元。牲畜存栏67876（只、匹），牧业新生仔畜8160头（只、匹），成活7752头（只、匹），成活率为95%；截至年底，牲畜实际出栏9187头（只、匹）。截至年底，全镇草原面积达2130534亩，可利用草场面积达2032459亩（其中禁牧6000亩），全镇核定载畜量为92438.9个绵羊单位；享受草原生态保护补助奖共有1670户，7116人，其中包括49个纯牧户，年底共享受草奖资金3242497.5元，其中草畜平衡奖励资金3039688.5元，禁牧资金36000元，村级天然草场监督员补助资金48600元，纯牧户生产资料综合补贴资金为24500，结合实际设立了9名村级天然草原监督员。

【精准扶贫】 年内，做好精准扶贫开发调查摸底、确认扶贫对象等各项工作，2016年建档立卡贫困户601户2032人，“五保户”7户7人；低保兜底289户878人，贫困低保户56户208人，一般贫困户249户939人。截至年底，脱贫59户214人。镇党委将积极用好用活“4321”结对帮扶（机关干部与贫困户结对认亲，助推打赢脱贫攻坚工作）和“九个一批”（发展生产脱贫一批、异地搬迁脱贫一批、生态补偿脱贫一批、发展教育脱贫一批、社会兜底脱贫一批、转移就业脱贫一批、医疗救助脱贫一批、金融扶持脱贫一批、灾后重建脱贫一批）脱贫措施，促进贫困户脱贫，确保到2020年同全国各族人民同步跨入小康社会。

【环境保护】 2016年，镇党委始终牢固树立“既要金山银山，也要绿水青山”的思想，召开环境保护工作座谈会2次，并制定《卡嘎镇环境保护细则》。组织干部职工义务清理镇周边、金措湖环境卫生8次，村民义务清扫活动60次，发放环境保护宣传手册320份。

【合作医疗和新农保工作】 截至年底，新农保农牧民群众参保率达到99.8%，城镇居民参保率达到82.2%，农牧民合作医疗受益群众覆盖率达到100%。今后将加大对城镇居民参保工作的力度，力争达到90%以上。

【精神文明建设】 2016年，镇党委利用藏历新年、“3·28”西藏百万农奴解放纪念日、“七一”中国共产党建党日、中国工农红军长征胜利80周年等节日向农牧民群众宣传党的惠民政策和科普知识。协调县文工团下村给农牧民演出3次，镇党委开展新旧西藏对比8次，组织农牧民群众自导自演29次。通过开展系列宣传、问题等活动，引导农牧民群众永远感党恩、听党话、跟党走。

（崇　勇）

【领导名录】

党委书记　迟鹏先

党委副书记、镇长

洛桑尼玛（藏族）

人大主席　次旺久美（藏族）

党委副书记

仁　青（藏族）

纪委书记　达瓦曲珍（藏族）

副镇长、武装部部长（主任科员）

普布普尺（藏族）

政法委员、派出所所长

尼玛扎西（藏族）

组织委员、统战委员

多　吉（藏族）

宣传委员　旦增宗吉（藏族）

副镇长　琼　达（藏族）

李世华

桑桑镇

【概况】 桑桑镇位于县城西南部，219国道横穿全镇，距县城65公里，东连卡嘎镇，西邻切热乡、阿木雄乡，北靠达若乡、雄巴乡，南与日吾其乡、多白乡毗邻。桑桑镇整体地势较高，属高寒地区，平均海拔4560米，总面积为2830平方公里，是昂仁县牧业大镇，也是日喀则市西部重镇。镇管辖有15个行政村（余松、番巴、居仓、嘎日、洛布、梅多、贡琼、西果、达仓、阿布列、孔列、亚宁、拉聂、仲多、尼仁）、32个自然村。全镇共有1166户、4688人。基层党支部17个，党员455名，其中农牧民党员403名、村“两委”班子成员75名。全镇共有113个“双联户”单元。2016年全镇干部职工41名，领导班子成员11名、党员31名；镇完全小学教育工作人员27名，其中教师21名，党员20名，在校学生485名；镇派出所警务人员10名，其中正式干警8名、辅警2名、党员4名；镇卫生院有医务人员6名，其中正式医务人员2名、公益性4名、党员2名；镇共有寺庙3座（扎桑寺、伟色林寺、拉扎寺），在编僧尼34名，2个正科级管委会7名干部职工、党员7名。桑桑镇共有草场面积240万亩，其中可利用草场面积227万亩，耕地面积1015亩。桑桑镇以畜牧业为主，畜牧产品资源丰富，桑桑酥油名扬全藏，过去曾为贡品。镇政府驻地既是农牧产品交换基地，又是昂仁县对外开放窗口的建设基地。珍稀野生动物有藏羚羊、獐子、红狐、白狐、野驴等；药材有麝香、马勃、木香、梭砂贝母等；风能太阳能资源潜力大。

【基层组织建设】 年内，以创“五好”基层党组织为核心，狠抓镇村两级党组织规范化建设；建立并推广以目标绩效考核办法为内容的村组干部日常坐班工作模式。全镇共有党员455名，农牧民党员403名，2016年转正12名党员，发展党员17名，入党积极分子16名。根据县委要求，桑桑镇党委紧紧围绕“两学一做”和“村干部素质能力提升工程”两项核心任务，稳步推进基层党建工作，在县委督导组的指导下，党建工作逐步走向规范化、常态化。

【党建工作】 2016年，镇党委始终坚持“围绕经济社会发展抓党建，抓好党建促经济社会发展”的工作思路，以2016年开展的党建规范建设年及村干部素质能力提升为工作目标，进一步加强党的建设，党的执政能力明显提高。开展党委中心学习组学习活动，领导班子整体素质得到提高；认真执行党委议事制度，坚持集体领导与分工负责相结合，做到按章办事；建立党政领导联系村、联系重点项目责任制度，完善干部目标考核体系，干部队伍管理日趋规范。安排专人为村干部进行为期2个多月的集中培训，充分提高村干部素质。以全党内开展的“两学一做”学习教育为契机，加强对党章、党规及习近平总书记系列讲话的学习，同时以镇党委制定的“五员”党员活动为载体，在全镇范围内开展党员扮演“服务员、协调员、监督员、组织员、宣讲员”的角色，为桑桑镇的发展及稳定做出党员先锋模范带头作用，提高党员在群众中的优良形象。

【干部队伍建设】 年内，根据县委要求，制订桑桑镇“两学一做”学习教育活动实施方案，组织党员开展“两学一做”学习教育和“讲学习、讲忠诚、正风纪、转作风、提效能”主题活动，坚持正面教育，进一步拧紧思想“总开关”；坚持学用结合，牢牢抓住以“做”为关键，引导党员在创先争优中更好地保证合格；坚持问题导向，推动党员领导干部带头坚定理想信念，带头全面从严治党，推进党的作风不断好转；坚持领导带头，凡是要求党员做到的，党员领导干部首先要做到，凡是要求党员不做的，党员领导干部带头不做。

【党风廉政建设】 年内，按照集体领导与个人分工负责相结合，谁主管谁负责，一级抓一级，层层抓落实的原则，明确在抓党风廉政建设中的各项责任目标、责任范围；分别与各村党支部签订《党风廉政建设目标责任书》，将党风廉政建设目标责任细化到人；狠抓学习，组织党员干部认真学习理解《中国共产党党员领导干部廉洁从政若干准则》手册及相关文件等；完善相关制度。强化落实村级党支部党风廉政责任制，大力推行党务、政务、村务公开。全镇把党务公开作为发扬党内民主、强化党内监督、密切党群干群关系、提高基层党组织执政能力、促进各项工作的重要举措和有效手段，多措并举，精心实施；转变工作作风，提高办事效率；加强干部管理，整合人力资源，明确机构设置，设岗定责。认真履行党规党纪，领导班子以身作则、廉洁奉公，坚决纠正损害群众利益的不正之风。坚决整治群众反映强烈、矛盾突出的热点、难点问题。配合有关部门加强监督检查，重点解决强农惠农资金，医疗卫生、学校三包等方面关乎群众切身利益的问题。协调有关部门加强对各项农牧民补贴款到位情况的专项检查，加强审计和财政监督。

【团建工作】 年内，桑桑镇着重从团员队伍建设方面，团委认真做好团员管理工作，对全镇110名团员进行了学习系列讲话活动，同时通过鼓励团员开展志愿服务活动，进一步增强团员的宗旨意识，增强了团组织的影响力和凝聚力。2016年度团费收缴正常，如期足额上交，而且建立了团内经费账册，收支合理。

【基础设施建设】 2016年，开工建设项目：“4·25”灾后重建七个整村推进项目（分别是余松村整村推进项目、洛布村整村推进项目、梅多村整村推进项目、阿布列村整村推进项目、拉聂村整村推进项目、亚宁村整村推进项目、达仓村整村推进项目）；镇政府干部职工周转房建设项目；西部三县救援指挥中心建设项目；镇完小学校改（扩）建项目；市政道路建设。2016年桑桑镇灾后重建项目和基础设施建设项目，总投资超过亿元。经政府引导，2016年外出务工人员3182人次，劳务输出收入1532.86万元。

【换届工作】 2016年5月，桑桑镇按照区、市、县的安排，及时成立以镇党委书记任组长的镇党委、政府、人大换届选举工作领导小组，并制订换届选举工作实施方案，做到早安排、早制订，任务明确。5月28日，召开桑桑镇第一次党员代表大会，选举产生镇党委委员7名，纪委委员4名（其中纪委书记1名）以及参加昂仁县第九次党代会代表12名。5月31日，召开桑桑镇人大十四届一次会议，会议选举产生县级人大代表8名、镇人大主席、第十届人大主席团7名、镇长1名、副镇长3名。按照县换届选举办公室的统一安排，做好党员登记工作及各项准备工作，成功举办了全镇党委、政府和人大换届。

【脱贫攻坚】 2016年，根据县扶贫办要求，桑桑镇工作重心向精准扶贫工作倾斜，成立领导小组。配备专干4人，并制订脱贫计划。2016年完成64户220人的脱贫任务，制订2017年完成227户684人的脱贫措施。全镇围绕“九个一批”，抓脱贫政策的落实。产业扶持方面，依托建筑施工队、合作社、餐饮服务业等内容，两年内完成168户228人脱贫任务；转移就业方面，依靠县人社局开展技能培训和联系就业岗位，两年内完成62户64人脱贫任务；易地搬迁方面，两年内完成搬迁280户882人。2016年完成易地搬迁119户、371人；生态补偿岗位方面，2016年确定岗位63户145人，人均标准3000元，43.5万元资金完成了发放；发展教育方面，确定享受政策贫困户114户174人，2016年已经接受教育扶持26户、42人次；医疗救助方面，列入享受政策87户175人；2017年社会兜底方面，列入享受政策62户92人；信贷扶持方面，2016年已经享受政策扶持22户、84人；结对帮扶方面，2016年确定结对帮扶291对，贫困户户均扶持人达到2名。截至年底，帮扶工作主要围绕认亲慰问开展。发挥镇党委、政府协调作用，引导群众就业。一方面借助市、县驻村优势，积极申报项目，增加贫困户就业渠道，另一方面联系本地施工队伍，签订用工协议，保障贫困户优先用工，提升贫困户现金收入。规范贫困户脱贫程序。针对2016年脱贫目标，由扶贫专干入户调研，完成脱贫户收入的人均核算。达到3311元标准的，初步确定为脱贫户，经本人申请，镇党委讨论后，进行集中申报。

【社会综合治理】 年内，设立镇村两级综治管理岗，安排综治管理人员15人；各村成立护卫队；进行人口摸底，建立基础信息库；重点做好流动人口的登记管理，各村对流动人员、不明身份人员做到及时登记上报；根据县委、县政府要求，扎实推进“双联户”工作，划分“双联户”单元113个，选出“双联户长”113名。

【维护稳定】 年内，安排民事调解人员，全年调解小纠纷30起；做好特殊人员的管控帮扶，主要是户籍桑桑镇刑满释放人员6名，重要时间段，安排村委会人员对其进行督察；配合上级部门打击传销。平安创建工作和“先进双联户”创建相结合，任务分解到户，责任追究到人。

【安全生产】 2016年，做好一年4次的易燃、易爆排查工作及大、中、小型施工单位的安全防范工作；安全生产目标分解到双联户单元，层层落实；对本镇酒馆等场所做出时间限定，超过12点营业，对从业人员进行处罚，减少酒后闹事行为的发生。

【经济发展】 2016年，全镇经济指标平稳发展。农村经济总收入5605.23万元，农民人均纯收入8341.93元，增7.86%。

【农业】 2016年，粮油总产量39.24万斤，全镇耕地面积1015亩。

【牧业】 截至年底，牲畜总头数70356头（匹、只），其中大畜21073（只、匹）、小畜49283（只、匹）。牲畜出栏数为13282头（只、匹），出栏率为16.98%。短期育肥3181只。

【教育工作】 2016年，桑桑镇完小有教师27名，学生485名，班级16个。幼儿园一所，教师2名，入学幼儿75名。年内，小学入学率达100%，巩固率100%。

【卫生工作】 2016年，镇卫生院1所，医护人员6名，村医15名。2016年医疗卫生工作取得新成效，镇政府、镇卫生院开展健康教育宣传工作，广大群众健康知识水平明显提高。

【特色产业发展】 2016年，桑桑酥油价格和销量达到新高，赢得较好口碑，形成一定的品牌效应；农副产品加工和专业合作社方面，番巴村藏香加工专业合作社成立，主要生产藏香。

【桑桑牦牛、桑桑牦牛肉】 桑桑牦牛是当地畜牧业的重要组成部分，是当地畜牧业中的优势产业。桑桑牦牛高寒地区的特有牛种，力气很大，耐粗，善走陡坡险路、雪山沼泽。逐水草而居的半野生放牧方式和原始自然的生长过程，使其具有较高的产肉性能和泌乳性能。桑桑牦牛终身无劳役，一生中摄入大量的名贵中草药，出产的肉质细嫩，味道鲜美，脂肪含量特别低，热量特别高，并含有丰富的蛋白质和氨基酸，是当地群众的最喜爱的肉制品，经过盐卤，切成薄片，拌上辣椒的桑桑牦牛肉就是一道绝好的下酒菜。当地已成立了桑桑牦牛养殖协会，并联合当地政府推行了奖惩出栏上市的销售模式，调动了养殖户的积极性有效增加了群众收入。

【桑桑酥油、桑桑奶渣】 桑桑酥油、桑桑奶渣是昂仁县特产，奶渣与酥油相伴而生。桑桑酥油极负盛名，是进贡历代班禅的极品酥油。桑桑酥油的生产工序繁琐而辛苦，牛奶倒进“加瓦”（一张整牛皮制作的牛皮袋，专门用作打酥油），吹气鼓满，再用绳子系紧。接下来，便是长达两三个小时的打酥油。鼓胀的“加瓦”在地上不停摇晃、拍打。制作桑桑酥油的技艺传统而古老，即便到了今天依旧保持了桑桑酥油的原始独特口感。与桑桑酥油相伴而生的桑桑奶渣品质优异是难得的佳品，桑桑奶渣白色、味酸，富含蛋白质、矿物质、乳糖、酵素及多种维生素，具有极强的消化作用，高营养价值的品质是藏族人民不可或缺的食物来源之一。

（喻德平）

【领导名录】

县政协副主席、镇党委书记
　　阿　珍（女，藏族）
党委副书记、镇长
　　王　斌（5月免）
　　樊明聚（5月任）
人大主席　加　措（藏族）
政法委员、派出所教导员
　　多吉康卓（女，藏族，5月任）
人武部部长、副镇长、主任科员
　　扎西拉姆（女，藏族）
副镇长、主任科员
　　喻德平（5月任）
副镇长、派出所副所长、主任科员
　　李　慧（女，6月任）
党委副书记、组织委员
　　普　布（藏族）
纪委书记
　　次德吉（女，藏族，5月任）
宣传委员、统战委员
　　洛桑多吉（藏族，5月任）
副镇长　索朗次仁（藏族，5月任）

切热乡

【概况】 切热乡位于昂仁县西部，距日喀则360公里，距昂仁县城150公里，平均海拔4850米，是纯牧业乡，乡域面积184.75万亩。乡域北部多雄藏布江流过，219国道横贯乡域，西临萨嘎县、仲巴县、阿里地区，北部连接如萨乡、阿木雄乡，交通便利。乡主要收入来源为畜牧业和劳务输出，自然灾害有泥石流、洪涝、雪灾、水灾、风、冰雹等。

2016年，全乡共有干部职工29名，其中行政编制16人大学生村官1人，事业编制10人，公益性岗位2名。共有1所小学（乡完小），教职员工共9人，在校生142人，中学生17人。卫生院医护人员4人，派出所干警4人。寺庙（吾玛布寺）1座，在编僧尼7人，驻寺干部2人。全乡下辖6个行政村（鲁玛、切多、次如、帕灯、帕瓦、曲尔木），8个党支部，中共党员157人，其中中共预备党员6人。截至年底，共324户、1349人，其中农村劳动力664人。2016年，切热乡共有建档立卡贫困户109户、319人。社会兜底对象49户，98人，低保70户、221人。贫困户24户、83人。2016年，全乡农村经济总收入16913337.14元，其中第一产业收入为 7580749.638元，第三产业收入为9332587.5 元。全乡草场面积1746091.95亩，禁牧面积237901.01亩，草畜平衡面积1508190.85亩，草畜平衡载畜量为46625.3只绵羊单位，2016年末牲畜存栏 20604（头、只、匹），其中牦牛7779头，马55 匹，绵羊11108只，山羊1662只，牲畜出栏 6262（头、只、匹）。2016年，共完成劳务输出327人次，劳务收入785453元；农村经济总收15935589.14 元；人均收入8269.02元。

【干部队伍建设】 年内，认真落实《中国共产党发展党员工作细则》及县委发展党员工作规划，以发展党员工作“十六字”为总要求，严格把握发展党员入口关。为激发乡干部工作热情，制作《切热乡党政工作安排落实情况登记本》《切热乡党政干部工作开展情况记录簿》《切热乡党政干部下村开展工作情况登记簿》，对乡党员干部开展工作进行了详细的记录。2016年，切热乡党委将6名中共预备党员成功转为正式党员，同时经一年的培养考察成功发展6名中共预备党员、15名积极分子，进一步壮大了党员队伍，加强了党的组织建设，把党组织打造成坚强的战斗堡垒。

【党建工作】 年内，以学习为抓手，加强党员思想建设。强化党员干部和村干部学习。每周组织党员对党的理论政策、国家大政方针和业务工作进行集中学习，每月召开党支部会议，每季度召开党员会议，组织党员上党课。5月、10月分别组织开展村干部文化提升培训测试，提升了村干部文化素质和政治素质，确保党员思想始终与党中央保持高度一致。结合乡工作实际，在党员干部中开展“听说读写做”活动，提高切热乡干部学习能力、忠诚意识、廉洁作风、工作效率和思想政治素质；组织党员干部对领导讲话、政策文件进行了藏语翻译，以群众能够接受的语言加大对汉语理解能力较差的村干部的思想政治教育。加强党员社会主义核心价值观教育。将“富强、民主、文明、和谐、自由、平等、公正、法治、爱国、敬业、诚信、友善”社会主义核心价值观内容深入党员头脑，作为党员干部行动指南。加强党员思想教育，发挥党员先锋模范作用。加强领导班子建设。认真按照党章要求，严格落实党的民主集中制原则，切实加强领导班子建设。强化班子团结，增强民主氛围，对“三重一大”问题，严格按照“集体领导、民主集中、个别酝酿、会议决定”的原则，规范建立健全议事规则和决策程序，提倡会议争论，反对会后议论，增强工作透明度，提高办事效率。建立健全谈话机制，对党员个人进行谈话，交流思想，听取意见，班子成员及党员干部的积极主动性和主观能动性得到了充分发挥。坚持“三会一课”制度，按时召开支委会、支部大会和党课学习，坚持党支部委员经常碰头，有问题及时研究解决。乡党委班子每半年不少于召开一次领导班子民主生活会，有针对性地解决全乡干部职工在思想、工作等方面存在的突出问题。认真开展民主评议党员工作，努力提高组织生活质量，不断增强党支部战斗力、凝聚力，在加强班子建设中，强调树立六个意识，即：服务、表率、民主、全局、超前和学习意识，做到职责清、任务明。

【“两学一做”学习教育活动】 年内，开展“两学一做”学习教育活动，切热乡党委高度重视，周密部署，精心组织，把“两学一做”学习教育作为2016年党建工作的龙头。认真制订学习计划、领导小组、实施方案，及时将学习资料下发至各支部。为切实提高学习效果，广泛利用《中国共产党章程》、多媒体、农村党员远程教育系统，组织全乡党员干部学党章、学系列讲话，增强党员干部的政治意识、核心意识、大局意识、看齐意识。

以“两学一做”为契机，全面调动党员干部学习理论的积极性，乡党委制定《切热乡党员干部理论学习制度》。截至年底，全乡党员干部完成《中国共产党章程》的学习，开展党员承诺，每人撰写心得体会至少7篇以上，撰写交流发言材料2篇以上。进一步解决党员干部队伍在思想、组织、作风、纪律方面存在的问题，保持党的先进性和纯洁性，做一名“忠诚、担当、干净”的合格党员。

【换届工作】 年内，以换届为契机，加强党的组织建设，确保换届工作依法、依纪有序开展。建立健全换届相关工作制度，严肃换届纪律。2016年5月切热乡党委换届工作，产生中共切热乡委员会委员7名，中共切热乡纪律检查委员会委员3名（其中书记1名），出席昂仁县第九届党代会代表6名；在中共切热乡委员会第一次全体会议上，选举产生乡党委书记1名、副书记2名。新一届党委委员、纪委委员、出席昂仁县第九届党代会代表、中共切热乡委员会书记、副书记、中共切热乡纪律检查委员会书记的赞成票率均为100%。

【环保工作】 年内，切热乡及时制订完善“环保工作领导小组、工作方案”等台账，并组织全乡党员干部、牧民群众利用每周一对乡驻地周围垃圾进行彻底清扫，遵照“谁污染、谁治理”原则，与乡驻地商铺签订“门前三包”责任书，使全乡树立“讲究卫生 人人有责”的高素质意识。

【党风廉政建设】 利用每周党支部学习时间、每月一次党支部会议、每季度一次的党员会议和上党课时间，定期组织党员干部开展党风廉政建设学习；学习形式多样。采取集中学习、个人自学、召开专题会议、上党课、谈心谈话、观看反腐倡廉教育片等形式开展党风廉政建设学习，进一步丰富了学习的形式。学习内容丰富。既组织党员干部对《中国共产党纪律处分条例》《中国共产党廉洁自律准则》《中国共产党问责条例》《中国共产党党内监督条例》等党内纪律文件学习，也组织党员对各级领导讲话和各级纪检监察机关反腐倡廉案例的学习，加强党员干部廉洁从政教育，从思想上筑牢防腐倡廉的防线。加强制度建设，构建拒腐机制，完善各项制度。加强对制度的执行，严格按照制度要求落实相关工作，确保各项工作都按照党风廉政建设要求开展。2016年4月初对监督员进行了全面的培训，从制度上对村务进行监督防范，整顿履行岗位职责情况、上班时间违反工作纪律情况、公款请吃和铺张浪费情况三方面的纪律；建立和完善考核奖惩制度，建立健全强农惠农项目资金监管等方面制度；规范权力运行，认真开展廉政风险防控工作。紧紧围绕惩防体系建设，以规范职权运行为核心，强化重点岗位和关键环节的责任主体意识，重点监督全乡扶贫攻坚工作，通过设置举报电话、举报箱等形式畅通监督渠道，使各项职权阳光操作、规范运行。加强公车管理和公务开支。进一步加强公务车辆管理，按照上级要求对公车喷涂了公车标志，鼓励干部职工和群众举报领导干部驾驶公车和公车私用情况。严格控制公务开支，严格执行中央八项规定和自治区、市、县关于厉行勤俭节约反对铺张浪费的规定，严格控制行政经费支出。4月，切热乡召开党风廉政建设专题会议，进一步完善对党务、村务、财务、民生工作的监督制度，强化“三务公开”，以党务带政务，以抽查形式检查村务、财务、党务及涉民资金落实情况，充分发挥乡纪委和村监督委员会成员纪检作用，确保村务公开、透明。

【维稳工作】 抓基础工作。加大安全教育，增强防范意识。从各个环节齐心协力抓好安全防范，做到人人抓安全、事事讲安全。落实好责任制。坚持进行安全检查，确保全年无安全事故；加大防范措施，抓好“人防”这个关键环节。充分发挥各防范组织的作用，抓好各项措施的落实。巡逻队员认真履行职责、坚守岗位，并提高处置突发事件应变能力，熟练掌握相关业务知识，维护好全乡人民的安全。2016年共调处矛盾纠纷5件，调处率达100%，成功率100%。

【脱贫攻坚】 对全乡贫困户进行建档立卡。2016年，切热乡共有建档立卡贫困户109户、319人（包括“五保户”15人、15户，无劳力社会兜底对象34户、83人，扶贫低保36户、138人，扶贫户24户，83人）。社会兜底对象49户，98人（包括“五保户”15人、15户，无劳力社会兜底对象34户、83人）。低保70户、221人（包括无劳力社会兜底对象34户、83人和扶贫低保36户、138人）。贫困户24户、83人；实施整村搬迁项目。2016年，对切多、鲁玛、帕灯3个行政村、173户实施整村搬迁项目。2017年将对剩下的3个村共计42户贫困户实施整村搬迁（其中跨县搬迁10户，乡驻地搬迁32户）。截至年底，各项建设已基本完成，预计2017年三村的牧民群众能住上宽敞明亮的新房。为切实完成好切热乡2016年的脱贫任务，乡负责人深入联系点开展调查摸底，通过与结对户交心谈心，全面掌握联系点家庭信息，共结对贫困群众104人。通过政策扶持、劳务输出、畜产品销售等方式，2016年全乡共脱贫12户40人，占贫困总人数的12.5%，完成了2016年的脱贫任务。

【教育工作】 年内，乡党委、政府高度重视教育工作，把控辍保学工作作为教育事业的重要部分，小学生和中学生入学率均达到100 %。保证每一个适龄儿童都能得到良好的教育机会。2016年，县、乡开展“均衡教育”工作，切热乡的“均衡教育”发展已步入进行阶段，前期工作已全面完成，县、乡共组织乡主要领导及校领导赴阿里措勤县、日喀则市康马县进行“取经”，为“均衡教育”工作开展奠定了基础。在培养人才上，切热乡采取得力措施，鼓励学生完成学业，激励家庭正面支持和教育孩子，提高生源质量和学生的积极性。2016年5月6日，乡党委、政府结合实际、掌握政策、精心部署、积极沟通市教体委、县人民政府、县教育局等相关部门，召开切热乡首届教育专项会，提出新要求和新任务，全年开展3次专题教育和专项会。为推动教育事业、教育普及程度、均衡教育等工作起到了非常大的作用。

【医疗卫生安全工作】 年内，加强农村基层卫生队伍建设，提高卫生人员专业知识和医疗水平，做到小病不出村、大病不出乡、控制传染病，大力开展爱国卫生运动，普及全民卫生知识，倡导和培养健康的生活方式，根治牧民群众脏、乱、差等不良卫生习惯，营造良好的卫生环境。为巩固提高农村新型合作医疗制度，切实解决牧民看病难、看病贵的问题，农牧民新型合作医疗每年参合率达到100%；每个村有个标准化卫生室；对6个行政村每村配备2名村医，做到小病不出村，大病不出乡。切热乡卫生院每年进行2次卫生食品安全排查，对人员密集的商店或茶馆等场所进行食品安检，如发现过期食品，在乡政府的监督下进行统一销毁，确保牧民群众食品安全。为改善乡卫生院医疗条件，2016年在上级部门的大力支持下，对乡卫生院的业务用房进行了维修，卫生院新修一排阳光棚，解决了因天气寒冷而导致病人看病难的问题。

（苏飞雪）

【领导名录】

党委书记　次仁旺堆（藏族）
党委副书记、乡长
　　韩　辉
人大主席　多　拉（藏族，5月免）
　　拉巴次仁（藏族，5月任）
党委副书记、组织委员
　　旦增赤来（藏族，5月任组织委员）
纪委书记　旦增赤来（藏族，5月免）
　　拉巴卓玛（女，藏族，5月任）
政法委员　扎西多吉（藏族，5月任）
宣传委员、统战委员
　　拉巴珍拉（女，藏族，5月任）
统战委员　桑珠群培（藏族，5月免）
副 乡 长　拉巴珍拉（女，藏族，5月免）
派出所副所长、副乡长
　　崔　兴（5月任）

人武部部长、副乡长

桑珠群培（藏族，5月任副乡长）

副 乡 长 申 胜 涛（5月任）

格桑卓拉（女，藏族，5月任）

秋窝乡

【概况】 秋窝乡位于西藏自治区西南部、日喀则市西部雅鲁藏布江上游，位于昂仁县东部，地处雅鲁藏布江西南部，位于北纬29° 10′，东经86° 48′，属于农业大乡。距县城30公里，平均海拔4260米左右，是著名的一世班禅诞生地，全乡现有耕地面积15867亩，草场面积888888.4亩，其中可利用草场面积80.6万亩。秋窝乡属于高原中低山地地貌，高原温带半干旱大陆季风气候，年日照时数为3000小时，年平均气温8.6℃，年均降水量300毫米、年均蒸发量2505毫米。秋窝乡主要种植的农作物为青稞、小麦、油菜、豌豆、土豆。全乡现有23个行政村（分别为培、帕孜、席、上白玛、康萨、当通、曲古伦布、亚曲、落空、杂岗、秋窝、森岗、拉日孜、查布、尼布、龙木其、拉萨布、下白玛、桑珠、阿木加、南木加、帮布、杰），共有1646户、7623人。全乡共有干部职工42名，“双联户”单位151个。秋窝乡有寺庙 6 座，分别为格甘曲龙寺、曲林贡桑寺、尼布拉康寺、恰噶珠地寺、桑珠甘丹寺、鲁古寺。全乡实有在编僧人61人，驻寺干部8人。

【基层组织建设】 年内，乡党委根据本乡实际情况制定《秋窝乡2016年基层党建工作目标责任书》，要求全乡党员紧密联系个人思想、工作、生活实际，针对思想困惑、认识模糊问题，真正提高认识、找到差距、明确努力方向。建立健全《秋窝乡216年基层党建工作领导小组》《秋窝乡2016年基层党建工作督导方案》；为进一步加强本乡干部队伍的管理，制定《秋窝乡从严管理干部制度》《科技特派员管理办法》《党员三条禁令》《户长管理办法》《村干部请销假制度》《乡干部每月学习制》《乡干部包村包片制》《村后备干部一对一帮带》。为贯彻落实好“两学一做”学习教育工作，提高本乡年轻干部的写作能力，乡党委特别制定《乡干部每周一报》等制度，不断增强干部服务群众意识，切实转变干部工作作风。并设立办公室，由乡党委副书记担任办公室主任，要求领导小组严格落实县委、乡党委关于基层党建工作的相关要求，督促指导各党支部抓好推进落实。

【党建工作】 截至年底，全乡共有中共党员460名，发展中共预备党员21名，吸纳积极分子59名。为确保本乡基层党建工作有序推进，乡党委年初召开基层党建工作部署会，并与本乡26个基层党支部负责人签订党建工作目标责任书，明确基层党建工作的努力方向，并督促村党支部书记及村党支部所开展的工作。组织“后进村”“软弱涣散”党支部书记在乡政府院内进行统一培训，梳理他们对基层党建工作的思路、工作方式等方面的困难，同时先进村党支部书记跨村到后进、软弱涣散村任职，加强各村党支部书记之间的工作交流，充分发挥“已录用乡镇公务员的村党支部书记”的作用，由“录用公务员的党支部书记”带领“后进村”“软弱涣散”党支部书记协助他们理清工作思路，创新工作方式，确保秋窝乡基层党组织能够更上一层楼，确保全乡各党支部都争先创优工作方式方法，将全乡基层党建工作有序推进。

【干部队伍建设】 年内，为更进一步拉近党群、干群关系，乡党委组建“党员突击队”“党员志愿队”等党员工作小分队，为群众解实事、办难事，2016年6月进入雨季后，乡党委组织“党员突击队”，先后对发生灾情地段开展抢险、抢通工作，出动“党员突击队”人数178名，共抢险、抢通41件，为能够做到“与群众同吃、同住、同劳动”的工作原则。2016年10月步入农收时期乡党委组织“党员志愿队”开展为本乡无劳力、年老人员较多的家庭帮助秋收活动。此次活动，党员、干部本着为人民服务的原则踊跃参加，出动“党员志愿队”49名，共收13亩农作物，充分体现党员、干部的先锋模范作用，切实增进了秋窝乡党群、干群关系。

【党风廉政建设】 年内，认真落实党风廉政建设责任制，层层落实责任制。按照集体领导与个人分工负责相结合，谁主管谁负责，一级抓一级，层层抓落实的原则，明确在抓党风廉政建设中的各项责任目标、责任范围；分别与各村党支部签订《党风廉政建设目标责任书》，将党风廉政建设目标责任细化到人；狠抓学习，组织党员干部认真学习理解《党员领导干部廉洁从政》手册及相关文件等；完善相关制度。其次，强化落实村级党支部党风廉政责任制。大力推行党务、政务、村务公开。全乡把党务公开作为发扬党内民主、强化党内监督、密切党群干群关系、提高基层党组织执政能力、促进各项工作的重要举措和有效手段，多措并举，精心实施；转变工作作风，提高办事效率；加强干部管理，整合人力资源，明确机构设置，设岗定责。认真履行党规党纪，领导班子以身作则、廉洁奉公，坚决纠正损害群众利益的不正之风。坚决整治群众反映强烈、矛盾突出的热点、难点问题。配合有关部门加强监督检查，重点解决强农惠农资金，医疗卫生、学校收费等方面关乎群众切身利益的问题。协调有关部门加强对各项农民补贴款到位情况的专项检查，加强审计和财政监督。

【换届工作】 年内，秋窝乡按照区、市、县委的安排，及时成立以乡党委书记任组长的乡党委、人大换届选举工作领导小组，并制订换届选举工作实施方案，做到早安排、早制订，任务明确。5月25日，召开乡党委九届一次会议，此次会议产生乡党委委员7名，其中书记1名，副书记2名，委员4名。6月2日，召开秋窝乡人大十四届一次会议，会议产生乡级人大代表49名，县级人大代表16名。按照县换届选举办公室的统一安排，做好党员登记工作及各项准备工作，成功举办了全乡党委、政府和人大换届。

【综治维稳】 年内，按照县委、县政府年初下发《昂仁县关于做好2016年度维护稳定工作方案》《昂仁县2016年综治维稳目标责任书》的总体要求及任务，秋窝乡党委、政府结合本乡实际，年初制订《秋窝乡2016年社会维护稳定工作方案》及《秋窝乡2016年社会维护稳定目标责任书》并与全乡23个行政村、两所学校、卫生院、派出所等乡直单位签订目标责任书，明确目标、明确责任分工，切实抓好本乡社会维护稳定工作；加强学习培训 提高户长履职能力。乡党委、政府制订《秋窝乡2016年“双联户”户长培训计划》，并组织全乡151名户长进行4次以上的业务、知识水平的培训，切实提高全乡“双联户”户长对维护社会稳定工作起到真正的作用。组织各行政村组建由“双联户”户长、村“两委”班子成员组成的“护村队”，在重要节点对人员集中地、商店、饭馆、朗玛厅等人员复杂的地段进行24小时的巡逻，确保本乡范围内不发生影响社会维护稳定方面的不利的事情；充分利用干警确保“三必查”工作落实到位。

【经济发展】 2016年，全乡经济指标平稳发展：农村经济总收入7248.32万元，农民人均纯收入7320.87元。

【基础设施建设】 2016年，完成开工项目8个，总投资达到3500多万元。重点项目包括乡政府干部周转房、乡政府资源服务站、学校改（扩）建、秋窝至亚木公路以及其他农田水利等。

【农业】 2016年，全乡耕地面积为15867.3亩，其中品种推广面积为11399.93亩。主要种植良种青稞、蔬菜、良种油菜籽、饲草饲料，2016年平均亩产量达到567斤。采购优质“藏青2000”53500公斤、“喜马拉雅22号”40000公斤，共计93500公斤，解决农田种植的良种需求。共播种15867亩农作物，其中高产创建（二级种子田）900亩、优良品种“藏青2000”4181.75亩、“喜马拉雅22号”3987亩、蔬菜1176亩、饲草料1227.72亩、当地种子4394.53亩，其中机耕面积8530亩、机播面积达到8530亩、精选种子面积11400亩、种子包衣面积5000亩，现已全面完成。

【牧业】 截至年底，牲畜总头数47858头（匹、只）；新生仔畜9322（头、只、匹），成活9009（头、只、匹），成活率为96%。成畜死亡数234（头、只、匹），死亡率控制在0.9%。做好草畜平衡工作。秋窝乡草场总面积为93万亩，可利用草场面积为888815亩，载畜量为58569.2只绵羊。2016年，落实草奖资金146万元。

【林业】 年内，下大力气加大植树造林力度，在拉日孜村等4个村种植1365亩杨树，并组织乡干部到以上4个村种植树木。落实退耕还林资金253460元，落实中央森林生态效益补偿资金29186元，落实人居环境绿化经费30928元。

【脱贫攻坚】 年内，根据县扶贫办要求，秋窝乡工作重心向精准扶贫工作倾斜。乡成立领导小组。配备专干4人，并制定脱贫计划。2016年完成91户400人的脱贫任务，2017年完成528户1870人的脱贫任务，实现扶贫摘帽目标。为完善全乡精准扶贫到户的工作机制，精准识别贫困对象，分类梯度实现脱贫，精确瞄准贫困群体，以“六个精准”为抓手，“五个一批”为举措，结合秋窝乡实际，制定符合实际且可行的扶贫措施，做到扶贫扎实长效：加强组织领导。秋窝乡党委、政府高度重视，及时安排部署，成立由乡党委书记任组长、政府乡长为副组长的领导小组，制定相关实施方案，严格按照“六个精准”工作要求，组织实施，确保“精准扶贫到户、责任落实到人”；制订脱贫措施。根据昂仁县2017年脱贫工作目标，制订脱贫措施，确保2017年全乡贫困户顺利脱贫。

【教育工作】 年内，继续加强教师队伍建设，切实提高教师实施素质教育的水平和能力；加强群众思想教育，提高群众在教育事业中的参与度；加强对学生管理和安全的监督，对学生假日接送情况、校内食品安全等进行定期检查。监督好“三包”经费的使用情况，确保将各项教育资金落到实处。就学方面，加强宣传力度，提高群众意识，让孩子得到更好的教育。2016年，全乡小学生入学755人，入学率达到100%，初中生入学465人，入学率达到100%。

（罗光振）

【领导名录】

党委书记 次仁群培（藏族，6月免）
顿　珠（藏族，6月任）

党委副书记、乡长
费牛徕

人大主席 扎　西（藏族，6月免）
巴　桑（藏族，6月任）

党委副书记、纪委书记
德　央（女，藏族，6月免）

党委副书记
祝　涛（6月任）

政法委员、统战委员
巴桑卓玛（女，藏族）

组织委员、宣传委员
贵　确（藏族）

纪委书记 旦　增（藏族，6月任）

人武部部长
祝　涛（6月免）

人武部部长、副乡长
加央尼玛（藏族，6月任）

副乡长 边巴卓玛（女，藏族，6任）
韦安辉（7月任）

卫生院院长
扎西罗布（藏族）

第一小学校长
次仁加布（藏族）

第二小学校长
普　布（藏族）

达局乡

【概况】达局乡位于昂仁县东南部，距离昂仁县政府驻地55公里，东连平措林乡，西临秋窝乡，北靠亚木乡，南与曲下乡毗邻。全乡辖15个行政村（达居、多洛、克吾、江嘎、桑嘎、帮玉、赤纳、伦定、纳古、谢如、其素、通、珠吾、柱、粗），26个自然村，7座寺庙，18个基层党支部，乡域面积1300平方公里，平均海拔4200米。

乡直属单位有乡文化站、农牧综合服务中心、兽防站、乡派出所、乡邮政所，乡卫生院和两所完小。乡政府干部职工共有35名，其中行政编制人员17名，事业编制人员16名，公益性岗位2名；乡派出所干警共7名（其中辅警2名）；乡卫生院工作人员共6人（其中公益性4名）；两所完小教职工24名。

2016年，全乡总人口895户4786人，现有农村劳力2177人。农作物播种面积7828.11亩，草场面积60.6万亩，禁牧面积5000亩，粮油产量达到374.53万斤，青稞产量达到356.86万斤，仔畜成活数5134只，成活率为90%，成畜死亡数359只，死亡率为1.7%，牲畜出栏数为6474只，出栏率为30%。农村经济收入总量达到3657.48万元，第一产业总收入1168.3万元，第二产业总收入287.15万元，第三产业总收入2022万元，农牧民人均可支配收入达到6009.11元。

【干部队伍建设】年内，严把党员发展程序，高度重视发展党员工作，研究制订党员发展计划，开展“三个培养”工作，注重从返乡青年、退伍军人、初高中毕业生、致富能手、优秀团员中发展年轻党员，实行定向培养，较好地改善了党员文盲率高、老龄化、男女比例不协调等结构性问题。截至年底，达局乡共有中共党员416人，农牧民党员有359名，其中妇女68名，占16.3%的比例，2016年新发展中共党员13名，积极分子转预备党员15名，积极分子17名。

【党建工作】年内，达局乡党委坚持以“抓党建、促发展”统揽工作全局，以加强党的执政能力建设和先进性建设为主线，落实“书记抓、抓书记”工作要求，积极推进“民心党建”和党风廉政建设，使党组织的凝聚力、战斗力、向心力不断增强。

大力打造“民心党建”品牌。乡党委积极利用正在开展“乡镇干部包村联户”“驻村驻寺”以及“双联户”等工作优势，积极打造以“知民情、集民意、化民怨、顺民心”为主要内容的“民心党建”品牌。2016年，达局乡共走访群众895户，解决群众实际困难80余件，调解化解群众纠纷3起。采取有效措施，大力整顿软弱涣散村，圆满完成1个后进村转化晋位；加强村级党务工作者培训力度，全年组织开展培训2次，参训人员152人次。

【党风廉政建设】年内，达局乡党委按照“党要管党、从严治党”的要求，加强党风廉政建设。坚持把干部作风建设作为抓党建促发展的重要保障，不断加强和改进作风建设，以优良的党风带政风促民风。达局乡党委十分重视紧抓全乡党员干部的党风廉政教育工作，通过经常召开专题会议、及时传达上级违纪违规案例通报、开展警示教育专题讨论等形式，时刻提醒党员干部要廉洁自律、洁身自好，切实做到“警钟长鸣”。2016年，共组织干部职工观看教育警示片3部，召开党风廉政建设专题会10余次，开展专题讨论会10余次。

【“两学一做”学习教育活动】年内，按照县委、县委组织部关于“两学一做”的安排部署，达局乡党委加强领导、精心组织，认真抓好学习活动，边学边查边改，要求全乡干部职工要从中吸取教训，坚定纪律底线、培养高尚情操，努力学习《中国共产党章程》《中国共产党廉洁自律准则》和《中国共产党纪律处分条例》等党内法规，把握法纪分离、纪在法前、纪严于法的基本要求，突出遵守政治纪律、政治规矩，突出正面引导、重在立德，突出对照“负面清单”、重在立规，从而引导党员干部坚持“高线”、守住“底线”、不碰“红线”。将《中国共产党纪律处分条例》纳入个人自学的重点学习范围，制定详细学习计划，每周自学2次。截至年底，全乡党员干部职工平均撰写个人自学笔记18篇，撰写学习心得体会12篇。利用下村评定村“两委”星级党组织及优秀党员的时机，认真听取和征求党员群众代表的意见，共查摆问题4个，提出具体整改措施6条，已整改突出问题2个。

【精准扶贫】 截至年底，达局乡扶贫建档立卡共有380户，1608人，（其中“五保户”17户，17人；低保扶贫户172户，764人；一般贫困户191户，827人。）户贫困发生率为43%，人口贫困发生率为33.8%，贫困覆盖面较广，脱贫任务艰巨。全年完善核准了380户建档立卡基础数据，积极开展“4321”结对帮扶工作。2016年发放生态补偿扶贫资金2565000元，已实现脱贫49户189人。

【项目建设】 2016年，全乡共开工建设柱村大桥、伦定村防洪坝、乡二小附属幼儿园等各类工程项目7个，年内完成5个项目，乡域基础设施建设逐步完善，面貌进一步改善。

【民政工作】 截至年底，全乡农村低保对象共175户767人（其中A类168人、B类108人、C类491人），城市低保对象9人，孤儿10人，“五保户”17人，退伍军人15人，80岁以上寿星老人56人，90岁以上寿星老人12人，残疾人68名。做好“五保户”和孤儿“双供养”工作，逐年提高“双供养”率，截至年底，共集中供养五保对象14人、孤儿10名，集中供养率达到98%。切实加强低保、“五保户”、孤儿、优抚对象、残疾人等社会弱势群体的核查管理工作，按要求落实各类补助补贴。2016年，达局乡累计兑现低保资金521446.5元；特困群众“三大节日”慰问资金兑现3000元；2015年残疾人“两项”补贴资金78600元；2015年残疾人机动轮椅车燃油补贴资金9476元；2015年度补报2014年度城乡低保一次性资助高校学生7000元。做好防洪抗灾工作，及时落实冬春受灾群众生活救助款，解决群众生产生活困难，共落实冬春救助资金5万元。

【人社工作】 年内，做好城乡居民养老保险政策宣传和工作，城乡居民养老保险覆盖率为99.8%，2016年共收缴参保资金249700元；截至年底，全乡年满60周岁老年人共457人，全年共计发放养老保险资金794370元。抓好劳动力的培训和转移就业工作，不断提高劳动者的素质，努力拓宽农民增收渠道，引导农村剩余劳动力劳务输出，增加农民收入。截至年底，达局乡劳务输出917人次，创造劳务总收入522.91万元，纯收入405.66万元。

【卫生工作】 年内，通过教育宣传农牧区合作医疗制度和督促指导卫生院做好卫生工作使达局乡的卫生工作得到进一步提升；协助市卫生局积极开展免费体检、免费看病、免费拿药等3次大型免费医疗活动。2016年，达局乡卫生院住院分娩人数达到108人，分娩率为82%，幼儿接种应种2735人，实种2638人，接种率为96.45%。

【教育工作】 年内，达局乡党委和政府特别注重小学适龄儿童入学率，有效控制辍学率，及时引导农牧民群众运用合理的奖惩制度激发农牧民关爱子女入学，坚持“控辍保学”工作明显提高。截至年底，达局乡适龄儿童入学人数为503人，中学入学183人，适龄儿童及中学入学率达到100％。加强教师队伍管理，严格教师请销假制度，定期对学校食堂、三包经费等学校各项工作监督管理，使全乡两所小学的各项工作与乡政府教育工作统一了步调。进一步完善乡完小基础设施建设，2016年年末，相继建成乡完二小学生宿舍楼、教学楼及周围路面硬化工程。

【林业生态】 2016年，达局乡重点区域造林包括赤纳村和桑嘎村，赤纳村造林1.43公顷，桑嘎村造林47.58公顷，共计造林49.01公顷。年内，累计发放林业资金1032864.5元，包括中央森林管护人员奖励资金、野生动物肇事补偿、重点区域造林资金、退耕还林资金等。

【草原生态平衡】 2016年，达局乡草原生态保护补助奖励机制承包草场面积60.6万亩，禁牧面积5000亩，草畜平衡面积60.1万亩。年内，累计落实2015年草奖资金1048714元。

【综治维稳】 2016年，达局乡开展"双联户户长"培训班4次，参加培训人数达190人次；累计发放"双联户户长"补助54万元，先进"双联户"奖励资金22.91万元；加大社会矛盾纠纷的排查调处力度，高度重视群众来信来访工作，加强对综治维稳工作的分析预判，积极化解各种矛盾，进一步巩固安定团结的政治局面。全年法制进村宣传8次，人数达4280人次；受理各类纠纷6起，调处6起，调解率100%，调解成功率100%。

【交通工作】 年内，加强交通安全工作，加大对辖区内的农用车驾驶员的管理，严肃查处各类道路交通违法行为；加强公路养护和管理，确保安全畅通，成立各村护路队，制定各项规章制度，交通事故多发时节明确各线专人管理，并组织村民进行维修，做到路面平整，排水畅通及时清扫；乡政府组织村民成立抢险保通小组，该小组成员达20余人，共计参加抢险保通工作5次。

【水利工作】 年内，达局乡以经济工作会议为契机，向15个行政村征求意见，解决热点、难点问题，其中改善水利设施工作是困难之一。通过水利、扶贫、财政、强基、民宗等渠道，加快推进农田水利建设，不断改善农田灌溉条件，在2016年防洪抗灾期间，达局乡共组织343人次，12500个防汛袋，60套钢丝网，28防汛车辆投入到抗洪救灾、在各村相继成立抗洪救灾抢险队，并发放安装雨量监测警报器和警报器材，做到提前预防、及时预警、及时处理，确保了农牧民人身财产的安全。

【国土工作】 达局乡年初与15个行政村签订国土资源管理目标责任书，采取有效措施制止违法用占地行为，有效调处违法用地行为。严格用地审批制度，从村一级到县一级层层申请，经审批，批准后方可用地建设。

【商务工作】 在年初的碘盐发放活动中，共计发放26吨碘盐，按照一人5袋的标准严格发放碘盐，确保农牧民群众安全用盐和健康用盐；9月开展的家电下乡活动中，达局乡积极宣传国家惠民政策，并对各类家电用具性能情况进行逐一讲解，确保农牧民群众放心购买和资金补贴落实到位。

（李永春）

【领导名录】

党委书记 扎西格桑（藏族，5月免）
唐　丽（女，5月任）
党委副书记、乡长
唐　丽（女，5月免）
格　桑（藏族，5月任）
人大主席 多布杰（藏族）
党委副书记、组织委员
旦增尺列（藏族）
宣传委员、副乡长
达瓦平措（藏族，5月免）
政法委员、宣传委员（主任科员）
格桑达瓦（藏族，5月任）
纪委书记 索朗吉巴（女，藏族，5月任）
统战委员 仁增旺姆（女，藏族）
人武部部长、副乡长
巴桑次仁（藏族，5月任）
副乡长、派出所副所长
马晓伟（6月任）
副乡长（主任科员）
鞠　斌（6月任）
副乡长 杨宗志（5月任）
卫生院负责人
普　琼（藏族）
一小校长 尼玛次仁（藏族）
二小校长 次　旦（藏族）

贡久布乡

【概况】 贡久布乡位于昂仁县西北部，距昂仁县城277公里。地理位置：北纬30° 38′，东经87° 3′，北部与那曲地区尼玛县甲谷乡接壤，东部与尼玛县吉瓦乡接壤，南部与措迈乡相邻，东北部与尼玛县达果乡相邻。平均海拔4800米，全乡土地面积1700平方千米，草场总面积为1635154.7亩，其中可利用草场面积为1557215亩，草场禁牧面积为249145.67亩。贡久布乡属于高原中低山地地貌，高原温带半干旱大陆季风气候，贡久布乡有6个行政村（分别为孜热、色聂、孜果、次如、松多）是纯牧业乡，共有351户、1376人。全乡共有干部职工41名，“双联户”单位42个。贡久布乡无寺庙，乡政府驻地孜热村，现有53户218人。

【基层组织建设】 年内，以创“五好”基层党组织为核心，狠抓乡村两级党组织规范化建设；建立健全以村级党组织争先进位考核和目标绩效考核办法为内容的村组干部日常坐班工作模式。全乡共有中共党员141名，农牧民党员116名，2016年发展中共党员9名，中共预备党员12名，入党积极分子23名。根据县委、组织部要求，贡久布乡党委紧紧围绕“两学一做”和“村干部素质能力提升工程”两项核心任务，稳步推进基层党建工作，在县督导组的指导下，党建工作逐步走向规范化、常态化。

【党建工作】 年内，乡党委始终坚持“一个支部一堡垒、一名党员一面旗帜”的工作思路，以加强村级党组织建设活动及村干部素质能力提升为工作目标，进一步加强党的建设，党的执政能力明显提高。开展党委中心学习组、党员学习日等学习活动，领导班子及党员干部整体素质得到提高；认真执行党委议事制度，坚持集体领导与分工负责相结合，做到按章办事；建立党政领导包村、联系重点项目责任制度，完善了干部目标考核体系，干部队伍管理日趋规范。以乡干部职工及驻村工作队组成的师资队伍，乡里集中开办培训班，充分提高村干部素质。开展“讲学习、讲忠诚、正风纪、转作风、提效能”主题活动及“三会一课”等党内生活制度，有效地整治党员干部中存在的不良现象，党员宗旨观念明显增强，班子凝聚力和战斗力明显提高。

【干部队伍建设】 年内，根据县委要求，制定本乡“两学一做”学习教育活动实施方案，组织党员开展“两学一做”学习教育和“讲学习、讲忠诚、正风纪、转作风、提效能”主题活动，坚持正面教育，开展专题研讨4次，集中学习46次，张帖宣传横幅20条，发放宣传资料336份。进一步拧紧思想“总开关”；坚持学用结合，牢牢抓住以“做”为关键，引导党员在创先争优中更好地保证合格；坚持问题导向，推动党员领导干部带头坚定理想信念，带头全面从严治党，推进党的作风不断好转；坚持领导带头，凡是要求党员做到的，党员领导干部首先要做到，凡是党要求党员不做的，党员领导干部带头不做。

【党风廉政建设】 年内，认真落实党风廉政建设责任制，层层落实责任制。按照集体领导与个人分工负责相结合，谁主管谁负责，一级抓一级，层层抓落实的原则，明确在抓党风廉政建设中的各项责任目标、责任范围；分别与各村党支部签订《党风廉政建设目标责任书》，将党风廉政建设目标责任细化到人；狠抓学习，组织党员干部认真学习理解《党员领导干部廉洁从政》手册及相关文件等；完善相关制度。其次，强化落实村级党支部党风廉政责任制。大力推行党务、政务、村务公开。全乡把党务公开作为发扬党内民主、强化党内监督、密切党群干群关系、提高基层党组织执政能力、促进各项工作的重要举措和有效手段，多措并举，精心实施；转变工作作风，提高办事效率；加强干部管理，整合人力资源，明确机构设置，设岗定责。最后，认真履行党规党纪，领导班子以身作则、廉洁奉公，坚决纠正损害群众利益的不正之风。坚决整治群众反映强烈、矛盾突出的热点、难点问题。配合有关部门加强监督检查，重点解决强农惠农资金，医疗卫生、学校收费等方面关乎群众切身利益的问题。协调有关部门加强对各项农民补贴款到位情况的专项检查，加强审计和财政监督。

【团建工作】 年内，贡久布乡着重从团员队伍建设方面，团委认真做好团员发展工作，给团组织补充新鲜血液，共组织3次入团宣誓仪式，吸收近15名入团积极分子加入中国共青团，加强团组织的生命力和战斗力，增强了团组织的影响力和凝聚力。2016年度团费收缴正常，如期足额上交，而且建立了团内经费账册，收支合理。

【基础设施建设】 2016年，完成开工项目1个，学校教室改（扩）建，总投资约400多万元，已开工建设。经政府引导，2016年外出务工人员 199 人次，劳务输出收入 38 万元。

【换届工作】 年内，贡久布乡按照区、市、县委的安排，及时成立以乡党委书记任组长的乡党委、人大换届选举工作领导小组，并制订换届选举工作实施方案，做到早安排、早制订，任务明确。换届前期多次组织换届工作人员培训，让工作人员熟悉换届每一环节。做到公平公正。5月26日，召开乡党员大会，此次会议产生乡党委委员7名，其中书记1名，副书记2名。6月2日，召开贡久布乡人大十四届一次会议，会议选举产生乡人大主席1名，乡政府乡长1名，副乡长2名。产生乡级人大代表25名，县级人大代表3名，其中乡干部职工2名，农牧民代表1名。按照县换届选举办公室的统一安排，做好党员登记工作及各项准备工作，成功举办了全乡党委、政府和人大换届。

【脱贫攻坚】 年内，贡久布乡工作重心向精准扶贫工作倾斜，放在首要位置，成立领导小组，配备专干2人，多次入户调查，做到精准到户、精准到人，并详细制订脱贫计划。2016年完成19户60人的脱贫任务，2017年预计完成63户249人的脱贫任务，实现扶贫摘帽目标。全乡围绕“九个一批”，抓脱贫政策的落实。转移就业方面依靠县人社局开展技能培训和联系就业岗位，两年内完成10户33人脱贫任务。易地搬迁方面，两年内完成搬迁88户329人。生态补偿岗位方面，生态补偿方面第一批181人、第二批104人，2016年确定岗位88户186人，人均标准3000元，85万元资金完成发放；发展教育方面，确定享受政策贫困户47户70人，医疗救助方面，列入享受政策5户5人；社会兜底方面，列入享受政策15户28人；信贷扶持方面， 2016年已经享受政策扶持22户，涉及资金达到110万元；结对帮扶方面， 2016年确定结对帮扶97对，贫困户户均扶持人达到2名。截至年底，帮扶工作主要围绕认亲慰问开展：县委常委、组织部部长拉欧慰问3000元（每户1000元），乡机关慰问26户，户均物资500元；县政协副主席次仁群培对3户慰问2次，每户1000元。驻村工作队每户慰问500元；规范贫困户脱贫程序。乡党委政府与村“两委”、措迈乡营业所多次协商沟通后事先在孜热村和甲内村实行小额贷款，以借畜还畜、成立便民合作社等形式，力求脱贫一批，针对2016年脱贫目标，由扶贫专干入户调研，完成脱贫户收入的人均核算。达到3311元标准的，初步确定为脱贫户，经本人申请，乡党委讨论后，进行集中申报。

【社会综合治理】 贡久布乡地处那曲地区尼玛县边界，人流量较大，因此加强群防群治和流动人口管理。设立乡村两级综治管理岗，安排综治管理人员12人；各村成立护卫队；护边队，进行人口摸底，加强信息平台建设，做好网格化管理；重点加强流动人口的登记管理，各村对流动人员、不明身份人员做到及时登记上报；根据县委、县政府要求，扎实推进“双联户”工作，划分“双联户”单元42个，选出“双联户长”42名。

【维护稳定】 年内，安排民事调解人员，全年调解小纠纷4起（草场纠纷）；做好特殊人员的管控帮扶，配合上级部门打击传销，平安创建工作和先进“双联户”创建相结合，任务分解到户，责任追究到人。

【安全生产】 年内，乡人大、安全生产领导小组及工作人员对茶馆、酒馆、学校附近商店等进行5次的易燃、易爆排查工作及大、小型施工单位的安全防范工作；安全生产目标分解到“双联户”单元，层层落实；对本乡酒馆等场所做出时间限定，并实行周一到周五的禁酒措施。酒馆超过11点营业，对从业人员进行处罚，减少酒后闹事行为的发生。

【经济发展】 2016年，全乡经济指标平稳发展：农村经济总收入 11112 万元。人均纯收入 8075.28元，同比增长28%。

【牧业】 截至年底，牲畜总头数32665头（匹、只）；仔成活率93% 。畜牧业副产品产量有所增长，牛肉产量 129.6吨、羊肉产量103吨 奶产量341吨、奶渣14.22吨。

【林业】 年内，乡党委、政府加强野保员的培训工作，加大对野生动物的保护工作和野生动物肇事补偿工作宣传和统计上报工作，在各村委设立野保员。

【教育工作】 2016年，贡久布乡完小有教师10名，学生125名，班级5个。年内，小学入学率达100%，巩固率100%，初中入学率达100%，巩固率100%。

【卫生工作】 年内，乡卫生院1所，医护人员4名，村医12名。2016年医疗卫生工作取得新成效，乡政府、乡卫生院积极开展健康教育宣传工作，广大群众健康知识水平明显提高，住院分娩达到93%、新型医疗参保人数1299人、参保率100%。

（扎西多吉）

【领导名录】

党委书记 次仁顿珠（藏族，5月免）
格　桑（藏族，5月任）

党委副书记、乡长
谭茂勇

党委副书记、人大主席
边　巴（藏族，5月免）
旦巴次仁（藏族，5月任）

政法委员、统战委员
罗桑卓玛（女，藏族，5月任）

人武部部长、副乡长
尼玛卓嘎（女，藏族，5月任）

党委副书记、组织委员
扎西多吉（藏族）

宣传委员、副乡长（主任科员）
达瓦平措（藏族，5月任）

卫生院院长
格桑罗布（藏族）

完小校长 米玛平措（藏族）

亚木乡

【概况】 亚木乡位于昂仁县东部90公里，共有20个行政村36个自然村，乡域面积为1300平方公里，耕地面积为10439亩，草场总面积为938381亩，全乡总户数为1413户，其中牧业户21户，全乡总人数为6839人。全乡共有22个基层党支部，400名党员，“三老人员”16名，乡政府共有35名干部职工，乡完小共有20名教师，乡卫生院有7名医务人员，乡营业所有3名工作人员。全乡“双联户”联保单元共有148个，有4座寺庙，48名僧尼，其中编内37名，编外11名，流散僧尼75名。全乡共有361低保户（1154人），有一所中心小学和10个村教学点，小学入学率达100%，初中入学率达98%。公共医疗卫生基础设施得到进一步加强，医护人员得到进一步充实，每户农牧民建立了健康档案。

【干部队伍建设】 年内，亚木乡高度重视干部队伍建设，认真落实县委发展党员工作规划，制定《亚木乡2016年度发展党员工作计划》，按照发展党员“十六字”方针严把党员入口关，亚木乡严格按照发展党员程序，2016年发展党员18名，吸收积极分子39名，预备党员转正式党员16名，截至年底，全乡正式党员375名。扎实做好党员组织关系排查工作，通过村两委、家人等多种渠道与失联党员、口袋党员、流动党员进行联系，耐心开导4名党员，让他们重新回到党组织活动中来。强抓组织员队伍教育、培训、学习，打造一支政策水平高、业务能力强的组织员队伍。

【党建工作】 抓基础，强责任，全面落实基层党建工作任务。全面加强村级组织建设，完善村级组织活动服务功能，建立和规范各种规章制度，组织开展“四议两公开”，着力整顿软弱涣散村级党组织晋位升级，督促落实“三会一课”制度，积极发展农村党员，有效提升了村级党组织的凝聚力和战斗力，着力夯实基层执政基础，加快推动精准脱贫步伐，促进了农村和谐稳定；抓教育，求实效，全力推进素质能力提升工程。乡党委召开村干部素质能力提升工程专题会议，听取工作推进情况，研究分析工作中存在的问题，安排部署阶段重点工作，制订实施方案。举办各类教育培训达6场（次），参加培训村干部达356人（次）。

【换届工作】 年内， 亚木乡党委全力推进乡领导班子换届工作。严格落实中央“九个严禁”要求，坚决维护换届工作的严肃性，加强换届政策和组织纪律的宣传教育，制作藏汉双语换届纪律宣传标语200张、宣传栏5个。严格落实“六必签”要求，与各级党组织签订严守换届纪律《承诺书》148份，承诺书签订率达到100%。认真落实全面从严治党要求，充分发挥党委总览全局、协调各方作用，切实把好选举提名关、人选关、程序关，做到一个程序不少、一个环节不缺，配出结构优功能强的好班子，切实换出忠诚干净担当的好干部。

【“两学一做”学习教育活动】 年内，亚木乡以“两学一做”和“讲学习、讲忠诚、正风纪、转作风、提效能”主题活动为契机，扎实解决服务群众“最后一公里”问题。2016年，全乡共成立，22支“党员志愿者服务队”，参与志愿者服务活动在册393人，开展8次各类服务活动，参与党员80余人（次）。全乡制作“两学一做”学习教育横幅、宣传栏达20余条，开展系列主题实践活动、专题讨论4次，党员领导干部讲党课8次，进一步深化巩固学习效果，让“两学一做”成了新常态，让“改”和“促”推动新发展。

【党风廉政建设】 年内，按照上级有关规定切实提高民主生活会质量，强化民主监督机制，促进党风廉政建设；进一步建立健全党风廉政建设制度和工作制度。规范和完善《党务政务公开制度》《村务公开制度》，从源头上扼制违法违纪案件的发生。召开亚木乡党风廉政建设和反腐败工作会议，安排部署2016年党风廉政建设工作，制订《2016年党风廉政建设工作计划》，层层签订《2016党风廉政建设责任书》，在全乡范围内开展廉政谈话活动，强化对中央八项规定、准则、条例和典型案例的学习。

【团建工作】 年内，亚木乡着重从团员队伍建设方面，重视发展团员工作，配合县团委开展团员教育培训，组织开展“五四”入团仪式、学雷锋志愿服务等活动，组织青年志愿者开展卫生大扫除、法制宣传等系列活动，将团建工作制度化、经常化、规范化，2016年通过培养和引导，吸收团员45名，共有团员184名。

【脱贫攻坚】 年内，亚木乡通过深入调研、走村入户，公开公示，最终从走访的近900户中确定689贫困户，2740贫困人。产业发展脱贫情况。亚木乡特制定22个产业项目库，带动113户、415人带动，特色支柱产业发展，贫困农户收入增加；转移就业情况。亚木乡转移就业总共报36人，其中32人已去培训、4人因外出务工未去培训，1人已就业脱贫、31人未就业；异地搬迁情况。亚木乡总共异地搬迁有343户、1304人，其中2016年异地搬迁67户、285人。医疗救助情况。亚木乡总共报了医疗救助100人，其中亚木乡通过研究决定对21户34人的贫困户安排专门的医疗团队开展健康体检以及医疗救助活动，并建立更新健康档案；社保兜底情况。亚木乡总共社保兜底有72户，109人，其中五保9户、9人；金融扶持情况。亚木乡工作人员对每村的建档立卡贫困户详细介绍此次金融精准扶贫的主要内容，包括贷款额度、贷款年限、贷款利率、发放方式，统计统计每户的贷款情况，并与乡营业所签订目标责任书；发展教育脱贫情况。亚木乡总共建档立卡贫困户300户，381人，其中2016年对建档立卡贫困生12人申请教育基金大学生奖励和支助；生态脱贫情况。亚木乡在8月统计各村的建档立卡贫困户中劳力人口并且制定自己的岗位情况，亚木乡总共1590人，1590岗，共落实资金达477万元。

【维稳工作】 年内，亚木乡共发放安全生产及其他维稳宣传手册14册和宣传单余1400余份，悬挂横幅5条；同时在6月组织村“两委”和“双联户长”在乡文化站集体学习乡规民约和观看学习安全生产警示教育片，全面提高全民安全防范意识和营造全乡社会“和谐、稳定、发展”的良好社会氛围。 乡综治办各类应急预案和方案共有15件，主要对全年安全生产和维稳安保工作、三月敏感时期、每年“两会”、每年宗教活动等工作专门修订针对性强、责任明确、处置措施有效的应急预案，其中专项应急方案7件和应急预案9件。各村上报的纠纷案件第一时间组织人员介入调查，以合法、和谐调解，把矛盾纠纷影响面最大控制，把矛盾纠纷案件化解在基层中，全年26起矛盾纠纷都在乡调解委员会调解处置下，成功调解25起。

【安全生产】 年内，严格落实安全生产目标，强化安全生产责任，与各村签订2016年安全生产目标责任书，严格落实安全生产目标管理责任制和各项防范措施，在重大节假日、敏感日期间，组织乡干部职工开展安全生产的宣传教育活动，并发放交通法规宣传册，多次对亚木乡完小、饭馆、个体户商店食品安全排查，给人民群众创造一个安全、放心、健康的生活环境；同时，全面排查亚木乡各施工单位安全存在的隐患，与乡驻地所有施工队之间签订安全生产合同协议，亚木乡干部职工定期不定期到每个村，对每条公路、每项工程项目、每座桥梁进行排查，尤其对容易引发事故的隐患点，因地制宜制订整改措施，向村民讲解宣传危险路段、桥梁的安全注意事项，较好地做到排查、整治隐患、杜绝新隐患的目的。

【经济发展】 2016年，亚木乡从春耕春备工作开始抓起，准备农药130余箱（桶）、化肥150余吨，种子38万余斤，农家肥900余吨，完成改良耕地1600亩。青稞良种推广6100亩，粮油总产量706.564万斤，比2015年增加3.5%，粮食作物产量380.06万斤，比2015年增加6.13%，油菜产量27.684万斤，比2015年减少4.45%，蔬菜产量271.82万斤，比2015年减少0.26%，饲草料产量27万斤，比2015年增加16.81%。加强接羔育幼工作，新生仔畜头5812头（只、匹），成活数5375头（只、匹），仔畜成活率为92.5%，成畜死亡数82头（只、匹），死亡率0.42%。加强畜种改良工作，加大宣传逐步普及机耕机播，将牲畜从耕牛转变为奶牛和肉牛，2016年已上级部门申请报引进种牛17头，种羊20只。2015年年末牲畜存栏为44441个绵羊单位，全乡已达到平衡，草奖资金共154.19万元。

【推广新品种】 2016年，推广新品种二级种子种植300亩。

【基础设施建设】 年内，亚木乡以项目建设为突破口，重点加大现代农业、农田水利等方面项目的争取和实施。截至年底，共开工实施的各类建设项目有20项，总投资达4100余万元。其中水利项目12个，短平快项目4个，科技项目1个，扶贫项目1个，交通1个，教育1个。

【林业工作】 年内，在支荣村、准塘村、纳萨村实施公益林3000亩，新修防护栏8550米。

【民生保障】 年内，社纳入城乡低保对象326户，发放低保资金22.9余万元；发放五保户供养资金1.3余万元；落实冬春救助金4万元。

【教育工作】 年内，“六一”儿童节、教师节为乡完小送去教育支持资金，对定期登记全乡范围内在校贫困大学生，多方申请教育资助金、结对帮扶、寻找社会爱心人士。加大控辍保学工作，宣传义务教育法，保证青少年按时进入学习接受教育，“双基”入学率达99%。

【新农合和新农保收缴工作】 年内，全乡参加养老保险达 3710人，参保率达到100%，落实农村养老保障资金达46万元；多渠道输转富余劳动力1063人次，实现劳务总收入300余万元。

【环境整治】 年内，亚木乡每季度开展一次“环境卫生大整治，创建美好新家园”专题活动。动员全乡党员干部在全乡范围内开展村级环境卫生整治，组织驻村工作队和各村党员干部对各村内进行环境卫生整治。引导广大农牧民破除陈规陋习，树立“讲卫生、美环境、树新风、促发展”的良好意识，人人都参与到建设“和谐、文明”亚木中。

【精神文明建设】 年内，亚木乡创建文明示范点，制定文明评选条件，加强公民思想道德建设；开展丰富多彩的文化活动，加强群众思想教育引导，转变观念，营造文明和谐的节日氛围，在全乡广泛开展群众性节日民俗、文化娱乐、体育健身、爱国卫生和科普宣传活动。2016年，共开展群众性活动4次，参与群众达3000人次。

（旺　姆）

【领导名录】

党委书记　米玛伦珠（藏族）

党委副书记、乡长
　　张永超

人大主席　巴桑多布拉（藏族，5月任）

党委副书记
　　次旦扎西（藏族）

组织委员、宣传委员
　　次旦扎西（藏族）

人武部部长、副乡长
　　扎西多吉（藏族）

纪委书记　其米卓嘎（女，藏族）

政法委员　罗布扎西（藏族）

统战委员　杰　珠（女，藏族）

副乡长　加　措（藏族，5月任）
　　朱　营（5月任）

派出所所长
　　边巴索朗（藏族）

完小校长　罗杰旺久（藏族）

完小副校长
　　达瓦顿珠（藏族）
　　阿旺次噶（藏族）

达若乡

【概况】 达若乡位于昂仁县西北部，距离县城163公里，平均海拔高达5156米，气候极为寒冷，群众居住分散，东面与谢通门县接壤，南面与雄巴乡、桑桑镇接壤、查孜乡接壤。全乡有4个行政村（分别为其日、夏拉、查庆、强玛）、17个自然村，共有154户、653人。经济收入以畜牧业为主，草场面积达203.56万亩，可利用草场面积199.06万亩，禁牧面积235399.78亩，核定载畜量25391.1（只）。

2016年，达若乡村“两委”班子成员共有20名，其中女性4名，乡干部职工25名（副科级以上干部8名，科员6名，专技人员10名，公益性1名），兽防站人员2名，卫生院一所，医务人员4名（正式人员3名，公益性1名），小学一所，教职工8名、小学生69名、在校初中生50名，“双联户”联保单位20个，其中17个为各自然村联保单元，乡政府、卫生院、学校各一个联保单元，“双联户”户长20名，村务监督员12名，科技特派员8名，有6个党支部，124名党员（机关事业及完小23名，农牧民101名），66名团员，县级人大代表3名，乡级人大代表21名，“三老人员”1名，“五保户”2名，孤儿1名，寿星老人1名，60岁以上人员34名，残疾人员10名，一孩双女6名。

【党建工作】 健全各项工作制度是党建创先工作顺利开展的根本保证，落实责任制是搞好党建工作的关键。在具体抓党建工作中，作为“第一责任人”，年初就召开班子会议深入分析研讨，并成立党建工作领导小组、制定党建工作计划，将基层党建作为工作重点，列入重要议事日程。完善两个例会制度，即专题党建例会制度。每月召开一次，探索党建工作的新思路，好举措；建立乡干部包村包片制度。针对各村具体情况，要求包村干部定期进村入户，开展调查研究，帮助各村理清工作思路，解决困难问题；建立责任体系，乡党委与第一支部书记、驻村工作队签订目标责任书，立下组织工作“军令状”，明确职责，严格奖惩，构筑一个上下配套，形成上下联动，层层抓落实的良好格局；制定村党支部书记季度汇报制度。

【党员教育管理】 年内，乡党委严格按照发展党员的“十六字方针”为总体要求，年内，共吸收积极分子11名，发展党员9名，入党申请人员10名，列为发展对象5名，为党的生命注入了新的活力；按照基层党建规范化要求，往年党员档案整理的基础上，进一步整理规范，达到档案标准管理。

【“两学一做”专题活动】 年内，根据“两学一做”学习教育，结合“下百村、访千户、结对认亲”活动，领导班子与2户贫困户结对认亲，其他乡干部与1户贫户结对认亲。同时，深入贫困户进行调研摸底，从了解贫困户的牲畜数量、家庭收入、主要经济来源等生产生活条件开始，掌握第一手资料，形成贫困家庭档案。同时，与贫困户进行了交心谈心，做思想教育，并对贫困户进行发放大米、面粉、清油等生活用品，折合人民币15000元，受益群众达80多人。

【群众党员、村干部与贫困户“结对认亲”】 年内，各村党支部借鉴乡党委工作方式，在本村党员中广泛开展“结对认亲”活动。各村党支部分别对村“两委”班子成员、牧民党员与贫困户形成帮扶对象，了解贫困户的生活方式、帮助寻找致富门路、查找差距、理清脱贫思路，避免贫困户触犯乡党委、政府制定的“五不准”底线。年内，村“两委”班子成员慰问贫困户资金、物资折合人民币达22945元，群众党员慰问贫困户物资折合人民币12553元。开展“结对认亲、谈心谈话、集体慰问”活动，不仅拉近了党员干部与贫困户之间的距离，还助推“两学一做”学习教育，为达若乡党建工作、精准扶贫工作添加砖瓦。

【开展“村干部素质能力提升工作”】 年内，为进一步提高村干部整体素质，努力培养造就一支政治上靠得住、工作上有本事，能带头致富并能带领群众共同致富，作风上过硬、务实、清廉的高素质的村干部队伍，根据八届区党委第94次常委会议精神，以及《全区“万名村（居）干部文化素质提升工程”实施方案》内容，结合达若乡实际，制订实施方案、学习计划，并按方案要求落实责任，认真执行计划。在达若乡村干部中针对未达到初中文凭的17名现任村干部及6名后备干部进行了藏语文、汉语文、数学三门课程的集中培训，并统一进行了三次考试，为2017年村“两委”换届奠定了良好的基础。

【发挥党员志愿者、“双联户”户长作用】 2016年，达若乡共有六个党支部，125名党员，成立五个党员志愿者服务队。各村“双联户”户长引领党员志愿者修缮道路，由于游牧点离村驻地较远，村通往各个游牧点的道路不畅通，为此各村利用8天左右的时间，组织党员、群众修缮90多公里，给人畜过路提供了很大的便捷；为争创文明乡村，提升乡村环境质量，推动社会主义新农村建设。组织全乡党员志愿者，雇佣装载机、车辆，分成 3 个小组，分别对乡内卫生死角、垃圾点、周围零散垃圾一一进行卫生大扫除。响应县委、县政府实施建设生态村的号召，开展声势浩大的乡村整洁活动，营造出整洁、优美、文明的村容村貌，达若乡的其日、查庆、强玛3个村顺利通过自治区环评验收；年内，党组织充分利用党员、户长、村务监督员，以集中连片、房前屋后冬圈夏草方式在4个行政村实施人工种草。牧民群众实际动手播种面积达80亩，产量达6000斤，为今牲畜过冬多了一份保障。

【党风廉政建设】 年内，强化措施，认真落实党风廉政建设责任制，层层落实责任制。按照集体领导与个人分工负责相结合，谁主管谁负责，一级抓一级，层层抓落实的原则，明确在抓党风廉政建设中的各项责任目标、责任范围；分别与各村党支部签订《党风廉政建设目标责任书》，将党风廉政建设目标责任细化到人；狠抓学习，组织党员干部认真学习理解《党员领导干部廉洁从政》手册及上级下发的相关文件等；完善相关制度。其次，强化落实村级党支部党风廉政责任制。大力推行党务、政务、村务公开。全乡把党务公开作为发扬党内民主、强化党内监督、密切党群干群关系、提高基层党组织执政能力、促进各项工作的重要举措和有效手段，多措并举，精心实施；转变工作作风，提高办事效率；加强干部管理，设定岗位职责。最后，认真履行党规党纪，领导班子以身作则、廉洁奉公，坚决纠正损害群众利益的不正之风。坚决整治群众反映强烈、矛盾突出的热点、难点问题。配合有关部门加强监督检查，重点解决强农惠农资金，医疗卫生、学校收费等方面关乎群众切身利益的问题。协调有关部门加强对各项农民补贴款到位情况的专项检查，加强审计和财政监督。

【精准扶贫】 年内，乡党委、政府制定切实可行贫困户管理办法。按照“九个一批”要求，在全乡范围内，劳务输出一人，脱贫致富一家。劳务输出是提高群众现金收入的重要途径。2016年，达若乡根据劳力资源丰富的实际，利用建筑开工时节，集中达若乡贫困户所有剩余劳力，安排他们在达若乡区域内施工务工。2016年，全乡贫困户23户，召开村民大会，聆听群众心声，确保易地搬迁圆满完成。达若乡贫困户23户，85人，截至年底，实现脱贫18户，77人，20户82人搬迁到乡政府所在地进行集中安置。为此，乡党委、政府召开村民大会、入户聆听群众的心声，了解他们的意愿，并与易地搬迁户签订了目标责任书，层层落实了责任、明确了责任；贫困户“五不准、一必做”管理制度。

【“五个不准”】 凡是达若乡的贫困户不准擅自搞买卖交易活动，特别是车辆买卖方面，如有特殊情况，必须在帮扶领导和村委会的共同同意下向乡党政以书面形式做出汇报，将同意后方可进行买卖；贫困户不准私自向各单位或店铺借款、欠款，如有极大的困难或者出现易发事故，需在帮扶领导和村委会的共同同意下向乡党政做出汇报；贫困户中的人员除了节假期间饮酒外，不准出现随便饮酒、赌博等问题，如发现不良现象，按照情节大小处以罚款500元至1000元，并在享受国家惠民政策方面进行适当的调整；国家惠民政策项目和落实的各项物资不准擅自用来买卖交易，如发现此事按照情节大小罚款或者进行没收；若各店铺私自向贫困户借款，在跟贫困户做欠款生意上，出现不按时还款等问题，后果自负，乡镇不予以负责。

【“一个必做”】 达若乡贫困户必须要有清晰的发展思路，靠自己的头脑、双手打开致富门路。登记群众需求，引进生活必备品。“便民惠民合作商店”根据群众需求，走村入户登记进行引进物资，主要品种有面粉、大米、砖茶、酥油、青油、糌粑等，为无劳力、贫困户、孤寡老人等人群提供便利。

【换届工作】 年内，达若乡按照区、市、县委的安排，及时成立以乡党委书记任组长的乡党委、人大换届选举工作领导小组，并制订换届选举工作实施方案，做到早安排、早制订，任务明确。2016年6月2日召开乡党员大会，此次会议产生乡党委委员6名，其中书记1名，副书记2名，委员3名。2016年6月2日，召开达若乡人大十四届一次会议，会议产生乡级人大代表21名，县级人大代表3名。按照县换届选举办公室的统一安排，做好党员登记工作及各项准备工作，成功举办全乡党委、政府和人大换届。

【牧业工作】 年内，为抓好接羔育幼工作，乡党委、政府安排群众选好放牧人员以控制牲畜死亡；年末数据显示，全乡总牲畜存栏数13097（头、只、匹），其中大畜3988（头、只、匹）、小畜9109（头、只、匹）、出栏数3883（头、只、匹）、出栏率达31%；新生仔畜4292（头、只、匹），成活4163（头、只、匹）成活率达97%，新生死亡控制在0.03%；成畜死亡248（头、只、匹）、死亡率控制在1.95%；受灾情况如实、及时的上报给相关部门，保证群众的人身安全，并从防抗灾储备库里统一发放物资，尽力把群众的损失降到最低；为防止五号病，年内注射疫苗2次牲畜达28383（头、只、匹）。

【经济状况】 2016年全乡经济指标平稳发展：经济总收入5957524.19元（含政策补贴）、人均纯收入10413.32元/人（不含政策补贴）。

【搞好“村容整洁”，争创文明乡镇】 年内，为进一步提升乡村环境质量，提高乡村文明程度，推动社会主义新农村建设。达若乡组织乡干部、群众共100多人，雇佣装载机、车辆，分成三个小组，分别对乡内卫生死角、垃圾点、周围零散垃圾一一进行卫生大扫除。通过环境整治，乡生活区域环境卫生和周边环境得到明显改善，营造干净卫生、整洁有序、优美文明的生活和工作环境，为达若乡创造优美舒适的环境，并且其日、强玛、查庆3个村顺利通过环评验收，评定了生态村。

【惠民政策】 年内，为响应民生推动跨越式发展和长治久安、造福群众，切实改善群众的生活水平，2016年，共落实惠民资金3768345.11元，未出现任何违反中央“八项规定”和区党委“约法十章”“九项要求”的现象，做到了清正、廉洁。

【教育、卫生】 年内，为提高全乡适龄儿童的文化知识水平，乡党委、政府在每年招生之际，深入各家各户做群众思想工作，使中、小学生入学率达100%，在校率达100%，学生辍学率为零。为提高教学质量，激发教职工的工作积极性、主动性，新制定教师奖惩制度，明确工作职责，对期中、期末考试中学生取得成绩优异的任课教师，乡党委、政府给予500元奖金，对全年各方面优异的骨干教师乡党委、政府给予1000元奖金；成绩未达到要求的教师给予罚款。卫生工作：达若乡农牧民参加新型合作医疗率已达100%；年内，医务人员走村入户，宣传传染病防治、计生、降消项目等合作医疗政策，让惠民政策家喻户晓、人人皆知，同时发放宣传书籍85本；因达若乡牧民群众居住分散，特组织医务人员开展上门服务，为儿童接种疫苗，疫苗接种32人次，看病总人数达103人，西药发放折合人民币约2500元，藏药发放折合人民币约2300元。

（央　宗）

【领导名录】

党委书记　云　旦（藏族）
党委副书记、乡长
　旺　堆（藏族，6月免）
　罗　迪（6月任）
人大主席　旦　增（藏族）
政法委员、统战委员、副乡长
　拉姆次仁（女，藏族，6月任）
副乡长　王崇礼
党委副书记、组织委员、宣传委员
　央　宗（女，藏族）
副乡长　旦　扎（藏族）

人武部部长
洛桑顿珠（藏族，6月免）
旦　扎（藏族，6月任）
纪委书记　洛桑顿珠（6月任）

措迈乡

【概况】 措迈乡位于昂仁县西北部，距县政府驻地223公里，地处北纬86.91度、东经30.41度，平均海拔为4822米。东接贡久布乡，西临查孜乡，北靠那区，南接达若乡，总面积2038平方公里，人口0.17万人。全乡总草场面积305.56万亩，可利用草场面积297.2427万亩。辖地热、甬那、林久、热欧、贡琼、丁仁、欧荣、亚朗、地沙布9个村委会。为纯牧业乡，牧养牦牛、绵羊、山羊等。

2016年，全乡41个自然村共460户、1719人，其中男869人，女850人，劳力794人。全乡共产党员215人。共青团员64人；贫困户共有157户428人，异地搬迁149户420人，社保兜底41人，低保户共有92户309人，“五保户”8户8人；全乡共有村干部45名；乡政府干部职工32人；其中2名公益性岗位（1名厨师，1名驾驶员）；派出所干警4名；卫生院有5名医务人员（1名公益性）；驻寺干部3名；完全小学1所、教职员工10人；寺庙一座加叶寺，在编人员6名，同时在各村培养一名村医共18名；全乡共有11个党支部，9个行政村及乡机关、完小支部，共有群众党员172人，9个行政村全部都配齐治保、调解、妇联、团委等各村级组织；并已通路、通信、通广播电视。

【干部队伍建设】 年内，措迈乡高度重视干部队伍建设，认真落实县委发展党员工作规划，按照发展党员“十六字”方针控制总量、优化结构、提高质量、发挥作用，严把党员入口关，把党员发展工作重点放在那些支持、拥护党的方针政策等先进份子身上。2016年，中共预备党员转正式党员7名、积极分子转预备党员15名，培养13名积极分子。截至年底，全乡中共正式党员215名。

【党建工作】 2016年，措迈乡开展“照镜子、正衣冠、洗洗澡”为民服务创先争优活动。规范和完善《党务政务公开制度》《村务公开制度》，从源头上扼制违法违纪案件的发生。并注重五个结合，加强党的基层组织建设。注重把乡、村两级党建结合起来。乡党委与各村党支部签订党建工作目标管理责任书，重点抓基层、抓基础，通过提高基层工作，促进全乡整体工作水平；注重把抓组织建设与发展壮大村级集体经济结合起来。通过成立村级实体经济，以合作社的形式，增加牧民群众现金收入；注重把抓组织建设与党员群众民主互评相结合，通过党员公开承诺，群众民主评议，进一步夯实组织建设基础；注重把抓组织建设与设岗定责、结对帮扶相结合起来。按照“因地制宜、因事设岗、以岗定则、责任到人”的原则，结合实际情况，设立一人一岗或多人一岗、一人多岗；监督村干部选拔优秀公务员工作方面：根据县组织部转发的2016年从优秀村党支部书记中选拔乡镇公务员工作通知要求，措迈乡党委、纪委于2016年6月21起利用两天的时间，通过民主测评、召开座谈会、走访群众，经济审查等方式对甬那村党支部书记、村主任珠巴进行综合考评，共发放测评表30份，收回30份，得票为30票，得票率100%。

【脱贫攻坚】 年内，通过每周工作例会和每月推进会，组织乡干部、村“两委”班子、监督委、联户长集中学习上级下发有关精准扶贫工作文件汇编，讲解和宣传精准扶贫政策、措施、步骤、流程等，逐级分解任务，力求达到家喻户晓，鼓励群众充分参与和监督。6月，乡党委针对干部职工、人民群众在脱贫攻坚中的职责与任务，在乡主要干道上制作2座户外宣传栏、4条宏观的宣传标语。截至年底，共有4人信访，由县政府或扶贫办反馈下来的3次，乡级1次，已妥善处理完，群众满意率100%。交通道路养护岗位25个，已经开展两次养护工作；为9个贫困户安排地质灾害群防群测岗位；第一批林业护林员已经分配14个岗位，第二批分配788个岗位。共兑现岗位资金237万元。已有3户8人同意集中搬迁，系统外3户7人有随迁人口有到日喀则落户意愿，后续工作仍难度较大。经过措迈乡上下一心共同努力下，2016年已经有62户主动递交脱贫申请，超额18户完成任务（计划任务44户）。

2016年是“十三五”规划开局之年，措迈乡根据上级指示精神，认真研究，周密部署，党对群众高度负责的精神，认真细致地开展各项工作，尤其是在“精准扶贫”方面，措迈乡工作人员严格按照牧民填写贫困户申请书、村民代表评议记录、村级贫困户初选公示、村向乡镇上报审核报告、乡政府拟定贫困户审核确认情况公示等方法步骤确定贫困户，确保将上级政策真真实实的落实到贫困户手中，2016措迈乡共确立建档立卡系统内完成指标内157户428名，结对帮扶捐赠面粉、酥油、砖茶等折算资金共43000元（县级干部捐赠1000元、科级干部捐赠1000元、一般干部捐赠500元），通过生态岗位安排贫困人口任生态管理岗位共计204名，利用563420元到各地方购买的65头优质牦牛发放到贫困户手中。同时计划149户，420人迁到乡政府驻地居住。

【“两学一做”学习教育活动】 年内，措迈乡以“两学一做”活动为契机，全面提升干部职工理论素养，同时助推和检查各项日常工作。截至年底，全乡党员均完成党章学习，撰写心得体会，尤其是机关支部每个党员的读书笔记均将党章党规抄写一遍，心得体会5篇以上，交流讨论3次、组织生活会2次。

【党风廉政建设】 年内，措迈乡以创建学习型机关和学习型党组织为抓手，完善领导干部学习机制，紧紧围绕“三严三实”和“两学一做”讨论活动，培养先进典型，努力提高机关干部的政治思想素质和引领牧民发家致富的能力。实行机关干部工作下移与村干部互教互学机制，利用乡村干部的优势互补形成了机关干部和村干部“学教互动”的良好格局。

【换届工作】 5月27日，召开昂仁县措迈乡2016党员大会、总结过去五年的发展情况并提出今后五年措迈乡党委的工作思路，选举产生新一届党委班子；4名党委委员都满票或高票当选；3名纪委委员全票当选。6月1日，召开措迈乡第十四届人民代表大会第一次会议，选出乡长1名、人大主席1名、副乡长3名、人大副主席各1名，所有候选人都满票当选。11月中旬乡纪委对乡属11个基层组织进行工作述职和评议，经测评，评出群众满意单位11个。

【基础设施建设】 年内，以项目建设为突破口，重点加大基层办公场所、教学场所、职工周转房、电力等方面项目的争取和实施。2015年5月相继开工的投资300多万元的农行办公场所、周转房和投资200多万元的乡政府周转房截至2016年9月和10月已经全面完工并投入使用。

【经济发展】 2016年，辖区各村之间交换种牛390只，山种羊150只。截至年底，绵羊共有18597头、山羊11635头、牦牛5458头、马36头，折羊共计429107头。成畜死亡655头，死亡率为2.11%，仔畜成活11966头，成活率为98%。补助奖励资金情况：禁牧补助为每亩7.5块钱，全乡有18884530元的补助；草畜平衡奖励为每亩2.5块钱的奖励，限高后全乡有7505926元的奖励；牧户生产资料综合补助为：每户有500元的补助，措迈乡380户共有190000元的补助；村级天然草原监督员补助为：5户选1名监督员，措迈乡有76个监督员，每人一年有5400元补助，全乡共有410400元的补助；2016年措迈乡农牧口子领取资金8110826元。畜产品“统收”“统销”成效明显。对于牧区乡镇，畜产品“三毛”及肉类的收购直接影响到广大牧民群众的现金收入和生活水平的提高。2016年，措迈乡在开展畜产品统收、统销工作中，认真贯彻落实上级有关部门的统一部署，加大宣传力度，始终坚持以市场为导向，严厉打击不法商贩欺骗群众买卖，杜绝畜产品早卖、亏卖现象，努力做好畜产品产前、产中、产后服务，增强了群众把畜产品集中到合作社，由村委统一管理并供应到市场上的积极性，从而保护广大牧民群众的基本利益，实现增收。2016年，措迈乡第一产业收入为10381538元；第二产业共收入70000元；第三产业收入资金共6132547元，牧民人均纯收入为7399.98元。

【防汛抗灾】 年内，切实抓好防汛抗灾工作，完善防汛抗灾计划和抢险应急预案，建立严格的防汛值班制度，加大对灾情季节地质灾害隐患点的排查与除险，2016年7月、8月连续受降雨影响。为使群众损失减少到最小程度，措迈乡全体干部坚守在抗汛一线，做到一日一记录，一日一汇报。致力抓好野生动物肇事工作，2016年在全乡干部的认真负责下，做到不漏户，不漏人将野生动物肇事上报经上级部门审核并发放野生动物肇事资金共123538.1元。同时农牧局发放储备饲料108吨，储备糌粑164100斤，大米123050斤，面粉82400斤，羊粪177900斤，牛粪407000斤以备冬季的使用。

【教育工作】 年内，乡党委、政府始终把教育摆在优先发展的战略地位，为改善学生生活质量，措迈乡政府多方申请教育资助金、结对帮扶、寻找社会爱心人士。最终申请到蚂蚁行动基金会为措迈乡完小学生无私发放衣服、文具盒、铅笔等。

【民生保障】 民政工作是牵连到牧民群众的温饱问题，从4月开始深入基层，全面调查村情民惠，低保对象进行全面入户调查，召开党员大会、村民代表大会进一步核实本村享受低保，是不是因保进保，有没有人情保、错保，全面开展了农村低保动态管理专项整治工作以来，群众很满意。全乡上半年享受农村低保92户，落实低保资金共116820元，因上级部门要求现如今低保户减至51户。各村养老保险参保人数876人，参保率达到100%，截至2016年5月每人每月发放140元，共发放养老保险金204801元。发放残疾人机动轮椅燃油补贴30000元。

【武装工作】 年内，全面落实武装部指示，充分提升全民国防意识，措迈乡以经费保障为前提，积极开展全民国防教育活动，积极完成民兵整组、兵役登记、夏季征兵三大武装工作。

【维稳工作】 全面落实“大调解”工作措施，2016年共化解民事纠纷案4起、草场纠纷1起，加强社会矛盾化解和服务管理创新；认真落实安全生产责任制，切实加强重点部位和薄弱环节的安全生产监管和整治，确保全乡社会稳定。

【“双联户”工作】 年内，为进一步加强和创新社会管理，提升基层组织建设科学化水平，通过开展“双联户”工作，使每个联保单位切实承担起相互关心、相互监督、自我管理、自我服务的责任和义务，在全乡范围内形成“村村是堡垒、户户是哨所、人人是哨兵”的维稳防控格局，形成以乡党委、政府和派出所为核心，设立47名“双联户户长”、1719名治保成员的措迈乡“双联户”工作领导小组，制订方案，层层签订目标责任书，形成责任共同体的工作格局。

【卫生工作】 发展卫生事业和健全医疗服务体系是保证广大牧民群众身心健康的重要的基础设施。年内，全乡卫生院工作人员大力宣传和指导下，群众自愿参加合作医疗1719名，参加合作医疗率达100%，门诊看病人数2282人，住院人数 50人，下乡巡回8次，急诊人数5人，在卫生院住院分娩的产妇54人，截至年底，共降临新生婴儿54人。

（魏忠强）

【领导名录】

党委书记　尼玛次仁（藏族）

党委副书记、乡长

唐　　桥（6月免）

蒋 开 发（6月任）

人大主席 洛桑雅培（藏族，6月免）
巴桑次仁（藏族，6月任）
纪委书记 边巴普赤（女，藏族，6月任）
宣传委员、副乡长
拉姆次仁（女，藏族，6月免）
巴桑顿珠（藏族，6月任）
人武部部长、副乡长
达瓦次仁（藏族，1月任）
副 乡 长 何 继 光（6月任）
派出所所长
土旦群培（藏族，6月免）
扎西次仁（藏族，6月任）
卫生院院长
班旦群培（藏族，4月免）
南 木 卡（藏族，4月任）

宁果乡

【概况】 宁果乡位于昂仁县西北部，西接阿里地区措勤县，北接那曲地区尼玛县，东靠昂仁县查孜乡，南临昂仁县孔隆乡，平均海拔在4800米，距离县城290公里。宁果是日喀则市昂仁县偏僻寒冷的高寒牧区乡。全乡草场面积206.96万亩，其中可利用草场面积175.35万亩，禁牧31.61万亩，人工种草面积584.4亩。宁果乡北面毗邻达果山脉，属于高山地带，空气干燥、稀薄、太阳辐射较强，气温比较低，多风寒冷，呈半干旱气候，年平均气温4℃以下，年降雨量约300毫米。宁果乡辖区内湖泊较多，主要形成方式为冰川水汇聚而成，西藏著名的第三大湖——扎日南木措就坐落于宁果乡辖区内。辖区内野生动物资源丰富，有黄鸭、雪豹、藏羚羊、黄羊、狐狸、狼、棕熊等。全乡现有6个行政村（分别为坚定、萨那、夏卡、宁果、门庆、夏尔嘎），全乡共399户1596人。全乡共有干部职工22名，“双联户”单位50个。宁果乡有寺庙一座，乃阿木日追寺。乃阿木日追寺位于宁果乡坚定村，该寺驻寺干部2人，共有僧尼人数7人。

【基层组织建设】 年内，基层组织建设稳步推进。以创“五好”基层党组织为核心，狠抓乡村两级党组织规范化建设；建立并推广以目标绩效考核办法为内容的村组干部日常坐班工作模式。全乡共有中共党员161名，农牧民党员136名，2016年发展党员10名，预备党员8名，入党积极分子6名。根据县委要求，宁果乡党委紧紧围绕“两学一做”和“村干部素质能力提升工程”两项核心任务，稳步推进基层党建工作，在县督导组的指导下，党建工作逐步走向规范化、常态化。

【党建工作】 年内，乡党委始终坚持“围绕经济社会发展抓党建，抓好党建促经济社会发展”的工作思路，以2016年开展的党建规范建设年及村干部素质能力提升为工作目标，进一步加强党的建设，党的执政能力明显提高。开展党委中心学习组学习活动，领导班子整体素质得到提高；认真执行党委议事制度，坚持集体领导与分工负责相结合，做到按章办事；建立党政领导联系村、联系重点项目责任制度，完善了干部目标考核体系，干部队伍管理日趋规范。以乡干部职工及驻村工作队组成的师资队伍，向村干部每周至少开办2次课程，充分提高村干部素质。开展“四风整治”和“庸懒散专项治理”，有效地整治党员干部中存在的“软、懒、散、满、奢、浮”等不良现象，党员宗旨观念明显增强，班子凝聚力和战斗力明显提高。

【干部队伍建设】 年内，加强党员干部教育管理。根据县委要求，制订“两学一做”学习教育活动实施方案，组织党员开展“两学一做”学习教育和“讲学习、讲忠诚、正风纪、转作风、提效能”主题活动，坚持正面教育，进一步拧紧思想“总开关”；坚持学用结合，牢牢抓住以“做”为关键，引导党员在创先争优中更好地保证合格；坚持问题导向，推动党员领导干部带头坚定理想信念，带头全面从严治党，推进党的作风不断好转；坚持领导带头，凡是要求党员做到的，党员领导干部首先要做到，凡是党要求党员不做的，党员领导干部带头不做。

【党风廉政建设】 年内，乡党委始终把党风廉政责任制摆上重要议事日程。按照党委统一领导，党政齐抓共管，“一把手”负总责，分管领导各负其责的原则，及时召开班子会议专题研究，结合宁果乡实际，对2016年党风廉政建设和反腐败工作任务进行了分解。召开党风廉政建设专门会议，分别与各村党支部、学校、卫生院、派出所签订党风廉政建设工作责任制书。明确各村支部书记、各单位负责人为落实党风廉政建设责任制的第一责任人，对党风廉政建设负总责，乡纪委负责对党风廉政建设工作的监督检查和协调工作。同时宁果乡党政主要负责人认真履行了第一责任人的职责，做到重要工作亲自部署、重大问题亲自过问、重点环节亲自协调、重要案件亲自督办，党政班子成员也各负其责，认真落实“一岗双责”，有力地推动全乡党风廉政建设。其次，加强学习，强化教育。为加强对干部的教育管理，从源头上杜绝腐败现象的发生，宁果乡组织党员干部深入学习贯彻中共十八大和十八届四中、五中全会精神，学习领会习近平总书记的重要讲话，学习《中国共产党党员领导干部廉洁从政若干准则》《习近平关于党风廉政建设和反腐败斗争述摘编》《准则》《条例》《中国共产党问责条例》等规定和讲话精神；组织全乡职工干部观看《永远在路上》的警示教育片，并且要求班子成员撰写了学习心得；结合县委要求开展了警示教育活动精神，乡党委书记带头讲了一堂“坚持求真务实 做党风廉政建设的推进者”廉政党课。乡党委书记与班子成员进行一次廉政谈话；组织开展“收送‘红包’及购物卡问题专项整治”，全乡党员干部签订廉政承诺书、“领导干部违规插手工程项目问题专项治理”等机关作风整顿活动，进一步加强干部队伍思想作风建设，提高优化了全乡经济发展环境，加快实现了乡经济、社会跨越式发展战略目标。同时开展机关效能建设活动，提高了机关效能，推进了项目建设。最后，认真履行党规党纪，领导班子以身作则、廉洁奉公，坚决纠正损害群众利益的不正之风。坚决整治群众反映强烈、矛盾突出的热点、难点问题。配合有关部门加强监督检查，重点解决强农惠农资金，医疗卫生、学校收费等方面关乎群众切身利益的问题。协调有关部门加强对各项农民补贴款到位情况的专项检查，加强审计和财政监督。

【团建工作】 年内，宁果乡着重从团员队伍建设方面，团委认真做好团员发展工作，给团组织补充新鲜血液，共组织4次入团宣誓仪式，吸收近12名入团积极分子加入中国共青团，加强团组织的生命力和战斗力，增强了团组织的影响力和凝聚力。2016年度团费收缴正常，如期足额上交，而且建立了团内经费账册，收支合理。

【基础设施建设】 2016年，全乡项目建设目标任务共计2项。宁果乡流动法庭建设项目由东和庆建筑有限公司承建，已完成基础地基建设，工程施工人数17人，预计2017年完工。宁果乡小学综合楼建设项目由四川中天建筑有限公司承建，已完成主体建设，工程施工人数30人，预计2017年交付使用。完善宁果乡完小项目建设工程制度与流动法庭项目建设工程制度，在加大力度监管工程质量的同时加强对施工队伍制度管理，确保宁果乡项目建设顺利圆满开展。经政府引导，劳务输出人数累计达256人（次），其中组织输出60人（次），自谋输出196人（次），劳务收入累计达17.23万元。

【换届工作】 年内，宁果乡按照区、市、县委的安排，及时成立以乡党委书记任组长的乡党委、人大换届选举工作领导小组，并制订换届选举工作实施方案，做到早安排、早制订，任务明确。于2016年5月26日召开乡党委九届一次会议，此次会议产生乡党委委员5名，其中副书记、乡长1名，委员5名。按照县换届选举办公室的统一安排，做好党员登记工作及各项准备工作，成功举办全乡党委、政府和人大换届。

【**脱贫攻坚**】 年内，根据县扶贫办要求，宁果乡工作重心向精准扶贫工作倾斜。乡成立领导小组。配备专干2人，并制订脱贫计划。全乡建档立卡贫困户数为86户351人，2016年完成5户38人的脱贫任务，43户169人兜底5户5人“五保户”，全乡围绕“九个一批”，抓脱贫政策的落实。结合现有牧业等产业基础和符合草畜平衡条件情况下申报扶贫养殖项目，实施集体牧业管理，鼓励发展牧区专业合作社，按照养殖（如：牦牛、绵羊、白山羊等）、加工结合方式（牛肉、奶渣、白山羊羊绒等），引导扶贫户发展牧业产业，充分利用牧户特色产品；2016年，宁果乡前两批将提供生态就业岗位298个，每个岗位享受每年3000元生态岗位补贴，优先解决家庭有劳动力，贫困程度较重的家庭，对享受生态就业岗位补贴的贫困户加强教育，强化责任意识，确实让他们在岗位上落实职责，充分发挥好以生态就业岗位带动脱贫活力。

【**社会综合治理**】 年内，加强群防群治和流动人口管理。设立乡村两级综治管理岗，安排综治管理人员12人；各村成立护卫队；进行人口摸底，建立基础信息库；加大对流动人口的管理清理整顿力度，坚决执行暂住证登记制度和落实相关责任制，把群众最急、最盼的问题和矛盾化解在基层，化解在萌芽状态，有力地维护了全乡社会局势的稳定。根据县委、县政府要求，扎实推进“双联户”工作，划分“双联户”单元51个，选出“双联户长”51名。

【**维护稳定**】 安排民事调解人员，开展宣讲会6次、集体研讨6次，增强了全乡干部群众“反分裂、保稳定、促发展、谋跨越”的信心和决心，年内，调解各类民事纠纷12件，其中：家庭纠纷6件，邻里纠纷4件，草场纠纷案件4件，胜利完成割草节维稳任务，更新完善《宁果乡坚定村日追寺庙的管理办法》。

【**安全生产**】 年内，做好一年4次的易燃、易爆排查工作及大、小型施工单位的安全防范工作；安全生产目标分解到双联户单元，层层落实；对本乡酒馆等场所做出时间限定，超过10点营业，对从业人员进行处罚，减少酒后闹事行为的发生。

【**经济发展**】 2016年，全乡经济指标平稳发展。2016年，全乡生产总值达1976.1245万元；农村居民人均可支配收入8313元。

【**牧业**】 截至年底，成畜存栏数量35926头只（匹），仔畜成活11404头只（匹），成活率90.42%，成畜死亡404头只（匹），死亡率控制在1.12%。截至年底，宁果乡三毛产品共卖出2.3万斤，收入达45.7万元。

【**教育工作**】 2016年，宁果乡完小有教师10名，学生407名，班级12个。年内，小学入学率达100%，巩固率100%。

【**卫生工作**】 2016年，乡卫生院1所，医护人员5名，村医12名。2016年医疗卫生工作取得新成效，乡政府、乡卫生院开展健康教育宣传工作，广大群众健康知识水平明显提高。

（杨　波）

【**领导名录**】

党委书记　边巴扎西（藏族）

党委副书记、乡长

　　格　桑（藏族，7月免）

　　胡　洪（7月任）

人大主席　索朗多布杰（藏族）

党委副书记

　　热布旦（藏族）

纪委书记　次仁央宗（女，藏族，6月任）

组织委员、宣传委员

　　嘎玛赤列（藏族，6月免）

　　次旦央金（女，藏族，6月任）

统战委员、副乡长

　　嘎玛赤列（藏族，6月任）

人武部部长、副乡长
拉巴普尺（女，藏族）
副乡长 刘 警
农牧综合服务中心主任
次仁多布拉（藏族）
卫生院院长
边 巴（藏族）
完小校长 次仁多吉（藏族）

孔隆乡

【概况】孔隆乡位于昂仁县西北部，距离昂仁县城290公里，地理位置：北纬30° 27′ 33″，东经85° 58′ 33″，东面为查孜乡，南邻如萨乡，西靠阿里地区措勤县，北邻宁果乡，平均海拔5030米。乡域总面积为2280平方公里，草场总面积为182.4万亩，可利用草场总面积176.2万亩，禁牧面积为32.92万亩。孔隆乡属于多风寒冷、半干旱气候，平均气温在4℃以下。乡下辖4个行政村共25个自然村，共209户，总人数840人。全乡干部职工共46人，其中乡机关28人，卫生院3人，派出所干警3名、辅警1名，驻寺干警1人，乡完全小学教师10名。

【基层组织建设】年内，加强干部队伍建设，结合贯通全年的“两学一做”学习教育，孔隆乡党委每周组织一次全乡干部职工的集体学习，强化干部职工的政治意识、岗位专业素质；始终坚持发展党员的十六字方针“坚持标准、保证质量、改善结构、慎重发展”，2016年全乡共有中共党员104名，农牧民党员86名，预备党员10名，入党积极分子16名。

【党建工作】年内，增强意识，落实基层党建工作责任制，2016年初专门召开基层党建工作会议，乡党委与各党支部、驻村工作队签订党建目标责任书，形成一把手亲自抓，分管领导具体抓，支部书记抓落实，一级带一级，一级促一级，层层有人抓的基层党建工作责任机制；结合乡实际情况，制定全年工作计划，并严格按照计划开展工作，真正做到党建工作年初有计划、半年有检查、年终有总结；认真开展“两学一做”学习教育，2016年，乡党委相继召开4次“两学一做”专题研讨会，每周五组织全乡党员干部集中学习，并安排党员干部每周进行一次自主学习；推进村干部素质提升工程，多次开展村干部培训学习，争取有更多的村干部通过此次培训文化素质得到大幅度提升；根据《中共日喀则市委关于做好县乡（镇）两级党委换届工作的通知》《中共昂仁县委印发〈昂仁县关于做好县乡（镇）两级党委换届工作方案〉的通知》等文件精神和要求以及昂仁县乡镇党委换届工作培训会的安排部署，孔隆乡党委换届工作详细制定了实施方案、领导小组，圆满完成党委换届工作。

【党风廉政建设】年内，认真落实党风廉政建设责任制，按照主要领导亲自抓，具体领导抓落实，谁主管谁负责，一级抓一级，层层抓落实的原则，明确在抓党风廉政建设中的各项责任目标、责任范围，分别与各党支部签订《党风廉政建设目标责任书》，将党风廉政建设目标责任细化到人；组织党员干部认真学习《党员领导干部廉洁从政》手册及自治区、市、县下发的各类通报文件；完善相关制度，推行党务、政务、村务公开；认真履行党规党纪，领导班子以身作则、廉洁奉公，坚决纠正损害群众利益的不正之风，积极配合有关部门检查督导；加强审计和财政监督，重点对强农惠农资金，医疗卫生、草奖资金等方面关乎群众切身利益的问题进行全程的监督检查。

【精准扶贫】年内，坚持贯彻县精准扶贫战略部署，建机制、立责任，在完成“规定动作”的同时，结合自身实际，创新“自选动作”，成效显著、亮点纷呈；乡党委、政府把精准扶贫工作作为全乡工作的重中之重，统一思想认识，强化组织领导，按照精准扶贫、精准脱贫的要求，全面动员，迅速行动，深入贫困家庭入户走访调研，详细制定帮扶措施，狠抓工作落实。

【综治维稳】 年内，始终坚持“稳定压倒一切”的思想，坚定不移地落实各项维稳措施。成立维稳领导小组并同各村、各单位签订综治维稳《目标责任书》，落实乡村两级维稳责任，落实综治干部责任；推进“双联户”服务管理工作，乡党委、政府不定期对各“双联户”进行检查、督导，确保双联户工作有序开展；狠抓重点防控，做好重大节日、敏感时节综治维稳工作，制定相应的工作措施，并严格按照方案开展；加强普法、信访工作，与县法院建立起“三级联调机制”，将矛盾纠纷解决在基层，成立普法领导小组，重点加强对学校、寺庙、行政村的普法宣传力度，确保群众通过合法途径表达诉求；定期和不定期开展道路安全、安全生产检查和食品卫生监督工作，确保零事故，保证群众的生命财产安全。

【牧业发展】 孔隆乡属于典型的纯牧乡，2016年全乡农村经济总收入达941.23万元，年末牲畜存栏18424（头、只、匹）（存栏折羊：20349.3只），其中牦牛1799头、绵羊12133只、山羊4480只，马12匹，全年牲畜幼崽共出生8225（头、匹、只），其中存活7895（头、匹、只），仔畜存活率达%96，牲畜出栏8002（头、只、匹），出栏率达%43.43，存栏适龄母畜共8968（头、匹、只）。

【教育发展】 认真实施“科教兴国”和可持续发展战略，全面落实“学生三包”政策，完善各项教育激励机制，截至年底，全乡就读小学有79人，就读初中有21人，就读高中有1人，就读职校1名，小学入学率100%，初中入学率100%。

【医疗卫生发展】 全乡共有卫生院1个，干部职工4人，2016年全乡新农村合作医疗参保794人，参保率达100%。

（史国岗）

【领导名录】

党委书记 舒 元 波（5月免）
王 斌（5月任）
党委副书记、乡长
格桑旺堆（藏族）
人大主席 巴桑次仁（藏族，5月免）
边巴旺堆（藏族，5月任）
纪委书记 扎西尼玛（藏族）
党委副书记、组织委员、宣传委员
多吉次仁（藏族）
政法委员、统战委员、副乡长
普 布（藏族，5月任）
人武部部长、副乡长
米 琼（藏族）
副 乡 长 李 铁（5月任）
卫生院院长
次仁旦巴（藏族）
完小校长 阿旺次仁（藏族）

如萨乡

【概况】 如萨乡位于昂仁县西北部，距县城360公里，平均海拔5200米，全乡共有219户、纯牧民218户，813人，有137名中共正式党员，6名预备党员，2名老党员，2名老干部，村委会后备干部25名，中学生28名，小学生102名，截至年底，小学入学率达到100%。“双联户”户长26人，村医10人，村兽医5名，下辖5个行政村，23个自然村。其中路丰村有5个自然村，62户，225人，草场面积475600万（亩）；拿那村5个自然村，37户147人口、321116万（亩）草场面积；路唐村4个自然村、33户、116人口、347624万（亩）草场面积；松多村5个自然村、48户，167人，415400万（亩）草场面积；查琼村4个自然村、39户125人口、草场面积362702亩。乡政府有28名干部职工，其中正科级4名，副科级4名、科员4名，工人

1名，技术人员10名。卫生院有5名工作人员、公益性1名。派出所有3名干警和1名辅警、学校有教职工10名。

【党建工作】 2016年，如萨乡全面践行“两学一做”学习教育结合主题教育活动为契机，按照“树品牌、抓项目、促民生、强党建”的工作思路，紧密结合“牧矿兴县”的战略布局，继续深化“扶贫攻坚战”和“施工项目领域专项整治”工作为重点，把改革、发展、稳定作为工作的出发点和落脚点，坚持改革创新，坚定不移抓发展，千方百计惠民生，旗帜鲜明反分裂，团结带领全乡人民，顽强拼搏，艰苦奋斗，如萨乡距县城远，但如萨乡紧紧围绕以县委、县政府开展各项工作取得了一定的成效。坚持改善农村党员干部队伍结构，发展党员十六字方针要求，如萨乡严格控制发展总量，从文化水平高，群众评价好，从返乡知识分子中转正7名党员，新发展6名预备党员，2016年主要从乡镇干部中新吸纳5名积极分子。通过介绍两名联系人员，严把入党关，加强他们对党的方针、政策的学习。

【“两学一做”学习教育】 年内，以开展“两学一做”学习教育和开展主题教育活动为契机，如萨乡严格按照干部学习计划，进行集中学习14次；举行专题研讨会6次；党委书记、乡长向广大党员干部教授党课2次；并于7月3日成功举办如萨乡“两学一做”知识竞赛活动；结合“两学一做”学习教育活动，开展“如何做一名合格党员”演讲比赛，进一步增强了党员干部的学习积极性和主动性，提升广大党员干部理论素养；按照手抄党章一百天活动要求不折不扣落实学习党章任务。通过深入学习系列重要讲话精神，严格推动全面从严治党向基层延伸；根据村干部文化素质提升工程工作任务要求，及时成立村干部文化素质提升工程领导小组，精心组织安排以乡干部为主力的授课队伍，每周星期天借用乡完小教室，严格按照上级教材教程任务进行集中授课，截至年底，对村委会成员及村后备干部集中授课14次，授课达到600多人次，并集中测试2次，按照县组织部统一安排，如萨乡2名村干部到市里进行了培训。通过多措并举方式，如萨乡村干部文化水平上了一个台阶。

【制度落实】 年内，根据《昂仁县请销假制度》，如萨乡严格按照程序进行报批工作，并及时备案，在日常工作中落实考勤制度。在重大工作面前如萨乡根据《昂仁县县请示汇报制度》要求将辖区内重大决策，班子成员研究讨论后，向上级有关部门及主要领导请示汇报，报批后方可执行任务，在重大问题上不缺位、不越位；如萨乡结合乡情制定《如萨乡干部管理“七严六禁”工作制度》《如萨乡干部职工周例会制度》和《如萨乡党政联席会议制度》。在日常干部管理工作中如萨乡党委、政府严格按照“七严六禁”制度进行管理干部，在日常生活中关心干部同时，严格要求他们的行为，并举办了12次例会，每名干部将汇报近期工作同时计划下一步工作，党政领导对每名干部工作进行一一点评，并整理归档。班子成员在重大决策面前按照联席会议制度讨论研究，确保各项工作符合民主集中要求。

【各项工作责任有效落实】 年内，建立健全各项工作责任制，形成乡党委、政府统一领导，一把手负总责，分管领导具体负责，各级组织抓落实的工作格局；加强整体谋划，明确责任分工。年初召开了各项工作部署会，总结过去工作成效，明确班子成员责任分工，签订各项目标责任书共计12份，形成一级抓一级，层层抓落实的工作体制；完善工作机制，建立健全乡领导班子议事规则及干部职工“AB”设岗定责工作，形成人人有事干，事事有人管的工作机制；建立健全工作联系点。结合班子成员工作分管范围，每名干部成员负责联系指导分管部门工作和相应行政村各项工作开展。

【干群关系】 年内，如萨乡根据党员干部结对帮扶工作要求。从贫困户中确定结对帮扶对象56户，并进行入户调查，慰问资金达到12000元。同时通过送政策、解难题方式，让他们始终感受到党和政府关怀；针对如萨乡路唐村、路丰村两户遇到紧急困难时，举办两次干部职工捐款活动，共送去慰问资金3200元，解决他们的燃眉之急；如萨乡查琼村党支部书记嘎玛同志向自己扶贫对象户无偿捐赠90只山羊；路唐村党支部书记索扎向自己扶贫对象无偿捐赠30只绵羊，为如萨乡扶贫攻坚工作做出了应有的贡献，强化了干群关系。

【经济社会发展】 年内，基础设施建设方面，如萨乡在上级有关部门的大力支持下，配合芝麻茶馆到如萨乡的油路新建项目的放线工作，并协调矿厂、交通局组织维修乡道3次，出动机械6辆次，120多人次，汛期组织党员群众抢通道路桥梁3次；查琼村的项目已开工落地（年底已竣工完成）；在县政府的大力支持下，乡政府多功能办公暖棚前期设计工作已完成；两个续建项目（乡公租房及周转房）进入收尾阶段；建设中的完小综合办公楼、学生宿舍暖廊、学生多功能餐厅，各类基础设施的改善，为如萨乡社会的全面进步打下了坚实的发展基础。

【牧业生产】 年内，接羔育幼成效显著。如萨乡绵羊适龄母畜4170只，受胎率达96.4%，山羊适龄母畜1570只，受胎率达92%，牦牛适龄母畜3976头，受胎率达90.85%，全乡新生仔畜5610只，其中绵羊仔畜3954只，成活率为94.8%，山羊仔畜1297只，成活率为96.7%，牛犊359头，成活率为95.9%。截至年底，成畜死亡102（头、只、匹），其中：因病死亡32（头、只、匹），因灾死亡27（头、只、匹），其他死亡43（头、只、匹）。草原生态奖励机制工作扎实。为切实维护农牧民群众的利益，如萨乡高度重视，根据上级的统一安排和部署，顺利完成2015年减畜任务，兑现2015年草原生态奖励资金3376667.15元，相关数据已上报县农牧局，农牧民群众真正得到实惠。大力推进劳务输出步伐。2016年，乡党委、政府把劳务输出作为脱贫致富，增加农牧民收入作为一大产业来抓，取得一定成效，劳务输出120人次，收入30万元。

【脱贫攻坚】 年内，精准扶贫工作成效显著。根据区、市、县扶贫工作会议部署，为全面打赢扶贫攻坚任务，完成年初签订的全面实现脱贫目标任务，通过到村到户认真摸清了49户145人帮扶贫困户的基本情况，找准帮扶办法，制订帮扶脱贫计划，通过技能培训，矿点劳务输出，湿地保护、野生动物等监管员形式，145人实现脱贫。生态补偿岗位方面，2016年确定岗位108人，人均标准3000元，32.4万元资金完成了发放。确定异地搬迁46户142人，于2017年年底全部搬迁成功。

【教育工作】 年内，均衡教育成效进一步巩固。谋划部署了均衡教育工作安排，统筹社会各个阶层力量，认真落实控辍保学，负责动员组织适龄儿童、少年入学，督促学校的控辍保学工作落到实处，配合学校做好辍学学生的返校工作。提高教育质量，全面推进素质教育。截至年底，如萨乡初中生应为27人，实际在校生27人，小学在校生应为97人，实际在校生 78人，县职业技术学校六年级强训班19名，其中学前班3名，全乡入学率达到100%。

【卫生事业】 年内，扎实推进如萨卫生事业，大力宣传落实农牧区合作医疗政策，建立健全各项制度，发挥合作医疗管委会作用，截至年底，农牧民参加合作医疗人数为795人，参保率达到100%。接种人数（3岁以下）150人，孕妇共有16人，已分娩16人，其中县级以上医院分娩1人，乡卫生院住院分娩14人，家中分娩1人，住院分娩率93.75%；

【社会保险事业】 年内，加强新型农村养老保险工作，保障政策家喻户晓。为提高如萨乡新型养老保险覆盖面，提高新型农村养老保险的覆盖面和参保率，确保完成县人力资源和社会保障局每年下达的指标任务，如萨乡通过以会代训形式，加强宣传农村养老保险政策，全乡农牧民踊跃参加新型农村养老保险，参加新型农村养老保险人数为407人，参保率达到100%。

【安全生产】 年内，安全生产时刻不松懈。如萨乡及时成立安全工作领导小组，对矿点、施工工程、学校、各村庄、主要交通要道、商店茶馆进行经常性或定期的检查12次，对各村商店的过期物品进行没收并集中进行销毁3起。

【环保事业】 年内，大力推进生态环境保护工程。宣传环境卫生、野生动物、湿地、草场等保护措施。每周组织职工干部打扫乡所在地周围环卫工作，制定门前三包责任制等一系列长效机制，组织党员干部进行美化绿化工作，成效明显。

【维护稳定】 2016年，按照年初县综治委的目标要求，把维护社会稳定作为硬任务和第一责任，努力做到大事不出、中事不出、力争小事也不出，为长治久安奠定良好基础；健全矛盾纠纷排查调处力度，严格按照“每月一排查、每月一上报，每季度一汇总”的工作要求，加大对重点部位、重点区域的排查整治力度，全年组织派出所力量对辖区重点部位进行排查12次，未发现任何安全隐患，无上访事件，确保如萨乡境内社会局势稳定。

【驻村工作】 年内，加强对驻村工作的组织领导和周密部署，确保项目资金管好用好，把驻村工作作为促进改革发展稳定工作的有力抓手，统筹推进“5+3”工作任务的全面落实，以驻村工作水平的全面提升来确保强基惠民活动扎实推进、取得实效。上报相关驻村简报、日志72份，工作动态表每村12份，驻村干部为民办实事难事共计40多件。

【党风廉政建设】 年内，以党课和多种形式认真学习贯彻中纪委十八届六次全会及习近平总书记系列讲话精神、中央“八项规定”和区党委“约法十章”“九项要求”的规定，强化党员领导干部的廉政教育，开展“三严三实”专题教育活动，加强“两学一做”教育落实，2016年，乡党委、政府继续加大反腐倡廉的力度，着力使廉政建设制度化、常态化，实现廉政建设常抓不懈、常抓常新。

【信息报送】 为及时反映如萨乡工作动态和好的经验做法，2016年，乡党委、政府继续加大力度抓好信息报送工作，指派专人撰写简报，主管领导亲自审稿，确保简报的质量。截至年底，如萨乡共上报信息简报132期。

（西热加措）

【领导名录】

党委书记　桑珠次仁（藏族，5月免）
　　　　　唐　　桥（5月任）
党委副书记、乡长
　　　　　格桑罗布（藏族，1月免）
　　　　　多　　吉（藏族，1月任）
人大主席　桑珠次仁（藏族，5月免）
　　　　　索朗片多（女，藏族，5月任）
副书记、组织委员、宣传委员
　　　　　西热加措（藏族）
副书记　谭　　勇（8月任）
副乡长　扎　　西（藏族，5月任）
纪委书记　格　　桑（藏族，5月任）
政法委员、统战委员、副乡长
　　　　　德庆卓嘎（女，藏族，5月任）
副乡长　李　　涛（藏族，5月任）
卫生院负责人
　　　　　加　　措（藏族）
完小校长　次仁欧珠（藏族）
派出所负责人
　　　　　拉旺次仁（藏族）

阿木雄乡

【概况】 阿木雄乡位于昂仁县西南部，距县政府驻地150公里，地处北纬29°，东经86°，南与本县切热乡、北与本县如萨、查孜两乡相邻，东与桑桑镇相邻，全乡平均海拔4900米。全乡以牧业生产为主，总面积157600.14公顷，其中草场面积1501851亩、人工种草面积300亩，主要饲养牦牛、绵羊、山羊等牲畜。主要自然灾害有冰雹、冻雨、干旱、强降雨、泥石流、雷击等。每年汛期均有强降雨发生，最严重一次发生在2012年2月中旬。2016年，全乡共198户，837人，扶贫户43户139人。有基层党支部8个，其中农村党支部6个，共有党员157人。在岗在职乡干部32人，其中乡班子成员10人，平均年龄为29岁，村“两委”干部30人。全乡辖6个行政村（甭那村、欧木村、山仓村、热果村、江木巴村、果纳村），流散僧尼2人。有1所完小，共有教职工10人，学生108人，其中学前24人。

【干部队伍建设】 年内，阿木雄乡高度重视干部队伍建设，认真落实县委发展党员工作规划，制订《阿木雄乡2016年度发展党员工作计划》，按照发展党员“十六字”方针严把党员入口关，把党员发展工作重点放在那些支持、拥护党的方针政策等先进分子身上。2016年，中共预备党员转正式党员6名，积极分子发展为预备党员10名，培养12名积极分子。截至年底，全乡正式党员147名。

【党建工作】 年内，阿木雄乡提出“创新工作方式方法，转变群众思想观念，确保群众增产增收，构建和谐文明阿木雄”的工作思路，并经过乡村两级干部、人大代表反复论证而确定，各项工作细节也逐步形成，得到完善，并有序实施；定期召开领导班子民主生活会。乡党委班子每半年最少召开一次民主生活会，按照上级有关规定切实提高民主生活会质量，强化民主监督机制，促进党风廉政建设；进一步建立健全党风廉政建设制度和工作制度。规范和完善《党务政务公开制度》《村务公开制度》，从源头上扼制违法违纪案件的发生。

【脱贫攻坚】 年内，阿木雄乡通过深入调研、走村入户，公开公示，坚持精准识别，最终确定扶贫户计43户，共139人。通过每周工作例会和每月推进会，组织乡干部、村“两委”班子、村民监督委员会、“双联”户长集中学习上级下发有关精准扶贫工作文件汇编，讲解和宣传精准扶贫政策、措施、步骤、流程等，逐级分解任务，力求达到家喻户晓，鼓励群众充分参与和监督。7月，乡政府针对干部职工、人民群众在脱贫攻坚中的职责与任务，制作7个宣传栏、张贴宣传标语20条。林业护林员已经分配3个岗位，共兑现岗位资金15000元。已有36户132人同意集中搬迁。

【“两学一做”学习教育活动】 年内，阿木雄乡以“两学一做”活动为契机，全面提升干部职工理论素养，同时助推和检查各项日常工作。截至年底，全乡党员均完成党章学习，撰写心得体会，尤其是机关支部每个党员的读书笔记均在20000字以上，心得体会5篇以上，交流讨论4次、组织生活会2次，乡党委书记为党员干部上党课3次。

【团建工作】 年内，阿木雄乡团委按照党团联建、夯实基础、务求实效的工作思路，严格执行“党建带团建、团建促党建”的工作模式，狠抓团组织建设，探索团工作的新方法、新举措，在渗透中求实效，在发展中求创新，团结带领广大团员青年奋发进取，努力拼搏，各项工作取得实效。2016年通过培养和引导，吸收团员4名，全乡现有团员35名。

【党风廉政建设】 年内，召开阿木雄乡党风廉政建设和反腐败工作会议，安排部署2016年党风廉政建设工作，制订《2016年党风廉政建设工作计划》，层层签订《2016党风廉政建设责任书》，在全乡范围内开展了廉政谈话活动，强化对中央八项规定、准则、条例和典型案例的学习，共组织学习8次。

【维稳工作】 年内，阿木雄乡共发放安全生产及其他维稳宣传手册30册和宣传单2000余份，悬挂横幅20条。创新“双联户”服务管理工作模式，建立以乡综治办和派出所为核心，以双联户长为基础的网格化管理体系。层层签订目标责任书，坚持把落实好“十项任务”贯彻在实际工作中，发动群众、依靠群众推进平安乡、平安村的建设。建立户长值班巡逻制度，排查化解矛盾纠纷，本着“打防结合，预防为主”的方针，细化维稳任务，层层落实维稳责任。认真开展纠纷排查调处工作，及时化解社会矛盾。截至年底，受理各类纠纷3起，共调处3起，调解率100%，调解成功率100%。

【换届工作】 年内，按照县换届办的安排部署，阿木雄乡党委、人大、政府高度重视换届工作，成立工作领导机构、制订工作实施方案，建立健全乡领导干部联系指导选区工作制度，经过多方努力，按照选举法有关规定及程序，于6月底顺利完成党委、人大换届工作。2016年换届选举产生了书记1名，副书记2名（其中1名兼任乡长），纪委书记1名，副乡长3名，人大主席1名，副主席1名，乡党委委员7名。

【安全生产】 年内，严格落实安全生产目标，强化安全生产责任，与各村签订安全生产目标责任书，严格落实安全生产目标管理责任制和各项防范措施，在重大节假日、敏感日期间，组织乡干部职工开展安全生产的宣传教育活动，并发放交通法规宣传册，多次对阿木雄乡完小、同泰矿山、个体户商店食品安全隐患排查，给人民群众创造一个安全、放心、健康的生活环境；同时，全面排查各施工单位安全存在的隐患，与乡驻地所有施工队之间签订安全生产合同协议，共检查施工工地5处，检查施工单位4家。

【经济发展】 截至年底，畜牧业总产值1001.62万元。畜牧以牦牛、羊、山羊为主。2016年畜牧出栏3720头（只、匹），年末畜牧存栏13811头，新生仔畜5447头，成活率91.2%。目标任务完成100.48%。全年劳务输出65人次，劳务收入达167892元，人均收入达到8363.2元。

【林业工作】 年内，通过采取在流动沙丘上扎设网格后，播撒披肩草种子，用网围栏实施和保护沙地等方式做好防沙治沙工作。

【民生保障】 年内，按时兑现各类惠民资金，2016年兑现最低生活保障补助资金122973.5元，退伍军人慰问金500元，兑现60岁及以上人员养老生活补助75800元，累计落实民政扶贫资金41万元。

【教育工作】 年内，小升初中升学率、九年义务教育覆盖率均达100%。昂仁县中学在校生52人、高中在校生2人、大学在校生2人。享受昂仁县教育基金的大学生2名，每人发放1000元教育基金。认真落实“控辍保学”和教育均衡发展工作，适龄儿童入学率达到100%，初中入学率达100%。阿木雄乡对每学期期中及期末考试成绩达标的，以超出达标部分10元/分为标准进行奖励，不断提高教学水平和教师的工作积极性。

【新农合和新农保收缴工作】 年内，不断加大新型农村合作医疗的宣传和收缴力度，截至年底，阿木雄乡新型农合已全面完成收缴任务，472人参加新型农保，参合率达到96%，57人享受新农保养老金。

【环境整治】 年内，阿木雄乡动员全乡党员干部在全乡范围内开展环境卫生整治，引导党员干部和广大农牧民群众破除陈规陋习，树立“讲卫生、美环境、树新风、促发展”的良好意识，人人都参与到建设“和谐、文明”阿木雄中。年内，组织卫生大扫除80次。

【精神文明建设】 年内，阿木雄乡坚持“以民为本、为民解困、为民服务”的工作理念，紧紧围绕建设社会主义核心价值体系为根本，以提升干部职工文明素质为重点，以文明示范带动工程为载体，固强补弱，攻坚克难，深入开展精神文明创建活动，提高广大干部职工的思想政治素质和道德水平，收到良好的效果。2016年，共开展群众性活动8次，参与群众达800人次。

（周　军）

【领导名录】

党委书记　扎西次仁（藏族）

党委副书记、乡长

唐　雄

人大主席　米玛顿珠（藏族）

党委副书记、组织委员

达娃曲珍（女，藏族）

纪委书记　尼玛片多（女，藏族，5月任）

副乡长，人武部部长

巴桑次仁（藏族）

政法委员，副乡长

索朗卓拉（女，藏族）

宣传委员，副乡长

次仁顿珠（藏族，6月任）

人大副主席

周　军（6月任）

副乡长　王玉峰（6月任）

查孜乡

【概况】 查孜乡位于昂仁县西面，距县城185公里，四面接壤为东面：措迈乡，西面：如萨乡，南面：阿木雄乡，北面：宁果乡。平均海拔4878米，辖5个行政村26个自然村，总户数为358户1368人，全乡总面积为210平方公里，约315万亩，草场总面积为212.4万亩，其中可利用草场面积为198.2万亩，其中查孜村可利用草场面积为268139.65亩，加布庆村为300754.48亩，纳德村为585375.4亩，唐琼村为350935.35亩，夏龙村为476577.47亩，全乡以牧业经济为主要收入来源。全乡共有7个党支部，现有党员共134人，其中牧民党员104人，村“两委”班子成员25名。全乡“双联户”单元70户。全乡干部职工为32名，乡领导班子成员9名，党员23名；乡完小教师10名，其中聘用教师1名，在校生115人；乡派出所干警6名，其中辅警1名，党员4名；乡卫生院医务人员5名，其中正式2名，公益性2名，聘用干部1名。查孜乡景点两处，一为通灵寺，位于查孜乡东南面，通林寺面积约1180平方米。一为许如措湖，又名仙女湖，为碱水湖，面积为431682亩。查孜乡以畜牧业为主，畜牧产品资源丰富。珍稀野生动物有藏羚羊、獐子、狐狸、棕熊、豹子、黑颈鹤、野驴等；药材有麝香、马勃、木香、梭砂贝母等；风能、太阳能资源潜力大。

【经济发展】 2016年，全乡牲畜出栏 11096头（只、匹），折羊为13217只绵羊单位，成畜死亡为744头（只、匹），成畜存栏为18847头（只、匹），折羊为25769.2只绵羊单位，新生仔畜存栏10048头（只、匹），折羊为 5840.8只绵羊单位，合计折羊为31610只绵羊单位，全乡实现草畜平衡。国民经济总量为 1995.6万元，年人均纯收入8768.34元。

【基层组织建设】 年内，以创“五好”基层党组织为核心，狠抓乡村两级党组织规范化建设；建立并推广以目标绩效考核办法为内容的村组干部日常坐班工作模式。全乡共有党员134名，农牧民党员104名。全年共发展中共党员21人，培养中共预备党员7人，接纳入党积极份子14人。

【党建工作】 年内，安排专人为村干部进行为期3个多月的集中培训，充分提高村干部素质。以全党内开展的“两学一做”学习教育为契机，加强对党章、党规及习近平总书记系列讲话的学习，同时以乡党委制定“五员”党员活动为载体，在全乡范围内开展党员扮演“服务员、协调员、监督员、组织员、宣讲员”的角色，为查孜乡的发展及稳定作出党员先锋模范带头作用，提高党员在群众中的优良形象。

【干部队伍建设】 年内，根据县委“两学一做”学习教育活动实施方案，组织党员开展“两学一做”学习教育和“讲学习、讲忠诚、正风纪、转作风、提效能”主题活动，坚持正面教育，进一步拧紧思想“总开关”；坚持学用结合，牢牢抓住以“做”为关键，引导党员在创先争优中更好地保证合格；坚持问题导向，推动党员领导干部带头坚定理想信念，带头全面从严治党，推进党的作风不断好转；坚持领导带头，凡是要求党员做到的，党员领导干部首先要做到，凡是党要求党员不做的，党员领导干部带头不做。

【党风廉政建设】 年内，按照集体领导与个人分工负责相结合，谁主管谁负责，一级抓一级，层层抓落实的原则，明确在抓党风廉政建设中的各项责任目标、责任范围；分别与各村党支部签订《党风廉政建设目标责任书》，将党风廉政建设目标责任细化到人；狠抓学习，组织党员干部认真学习《中国共产党党员领导干部廉洁从政若干准则》《关于新形势下党内政治生活的若干准侧》和《中国共产党党内监督条例》（试行）》等手册及相关文件等；强化落实村级党支部党风廉政责任制。大力推行党务、政务、村务公开。认真履行党规党纪，领导班子以身作则、廉洁奉公，坚决纠正损害群众利益的不正之风。坚决整治群众反映强烈、矛盾突出的热点、难点问题。配合有关部门加强监督检查，重点解决强农惠农资金，医疗卫生、学校收费等方面关乎群众切身利益的问题。协调有关部门加强对各项农牧民补贴款到位情况的专项检查，加强审计和财政监督。

【团建工作】 2016年，查孜乡着重从团员队伍建设方面加强团委管理工作，对全乡37名团员进行学习系列讲话活动，同时通过鼓励团员开展志愿服务活动，进一步增强团员的宗旨意识，增强团组织的影响力和凝聚力。2016年度团费收缴正常，如期足额上交，而且建立团内经费账册，收支合理。

【基础设施建设】 2016年，开工建设项目：乡完小改（扩）建项目；乡农行营业所改（扩）建项目；通林寺大经堂扩建项目，投资255万元；乡新建50千瓦的光伏电站等项目。经政府引导，2016年外出务工人员150人，劳务输出收入25万元。

【换届工作】 5月，查孜乡按照区、市、县的安排，及时成立以乡党委书记任组长的乡党委、人大换届选举工作领导小组，并制订换届选举工作实施方案，做到早安排、早制订，任务明确。5月27日，召开查孜乡第一次党员代表大会，参加党员大会的党员共125人。选举产生乡党委委员7名，纪委委员2名（其中纪委书记1名）以及参加县第九次县党代会代表5名。6月1日，召开查孜乡人大十四届一次会议，会议选举产生县级人大代表3名、乡人大主席、第十四届人大主席团7名、乡长1名、副乡长2名。按照县换届选举办公室的统一安排，做好党员登记工作及各项准备工作，成功举办全乡党委、政府和人大换届。

【脱贫攻坚】 2016年，根据县扶贫办要求，查孜乡工作重心向精准扶贫工作倾斜。成立乡领导扶贫工作领导小组。配备专干3人，并制定脱贫计划。2016年完成15户44人的脱贫任务，2017年预计完成74户250人的脱贫任务，实现扶贫摘帽目标。实现2016年结对帮扶89户，294人，2016年生态岗位人员279人，人均标准3000元，已兑现资金837000元，确定2017年易地搬迁82户，跨县易地搬迁7户。发挥乡党委、政府协调作用，引导群众就业。一方面借助市、县驻村优势，积极申报项目，增加贫困户就业渠道，另一方面联系本地施工队伍，签订用工协议，保障贫困户优先用工，提升贫困户现金收入。规范贫困户脱贫程序。针对2016年脱贫目标，由扶贫专干入户调研，完成脱贫户收入的人均核算。达到3311元标准的，初步确定为脱贫户，经本人申请，乡党委讨论后，进行集中申报。

【社会综合治理】 年内，设立乡村两级综治管理岗，安排综治管理人员3人；各村成立巡逻队；进行人口摸底，建立基础信息库；重点做好流动人口的登记管理，各村对流动人员、不明身份人员做到及时登记上报；根据县委、县政府要求，推进“双联户”工作，划分“双联户”单元70个，选出“双联户长”70名。

【维护稳定】 年内，安排民事调解人员，全年调解小纠纷6起；做好特殊人员的管控帮扶，乡刑满释放人员1名，敏感时间段，安排村委会人员对其进行督察；配合上级部门打击传销，积极创建“平安查孜”工作和先进“双联户”创建相结合，任务分解到户，责任追究到人。

【安全生产】 2016年，做好一年8次的易燃、易爆排查工作及各施工单位、中翔企业矿点安全防范工作；安全生产目标分解到双联户单元，层层落实；对本乡茶馆、娱乐场所等场所做出时间限定，超过1点营业，对从业人员进行处罚，减少酒后闹事行为的发生。

【经济发展】 2016年，全乡经济指标平稳发展。农村经济总收入1995.6万元，农民人均纯收入8768.34元。

【牧业】 2016年，国民经济统计为：出栏统计为11096头（只、匹），折羊为13217只绵羊单位，成畜死亡为744头（只、匹），成畜存栏为18847头（只、匹），折羊为25769.2只绵羊单位，新生仔畜存栏10048头（只、匹），折羊为 5840.8只绵羊单位，合计折羊为31610只绵羊单位，全乡实现了草畜平衡，全年短期育肥820只。

【教育工作】 2016年，查孜乡完小有教师10名，其中聘用教师1名，学生115名，班级5个。年内，小学入学率达100%，巩固率100%，初中入学率达97%，巩固率100%。

【卫生工作】 2016年，乡卫生院1所，医护人员5名，村医10名。2016年医疗卫生工作取得新成效，乡政府、乡卫生院积极开展健康教育宣传工作，广大群众健康知识水平明显提高。

（次旺罗布）

【领导名录】

党委书记　巴丹罗布（藏族）

党委副书记、乡长

张 革 命

人大主席　白玛次旺（藏族，5月免）

边　　巴（藏族，5月任）

政法委员、派出所所长

普布扎西（藏族，5月任）

人武部部长、副乡长

土登旺久（藏族）

副 乡 长

熊　　丽（女，5月任）

格桑多吉（藏族，5月任）

次仁卓玛（女，藏族，8月免）

党委副书记、组织委员

达　　瓦（藏族）

乡纪检委书记

索　　扎（藏族，5月任）

日吾其乡

【概况】 日吾其乡位于昂仁县西南部，雅鲁藏布江上游，是著名的西藏桥梁大师、藏戏鼻祖唐东杰布的成名地，迥巴藏戏的发源地。地理位置：北纬29° 11′，东经86° 37′，东邻昂仁县多白乡，南临聂拉木县琐作乡，西与萨嘎县接壤，北靠昂仁县桑桑镇，距县城100公里，总面积1210平方公里，平均海拔4100米，雅鲁藏布江贯穿全乡，属于半农半牧乡，日吾其乡属于高原中低山地地貌，高原温带半干旱大陆季风气候，年平均气温5.2℃。全乡下辖14个行政村32个自然村，“双联户”单位98个16个中共党支部，中共党员422名，其中农牧民党员379人，妇女党员79人。共1014户5490人。全乡共有干部职工35名，其中包括大学生“村官”3名、村（居）公务员1名。一所小学，教职员工共46人，在校生645人。乡派出所干警5名，卫生院5名医务人员。

全乡耕地面积1.12万亩，可利用草场面积105.23万亩。2016年，全乡粮油总产量668.66万斤，牲畜存栏45708头（只、匹），其中大畜6419头（只、匹），小畜39289头（只、匹）。劳务输出达到3402人次，同比提高0.8%； 农村经济总收入4798.67万元，同比增长0.77%；人均收入6118.53元，同比增长0.77%。乡域所辖5座寺庙，分别为日吾其寺、色龙寺、那布扎仓寺、康龙寺、郎日寺，为一个管委会，成员共4名，在编僧尼共40人，其中：日吾其寺16人、色龙寺9人、那布扎仓寺5人、康龙寺6人、郎日寺4人。

【基层组织建设】 年内，以党的十八大、十八届三中、四中、五中、六中全会精神和区党委九届党代会精神为指导，以年初全县组织工作会议精神为基本遵循，以创“五好”基层党组织为核心，狠抓乡村两级党组织规范化建设；建立并推广以目标绩效考核办法为内容的村组干部日常坐班工作模式。全乡共有中共党员422名，农牧民党员379名，妇女党员79名、2016年发展党员16名，预备党员10名，入党积极分子32名。根据县委要求，日吾其乡党委紧紧围绕“两学一做”和“村干部素质能力提升工程”两项核心任务，继续抓基层、打基础，在完成常规工作的同时，摸索促进党建工作的新载体和新方法，基层党建工作取得了实质性的进展。

【党建工作】 年内，日吾其乡引导和激励全乡党员干部深入学习党章党规、学习系列讲话，做合格党员，分“前期宣传工作”“认真摸底调研”“建立爱心基金”三个步骤开展了践行“两学一做”关爱弱势群体活动，营造广大党员履职尽责当先锋、立足岗位争优秀的浓厚氛围。紧紧围绕“发展农村经济、增加农民致富、维护农村稳定”这一主线，坚持“知识强村、科技强村、人才强村”的思路，举办村干部教育培训班，搭建村干部成长锻炼平台，坚持分层实施，重点推进，着力提高日吾其乡村干部能力素质。同时以此次提升村干部文化素质提升培训班为契机，扩大学员范围，把村居“两委”班子、村后备干部、年轻党员、“双联户”长、致富能手及积极分子都纳入学员范围，在全乡范围内开展素质提升培训。2016年，共开办4次村干部教育培训班、电脑培训班，受教育村干部150余人次，已掌握电脑基础操作村干部8名，进一步提高了党的基层执政能力和工作效率，打牢了发展和稳定的基础。为深入推进全乡“两学一做”学习教育活动，日吾其乡党委以党章为根本遵循，教育引导广大党员加强党性锻炼，严明纪律规矩，转变工作作风，提升工作效能，解决党员干部在讲学习、讲忠诚、正风纪、转作风、提效能等方面存在的突出问题。

【干部队伍建设】 年内，根据县委要求，制订日吾其乡“两学一做”学习教育活动实施方案，组织党员开展“两学一做”学习教育，深入推进全乡“两学一做”学习教育活动，日吾其乡党委以党章为根本遵循，教育引导广大党员加强党性锻炼，严明纪律规矩，转变工作作风，提升工作效能，解决党员干部在讲学习、讲忠诚、正风纪、转作风、提效能等方面存在的突出问题。乡党委在全乡党员中组织开展了“讲学习、讲忠诚、正风纪、转作风、提效能”主题活动，并号召全乡广大党员干部行动起来，吹响冲锋号、提振精气神，聚焦问题、忠诚担当、率先作为，为日吾其乡长治久安再立新功。

【党风廉政建设】 年内，日吾其乡开展以“提效能、转作风、促发展”为主题的廉政教育学习活动。深入学习中央有关党风廉政建设方面的法律、法规及各项政策，组织纪检监察干部进行纪检监察业务方面的学习，采取会议集中学、干部自学的方式组织乡村干部认真学习上级系列重要讲话精神、文件精神和各项法律法规，不断增强党员干部廉洁自律意识。严格按照县纪委要求，建立警示诫勉谈话制度，及时掌握乡、村干部落实党风廉政建设情况，对存在倾向性、苗头性问题的干部，进行了警示谈话；对有轻微违纪行为的，进行诫勉谈话，有针对性地督促其加强防范，共进行干部职工集体谈话一次，个人谈话4次，有效防止问题发生。乡纪委突出工作重点，着力在抓创新、抓落实、抓成效上下功夫，使反腐倡廉各项工作都有新的成效。规范村务、财务公开工作，每季度对群众最关心的财务收支、建设项目、资金使用等情况及时向群众进行公布。成立以乡党委书记为组长、乡纪委书记为副组长、纪检专干和乡干部为成员的日吾其乡村级财务检查小组，对14个行政村财务进行全面审查，对检查出问题的村进行批评并要求立即整改。开展信访摸底排查工作，深入14个行政村，召集群众集中进行了宣传教育，按照分片原则，在5个较大的村、人员较多的村分别设立信访举报箱，并附上举报联系方式，乡纪委指派专人定期开启举报箱，确保一旦有案件，能第一时间得到处理。

【团建工作】 年内，日吾其乡根据上级党团有关的精神和要求，紧密围绕全乡中心任务，着眼于充分发挥党建的政治优势，不断深化党建带团建“五带”“五同步”措施（即政治上带、思想上带、组织上带、队伍上带、作风上带；党团工作同步安排、党团班子同步配备、党团教育同步开展、党团考评同步进行、党团阵地同步落实），探索在新形势下搞好“党建带团建”工作的有效方法和途径，成效显著。

【基础设施建设】 年内，加紧对日吾其乡各村水渠综合治理工程建设推进，确保每年雨季对山体滑坡和泥石流灾害进行预防和进一步保障农牧民生产用水。色米村、布热村等3个行政村农田基础设施建设比较薄弱，存在饮水、灌溉难等诸多困难。为此乡党委政府与县有关部门沟通协调，为3个行政村争取98.99万元的项目资金，用于新建水渠；为聂瑞村修建了1座水塘，投资48.9万元，有效解决灌溉难问题；为色米村、亚龙村修建了防洪坝，总投资70.15万元，有效预防泥石流灾害。另外，每年春季冬季组织村民及乡干部对桑日线进行抢保抢通工作，确保每名出行人道路交通安全，得到县交通局和广大村民及兄弟乡镇的一致好评。

【换届工作】 年内，日吾其乡按照区、市、县委的安排，及时成立了以乡党委书记任组长的乡党委、人大换届选举工作领导小组，并制订换届选举工作实施方案，做到早安排、早制订，任务明确。5月27日，召开乡党委九届一次会议，此次会议产生乡党委委员7名，其中书记1名，副书记3名，委员2名。6月2日，召开日吾其乡人大十四届一次会议，会议产生乡级人大代表43名，县级人大代表12名，其中县级领导3名。按照县换届选举办公室的统一安排，做好党员登记工作及各项准备工作，成功举办了全乡党委、政府和人大换届。

【脱贫攻坚】 2016年2月，开展《建档立卡动态管理“回头看”工作》后。日吾其乡重新识别精准扶贫对象，确定“十三五”时期建档立卡扶贫户有409户，1675人。为做好扶贫开发精准识别工作，日吾其乡首先从建立健全工作机制机构入手，成立了精准扶贫工作领导小组。日吾其乡召开了扶贫精准识别工作动员及培训会议，下发精准识别工作方案，要求村“两委成员”、驻村工作队具体抓，形成一级抓一级，层层抓落实的工作局面。按照“一个都不能少，一个都不能掉队”要求，认真开展建档立卡“回头看”工作，组织村“两委”、驻村工作队走村入户、挨家挨户、深入调研，对贫困人口进行再核实、再对档。

在“十三五”期间，精准扶贫工作的开展奠定坚实的基础。严格按照上级部门的工作机制，层层签订脱贫责任书，明确目标任务、层层落实责任。日吾其乡紧紧围绕“九个一批”的帮扶措施，着眼基础设施、产业扶持44户66人，生态脱贫830人、金融支持277户、2016年落地易地搬迁37户，社会事业的发展等各个领域，认真部署、逐层落实，努力跟紧区步伐，实现109户504人提前脱贫。

【社会综合治理】 日吾其乡从始至终认真落实中央、区、市、县综治工作会议精神，乡党委、政府先后召开党委会、综治专题会议，乡、村干部会等十多次多层次会议，层层发动，统一思想，提高认识，细化责任。以稳定为重点进一步加强综治队伍建设，成立综治维稳工作领导小组，与各综治成员单位签订了各类目标责任书，做到明确目标任务，落实责任到位，把各个环节工作的内容、要求、标准全面细化分解，明确到每个岗位，每个人。明确各部门的工作职责，理顺部门间的工作流程，避免了扯皮推诿现象，防止工作传递过程中的失真、失落。切实把“平安日吾其”创建工作纳入全年的工作目标任务中统筹安排，及时有效预防各类事故的发生，切实担负起保一方平安的政治责任，推动日吾其乡综合治理和维护稳定工作的顺利推行。

根据县委、县政府要求，在规定时间内完成各项信息数据录入和更新工作。日吾其乡14个行政村，划分联保单元98个，共选举产生98名联保户长，其中党员68名，占70%。

【维护稳定】 年内，坚持把“摸排隐患，化解纠纷”作为综治信访维稳工作的重中之重来抓，做到早发现、早介入、早处理，努力将各种矛盾纠纷消除在萌芽状态。坚持定期排查、集中排查、专项排查相结合，对排查出来的重大复杂疑难矛盾纠纷实行领导包案、督查督办；强化“村为主”和“驻村联动”，形成大综治大调解格局，调动村干部、驻村力量的积极作用，充分发挥基层的有利因素，实现“小事不出村，大事不出乡”的目标。2016年，全乡共排查矛盾纠纷12起，村村矛盾纠纷2起，户户矛盾纠纷6起，家庭矛盾4起。调解率100%，化解率100%，有效维护了社会大局稳定。

【安全生产】 年内，全面落实责任，按照“一岗双责”要求，落实安全监管责任，确保安全生产有人抓、有人管、有人负责、有问责对象。2016年全力开展以道路交通、消防、建筑施工、食品安全等为主的安全生产大检查和专项检查共9次。加强安全生产宣传培训力度，发放宣传手册，动员驻村队组织群众，在村农家书屋翻阅安全生产书本，切实提高安全生产从业人员的安全生产意识和事故自救能力。

【经济发展】 2016年，全乡总体农村经济收入总量目标任务4668.38万元，实际完成4798.67万元，完成率100%；农牧民人均可支配收入目标任务6006元，实际完成达6118 元，完成率100%；劳务输出目标任务3328人次，实际完成3402人，比2015年同期增加645人次，同比增长0.8%，劳务总收入达1230.7万元。

【农业】 年内，根据上级的要求日吾其乡一直对农牧业结构的大规模调整非常重视，特别是加大种植业结构调整力度，引进优良品种，引导农牧民进一步转变思想观念，走农业产业化道路，2016年全乡耕地面积为 12249.96亩，实播面积为12249.96亩，其中：粮食作物面积为9313.54亩，经济作物面积为1547.54亩。2016年农作物总产达1020.99万斤，其中粮食作物627.14万斤，经济作物344.79万斤，青饲料49.07万斤。

【牧业】 2016年，牲畜总头数45708头（只、匹），其中：仔畜成活数11704，成活率达到93%，成畜死亡数826头（只、匹），死亡率控制在2.4%，牲畜出栏数12788，出栏率27%，短期育肥数919，完成率90%。全乡可利用草地面积1057329亩，其中禁牧面积5000亩，实施草畜平衡奖励面积1052329亩，草畜平衡率达到100%，

2016年总牲畜折羊数56246只，兑现奖励资金为1608493.5元。从县农牧局争取白绒山羊项目，投资68400元，购置114只，并及时发放给日吾其村、央确村，达夏村。对日苏村落实了10万余元牧道桥项目。

【林业】 年内，加大植树造林工作力度。2016年，已落地亚龙村300亩防沙治沙项目，总资金为202.4万元。另外县林业局已落实日吾其乡央确村退耕还林、中央森林生态效益补偿资金、人工种草补贴、防沙治沙等资金共计588056.85元。由于资金量较大，派专人负责发放，乡纪委书记和村民监督委员会参与监督，不存在资金挪用、滞留等现象。

【教育工作】 年内，坚持把教育摆在优先发展的战略地位，全面推行素质教育。坚决执行“两免一补”政策；切实抓好保学控辍工作，保证每一个适龄儿童都能得到良好的教育机会。截至年底，中学在校生302名，小学在校生577名，小学入学率达99.7%、初中入学入率99.45%。以县扶贫口子争取助学资金，2016年日吾其乡先后三次走村入户，建立232户441人在校贫困家庭扶贫档案，并为8名在校大学生争取了奖励资金共计22000元；主动与乡辖内致富能手罗布协调申请，为日吾其乡中心小学争取了奖学金3万元；积极与乡致富能手桑苏农民建筑队旦增罗杰协调沟通，为乡中心小学争取价值10万多元物资，发放校服645套，修建40平方米的男女厕所。

【卫生工作】 年内，加强对新型农村医疗保险账户资金的管理和使用，提高农牧民医疗保障水平，全乡参加合作医疗共5490人，上交筹资款20元/人，共109800元，合作医疗参保率达100%。截至年底，全乡共有产妇122人，住院分娩116人，达95%以上，并落实2015年“两项扶助”资金66240元。强化监督管理，努力做好食品药品安全工作。乡党委、政府与14个行政村、小学以及乡政府周边食品生产经营企业签订食品安全责任书，大力开展食品安全专项整治行动，确保食品安全日常监管工作到位。配合上级查处食品安全工作，加强对伪、劣、假的食品的打击力度，并做好乡卫生院的药品使用监督管理。2016年，未曾发现食品、药品安全事件，有效保护了人民群众的食品安全。

【救灾工作】 7月至8月汛期期间，日吾其乡因暴雨导致多个村居的农田被冲毁，道路、桥梁、水利设施等遭到严重损坏，房屋也面临随时被冲毁的危险，灾情就是命令，乡政府立即组织乡干部、派出所干警、驻村干部第一时间携带救灾物资赶赴现场，在村党员干部和群众的协助下，积极采取措施，全力开展抢险救灾。此次救灾，共出动乡干部和群众7000余人次，协调四台挖掘机、四台装载机进行全力抢修，发放防汛袋14000袋、铁丝网61卷、铁丝40卷、铅丝笼23卷、围网栏5卷，全力确保人民群众生命财产安全。成立灾情领导小组，第一时间安排工作人员统计数据，其中房屋倒塌13间，冲毁农田573亩，死亡牲畜24头（只、匹），已上报至保险公司，并将资料整理归档。

【交通工作】 2016年，日吾其乡汛情较多，通往外界的主干道“日桑线”和各支线因暴雨多次出现泥石流、塌方等现象，乡里投入装载机、人力修路，共发车次数62次，376小时，425人次。发放防汛袋9000张、铁丝网61卷、铅丝笼23卷、编织袋3000条、网围栏5卷。在路口设立警示牌，重点区域排查交通隐患16次。确保道路畅通，避免出现交通安全隐患。

【民政工作】 年内，立足为民服务，继续扎实做好民政各项工作。及时落实上级单位所发放的有关农牧民的各项生活补贴，2016年上半年低保落实资金619326元。2016年日吾其乡低保134户442人，同比减少115户488人。农村低保以公开、公平、公正、“保户保人”的原则，对低保进行调整。3月借全乡干部在岗期间，以党委、政府两个主要领导为第一负责人，充分调动驻村工作队和各包村干部通过走村入户，召开村“两委”会议，“双联户”户长群众代表会议，以日吾其村、日苏村、央确村为试点形式，对全乡全村进行摸底调查及争取群众的意见，共实地调查249户，选出农村“低保户”134户442人，截至年底，各村无存在低保资金平摊现象；做好“五保户”集中供养工作，全乡现有“五保户”9户10人。截至年底，集中供养4人，6人因体弱多病，只能在家休养。2016年，按照县民政“五保户”集中供养的相关文件精神，做好了前期思想教育工作，争取能够达到有关要求；更新48名，（其中男20人，女28人）寿星的档案。

【人社工作】 2016年，日吾其乡14个行政村适龄参保人数为2870人，参保登记人数2870人，实际缴费人数2870，缴费金额为287000元，参保率达到87%。为把政策落实到实处，惠到百姓，日吾其乡工作人员根据县人社局提供的名单，细化各村名单和资金兑现表，交由各包村干部将年度或半年度应发资金落实到符合条件的参保人手中。2016年，已兑现2015年10月至2016年5月新型农村社会养老保险金共507212.13元。乡党委、政府高度重视农牧民技能培训工作，先后派出30名农牧民到市进行劳动技能培训。同时各类劳资纠纷及时解决在基层，确保全年无任何劳资纠纷上访现象发生。

【文化工作】 年内，做好文化工作，满足群众精神文化需求。认真落实县委、县政府的相关要求，充分利用“乡村之音”平台，大力支持“迥巴藏戏”的传承和发扬，做好文物保护与利用工作，合理使用设施设备加强管理，一切以为满足群众文化需求，促进日吾其乡文化事业的发展为目标。

【特色产业发展】 年内，日吾其乡藏鸡蛋销量达到新高，在昂仁县境内赢得较好口碑，形成一定的品牌效应；加大特色产业，文化旅游产业项目投入，充分利用日吾其金塔、唐东杰布王宫等旅游景点的人文特色旅游资源，将藏戏“鼻祖”唐东杰布故居地品牌做大做强。

（旦增曲扎）

【领导名录】

党委书记　杨　继　光（白族）

党委副书记、乡长

巴桑顿珠（藏族）

人大主席　洛桑亚培（藏族）

人武部部长、副乡长

旦增伦珠（藏族）

党委副书记

琼　　拉（女，藏族）

政法委员、宣传委员

旦增曲扎（藏族）

组织委员、统战委员

普布卓玛（女，藏族）

纪委书记　何　　凯

副 乡 长　陈　　福

德吉卓嘎（女，藏族）

卫生院院长

阿旺旦巴（藏族）

完小校长　扎　　西（藏族，4月免）

桑巴伦珠（藏族，4月任）

派出所所长

格桑拉巴（藏族）

多白乡

【概况】 多白乡位于昂仁县西南部，距县城65公里，地处北纬29度11分、东经86度48分，东连卡嘎镇，西临日吾其乡，北靠桑桑镇，南接定日县盆吉乡，总面积1300平方公里，全乡平均海拔4080米，乡政府驻地海拔4139米。全乡以农业生产为主，耕地面积14542.5亩，林地面积12387.3公顷，草场面积90.36万亩，主产青稞、小麦、油菜等作物，主要饲养绵羊、山羊、奶牛等牲畜。自然灾害主要有干旱、洪涝、风、霜、冰雹等。

2016年，全乡共1190户、6190人，扶贫户624户、 2376 人。基层党支部21个，其中农村党支部18个，共有党员383人，全年共发展党员30人。在岗在职乡干部33人，其中乡班子成员9人，其他公务员2人，事业干部14人，大学生村官6人，工人1人，公益性岗位1人。村“两委”干部92人。全乡辖18个行政村（赤嘎村、措布龙村、叶村、多白村、德夏村、楚龙村、亚多村、玛多村、荣奴村、荣夏村、拉定村、宁嘎村、谢村、仁青林村、仁青顶村、玛措村、日果村、查村），共有在编僧尼61人，流散僧尼28人。有2所完小、1所幼儿园，共有教职工28人，学生519人。

【干部队伍建设】 2016年，多白乡高度重视干部队伍建设，认真落实县委发展党员工作规划，制订《多白乡2016年度发展党员工作计划》，按照发展党员“十六字”方针严把党员入口关，把党员发展工作重点放在那些支持、拥护党的方针政策先进分子身上。2016年多白乡党员共有383名，其中预备党员20名。2016年全乡入党积极分子41名，入党申请人员71名，乡党委于4月到各村将全乡党员档案信息进行一一核对，建档造册，共建档402册。

【党建工作】 年内，多白乡政府提出“创新工作方式方法，转变群众思想观念，确保群众增产增收，构建多白和谐文明”的工作思路，并经过乡村两级干部、人大代表反复论证而确定，各项工作细节也逐步形成，得到完善，已经有序实施；定期召开领导班子民主生活会。乡党委班子每半年最少召开一次民主生活会，按照上级有关规定切实提高民主生活会质量，强化民主监督机制，促进党风廉政建设；进一步建立健全党风廉政建设制度和工作制度。规范和完善《党务政务公开制度》《村务公开制度》，从源头上扼制违法违纪案件的发生。乡党委班子每半年召开一次民主生活会，按照上级有关规定切实提高民主生活会质量，强化民主监督机制，促进党风廉政建设。

【精准扶贫】 2016年，是大力开展精准扶贫脱贫工作开局之年，多白乡按照上级部门要求，年初与各个行政村签订脱贫工作目标责任书，向各村下达脱贫任务目标。年内，先后共脱贫445人。抓好项目监督检查，推进异地搬迁工作进程。2016年，涉及易地搬迁2个行政村28户113人选址和打基础工作已顺利完成；抓好生态补偿资金兑现工作，增加贫困家庭经济收入来源。2016年，共兑现生态补偿资金451.2万元，受益贫困人员为1504人，兑现育才基金1.7万元，受益大学生8名；抓好结对帮扶工作，让干部职工参与到脱贫攻坚工作当中，组织干部开展捐款活动，筹资2.61万元，帮扶贫困家庭83户；大力开展贫困人员技能培训工作，切实增加贫困群众收入。紧密结合昂仁县人社局农牧民技能培训工作契机，动员全乡范围内的中学毕业生富余劳力和贫困群众，以通过培训促就业、通过就业增加收入，鼓励农牧民参加技能培训，全年先后共有农牧民参加技能培训27人。

【“两学一做”专题活动】 年内，多白乡以“两学一做”活动为契机，全面提升干部职工理论素养，同时助推和检查各项日常工作。在完成“两学一做”基本要求的同时，多白乡党委还制订下发《关于开展“两学一做”学习教育督导工作方案的通知》《学习教育突出问题督查情况登记表》《“两学一做”党员个人突出问题整改清单》，成立“两学一做”学习教育督导工作领导小组，强化基层组织建设和党员队伍建设。

【党风廉政建设】 年内，召开多白乡党风廉政建设和反腐败工作会议，安排部署2016年党风廉政建设工作，制定《2016年党风廉政建设工作计划》，层层签订《2016党风廉政建设责任书》，在全乡范围内开展廉政谈话活动，强化对中央八项规定、准则、条例和典型案例的学习。

【维稳工作】 年内，乡党委、政府高度重视综治维稳工作，坚持党政一把手负总责，各分管领导对其所管辖范围内的涉稳事件具体负责。设立乡综治维稳工作办，成立以乡人民政府乡长为组长，乡综治办、派出所、各村委会挂钩单位为成员的领导小组，将综治维稳工作纳入年度规划及研究，列入重要的议事日程，制订《多白乡综治维稳工作方案》，定期不定期组织全乡干部职工召开综治维稳会议，做到全乡综治维稳工作年初签订责任书，年初有计划、年中有检查、年终有总结，2016年，共召开综治工作会议12次。年初，多白乡党委、政府制订自然灾害、事故灾害、交通安全、公共卫生事件和社会安全急预案，如《多白乡2016年自然灾害应急预案》《多白乡突发事件应急预案》等。起草《多白乡优秀双联户考评办法》《多白乡村党支部成员考评办法》，并明确18个村支书为村综治维稳工作第一责任人，调整、充实、配备村调解委员会，每个村配备村调解员2名，并做到工作、任务同步落实，各项规章制度得到完善和巩固。抓好项目领域突出问题整治工作，确保全乡各种项目建设有序进行。响应全县开展项目领域突出问题专项整治工作号召，针对多白乡往年存在项目领域各种突出问题，按照上级部门要求进行严厉整顿。通过召开大会，宣讲上级政策法规知识，发放各种专项整治工作宣传资料、挂横幅、贴条幅等措施提高群众法律法规意识。

【安全生产】 年内，严格落实安全生产目标，强化安全生产责任，与各村签订2016年安全生产目标责任书共21份，落实安全生产目标管理责任制和各项防范措施，在重大节假日、敏感日期间，组织乡干部职工开展安全生产的宣传教育活动2次，并发放交通法规宣传册300余份，多次对多白乡完小、茶馆、饭馆、个体户商店食品安全排查，给人民群众创造一个安全、放心、健康的生活环境；同时，全面排查多白乡各施工单位安全存在的隐患，与乡驻地所有施工队之间签订安全生产合同协议，多白乡干部职工定期不定期到每个村，对每条公路、每项工程项目、每座桥梁进行排查，尤其对容易引发事故的隐患点，因地制宜制定整改措施，向村民讲解宣传危险路段、桥梁的安全注意事项，较好地做到排查、整治隐患、杜绝新隐患的目的。

【经济发展】 截至年底，全乡粮油总产量达957.68万斤，年末牲畜存栏51678头（只、匹），保持草畜平衡，农村经济总收入6224.5万元，人均收入达7372.8元，同比增长20.75%

【农业项目建设】 年内，乡党委、政府与县扶贫办联系争取农田改造项目，充分调动措布龙村和叶村两个行政村村民，通过以“两委”负责，群众自己动手方式承包2033亩农田客土部分工程量，不仅有效提高了农田质量，还增加了群众近50余万元收入。

【农业方面】 年内，从春季开始抓手，结合各村实际制定农业目标责任书，召开经济会议分别与各行政村签订目标责任书，把各项经济发展指标明细落实到村一级。按照上级部门的要求，合理规划标准田建设和种子基地项目建设，年初安排粮油种植面积11350亩和经济作物面积1421亩、藏青2000型二级种子田建设面积900亩和喜拉22号二级种子田建设700亩、千亩千产高产田建设1000亩；结合各村实际和农田属性，做好农资引进和分配工作，从日喀则甲措雄乡和聂日雄乡等地引进喜拉22号青稞种子4.8万斤，安排利用科技特派人员做好种子筛选和包衣等农业技术服务。先后调运尿素109.5吨和底肥151.1吨、农药近4.2吨；春耕备耕之际赶赴各行政村开展农资筹备情况检查，检查种子、化肥、农药、农机具等农用物资筹备齐全情况进行打分，评分结果作为第一季度打分主要依据；通过召开科技特派人员培训会议，统一安排和部署农资筹备、田间灌溉、除草、洒药等日常工作，鼓励群众机耕机收，不断推进农业现代化进程，实现机耕机收面积共5850亩。

【农业人才培养】 年内，为农业科学知识的推广和普及，乡党委、政府与县科技局联系，争取36名科技特派人员名额，邀请县农牧局专业人员，对全乡科技特派人员进行全面的农业科技知识培训，提高他们服务群众能力。同时为充分发挥科技特派人员作用，制定《多白乡科技特派人员管理制度》，整顿个别科技特派人员外出务工，工作积极性不高、不能发挥作用等问题。另外，组织乡干部和科技特派人员，围绕春耕备耕、田间管理、农家肥筹措情况等进行开展内部评比活动，评选出农业先进村，发放奖状奖金，提高群众种田积极性。

【农机具购置】 年内，多白乡借助国家实施农机购置补贴项目良好契机，抓好农机具购置各项工作，合理安排各种农机具分配工作。协调当地银行帮助群众借贷购买农机资金。积极与上级部门协调，帮助群众办理购买农机具相关手续，确保农机购置补贴资金落到实处，截至年底，国民经济统计显示，全乡现有农用拖拉机799辆，其中手扶拖拉机78辆，配套农机具408件，农用运输车108辆。

【林业方面】 年内，在抓经济发展同时，深入贯彻落实科学发展观，重视生态环境保护建设，加强对现有林地的保护和加大植树种树工作力度。全乡林地面积达12387.3公顷，其中人工植树面积达69.97公顷。充分利用各村森林管护人员，加强森林管护工作，借助乡派出所的力量，严厉打击偷采野生植被和打猎野生动物的行为，通过挨家挨户搜查，先后共没收45支打猎枪支道具，并及时上缴给县公安局；抓好野生动物肇事赔偿补贴相关工作，积极与保险公司联系，争取野生动物肇事补贴资金，降低野生动物给群众带来的经济损失，确保野生动物得到有效的保护。2016年，先后共上报野生动物肇事案例三批，上报案例近120件和申请补偿损失资金近20余万元；先后共计兑现林业资金103.5万元。其中2015年野生动物肇事补贴资金6.77万元；2013年野生动物肇事补贴资金10.14万元；重点区域造林资金12.3万元；拉萨周边造林工程资金28万元，防护林体系建设工程资金13.95万元；中央森林生态效益补偿提标补助资金20.12万元；退耕还林资金11.81万元；精准扶贫生态补偿资金451.2万元；多白乡地处雅江江畔，平均海拔相对较高，植被覆盖率较低，生态环境较差。为进一步改善现有的生态环境，2016年，乡政府向各行政村下达植树种树任务，签订目标责任，把植树造林作为年底打分评优主要依据。另外，积极与县林业局沟通联系，争取林业项目和沙棘树苗，开辟植树种树空地，补种往年未能成活的枯树，加大人工植树种树工作力度。全年，先后共计新种树苗近6万株，植树面积达62亩；严格按照上级要求，年初统一安排和部署，年底统一检查和验收。把各村退耕还林、植树造林等林业项目指标完成情况作为依据发放各种林业补贴资金；跟踪和检查亚多村防沙治沙等重点环保项目落实情况，把存在的问题及时提出整改意见。

【民生保障】 年内，国家大力实施各种惠民政策，加大民政扶贫资金投入力度，有效改善多白乡贫困面貌。全乡共有精准扶贫系统内登记贫困624户2376人，“低保”247户1014人、“五保户”18人，其中集中供养9人、“三老人员”19人、寿星老人63人、享受补助退伍军人15人、孤儿5人、残疾人员98人及享受新型农村养老保险政策资金576人。为把党和国家的温暖第一时间送到群众手中，切实使贫困群众生产生活得到有效的保障，严格按照上级要求，始终组织工作小组赶赴各村实地，每项资金与群众手把手及时全额兑现。2016年，兑现残疾人员补助资金9万元、退伍军人补助资金0.45万元、冬春受灾资金8万元、低保资金80.46万元、高校特困生补助资金1.2万元及慰问退伍军人资金0.4万元。

【教育工作】年内，多白乡始终以加强教育管理，促进人才培养为目的，高度重视教育工作。多白乡辖区内现有2所小学和4处教学点，共计小学生519名，其中一校学生439名入学率达99.54%，二校学生80名（含教学点）入学率达98.75%，中学生共计254名入学率达98.82%，高中生133名，大学生64名。为进一步提高多白乡两所学校教师教学工作积极性，提高教育教学质量，制定推出《多白乡教育教学质量奖惩办法》和《多白乡教职工管理制度》，并在实际教学工作严格落实。2016年，按照《多白乡教育教学质量奖惩办法》兑现奖励资金2.45万元，收取罚款资金0.69万元。2016年，帮助贫困大学生一名兑现就学资金3000元；为进一步激发村与村、学校与学校、户与户、教师与教师、学生与学生之间的教育竞争，提高全乡上下对教育工作的重视，切实在全乡范围内形成浓厚的教育竞争氛围，组织召开教育表彰大会，按照《多白乡教育教学奖惩办法》规定，开展教育工作先进个人和单位评选活动，对全乡18个行政村、2所先进学校、28名学习成绩突出学生、12名优秀教师、73户教育先进户、64名在校大学生进行表彰鼓励，共兑现了奖励资金89990元；为提高乡两所小学教师教育质量，投入1.2万元组织两所学校22名教师到拉孜县开展为期3天的教育取经活动。

【环境整治】年内，多白乡每季度开展一次“环境卫生大整治，创建美好新家园”专题活动。动员全乡党员干部在全乡范围内开展村级环境卫生整治，引导广大农牧民破除陈规陋习，树立“讲卫生、美环境、树新风、促发展”的良好意识，人人都参与到建设“和谐、文明”多白中。

【思想政治工作】2016年，随着全国各种理论知识和会议精神学习浪潮，乡党委、政府按照上级部门的要求，制订学习计划，坚持理论与实践相结合，以集中学习与个人自学相结合，讨论交流与调查研究相结合的方式，认真学习中共十八大、党的十八届六中全会、自治区第九次党代会及上级下发的各种文件精神。建立每周四党员集中学习和每周五干部集中学习制度，采取集中学习、个人自学、做笔记等形式，深入开展“两学一做”学习教育；坚持全乡干部每两个月召开一次工作汇报会议制度，按照干部自身分工职责情况每两个月在会上汇报一次工作开展情况，即提高干部工作主动性和自觉性，又增进工作学习经验交流。

（贺思铭）

【领导名录】

党委书记　索朗次仁（藏族）

党委副书记、乡长

彭兆红（女，5月免）

令彩霞（女，5月任）

副乡长　德吉卓嘎（女，藏族，5月任）

纪委书记　樊明聚（5月免）

米玛卓玛（女，藏族，5月任）

人大主席　米玛罗布（藏族）

党委副书记

樊明聚（5月免）

罗廷华（5月任）

宣传委员　措拉（女，藏族，5月免）

罗廷华（5月任）

组织委员　措拉（女，藏族，5月免）

旺姆（女，藏族，5月任）

政法委员、统战委员

措拉（女，藏族）

人武部部长

措拉（女，藏族，5月免）

达罗（藏族，5月任）

派出所所长

郭红光

卫生院院长

索朗塔杰（藏族）

完小一小校长

塔杰（藏族）

完小二小校长

次旦（藏族）

雄巴乡

【概况】 雄巴乡位于昂仁县西北部，距昂仁县城63公里，乡域面积82.25平方公里，平均海拔4860米。东和谢通门县列巴乡接界，南邻卡嘎镇，西与桑桑镇隔江相望，北靠达若乡。东南部海拔较低区域有林地6.86万亩，草场122.37万亩，其中可利用草场119万亩，总载畜为29.66万个绵羊单位，普扎村因海拔略低，并处于雅江边，气候较好，该村有耕地177亩，主要种植本地青稞和土豆，青稞亩产300~400斤，农业欠发达，雄巴乡是一个农牧结合，以牧业为主的乡镇。

雄巴乡地貌以高山和盆谷平原为主，地势北高南低，起伏较大，南北高差达1200余米。属典型的高原半干旱大陆季风气候，乡域内阳光充沛，年均日照为3419.1小时，年均日照百分率为85.5%。降雨主要集中在7—9月，占年降水量的95%以上。北部高海拔牧区年降水量在250毫米左右，南部河谷地带年降水量在470毫米左右，年均蒸发量2527.9毫米，年均气温为4.7℃。

乡政府驻地为杂日村，全乡下辖4个行政村、21个自然村，共有201户、864人（牧民826人），劳力377人。全乡共有干部职工38名，“双联户”单位22个。雄巴乡有寺庙一座，半僧半俗喇嘛2人。

【党建工作】 乡党委下设6个党支部，全乡共有党员139人，其中农牧民党员114名；2016年发展党员6名，预备党员3名，入党积极分子11名。根据县委要求，2016年雄巴乡党委紧紧围绕“两学一做”和“村干部素质能力提升工程”两项核心任务，稳步推进基层党建工作，建立党政领导联系村、联系重点项目责任制度，完善了干部目标考核体系，干部队伍管理日趋规范。2016年，乡党委始终坚持“围绕经济发展抓党建，抓好党建促发展”的总体思路，以2016年开展的党建规范建设年及村干部素质能力提升为工作目标，进一步加强党的建设，党的执政能力明显提高。开展党委中心学习组学习活动，领导班子整体素质得到提高；认真执行党委议事制度，坚持集体领导与分工负责相结合，做到按章办事。

【“两学一做”主题教育】 年内，以“两学一做”和提升乡村两级干部素质为重点，制订雄巴乡干部职工年度学习计划；坚持每周一支部集中学习时安排一名干部轮流宣讲、解读惠民政策和上级精神，促使干部职工主动学习党的政策方针，培养干部职工的口才和胆识等综合能力；按照县委《关于做好“两学一做”学习教育有关工作通知》精神，组织乡村干部职工有序开展“两学一做”一至四阶段的学习、撰写心得、专题研讨、书记上党课等一系列教育。将“两学一做”贯穿于日常的讲政治和守规矩，把“三严三实”体现在修身律己，干事创业上；开展“四风整治”和“庸懒散专项治理”，有效地整治党员干部中存在的“软、懒、散、满、奢、浮”等不良现象，党员宗旨观念明显增强，班子凝聚力和战斗力明显提高。

【乡村两级干部职工管理】 年内，严格乡村两级干部职工请销假报批报备和考勤制度，确保人员在岗率，较好的实施了村委干部周一至周五轮流坐班，周三集中办公制度；因人事调动，及时调整设岗定责，确保人人有事干，事事有人干。

【培养乡村干部综合能力】 年内，为着力提高乡村干部职工素质能力、政策水平和带领群众致富的本领。安排大学生村官和驻村干部担任村干部文化提升辅导老师，采取结对帮教、一帮多的办法与20名村干部、4名村后备干部结对；要求每月在村委进行集中授课、辅导不少于3天，每季度在乡政府集中学习不少于2天，年内让所有村干部都能顺利通过初中结业考试；以考促学，对20名村干和20名后备干部进行4次集中辅导和测试，成绩不够理想，主要原因是半数以上的村干部为脱盲状态，文化底子很薄，年龄偏大记性差，长年驻扎在高山牧场忙于放牧，自学时间很少；加强双语培训，采取藏汉干部结对，“一帮一、一对多”的办法，提升乡村藏汉干部双语自由交流能力，为汉族同志走村入户了解民情打下了基础。

【采集、更新党员信息】 年内，深入党员家中逐一核查党员身份信息，对全乡140名党员信息进行电子录入。对查出的2名失联党员已上报组织部，确保信息核实工作精准，不留死角；2016年，按月及时收缴党费2717.6元。

【开展一对一结对帮扶贫困党员】 2月中旬，乡党委召开“乡机关党员与贫困党员结对帮扶专题会议”，要求干部职工在2月底结合自己帮扶对象的实际，制订出帮扶措施和脱贫计划，争取让贫困户能如期脱贫；以三大节日、“三八”妇女节和精准扶贫入户摸底等机会，对全乡的“三老人员”、残疾人员、贫困户、优秀学生、一孩双女家庭、卧病在床的人大代表等进行5次慰问，赠送面粉等慰问物资折价达5万余元，及时送去党和政府的关爱和温暖，安抚民心、凝聚人心。

【开展文体活动】 年内，在开展“三八”妇女节活动和喜迎建党95周年活动中，本着勤俭节约的目的，组织乡机关干部职工先打扫村驻地卫生，开展跳锅庄、拔河和座谈等文体活动，展示了乡村干部热爱党，热爱祖国、朝气蓬勃、奋发向上的精神面貌。

【开展村“两委”星级评定】 年内，为有效发挥村干部的工作积极性、主动性，按照“群众+干部”分别占60%和40%的占分比例，对4个村的“两委”干部进行民主测评、选优推优活动。进一步激发了村干部服务意识、民主管理、队伍建设、责任意识的提升；深入开展村党支部书记联述联评联考工作。7月初和11月初，利用两天的时间对4位村支书进行两次半年述职。

【高标准、严要求发展新党员】 年内，按照发展党员“十六字方针”和年初制订的党员发展计划，2016年雄巴乡7名中共预备党员顺利转为正式党员，发展预备党员10人，积极分子5人，做到严把入口关、质量关，考虑到2017年是村“两委”换届选举妇代主任时无人选的实际问题，积极培养有文化、有思想的青年女性为预备党员。

【党员带头大面积人工种草】 年内，围绕“两学一做”精神，摒弃“等、靠、要、懒”的思想，采取“党支部领头种一片，村委组织种一片、联保单元自行种一片”的办法，有计划的组织群众对荒地进行围栏和围墙人工成片种草，新增人工种草基地20片，面积326亩。全乡年产干草达1.35万斤，为预防冬春季的雪灾和降温奠定了坚实的物质基础。

【引领乡村党员义务劳动】 帮兴到乡政府的25公里公路冲毁严重，给群众的出行带来极大不便。经乡党委会议研究，决定雇佣机械、车辆，组织全体干部职工和各村党员对该段公路进行维护。通过5天艰辛的劳动，25公里路面得到修补和平整。

【实施“月汇报、季述职”制度】 年内，为全面掌握乡机关和各村的实时情况，为乡党委的决策提供准确资料。2016年，雄巴乡实施村支书、乡机关和驻村向乡党委作月汇报、季述职。让乡领导及时了解、掌控各项工作的开展情况，同时督促广大乡村干部转变作风、提升效能，逐步克服办事拖拉、慵懒的坏习惯。

【干部队伍建设】 年内，加强党员干部教育管理。根据县委要求，制定雄巴乡“两学一做”学习教育活动实施方案，组织党员开展“两学一做”学习教育和“讲学习、讲忠诚、正风纪、转作风、提效能”主题活动，坚持正面教育，进一步拧紧思想“总开关”；坚持学用结合，牢牢抓住以“做”为关键，引导党员在创先争优中更好地保证合格；坚持问题导向，推动党员领导干部带头坚定理想信念，带头全面从严治党，推进党的作风不断好转；坚持领导带头，凡是要求党员做到的，党员领导干部首先要做到，凡是党要求党员不做的，党员领导干部带头不做。

【党风廉政建设】 年内，认真落实党风廉政建设责任制。按照集体领导与个人分工负责相结合，谁主管谁负责，一级抓一级，层层抓落实的原则，明确在抓党风廉政建设中的各项责任目标、责任范围；分别与各村党支部签订《党风廉政建设目标责任书》，将党风廉政建设目标责任细化到人；狠抓正反典型案例学习，组织党员干部认真学习理解《中国共产党党员领导干部廉洁从政若干准则》手册及相关文件等。进一步强化落实村级党支部党风廉政责任制，大力推行党务、政务、村务公开，全乡把党务公开作为发扬党内民主、强化党内监督、密切党群干群关系促进各项工作的重要举措和有效手段。认真履行党规党纪，领导班子以身作则，坚决纠正损害群众利益的不正之风。坚决整治强农惠农资金，医疗卫生、学校收费等方面关乎群众切身利益的问题。加强乡村和驻村经费监管，3月乡党委牵头联合乡人大、纪委和乡财务人员对四个行政村的村务经费、驻村经费的使用情况进行审计，发现少量票据不规范，已限期整改。另外，对乡村人大代表和村务监督人员进行业务培训，提升监督能力。

【乡党委换届工作】 2016年，雄巴乡按照区、市、县委的安排，成立以乡党委书记任组长的乡党委、人大换届选举工作领导小组，并制订换届选举工作实施方案，做到早安排、早制订，任务明确。经县委批准，雄巴乡5月27日召开全乡党员大会，民主选举产生了新的6名乡党委委员和6名县第九次党代会代表。同时选举产生了1名乡党委书记、2名副书记、1名纪委书记和3名乡纪检委员。2016年6月9日，召开雄巴乡人大十四届一次会议，会议产生乡级人大代表21名，县级人大代表3名，其中副县级2名。按照县换届选举办公室的统一安排，做好党员登记工作及各项准备工作，成功举办了全乡党委和人大换届。

【团建工作】 2016年，雄巴乡着重从团员队伍建设方面，乡团委认真做好团员发展工作，给团组织补充新鲜血液，利用“五四”组织入团宣誓仪式，吸收9名入团积极分子加入中国共青团，加强团组织的生命力和战斗力，增强了团组织的影响力和凝聚力。2016年度团费收缴正常，如期足额上交，而且建立了团内经费账册，收支合理。

【基础设施建设】 基础设施建设不断加强。2016年完成开工项目2个，总投资达3756万元，重点项目包括乡政府干部周转房、玛扎至普扎村公路等。2016年雄巴乡完成22户易地搬迁项目建设用地征收等前期工作，到位资金110万元。

【脱贫攻坚】 为保质保量完成全乡29户、81人的脱贫任务，乡成立领导小组，配备专干3人，并制订脱贫计划。同时采取乡主要领导与帮扶对象结对，不脱贫、不脱钩的倒逼办法；帮助有劳力的扶贫户在乡政府周转房等工地联系打工17人，创收13.6万余元；将自然生态林和草原巡护员提供给22户扶贫户，就业47人，政策性增收14.1万元；乡干部职工与扶贫户结对，帮助他们理顺脱贫思路和寻找脱贫门路。同时根据结对户的实际情况，为他们购买牛羊，基本的家俱或粮食、衣物等物资，折价达1万余元；22户、74人的异地搬迁前期选址和思想动员工作已全部完成，搬迁地点定在乡政府驻地西面500米，每户无偿划拨荒地350平方米，规划总占地约20亩。经采取上述措施，2016年底雄巴乡29户、81人的脱贫任务基本完成。

【维稳综治】 2016年，乡政府安排民事调解人员，全年调解小纠纷3起；做好特殊人员的管控帮扶；配合上级部门打击传销，平安创建工作和“先进双联户”创建相结合，任务分解到户，责任追究到人。

【安全生产】 年内，对长源矿山进行2次安全排查和外来人员的清查、登记；汛期按照属地管理、治理原则及时组织群众疏通乡村公路，确保县乡公路安全和畅通；每月组织乡人大代表、乡医务人员，每月不定期地对乡完小食堂、库房和乡政府驻地商店、茶馆食品进行巡查，对过期、三无食品进行收缴和集中销毁，全年无食品中毒案例；对成品油和液化气实施严格管控，雄巴乡无私人倒卖成品油现象；及时分阶段清查施工方与本乡租用机械、雇佣民工工资兑现情况，消除上访因素；采取“村包片、联保单元包段”的办法，组织4个村牧民对75公里县乡公路和217公里乡村公路进行3次全面养护，有效消除交通安全隐患。

【经济发展】 全乡经济平稳发展，2016年农村经济总收入1148.87万元，其中一产718.83万元、二产26.13万元、三产403.91万元，除去26%的自食及费用298.71万元，人均纯收入为9265.25元，比2015年增长3.53%，位居全县第二。

【农业】 对全乡仅有的177亩耕地进行科学调配，其中种植青稞170亩、油菜5亩、饲草2亩；进行精耕细作，2016年粮油总产达37.7吨，比2015年增产7.8%。粮食的产出基本能满足牧民的生活需求。

【牧业】 对母畜、弱畜进行补饲，严控死亡率。2016年因牧户都有暖圈，同时提前采购饲草料对母畜、弱畜进行补饲，年内，新生仔畜4755头（只、匹），成活4603头（只、匹），成活率达96.8%，比2015年提升4.71个百分点，成畜死亡36头（只、匹），死亡率为0.06%；及时出栏，增加牧民现金收入。按照年初的谋划，8月5日至20日利用距离县城近，在县城有短期育肥基地的优势，有计划地组织4个村委干部轮流向县城和桑桑镇输送短期育肥羊1050只，当时的价格是每只1000～1300元，现金收入达115.5万元，增收42万余元；鼓励人工种草，储备饲草，增强防抗灾能力。按照年初的谋划，雄巴乡采取“党支部领头种一片，村委组织种一片、联保单元自行种一片”的办法，有计划的组织群众对荒地进行人工成片种草，新增人工种草基地20片、120亩。截至年底，雄巴乡围栏式人工种草基地面积达245亩，亩产干草240斤，产草量达5.88万斤；围墙式人工种草基地81亩，亩产干草260斤，产草量达2.11万斤。乡政府库房预备精饲料20吨、青稞2吨、铁锹等救灾工具50件，为雄巴乡预防冬春季的雪灾和降温奠定了坚实的基础。同时也为明春对母畜、弱畜的补饲，准备了充足的饲草；严格执行草畜平衡政策。采取增多少仔畜，就出栏多少成畜的办法，督促牧民及时宰杀出售。2016年雄巴乡出栏牦牛517头，羊4086只。

【林业】 加大林业管理和植树造林力度。在各村委设立林业管理岗，无职党员具体到个人负责林业的监督管理。2016年完成房前屋后植树400株，成片造林2亩，成活率达到95%；对6.86万亩林地进行分片管护，为精准脱贫户提供就业岗位48个；落实48个精准脱贫生态就业岗位补助资金14.4万元。

【教育工作】 2016年，乡完小有教职工9名，按照县政府的部署有序开展均衡教育：现有在校小学生78人，入学率达100%。初中生43人，入学率和巩固率达100%；2016上期乡完小考试排名为昂仁县牧区乡镇第二名；“三包经费”使用采取月结季报，经费足额使用，进行季度财务公示，学生食堂库房物资采取先进先出，月末清点，确保无腐败变质；均衡教育前期的师生资料归档工作已基本完成。

【卫生工作】 2016年，乡卫生院4名医护人员和8名村医围绕“两降一消”工作，积极宣传，鼓励孕产妇住院分娩，“两降一消”取得新成效，乡政府、乡卫生院积极开展健康教育宣传工作，广大群众健康知识水平明显提高。全年就诊3874人次，住院治疗156人次，住院分娩28例。

【人社和民政工作】 年内，为增加牧民，特别是结对帮扶牧民的收入，乡领导积极与乡域内施工方协调，同等条件下优先吸纳雄巴乡运输车辆和民工。2016年，向外租用挖机、装载机、翻斗车等机械8台，创收15.1万元，输出劳力184人，创收81.65万元；雄巴乡新农保参保率达100%，2016年领取和兑现最低生活保障金60840元；兑现2016年冬春季救灾资金1.5万元；兑现残疾人“两项”补贴1.86万元。残疾人机动轮椅车燃料补贴1516元；落实农村低保人员资金7.73万元；落实冬春季受灾群众生活补助4.6万元。

【特色产业发展】 及时出栏短期育肥羊，增加牧民收入。2016年8月5—20日雄巴乡有计划地组织4个村委干部轮流向县城和桑桑镇输送短期育肥羊1050只，抢占市场卖好价，现金收入达115.5万元，增收42万余元；鼓励人工种草，储备饲草，增强防抗灾能力。年内，雄巴乡采取“党支部领头种一片，村委组织种一片、联保单元自行种一片”的办法，有计划地组织群众对荒地进行人工成片种草，新增人工种草基地20片120亩。

（杨春潮）

【领导名录】

党委书记 杨春潮（侗族）

党委副书记、乡长

普 布（藏族）

人大主席 伦 珠（藏族）

党委副书记

索朗曲珍（藏族）

纪委书记 琼 达（藏族）

政法委员、统战委员、副乡长

普 赤（女，藏族）

人武部部长、副乡长

索 朗（藏族）

副乡长 冯晓辉

派出所所长

索朗次仁（藏族）

卫生院院长

普 尺（女，藏族）

完小校长 阿旺平措（藏族）

附 录

受区（县）级以上表彰的先进集体名录

表1

获奖单位	获奖名称	表彰时间	授予单位
切热乡人民政府驻切多村工作队	自治区创先争优强基础惠民生活动先进驻村工作队	2016年	自治区党委、自治区政府
昂仁县曲德寺管委会	2016年自治区级先进寺管会	2016年	自治区党委、自治区政府
昂仁县公安局	优秀驻村工作队	2016年	自治区党委
昂仁县公安局	2016年先进集体	2016年	自治区党委
普扎驻村队	自治区级优秀驻村工作队	2016年	自治区党委
秋窝乡	全区“先进双联户”创建活动先进乡镇	2016年	自治区党委
昂仁县民政局	先进驻村工作队	2016年	自治区政府
昂仁县总工会	全区县（区）工会规范化建设“六有”达标单位	2017年	自治区总工会
昂仁县总工会	全区工会帮扶中心规范化建设达标单位	2017年	自治区总工会
卡嘎镇人民政府	全区乡镇（街道）工会规范化建设“八有”达标单位	2017年	自治区总工会
桑桑镇人民政府	全区乡镇（街道）工会规范化建设“八有”达标单位	2017年	自治区总工会
昂仁县妇联	“第三届中国西藏旅游文化国际博览会”民族手工艺参展作品获组织奖	2016年	自治区妇联、区妇女发展协会、区女企业家协会
昂仁县国土资源局	2016年度全区国土资源管理先进集体	2017年	自治区国土厅
达若乡	第五批自治区级先进驻村工作队（强玛村）	2017年	自治区强基办
昂仁县委统战部	2016年“时轮金刚灌顶法会”接待服务工作先进集体	2016年	自治区接待“12·8”进藏工作领导小组、中共日喀则市委员会、日喀则市人民政府

续表1

获奖单位	获奖名称	表彰时间	授予单位
查孜乡查孜村桑培家庭	西藏自治区“最美家庭”	2016年	自治区寻找“最美家庭活动领导小组”
昂仁县文化广播电影电视局	唐东艺术团参加第十四届珠峰文化节文艺公演活动被评为“优秀组织奖”	2016年	第十四届珠峰文化旅游节组委会
切热乡人民政府驻鲁玛村工作队	日喀则市创先争优强基础惠民生活动先进驻村工作队	2016年	日喀则市委、市政府
昂仁县曲德寺管委会	2016年荣获市级先进寺庙管理委员会	2016年	日喀则市委、市政府
多白乡	2016年度日喀则市级“先进双联户”创建评选工作先进集体	2016年	日喀则市委、市政府
多隆驻村队	市级优秀驻村工作队	2016年	日喀则市委
秋窝乡	日喀则市“先进双联户”创建活动先进集体	2016年	日喀则市委
秋窝乡	市级“先进组织”	2016年	日喀则市委
昂仁县编译局	全市规范藏语社会用字工作先进集体	2016年	日喀则市政府
达若乡	平安乡（镇）	2017年	日喀则市政府
多白乡	日喀则市“平安乡镇”	2017年	日喀则市政府
秋窝乡	日喀则市“平安乡镇”	2017年	日喀则市政府
昂仁县委组织部	党建三等奖	2017年	日喀则市委组织部
昂仁县武装部	依法治军从严治军先进单位	2016年	日喀则军分区
昂仁县公安局	2016年综治维稳工作先进集体	2016年	日喀则市公安局党委
昂仁县国家税务局	2016年度全市税务系统先进单位	2017年	日喀则市国家税务局
昂仁县国家税务局	先进集体	2017年	日喀则市国家税务局
昂仁县国家税务局	2016年度全市税务系统绩效目标考核工作(第一名)	2017年	日喀则市国家税务局
昂仁县国家税务局	全面推开营改增工作先进集体（三等奖）	2017年	日喀则市国家税务局
昂仁县国家安全领导小组办公室	先进集体	2016年	日喀则市国家安全领导小组
昂仁县司法局	2016年度司法行政综合工作第三名	2017年	日喀则市司法局

续表1

获奖单位	获奖名称	表彰时间	授予单位
昂仁县教育局	日喀则市“校园文化展示月”（校本教材）三等奖	2016年	日喀则市教育局
昂仁县教育局	党建工作先进单位	2017年	日喀则市教育局
昂仁县小学	教学质量突出奖	2017年	日喀则市教育局
昂仁县秋窝乡第一小学	教学质量突出奖	2017年	日喀则市教育局
昂仁县多白乡小学	教学质量突出奖	2017年	日喀则市教育局
达若乡	第五批市级先进驻村工作队（查庆村）	2017年	日喀则市强基办
达若乡	第五批创先争优强基础惠民生活动市级优秀组织单位	2017年	日喀则市强基办
昂仁县人社局	人社系统2016年市级综合三等奖	2017年	日喀则市人社局
昂仁县卫生服务中心	2016年县级医院管理先进集体	2017年	日喀则市卫生和计划生育委员会
昂仁县扶贫办	日喀则市2016年度脱贫攻坚“先进集体”荣誉称号	2017年	日喀则市脱贫攻坚指挥部、市扶贫开发领导小组
昂仁县旅游局	旅游项目规划工作先进单位	2016年	日喀则旅游发展委员会
昂仁县商务局	2016年度日喀则市质监业务联系先进单位	2016年	日喀则市质监局
昂仁县文化广播电影电视局	昂仁县2016年度全市文化文物信息工作“先进集体”	2017年	日喀则市文化局（文物局）党组
昂仁县中学	招生考试考场管理先进单位	2016年	日喀则地区招生考试委员会、市教育局
昂仁县教育局	2016年度综合目标责任考核综合工作奖	2017年	昂仁县委、县政府
昂仁县教育局	昂仁县2016年度综治维稳工作先进集体	2017年	昂仁县委、县政府
阿木雄乡人民政府	脱贫攻坚工作先进乡镇	2017年	昂仁县委、县政府
阿木雄乡人民政府	安全生产工作先进乡镇	2017年	昂仁县委、县政府
昂仁县安监局	2016年度先进单位	2017年	昂仁县委、县政府
昂仁县安监局	2016年昂仁县民族团结进步模范集体	2016年	昂仁县委、县政府
昂仁县藏医院	强基惠民先进组织单位	2016年	昂仁县委、县政府
昂仁县公安局	2016年项目建设领域专项整治先进集体	2016年	昂仁县委、县政府

续表1

获奖单位	获奖名称	表彰时间	授予单位
昂仁县公安消防大队	昂仁县2016年度工作先进单位	2017年	昂仁县委、县政府
昂仁县供电有限公司	先进单位	2016年	昂仁县委、县政府
昂仁县国家税务局	2016年度先进单位	2017年	昂仁县委、县政府
昂仁县粮食公司	综合工作先进单位	2016年	昂仁县委、县政府
昂仁县林业局	昂仁县2016年度先进单位	2017年	昂仁县委、县政府
昂仁县曲德寺管委会	2016年县级先进寺庙管理委员会	2016年	昂仁县委、县政府
昂仁县人大常委会办公室	2016年度先进单位	2017年	昂仁县委、县政府
昂仁县人大常委会办公室	昂仁县2016年度综治维稳工作先进集体	2017年	昂仁县委、县政府
昂仁县卫生服务中心	2016年度综治维稳工作先进集体	2017年	昂仁县委、县政府
昂仁县卫生服务中心	2016年度先进单位	2017年	昂仁县委、县政府
政府办公室	昂仁县2016年先进驻村组织单位	2017年	昂仁县委、县政府
政府办公室	昂仁县2016年综治先进集体	2017年	昂仁县委、县政府
昂仁县中学	昂仁县民族团结进步模范集体	2016年	昂仁县委、县政府
达局乡人民政府	2016年昂仁县民族团结进步模范集体	2016年	昂仁县委、县政府
达局乡人民政府	2016年度综合工作三等奖	2017年	昂仁县委、县政府
达局乡人民政府	昂仁县2016年度综治维稳工作三等奖	2017年	昂仁县委、县政府
达局乡人民政府	2016年度宣传思想文化工作先进乡（镇）	2017年	昂仁县委、县政府
达若乡	昂仁县2016年度综治维稳工作二等奖	2017年	昂仁县委、县政府
达若乡	2016年度综合工作三等奖	2017年	昂仁县委、县政府
达若乡	生态环境保护工作先进乡（镇）	2017年	昂仁县委、县政府
达若乡	昂仁县创先争优强基础惠民生活动先进驻村工作队	2016年	昂仁县委、县政府
多白乡	2016年农业生产先进乡（镇）	2017年	昂仁县委、县政府
多白乡	昂仁县2016年度综治维稳工作一等奖	2017年	昂仁县委、县政府
多白乡	2016年度先进基层党组织	2017年	昂仁县委、县政府
多白乡	2016年信息工作先进单位	2017年	昂仁县委、县政府
多白乡	2016年综合工作一等奖	2017年	昂仁县委、县政府

续表1

获奖单位	获奖名称	表彰时间	授予单位
县委办公室	2016年度综治维稳工作“先进集体”	2017年	昂仁县委、县政府
县委办公室	2016年度“先进单位”	2017年	昂仁县委、县政府
昂仁县委政法委	2016年昂仁县民族团结进步模范集体	2016年	昂仁县委、县政府
昂仁县委政法委	昂仁县第二届“藏戏之乡 美丽滨湖 幸福昂仁”干部职工文艺汇演二等奖	2016年	昂仁县委、县政府
昂仁县政协	先进双联户	2016年	昂仁县委、县政府
中国移动通信集团西藏有限公司昂仁县分公司	2016年昂仁县民族团结进步模范集体	2016年	昂仁县委、县政府
昂仁县司法局	2016年度全县综合治理工作先进集体	2017年	昂仁县委
昂仁县水利局	2016年县级党建工作先进党支部	2017年	昂仁县委
昂仁县人大常委会办公室党支部	2016年度昂仁县县直机关党建工作先进党支部	2017年	昂仁县委
昂仁县人民法院	政法系统“两学一做”知识竞赛活动“二等奖”	2016年	昂仁县委
昂仁县人民法院	“昂仁县十一歌咏比赛”“二等奖”	2016年	昂仁县委
杂日驻村队	县级优秀驻村队	2016年	昂仁县委
居仓驻村队	县级优秀驻村队	2016年	昂仁县委
查孜乡查孜村	优秀村称号	2016年	昂仁县委
达若乡	2016年度先进基层党组织	2017年	昂仁县委
秋窝乡	县“先进双联户”创建活动先进集体	2016年	昂仁县委
秋窝乡	县综合考评二等奖	2016年	昂仁县委
桑桑镇党委	2016年度先进基层党组织	2017年	昂仁县委
桑桑镇人民政府	2016年度综治维稳工作二等奖	2017年	昂仁县委
桑桑镇人民政府	2016年度综合工作一等奖	2017年	昂仁县委
县委办公室	2016年度县直机关党建工作“先进党支部”	2017年	昂仁县委
昂仁县纪委（监察局）	昂仁县2016年度县直机关党建工作先进党支部	2017年	昂仁县委
昂仁县纪委（监察局）	昂仁县2016年度综合工作先进单位	2017年	昂仁县委
昂仁县委组织部	综治维稳单位	2017年	昂仁县委
昂仁县委组织部	综合三等奖	2017年	昂仁县委

续表1

获奖单位	获奖名称	表彰时间	授予单位
政协办党支部	先进党支部	2017年	昂仁县委
昂仁县人社局	2016年县级先进单位	2016年	昂仁县政府
昂仁县完小	“十一文艺活动”一等奖	2016年	昂仁县政府
桑桑镇人民政府	2016年度牧业生产二等奖	2017年	昂仁县政府
桑桑镇人民政府	2016年度优秀基层驻村组织单位	2017年	昂仁县政府

说明：由于各单位资料提供不全，可能有遗漏

受区（县）级以上表彰的先进个人名录

表 2

姓　　名	性别	民族	工作单位	获奖名称	表彰时间	授予单位
王　　萍	女	藏	昂仁县曲德寺管委会	2016年自治区级优秀驻寺干部	2016年	自治区党委、自治区政府
旦巴次仁	男	藏	达局乡人民政府	自治区创先争优强基础惠民生活动先进驻村（居）工作队员	2016年	自治区党委、自治区政府
次仁琼拉	女	藏	达局乡人民政府	自治区创先争优强基础惠民生活动先进驻村（居）工作队员	2016年	自治区党委、自治区政府
琼　　吉	女	藏	达局乡人民政府	自治区创先争优强基础惠民生活动先进驻村（居）工作队员	2016年	自治区党委、自治区政府
边巴吉拉	女	藏	卡嘎镇人民政府	区级先进驻村队员	2016年	自治区党委、自治区政府
王 维 寿	男	藏	卡嘎镇人民政府	区级先进驻村队员	2016年	自治区党委、自治区政府
珍　　宗	女	藏	卡嘎镇人民政府	区级先进驻村队员	2016年	自治区党委、自治区政府
普布仓木觉	女	藏	卡嘎镇人民政府	区级先进驻村队员	2016年	自治区党委、自治区政府
次　　多	男	藏	宁果乡	自治区优秀驻村队员	2016年	自治区党委、自治区政府
吉　　宗	女	藏	宁果乡	自治区优秀驻村队员	2016年	自治区党委、自治区政府
罗珠尼玛	男	藏	切热乡人民政府	自治区创先争优强基础惠民生活动先进驻村（居）工作队员	2016年	自治区党委、自治区政府
尼玛除多	女	藏	切热乡人民政府	自治区创先争优强基础惠民生活动先进驻村（居）工作队员	2016年	自治区党委、自治区政府
周　　鹏	男	汉	亚木乡人民政府	自治区创先争优强基础惠民生活动先进驻村（居）工作队员	2016年	自治区党委、自治区政府
旺　　姆	女	藏	亚木乡党委	自治区创先争优强基础惠民生活动先进驻村（居）工作队员	2016年	自治区党委、自治区政府
旺　　姆	女	藏	亚木乡党委	自治区第一批优秀村党支部第一书记	2017年	自治区党委、自治区政府

续表2

姓　　名	性别	民族	工作单位	获奖名称	表彰时间	授予单位
索　　巴	男	藏	亚木乡人民政府	自治区创先争优强基础惠民生活动先进驻村（居）工作队员	2016年	自治区党委、自治区政府
念　　扎	男	藏	亚木乡党委	自治区创先争优强基础惠民生活动先进驻村（居）工作队员	2016年	自治区党委、自治区政府
旦增玉珍	女	藏	昂仁县委统战部	2016年度自治区优秀宗教工作者	2016年	自治区党委、自治区政府
加央巴姆	女	藏	达局乡人民政府	自治区创先争优强基础惠民生活动先进驻村（居）工作队员	2016年	自治区党委、自治区政府
巴桑仓决	女	藏	达局乡人民政府	自治区创先争优强基础惠民生活动先进驻村（居）工作队员	2016年	自治区党委、自治区政府
琼　　珠	男	藏	昂仁县曲德寺管委会	2016年自治区级优秀驻寺干部	2016年	自治区党委、自治区政府
巴桑仓决	女	藏	达局乡人民政府	全区第一批优秀村（社区）党支部第一书记	2016年	自治区党委
罗　　布	男	藏	昂仁县公安局	优秀驻村工作队员	2016年	自治区党委
扎西平措	男	藏	昂仁县公安局	优秀驻寺民警	2016年	自治区党委
拉　　巴	男	藏	昂仁县公安局	优秀驻村工作队员	2016年	自治区党委
洛　　桑	男	藏	昂仁县公安局	优秀驻寺民警	2016年	自治区党委
格桑扎西	男	藏	雄巴乡政府	自治区级优秀驻村个人	2016年	自治区党委
朗　　加	男	藏	雄巴乡政府	自治区级优秀驻村个人	2016年	自治区党委
次　　仁	男	藏	措迈乡人民政府	全区第一批优秀村（社区）党支部第一书记称号	2016年	自治区党委
白玛仁增	男	藏	昂仁县编译局	全区规范藏语社会用字工作先进个人	2016年	自治区政府
冷坤蓉	女	汉	昂仁县民政局	优秀驻村队员	2016年	自治区政府
德吉旺姆	女	藏	秋窝乡	自治区第五批创先争优强基础惠民生活动先进驻村（居）工作队员	2016年	自治区党委组织部

续表2

姓　　名	性别	民族	工作单位	获奖名称	表彰时间	授予单位
拉巴次仁	男	藏	秋窝乡	自治区第五批创先争优强基础惠民生活动先进驻村（居）工作队员	2016年	自治区党委组织部
塔　　吉	女	藏	秋窝乡	自治区第五批创先争优强基础惠民生活动先进驻村（居）工作队员	2016年	自治区党委组织部
普　　布	女	藏	秋窝乡	自治区第五批创先争优强基础惠民生活动先进驻村（居）工作队员	2016年	自治区党委组织部
次仁卓玛	女	藏	秋窝乡	自治区第五批创先争优强基础惠民生活动先进驻村（居）工作队员	2016年	自治区党委组织部
阿列次仁	男	藏	昂仁县公安局	个人三等功	2016年	自治区组织部
吴琼次仁	男	藏	昂仁县公安局	个人三等功	2016年	自治区组织部
边 俊 沛	男	藏	昂仁县公安局	个人三等功	2016年	自治区组织部
次旦卓玛	女	藏	昂仁县教育局	优秀党务工作者	2016年	自治区教工委、教育厅
罗杰旺久	男	藏	昂仁县亚木乡小学	优秀教育工作者	2016年	自治区教工委、教育厅
达瓦旺久	男	藏	昂仁县卡嘎镇小学	优秀教师	2016年	自治区教工委、教育厅
米 培 元	男	回	昂仁县网信办	区互联网系统优秀党员	2016年	自治区互联网党工委
次仁多吉	男	藏	达若乡人民政府	优秀驻村工作队员（自治区）	2017年	自治区强基办
仁增南加	男	汉	贡久布乡	自治区级优秀驻村工作队员	2016年	自治区创先争优活动办
旦增吉扎	女	藏	贡久布乡	自治区级优秀驻村工作队员	2016年	自治区创先争优活动办
巴桑卓嘎	女	藏	贡久布乡	自治区级优秀驻村工作队员	2016年	自治区创先争优活动办
洛　　桑	男	藏	昂仁县委统战部	时轮金刚灌顶法会先进个人	2016年	自治区接待“128”进藏工作领导小组、中共日喀则市委员会、日喀则市人民政府

续表2

姓　名	性别	民族	工作单位	获奖名称	表彰时间	授予单位
次旦平措	男	藏	昂仁县人民法院	办案能手	2016年	自治区高级人民法院
次旦平措	男	藏	昂仁县人民法院	办案标兵	2016年	自治区高级人民法院
边巴次仁	男	藏	中国农业银行股份有限公司昂仁县措迈营业所	2016年农行西藏自治区分行“优秀党务工作者”	2016年	中国农业银行股份有限西藏自治区分行
白玛措姆	女	藏	昂仁县完小	优秀培训员	2016年	苏州大学
杨天刚	男	藏	昂仁县司法局	自治区创先争优强基础惠民生活动先进驻村（居）工作队员称号	2016年	日喀则市委、市政府
格桑群培	男	藏	昂仁县司法局	自治区创先争优强基础惠民生活动先进驻村（居）工作队员称号	2016年	日喀则市委、市政府
边巴次仁	男	藏	昂仁县水利局	市级优秀驻村工作队	2016年	日喀则市委、市政府
琼　珠	男	藏	昂仁县曲德寺管委会	2016年市级优秀驻寺干部	2016年	日喀则市委、市政府
王　萍	女	藏	昂仁县曲德寺管委会	2016年市级优秀驻寺干部	2016年	日喀则市委、市政府
顿　珠	男	藏	昂仁县信访局	日喀则市2016年市级优秀驻村队员	2016年	日喀则市委、市政府
边巴片多	女	藏	达局乡人民政府	日喀则市创先争优强基础惠民生活动先进驻村（居）工作队员	2016年	日喀则市委、市政府
拉宗卓玛	女	藏	达局乡人民政府	日喀则市创先争优强基础惠民生活动先进驻村（居）工作队员	2016年	日喀则市委、市政府
达　瓦	男	藏	达局乡人民政府	日喀则市创先争优强基础惠民生活动先进驻村（居）工作队员	2016年	日喀则市委、市政府
多吉次旺	男	藏	达局村党支部书记	2016年日喀则市一届劳动模范荣誉称号	2016年	日喀则市委、市政府
洛桑嘎珍	女	藏	卡嘎镇人民政府	市级先进驻村队员	2016年	日喀则市委、市政府

续表2

姓　　名	性别	民族	工作单位	获奖名称	表彰时间	授予单位
杜　　娜	女	藏	卡嘎镇人民政府	市级先进驻村队员	2016年	日喀则市委、市政府
扎　　西	男	藏	卡嘎镇人民政府	市级先进驻村队员	2016年	日喀则市委、市政府
张志强	男	藏	卡嘎镇人民政府	市级先进驻村队员	2016年	日喀则市委、市政府
旦增赤来	男	藏	切热乡人民政府	日喀则市创先争优强基础惠民生活动先进驻村（居）工作队员	2016年	日喀则市委、市政府
拉姆普赤	女	藏	切热乡人民政府	日喀则市创先争优强基础惠民生活动先进驻村（居）工作队员	2016年	日喀则市委、市政府
拉巴珍拉	女	藏	切热乡人民政府	日喀则市创先争优强基础惠民生活动先进驻村（居）工作队员	2016年	日喀则市委、市政府
巴桑仓木决	女	藏	切热乡人民政府	日喀则市创先争优强基础惠民生活动先进驻村（居）工作队员	2016年	日喀则市委、市政府
白玛次旺	男	藏	切热乡鲁玛村委员会	日喀则市先进基层党务工作者	2016年	日喀则市委、市政府
白玛曲宗	女	藏	亚木乡人民政府	日喀则市创先争优强基础惠民生活动先进驻村（居）工作队员	2016年	日喀则市委、市政府
寺朗宝	男	藏	亚木乡人民政府	日喀则市创先争优强基础惠民生活动先进驻村（居）工作队员	2016年	日喀则市委、市政府
次仁卓嘎	女	藏	亚木乡人民政府	日喀则市创先争优强基础惠民生活动先进驻村（居）工作队员	2016年	日喀则市委、市政府
德　　吉	女	藏	亚木乡人民政府	日喀则市创先争优强基础惠民生活动先进驻村（居）工作队员	2016年	日喀则市委、市政府
巴　　桑	男	藏	昂仁县委统战部	2016年上半年日喀则市优秀宗教工作者	2016年	日喀则市委、市政府

续表2

姓　　名	性别	民族	工作单位	获奖名称	表彰时间	授予单位
米玛卓玛	女	藏	市人防办	市级优秀驻村个人	2016年	日喀则市委
唐自明	男	汉	雄巴乡政府	市级优秀驻村个人	2016年	日喀则市委
敏　珍	女	藏	昂仁县人民医院	劳动模范	2016年	日喀则总工会
多吉次仁	男	藏	达局乡达居村党支部书记	劳动模范	2016年	日喀则总工会
旦增塔杰	男	藏	秋窝乡	日喀则市第五批创先争优强基础惠民生活动先进驻村（居）工作队员	2016年	日喀则市委组织部
巴桑桑珠	男	藏	秋窝乡	日喀则市第五批创先争优强基础惠民生活动先进驻村（居）工作队员	2016年	日喀则市委组织部
格桑曲珍	女	藏	秋窝乡	日喀则市第五批创先争优强基础惠民生活动先进驻村（居）工作队员	2016年	日喀则市委组织部
白玛拉宗	女	藏	日吾其乡	日喀则市第五批创先争优强基础惠民生活动先进驻村（居）工作队员	2016年	日喀则市委组织部
仁　旺	男	藏	如萨乡	日喀则市第五批创先争优强基础惠民生活动先进驻村（居）工作队员	2016年	日喀则市委组织部
余　磊	男	汉	昂仁县人民武装部	个人三等功	2016年	日喀则军分区
央　宗	女	藏	达若乡人民政府	日喀则市优秀团干部	2017年	日喀则团市委
扎西平措	男	藏	昂仁县文广局	2016年度全市民间艺术团“先进个人”	2016年	日喀则市文化局
米玛多吉	男	藏	昂仁县旅游局	旅游微信宣传先进个人	2016年	日喀则市旅发委
格桑罗布	男	藏	昂仁县人民检察院	先进个人	2017年	日喀则市人民检察院
熊安琴	女	汉	昂仁县国家税务局	2016年度日喀则市国税系统优秀公务员	2017年	日喀则市国家税务局
张　军	男	汉	昂仁县国家税务局	2016年度日喀则市国税系统优秀公务员	2017年	日喀则市国家税务局

续表2

姓　　名	性别	民族	工作单位	获奖名称	表彰时间	授予单位
曹茹丽	女	汉	昂仁县国家税务局	全面推开营改增试点工作先进个人	2017年	日喀则市国家税务局
索　　多	男	夏尔巴	昂仁县国土资源局	日喀则市2016年度国土资源工作先进个人	2017年	日喀则市国土资源局
阿列次仁	男	藏	昂仁县公安局	个人嘉奖	2016年	日喀则市公安局党委
尼　　旺	男	藏	昂仁县公安局	个人三等功	2016年	日喀则市公安局党委
贡　　嘎	男	藏	昂仁县公安局	个人嘉奖	2016年	日喀则市公安局党委
尼玛吉拉	女	藏	政法委	2015年度国家安全先进个人	2016年	日喀则市国家安全领导小组
边巴扎西	男	藏	昂仁县人民法院	先进优秀驻村工作队队员	2016年	日喀则市强基办
泽旺贡布	男	藏	达若乡人民政府	优秀驻村工作队员（市级）	2017年	日喀则市强基办
尼玛扎西	男	藏	达若乡人民政府	优秀驻村工作队员（市级）	2017年	日喀则市强基办
杨　　波	男	汉	宁果乡	2016年日喀则优秀驻村队员	2016年	日喀则市强基办
普　　布	男	藏	昂仁县秋窝乡第二小学	优秀校长	2016年	日喀则市教育局
琼　　达	男	藏	昂仁县切热乡小学	优秀校长	2016年	日喀则市教育局
边巴次仁	男	藏	昂仁县多白乡小学	德育工作先进	2016年	日喀则市教育局
旦增平措	男	藏	昂仁县中学	德育工作先进	2016年	日喀则市教育局
扎　　央	女	藏	昂仁县卡嘎镇小学	优秀教育工作者	2016年	日喀则市教育局
普　　赤	女	藏	昂仁县查孜乡小学	优秀教育工作者	2016年	日喀则市教育局
普布次仁	男	藏	昂仁县达局乡第一小学	优秀教育工作者	2016年	日喀则市教育局
仁增班旦	男	藏	昂仁县教育局	优秀教育工作者	2016年	日喀则市教育局
边　　巴	男	藏	昂仁县雄巴小学	优秀教师	2016年	日喀则市教育局
格桑顿珠	男	藏	昂仁县卡嘎镇波热小学	优秀教师	2016年	日喀则市教育局

续表2

姓　名	性别	民族	工作单位	获奖名称	表彰时间	授予单位
次仁卓嘎	女	藏	昂仁县多白乡荣奴村小学	优秀教师	2016年	日喀则市教育局
拉巴桑珠	男	藏	昂仁县完全小学	优秀教师	2016年	日喀则市教育局
巴桑次仁	男	藏	昂仁县中学	优秀教师	2016年	日喀则市教育局
平　措	男	藏	昂仁县阿木雄乡小学	优秀教师	2016年	日喀则市教育局
洛桑旦珍	女	藏	昂仁县达局乡第二小学	优秀教师	2016年	日喀则市教育局
边巴卓拉	女	藏	昂仁县实验幼儿园	优秀教师	2016年	日喀则市教育局
陈文远	男	汉	昂仁县中学	优秀教师	2016年	日喀则市教育局
扎西顿珠	男	藏	昂仁县中学	模范班主任	2016年	日喀则市教育局
次　扎	男	藏	昂仁县亚木乡中心小学	模范班主任	2016年	日喀则市教育局
旦增卓嘎	女	藏	昂仁县秋窝乡第一小学	模范班主任	2016年	日喀则市教育局
宗　吉	女	藏	昂仁县日吾其乡小学	模范班主任	2016年	日喀则市教育局
边　巴	男	藏	昂仁县桑桑镇小学	优秀党务工作者	2016年	日喀则市教育局
措珍卓嘎	女	藏	昂仁县教育局教研室	优秀教研员	2016年	日喀则市教育局
益西平措	男	藏	昂仁县中学	先进文体艺工作者	2016年	日喀则市教育局
加参罗布	男	藏	昂仁县完全小学	优秀电教员	2016年	日喀则市教育局
普布扎西	男	藏	昂仁县措迈乡小学	珠峰好教师	2016年	日喀则市教育局
加木措	男	藏	昂仁县宁果乡小学	珠峰好教师	2016年	日喀则市教育局
洛桑次仁	男	藏	昂仁县亚木乡中心小学	珠峰好教师	2016年	日喀则市教育局
拉　琼	男	藏	昂仁县查孜乡小学	珠峰好教师	2016年	日喀则市教育局
米玛平措	男	藏	昂仁县贡久布乡小学	珠峰好教师	2016年	日喀则市教育局
洛　桑	男	藏	昂仁县如萨乡小学	珠峰好教师	2016年	日喀则市教育局

续表2

姓　　名	性别	民族	工作单位	获奖名称	表彰时间	授予单位
拉巴石达	男	藏	昂仁县达若乡小学	珠峰好教师	2016年	日喀则市教育局
阿旺次仁	男	藏	昂仁县孔隆乡小学	珠峰好教师	2016年	日喀则市教育局
次仁拥真	男	藏	昂仁县切热乡小学	珠峰好教师	2016年	日喀则市教育局
吉　　宗	女	藏	昂仁县亚木乡小学	“一师一优课、一课一名师”活动中市级优课三等奖（汉语文）	2016年	日喀则市教育局
旦增桑姆	女	藏	昂仁县日吾其乡小学	“一师一优课、一课一名师”活动中市级优课三等奖（英语）	2016年	日喀则市教育局
次　　央	女	藏	昂仁县秋窝乡第一小学	日喀则市2015—2016学年教师教学大赛二等奖（汉语）	2016年	日喀则市教育局
旦增桑姆	女	藏	昂仁县日吾其乡小学	日喀则市2015—2017学年教师教学大赛一等奖（综合）	2016年	日喀则市教育局
平　　措	男	藏	昂仁县中学	日喀则市2015—2018学年教师教学大赛二等奖（英语）	2016年	日喀则市教育局
索朗扎西	男	藏	昂仁县中学	日喀则市2015—2019学年教师教学大赛二等奖（英语）	2016年	日喀则市教育局
米玛顿珠	男	藏	昂仁县工商管理局	优秀党员	2016年	日喀则市工商局
次　　旦	女	藏	昂仁县完小	优秀阅卷员	2016年	日喀则市教育局
卓　　嘎	女	藏	昂仁县完小	优秀阅卷员	2016年	日喀则市教育局
坚参罗布	男	藏	昂仁县完小	优秀电教员	2016年	日喀则市教育局
德庆次仁	男	藏	昂仁县中学	模范班主任	2016年	日喀则市教育局
扎西顿珠	男	藏	昂仁县中学	优秀教育工作者	2016年	日喀则市教育局
尼玛贵吉	男	藏	昂仁县中学	优秀片区教研员	2016年	日喀则市教育局

续表2

姓　名	性别	民族	工作单位	获奖名称	表彰时间	授予单位
平　措	男	藏	昂仁县中学	市级赛课中英语三等奖	2016年	日喀则市教育局
卓　嘎	女	藏	贡久布乡	市级优秀驻村工作队员	2016年	日喀则市创先争优活动办
旦木拉	男	藏	中国农业银行股份有限公司昂仁县多白营业所	2016年农行日喀则分行优秀党务工作者	2016年	中国农业银行股份有限日喀则分行
普　琼	男	藏	中国农业银行股份有限公司昂仁县支行	2016年 先进工作者	2016年	中国农业银行股份有限日喀则分行
边巴次仁	男	藏	中国农业银行股份有限公司昂仁县支行	2016年 年度考核优秀	2016年	中国农业银行股份有限日喀则分行
巴桑旺堆	男	藏	中国农业银行股份有限公司昂仁县支行	2016年 年度考核优秀	2016年	中国农业银行股份有限日喀则分行
孙守运	男	汉	昂仁县教育局（援藏干部）	2016年度考核优秀人员	2017年	昂仁县委、县政府
巴　桑	男	藏	昂仁县教育局	2016年度考核优秀人员	2017年	昂仁县委、县政府
益西拉姆	女	藏	昂仁县教育局	各行业领域先进个人（干部）	2017年	昂仁县委、县政府
次仁玉珍	女	藏	昂仁县中学	各行业领域先进个人（公益性）	2017年	昂仁县委、县政府
德　吉	女	藏	昂仁县职教	2017年度考核优秀人员（公益性）	2017年	昂仁县委、县政府
巴桑扎西	男	藏	昂仁县中学	优秀校长	2016年	昂仁县委、县政府
普布(小)	男	藏	昂仁县秋窝二小	优秀校长	2016年	昂仁县委、县政府
巴　桑	男	藏	昂仁县桑桑小学	优秀校长	2016年	昂仁县委、县政府
扎西顿珠	男	藏	昂仁县教育局	优秀教育工作者	2016年	昂仁县委、县政府
次仁多吉	男	藏	昂仁县宁果小学	优秀教育工作者	2016年	昂仁县委、县政府
边　巴	男	藏	昂仁县雄巴小学	优秀教育工作者	2016年	昂仁县委、县政府
拉旺占堆	男	藏	昂仁县职教中心	优秀教育工作者	2016年	昂仁县委、县政府
普　仓	女	藏	昂仁县中学	优秀教师	2016年	昂仁县委、县政府

续表2

姓　　名	性别	民族	工作单位	获奖名称	表彰时间	授予单位
小普琼	男	藏	昂仁县中学	优秀教师	2016年	昂仁县委、县政府
欧普琼	男	藏	昂仁县秋窝一小	优秀教师	2016年	昂仁县委、县政府
索朗群培	男	藏	昂仁县秋窝二小	优秀教师	2016年	昂仁县委、县政府
普　　珍	女	藏	昂仁县多白中心	优秀教师	2016年	昂仁县委、县政府
德吉普赤	女	藏	昂仁县日吾其小学	优秀教师	2016年	昂仁县委、县政府
达瓦卓玛	女	藏	昂仁县桑桑小学	优秀教师	2016年	昂仁县委、县政府
尼　　顿	男	藏	昂仁县切热小学	优秀教师	2016年	昂仁县委、县政府
拉　　普	女	藏	昂仁县如萨小学	优秀教师	2016年	昂仁县委、县政府
罗布扎西	男	藏	昂仁县孔隆小学	优秀教师	2016年	昂仁县委、县政府
格桑顿珠	男	藏	昂仁县卡嘎小学	优秀教师	2016年	昂仁县委、县政府
赤列曲珍	女	藏	昂仁县多白荣小学	优秀教师	2016年	昂仁县委、县政府
索朗扎西	男	藏	昂仁县查孜小学	优秀教师	2016年	昂仁县委、县政府
方　　杰	男	汉	昂仁县措迈小学	优秀教师	2016年	昂仁县委、县政府
次　　珠	男	藏	昂仁县贡久布小学	优秀教师	2016年	昂仁县委、县政府
次仁加拉	男	藏	昂仁县县完小	优秀教师	2016年	昂仁县委、县政府
边　　索	男	藏	昂仁县亚木小学	优秀教师	2016年	昂仁县委、县政府
扎　　西	男	藏	昂仁县达若小学	优秀教师	2016年	昂仁县委、县政府
边　　普	女	藏	昂仁县卡嘎镇小学	模范班主任	2016年	昂仁县委、县政府
平　　措	男	藏	昂仁县中学	模范班主任	2016年	昂仁县委、县政府
巴桑次仁	男	藏	昂仁县中学	模范班主任	2016年	昂仁县委、县政府
次仁卓玛	女	藏	昂仁县完小	模范班主任	2016年	昂仁县委、县政府

续表2

姓　名	性别	民族	工作单位	获奖名称	表彰时间	授予单位
尼　穷	女	藏	昂仁县达居一小	模范班主任	2016年	昂仁县委、县政府
多吉卓玛	女	藏	昂仁县达居二小	模范班主任	2016年	昂仁县委、县政府
索朗拉姆	女	藏	昂仁县阿木雄小学	模范班主任	2016年	昂仁县委、县政府
白玛卓玛	女	藏	昂仁县幼儿园	模范班主任	2016年	昂仁县委、县政府
檀科辉	男	汉	昂仁县中学	优秀电教管理员	2016年	昂仁县委、县政府
多　吉	男	藏	昂仁县达居二小	优秀考务工作人员	2016年	昂仁县委、县政府
次　勤	男	藏	昂仁县多白小学	优秀财务工作员	2016年	昂仁县委、县政府
边　多	男	藏	昂仁县秋窝一小	优秀财务工作员	2016年	昂仁县委、县政府
达　瓦	男	藏	昂仁县如萨小学	优秀财务工作员	2016年	昂仁县委、县政府
次　加	男	藏	昂仁县日吾其小学	优秀学籍管理员	2016年	昂仁县委、县政府
达　瓦	男	藏	昂仁县达居一小	优秀学籍管理员	2016年	昂仁县委、县政府
多布杰	男	藏	昂仁县查孜小学	优秀学籍管理员	2016年	昂仁县委、县政府
格桑罗布	男	藏	昂仁县中学	优秀支教教师	2016年	昂仁县委、县政府
次旦卓嘎	女	藏	昂仁县水利局	优秀公务员	2016年	昂仁县委、县政府
文佳星	男	汉	昂仁县水利局	优秀公务员	2016年	昂仁县委、县政府
巴桑次仁	男	藏	昂仁县水利局	优秀公益性岗位	2016年	昂仁县委、县政府
扎西次仁	男	藏	阿木雄乡人民政府	优秀公务员	2017年	昂仁县委、县政府
巴桑次仁	男	藏	阿木雄乡人民政府	优秀公务员	2017年	昂仁县委、县政府
阿旺旦增	男	藏	阿木雄乡人民政府	昂仁县2016年度事业单位“优秀个人”	2017年	昂仁县委、县政府
卓玛央金	女	藏	阿木雄乡人民政府	昂仁县2016年度事业单位“优秀个人”	2017年	昂仁县委、县政府

续表2

姓　　名	性别	民族	工作单位	获奖名称	表彰时间	授予单位
唐　　雄	男	汉	阿木雄乡人民政府	昂仁县民族团结模范个人	2016年	昂仁县委、县政府
米玛顿珠	男	藏	昂仁县安监局	昂仁县2016年度各行业领域“先进干部”	2017年	昂仁县委、县政府
谭　　明	男	汉	昂仁县财政局	优秀公务员	2016年	昂仁县委、县政府
拉　　珍	女	藏	昂仁县财政局	先进个人	2016年	昂仁县委、县政府
拉巴普尺	女	藏	昂仁县财政局	优秀公务员	2016年	昂仁县委、县政府
戚　　星	男	侗	昂仁县发展和改革委员会	2016年度“先进双联户”	2016年	昂仁县委、县政府
普　　琼	男	藏	昂仁县发展和改革委员会	2016年度“先进双联户”	2016年	昂仁县委、县政府
格桑卓嘎	女	藏	昂仁县发展和改革委员会	2016年度“先进双联户”	2016年	昂仁县委、县政府
卢国荣	男	汉	昂仁县发展和改革委员会	2016年度“先进双联户”	2016年	昂仁县委、县政府
达娃次仁	男	藏	昂仁县发展和改革委员会	2016年度“先进双联户”	2016年	昂仁县委、县政府
拉　　片	女	藏	昂仁县发展和改革委员会	2016年度“先进双联户”	2016年	昂仁县委、县政府
德吉卓嘎	女	藏	昂仁县扶贫办	昂仁县2016年度各行业领域“先进干部”	2017年	昂仁县委、县政府
次仁多布杰	男	藏	昂仁县公安局	优秀公务员	2016年	昂仁县委、县政府
索朗次仁	男	藏	昂仁县公安局	优秀公务员	2016年	昂仁县委、县政府
格桑拉巴	男	藏	昂仁县公安局	优秀公务员	2016年	昂仁县委、县政府
确　　列	男	藏	昂仁县公安局	优秀公务员	2016年	昂仁县委、县政府
普　　珠	男	藏	昂仁县国土资源局	昂仁县2016年度各行业领域“先进干部”	2017年	昂仁县委、县政府
达　　娃	男	藏	昂仁县交通运输局	昂仁县2016年度各行业领域先进干部	2017年	昂仁县委、县政府

续表2

姓　名	性别	民族	工作单位	获奖名称	表彰时间	授予单位
普　琼	男	藏	昂仁县科技局	2016年各行业领域先进干部	2017年	昂仁县委、县政府
次仁卓拉	女	藏	昂仁县林业局	昂仁县2016年度各行业领域先进干部	2017年	昂仁县委、县政府
次　吉	女	藏	昂仁县林业局	优秀公务员	2017年	昂仁县委、县政府
确　列	男	藏	昂仁县曲德寺管委会警务室	优秀公务员	2017年	昂仁县委、县政府
塔　杰	男	藏	昂仁县曲德寺管委会	优秀公务员	2017年	昂仁县委、县政府
塔　杰	男	藏	昂仁县曲德寺管委会	优秀驻寺干部	2016年	昂仁县委、县政府
努　布	男	藏	昂仁县曲德寺管委会	优秀驻寺干部	2016年	昂仁县委、县政府
边　巴	男	藏	昂仁县卫生服务中心	2016年度考核优秀奖	2016年	昂仁县委、县政府
曲　宗	女	藏	昂仁县卫生服务中心	2016年度考核优秀奖	2016年	昂仁县委、县政府
古　桑	女	藏	昂仁县卫生服务中心	2016年年度优秀干部	2016年	昂仁县委、县政府
强　巴	男	藏	昂仁县卫生服务中心	2016年公益性年度考核优秀	2016年	昂仁县委、县政府
加　布	男	藏	昂仁县卫生服务中心	2016年公益性优秀干部	2016年	昂仁县委、县政府
查孜乡纳德村塔杰	男	藏	牧民	县级“先进双联户”	2016年	昂仁县委、县政府
次　德	女	藏	措迈乡人民政府	2015—2016年度昂仁县创先争优强基惠民活动中，先进驻村工作队	2016年	昂仁县委、县政府
次　仁	男	藏	措迈乡人民政府	优秀公务员	2016年	昂仁县委、县政府
达瓦次仁	男	藏	措迈乡人民政府	优秀公务员	2016年	昂仁县委、县政府
旦　珍	女	藏	措迈乡人民政府	优秀公务员	2016年	昂仁县委、县政府
魏忠强	男	汉	措迈乡人民政府	优秀公务员	2016年	昂仁县委、县政府
潘博位	男	汉	措迈乡人民政府	2016年先进干部	2017年	昂仁县委、县政府

续表2

姓　　名	性别	民族	工作单位	获奖名称	表彰时间	授予单位
巴桑次仁	男	藏	达局乡人民政府	2015—2016年度先进驻村（居）工作队员	2016年	昂仁县委、县政府
次仁德吉	女	藏	达局乡人民政府	2015—2016年度先进驻村（居）工作队员	2016年	昂仁县委、县政府
普布琼达	女	藏	达局乡人民政府	2015—2016年度先进驻村（居）工作队员	2016年	昂仁县委、县政府
次仁央宗	女	藏	达局乡人民政府	2015—2016年度先进驻村（居）工作队员	2016年	昂仁县委、县政府
杨宗志	男	汉	达局乡人民政府	2015—2016年度先进驻村（居）工作队员	2016年	昂仁县委、县政府
仁增旺姆	女	藏	达局乡人民政府	2015—2016年度先进驻村（居）工作队员	2016年	昂仁县委、县政府
央　　琼	女	藏	达局乡人民政府	2015—2016年度先进驻村（居）工作队员	2016年	昂仁县委、县政府
云　　旦	男	藏	达若乡人民政府	优秀公务员	2017年	昂仁县委、县政府
王崇礼	男	汉	达若乡人民政府	优秀公务员	2017年	昂仁县委、县政府
韩亚军	男	汉	达若乡人民政府	优秀公务员	2017年	昂仁县委、县政府
陈　　超	男	汉	达若乡人民政府	优秀公务员	2017年	昂仁县委、县政府
索朗旺堆	男	藏	达若乡人民政府	昂仁县2016年度事业单位“优秀个人”	2017年	昂仁县委、县政府
索朗旺堆	男	藏	达若乡人民政府	昂仁县2016年度各行业领域“先进干部”	2017年	昂仁县委、县政府
嘎　　旦	男	藏	达若乡强玛村	昂仁县2016年度各行业领域“先进农牧民”	2017年	昂仁县委、县政府
尼玛吉巴	女	藏	多白乡人民政府	昂仁县先进驻村工作队员	2016年	昂仁县委、县政府
尼玛吉巴	女	藏	多白乡人民政府	优秀公务员	2016年	昂仁县委、县政府
巴桑拉珍	女	藏	多白乡人民政府	昂仁县先进驻村工作队员	2016年	昂仁县委、县政府

续表2

姓　名	性别	民族	工作单位	获奖名称	表彰时间	授予单位
贺思铭	男	汉	多白乡人民政府	昂仁县先进驻村工作队员	2016年	昂仁县委、县政府
索朗次仁	男	藏	多白乡人民政府	优秀公务员	2016年	昂仁县委、县政府
达瓦朗杰	男	藏	多白乡人民政府	优秀公务员	2016年	昂仁县委、县政府
次　琼	女	藏	多白乡人民政府	优秀公务员	2016年	昂仁县委、县政府
仁　青	男	藏	卡嘎镇人民政府	优秀公务员	2017年	昂仁县委、县政府
旦增曲珍	女	藏	卡嘎镇人民政府	优秀公务员	2017年	昂仁县委、县政府
洛桑尼玛	男	藏	卡嘎镇人民政府	优秀公务员	2017年	昂仁县委、县政府
普布普尺	女	藏	卡嘎镇人民政府	优秀公务员	2017年	昂仁县委、县政府
王维寿	男	汉	卡嘎镇人民政府	优秀公务员	2017年	昂仁县委、县政府
边巴旺堆	男	藏	卡嘎镇人民政府	优秀事业人员	2017年	昂仁县委、县政府
邓　帅	女	汉	卡嘎镇人民政府	优秀事业人员	2017年	昂仁县委、县政府
多吉曲珍	女	藏	卡嘎镇人民政府	优秀事业人员	2017年	昂仁县委、县政府
尼玛卓嘎	女	藏	卡嘎镇人民政府	优秀事业人员	2017年	昂仁县委、县政府
琼　达	女	藏	卡嘎镇人民政府	先进干部	2017年	昂仁县委、县政府
次仁拉姆	女	藏	卡嘎镇人民政府	先进干部	2017年	昂仁县委、县政府
曲　坚	男	藏	卡嘎镇人民政府	先进农牧民	2017年	昂仁县委、县政府
旦增曲珍	女	藏	卡嘎镇人民政府	县级先进驻村队员	2016年	昂仁县委、县政府
旦增卓嘎	女	藏	卡嘎镇人民政府	县级先进驻村队员	2016年	昂仁县委、县政府
多　吉	男	藏	卡嘎镇人民政府	县级先进驻村队员	2016年	昂仁县委、县政府
达瓦次仁	男	藏	卡嘎镇人民政府	县级先进驻村队员	2016年	昂仁县委、县政府
阿　旺	男	藏	卡嘎镇人民政府	县级驻村工作队员	2016年	昂仁县委、县政府

续表2

姓　　名	性别	民族	工作单位	获奖名称	表彰时间	授予单位
旦增赤来	男	藏	切热乡人民政府	昂仁县优秀公务员	2016年	昂仁县委、县政府
扎西旺堆	男	藏	切热乡人民政府	昂仁县创先争优强基础惠民生活动先进驻村（居）工作队员	2016年	昂仁县委、县政府
苏飞雪	男	彝	切热乡人民政府	昂仁县创先争优强基础惠民生活动先进驻村（居）工作队员	2016年	昂仁县委、县政府
次旺罗布	男	藏	昂仁县粮食公司	2016年度行业先进个人	2016年	昂仁县委、县政府
李有平	男	汉	县委	优秀公务员	2017年	昂仁县委、县政府
何恒斌	男	汉	县委	优秀公务员	2017年	昂仁县委、县政府
邢化良	男	汉	县委	优秀公务员	2017年	昂仁县委、县政府
陈　　豪	男	汉	县委办（机要局）	优秀公务员	2017年	昂仁县委、县政府
平措桑布	男	藏	县委办（机要局）	优秀公务员	2017年	昂仁县委、县政府
张　　龙	男	汉	县委办	优秀公务员	2017年	昂仁县委、县政府
次旦扎西	男	藏	亚木乡党委	优秀公务员	2016年	昂仁县委、县政府
扎西多吉	男	藏	亚木乡人民政府	优秀公务员	2016年	昂仁县委、县政府
罗布扎西	男	藏	亚木乡人民政府	2015—2016年度先进驻村（居）工作队员	2016年	昂仁县委、县政府
其米卓嘎	女	藏	亚木乡党委	2015—2016年度先进驻村（居）工作队员	2016年	昂仁县委、县政府
次仁片多	女	藏	亚木乡人民政府	优秀公务员	2016年	昂仁县委、县政府
周　　鹏	男	汉	亚木乡人民政府	先进个人	2016年	昂仁县委、县政府
扎　　央	女	藏	亚木乡人民政府	2015—2016年度先进驻村（居）工作队员	2016年	昂仁县委、县政府

续表2

姓　　名	性别	民族	工作单位	获奖名称	表彰时间	授予单位
巴　　桑	女	藏	亚木乡人民政府	2015—2016年度先进驻村（居）工作队员	2016年	昂仁县委、县政府
普　　尺	女	藏	亚木乡人民政府	2015—2016年度先进驻村（居）工作队员	2016年	昂仁县委、县政府
普　　尺	女	藏	亚木乡人民政府	优秀公务员	2016年	昂仁县委、县政府
旺　　姆	女	藏	亚木乡党委	优秀公务员	2016年	昂仁县委、县政府
尼　　多	男	藏	亚木乡党委	优秀公务员	2016年	昂仁县委、县政府
尼玛次仁	男	藏	亚木乡人民政府	优秀公务员	2016年	昂仁县委、县政府
卓玛央金	女	藏	亚木乡人民政府	2015—2016年度先进驻村（居）工作队员	2016年	昂仁县委、县政府
白玛曲宗	女	藏	亚木乡人民政府	优秀公务员	2016年	昂仁县委、县政府
刘　　警	男	汉	昂仁县纪委（监察局）	昂仁县2016年度先进个人	2016年	昂仁县委、县政府
巴　　桑	男	藏	昂仁县委统战部	昂仁县2016年各行业领域先进干部	2017年	昂仁县委、县政府
米 培 元	男	回	昂仁县网信办	优秀公务员	2017年	昂仁县委、县政府
米 培 元	男	回	昂仁县网信办	2015年度综治维稳先进个人	2016年	昂仁县委、县政府
索朗次仁	男	藏	昂仁县文化执法大队	优秀公务员	2017年	昂仁县委、县政府
尼玛吉拉	女	藏	政法委	优秀公务员	2016年	昂仁县委、县政府
王 玉 峰	男	汉	政法委	优秀公务员	2016年	昂仁县委、县政府
扎西普拉	男	藏	中国农业银行股份有限昂仁县支行	2016年各行领域“先进工作者”	2016年	昂仁县委、县政府
多　　吉	男	藏族	昂仁县交通运输局	优秀公务员	2016年	昂仁县委、县政府

续表2

姓　名	性别	民族	工作单位	获奖名称	表彰时间	授予单位
付　勇	男	汉	昂仁县林业局	优秀党员	2017年	昂仁县委
吴　琼	男	藏	昂仁县民政局	优秀公务员	2017年	昂仁县委
晋　巴	男	藏	昂仁县民政局	优秀工作者	2017年	昂仁县委
白　央	女	藏	昂仁县民政局	优秀公务员	2017年	昂仁县委
普　珍	女	藏	昂仁县民政局	优秀公务员	2017年	昂仁县委
曲　宗	女	藏	昂仁县民政局	优秀驻村队员	2016年	昂仁县委
姜　龙	男	汉	昂仁县农牧局	优秀公务员	2016年	昂仁县委
格　桑	男	藏	昂仁县农牧局	优秀公务员	2016年	昂仁县委
塔　拉	女	藏	市人防办	县级优秀驻村个人	2016年	昂仁县委
边巴普次	女	藏	雄巴乡政府	县级优秀驻村个人	2016年	昂仁县委
索　朗	男	藏	雄巴乡政府	县级优秀驻村个人	2016年	昂仁县委
罗　布	男	藏	雄巴乡政府	县级优秀驻村个人	2016年	昂仁县委
索朗曲珍	女	藏	雄巴乡党委	优秀公务员	2017年	昂仁县委
小索朗	男	藏	雄巴乡政府	优秀公务员	2017年	昂仁县委
次仁多吉	男	藏	雄巴乡政府	2016年度事业单位优秀个人	2017年	昂仁县委
旦增顿珠	男	藏	雄巴乡政府	2016年度事业单位优秀个人	2017年	昂仁县委
曲　英	男	藏	通林寺僧人	年初县级先进爱国守法僧尼	2016年	昂仁县委
曲　扎	男	藏	通林寺僧人	年初，年底县级先进爱国守法僧尼国守法僧尼	2016年	昂仁县委
格桑旺堆	男	藏	孔隆乡	各行业领域优秀公务员	2016年	昂仁县委

续表2

姓　　名	性别	民族	工作单位	获奖名称	表彰时间	授予单位
扎西尼玛	男	藏	孔隆乡	各行业领域优秀公务员	2016年	昂仁县委
益西卓嘎	女	藏	孔隆乡	事业单位优秀个人	2016年	昂仁县委
达瓦卓玛	女	藏	孔隆乡	各行业领域优秀干部	2016年	昂仁县委
刘昌鑫	男	汉	宁果乡	优秀公务员	2016年	昂仁县委
嘎玛赤列	男	藏	宁果乡	优秀公务员	2016年	昂仁县委
热布旦	男	藏	宁果乡	优秀公务员	2016年	昂仁县委
费牛来	男	汉	秋窝乡	优秀公务员	2016年	昂仁县委
旦　增	男	藏	秋窝乡	优秀公务员	2016年	昂仁县委
罗光振	女	汉	秋窝乡	优秀公务员	2016年	昂仁县委
祝　涛	男	汉	秋窝乡	昂仁县优秀基层团干部	2017年	昂仁县委
罗光振	男	汉	秋窝乡	昂仁县青年岗位能手	2017年	昂仁县委
索朗央金	女	藏	日吾其乡	优秀公务员	2016年	昂仁县委
西热加措	男	藏	如萨乡	优秀公务员	2016年	昂仁县委
赵江华	男	汉	如萨乡	优秀公务员	2016年	昂仁县委
加　措	男	藏	如萨乡	优秀公务员	2016年	昂仁县委
多　吉	男	藏	如萨乡	昂仁县各领域优秀工作者	2016年	昂仁县委
张永超	男	汉	亚木乡人民政府	优秀共产党员	2016年	昂仁县委
罗布扎西	男	藏	亚木乡人民政府	优秀共产党员	2016年	昂仁县委
其米卓嘎	女	藏	亚木乡党委	优秀共产党员	2016年	昂仁县委
次仁片多	女	藏	亚木乡人民政府	优秀共产党员	2016年	昂仁县委
次　旺	男	藏	昂仁县委组织部	优秀公务员	2016年	昂仁县委

续表2

姓　　名	性别	民族	工作单位	获奖名称	表彰时间	授予单位
拉姆央拉	女	藏	昂仁县委组织部	各领域优秀人才	2017年	昂仁县委
符龙辉	男	汉	昂仁县委组织部	优秀公务员	2016年	昂仁县委
普　　布	男	藏	昂仁县司法局	优秀公务员	2016年	昂仁县政府
边　　索	男	藏	昂仁县司法局	优秀公务员	2016年	昂仁县政府
边　　巴	女	藏	昂仁县人社局	昂仁县2016年度各行业领域“先进干部”	2017年	昂仁县政府
德吉卓嘎	女	夏尔巴	昂仁县人民检察院	优秀公务员	2017年	昂仁县政府
普布卓玛	女	藏	昂仁县人民检察院	优秀公务员	2017年	昂仁县政府
格　　桑	男	藏	达局乡人民政府	2016年度各行各业领域“先进个人”	2017年	昂仁县政府
旦增尺列	男	藏	达局乡人民政府	优秀公务员	2017年	昂仁县政府
加央巴姆	女	藏	达局乡人民政府	优秀公务员	2017年	昂仁县政府
巴桑仓决	女	藏	达局乡人民政府	昂仁县2016年度事业单位“优秀个人”	2017年	昂仁县政府
旦巴次仁	男	藏	达局乡人民政府	优秀公务员	2017年	昂仁县政府
边巴片多	女	藏	达局乡人民政府	优秀公务员	2017年	昂仁县政府
达　　瓦	男	藏	达局乡人民政府	优秀个人	2017年	昂仁县政府
达　　吉	女	藏	昂仁县政协办公室	民族团结先进个人	2016年	昂仁县政府

说明：由于各单位资料提供不全，可能有遗漏

索 引

说 明

一、本索引采用主题分析法编制。索引范围包括篇目、类目、部(门)目、条目等。
二、本索引按主题词首字汉语拼音音序(同音按音调)排列,若首字拼音相同则按第二字音序排列,以此类推。
三、索引款目后的数字表示内容所在的页码,数字后的拉丁字母(a、b)表示栏别(从左至右)。
四、篇目、类目、部(门)目用黑体字。

A

D

E

F

G

K

L

M

N

P

Q

R

S

T

W

X

Y

Z

中共昂仁县委员会

2016年6月26日，县委书记李有平主持召开党建工作推进会

2016年8月28日，县委书记李有平主持召开昂仁县第九次代表大会

2016年11月8日，县委副书记、县长普布多吉到措迈乡检查指导工作

2016年6月11日，县委副书记、县长普布多吉到桑桑镇检查指导异地搬迁工作

2016年7月5日，县委副书记、人大常委会党组书记、主任旦木真主持召开“村干部素质能力提升”培训会

2016年12月26日，县委副书记索旦到达若乡检查指导精准扶贫工作

2016年5月23日，昂仁县召开四大班子“两学一做”学习教育第一专题学习讨论会

昂仁县人民政府

2016年4月12日，县委副书记、县长普布多吉与桑桑镇签订目标责任书

2016年3月17日，县委常委、副县长达次到桑桑镇考察项目选址

2016年10月19日，县委常委、副县长王卫华参加县委常委会议并作重要讲话

2016年7月15日，副县长司昆强考察昂仁县境内环境情况

2016年5月13日，县委副书记、县长普布多吉到秋窝乡考察精准扶贫工作，副县长次琼陪同

2016年8月11日，副县长旺拉指导施工队进行水渠选址工作

2016年12月23日，副县长雷广军到日吾其乡慰问贫困户

2016年11月6日，副县长索朗次仁向政府党组汇报义务教育均衡工作

2016年12月3日，政府党组成员杨洋到切热乡慰问贫困户

昂仁县人民代表大会常务委员会

2016年3月4日，县委副书记、人大常委会党组书记、主任旦木真到日吾其乡苏龙寺调研

2016年5月23日，县委副书记、人大常委会党组书记、主任旦木真到切热乡检查指导人大换届工作

2016年8月31日，昂仁县第十三届人民代表大会第一次会议选举产生的昂仁县第十三届人民代表大会常务委员会组成人员向宪法宣誓

2016年7月8日，人大常委会副主任舒元波向县委书记李有平汇报人大党组上半年工作开展情况

2016年10月20日，人大常委会组织部分人大代表到如萨乡、阿木雄乡矿区开展环境保护、安全生产情况专项考察

2016年8月6日，人大常委会组织部分人大代表对2016年县城给排水项目和公租房项目建设情况开展专题考察

2016年9月30日，人大常委会组织部分人大常委会委员及基层人大代表到兄弟县考察学习

中国人民政治协商会议

昂仁县委员会

2016年7月11日，日喀则市政协副主席、机关党组书记边巴（左五）到昂仁县调研精准扶贫、精准脱贫工作

2016年11月12日，政协党组书记、主席吕世瑞到查孜乡夏隆村慰问结对帮扶户

2016年8月30日，政协党组书记、主席吕世瑞在政协第二届昂仁县委员会第一次会议闭幕会上作讲话

2016年7月1日，县政协党组成员、副主席次仁群培带领政协委员到县敬老院调研

2016年8月29日，政协第二届昂仁县委员会第一次会议开幕

2016年8月29日，昂仁县第二届政协委员会全体委员合影

中共昂仁县纪律检查委员会（监察局）

2016年5月19日，日喀则市委常委、纪委书记马陵田（右一）到昂仁县纪委检查指导工作

2016年11月22日，县委常委、纪委书记屈小刚带领纪委工作人员到如萨乡检查草奖资金落实情况

2016年11月23日，县委常委、纪委书记屈小刚督办纪律审查工作

2016年11月26日，县委常委、纪委书记屈小刚到多白乡小学调研

2016年12月30日，纪委联合公安局在全县范围内检查公职人员是否在娱乐场所消费

2016年10月24日，昂仁县纪委监察局开展党风廉政建设知识竞赛

2016年12月4日，纪检监察党支部组织全体纪检党员干部观看《作风建设永远在路上》

昂仁县人民代表大会
常务委员会办公室

2016年6月8日，人大办公室主任卓玛普尺到日吾其乡检查指导人大工作

2016年10月27日，人大办公室主任卓玛普尺到卡嘎镇推门村慰问结对帮扶对象

2016年5月30日，人大办公室做好机关选区选举会的筹备和组织工作

2016年8月29日，人大办公室组织昂仁县十三届人大代表观看换届纪律警示教育片

2016年8月31日，人大办公室做好昂仁县十三届人民代表大会第一次会议筹备服务工作

2016年4月5日，人大办公室工作人员参加金措湖垃圾清理党员志愿者服务活动

中国人民政治协商会议

昂仁县委员会办公室

2016年11月15日，政协党组书记、主席吕世瑞为机关干部职工授廉政党课

2016年11月12日，政协党组成员、办公室主任达吉到秋窝乡看望慰问结对帮扶户

2016年4月15日，政协办党支部研究部署党建、党风廉政建设工作

2016年6月21日，县换届工作领导小组检查指导县政协换届工作

2016年10月19日，政协组织委员到桑桑镇开展“委员履职提升”系列活动

2016年3月12日，政协办党支部开展学雷锋党员志愿服务活动

中共昂仁县委组织部

2016年9月14日，县委常委、组织部部长拉欧出席中国共产党昂仁县第九次代表大会

2016年3月25日，县委常委、组织部部长拉欧参加“两学一做”学习教育动员部署会

2016年4月5日，县委常委、组织部部长拉欧签订目标责任书

2016年5月13日，县委常委、组织部部长拉欧组织县换届办人员研讨换届工作方案

2016年3月15日，组织部副部长李铁为各乡（镇）党务工作人员进行党内统计信息录入培训

2016年11月3日，县编办主任次旺到日果慰问结对帮扶对象

2016年7月20日，组织部工作人员参与“两学一做”知识竞赛监考

中共昂仁县委宣传部

2016年7月28日，县委常委、宣传部部长孙晓锋带队下基层开展《不忘初心、继续前进——习近平总书记“七一”重要讲话》宣讲活动

2016年7月13日，县委常委、宣传部部长孙晓锋，副县长索朗次仁为昂仁县税务局举行自治区级文明单位挂牌仪式

2016年11月7日，县委常委、宣传部部长孙晓锋到措迈乡慰问结对帮扶户

2016年11月9日，宣传部组织开展“五下乡”活动

2016年3月28日，县委宣传部牵头组织在县完小庆祝“西藏百万农奴解放纪念日”升国旗仪式

中共昂仁县委统战部

2016年7月3日，县委常委、统战部部长尼玛平措到曲林贡萨寺慰问僧尼

2016年9月14日，召开昂仁县“百企帮百村”精准扶贫行动对接会

2016年11月23日，召开和谐模范寺庙暨爱国守法先进僧尼表彰大会

2016年12月1日，召开党外人士座谈会

2016年10月28日，统战部组织驻寺干部到曲德寺实地观摩

2016年11月23日，县委统战部慰问回国探亲藏胞

昂仁县民族宗教事务局

2016年9月27日，日喀则市民宗局副局长扎顿（右二）到昂仁县日吾其乡苏龙寺检查指导灾后恢复重建工作

2016年10月12日，民宗局局长旺堆和消防大队队长陈天驰到卡嘎镇曲德寺排查消防安全隐患

2016年9月1日，民宗局局长旺堆到日吾其乡央曲村检查水渠工程施工质量及进度

2016年1月7日，民宗局局长旺堆到切热乡窝玛布寺统计僧尼基本信息

2016年9月14日，民宗局党支部召开“两学一做”学习教育第四专题研讨会

2016年5月25日，昂仁县卡嘎镇曲德寺一年一度展佛活动现场

中共昂仁县委政法委员会

2016年8月23日，县委常委、政法委书记、公安局党委书记、局长求琼检查指导项目施工现场

2016年5月15日，政法委综治办主任巴桑旺堆到亚木乡开展项目建设领域专项整治工作法制宣传活动

2016年7月26日，政法委综治办主任巴桑旺堆到卡嘎镇开展"双联"户长结对帮扶物资发放仪式

2016年8月5日，政法委开展政法系统"永做党的忠诚卫士——两学一做"知识竞赛

2016年9月23日，组织干警到秋窝乡参加助农秋收志愿活动

2016年7月1日，政法委开展全体干部向县扶贫基金募捐活动

中共昂仁县委党校

2016年7月27日，县委常委、宣传部部长孙晓锋带队下乡宣讲党的各项方针政策

2016年8月13日，昂仁县委党校在桑桑镇开展“流动党校”进乡村、送党课活动

2016年10月8日，昂仁县委党校开展“素质提升工程”培训

2016年8月15日，昂仁县委党校在秋窝乡开展《不忘初心 继续前进——习近平总书记“七一”重要讲话》宣讲活动

2016年12月14日，组织秋窝乡干部职工及23个行政村委会班子学习党的十八届六中全会和西藏自治区第九次党代会精神

中共昂仁县委老干部局

2016年10月9日，县委书记李有平在日喀则参加“重阳节”活动

2016年3月10日，县委常委、组织部部长拉欧听取老干部的意见建议

2016年3月28日，县委、政府主要领导参加纪念“西藏百万农奴解放58周年”活动

2016年8月5日，老干部局局长朗杰到拉萨慰问去世干部遗属

2016年1月20日，老干部局“三大节日”慰问驻日喀则退休干部

2016年8月15日，老干部局组织县驻地退休干部学习中共十八大系列讲话精神

昂仁县曲德寺管理委员会

2016年12月4日，县政协副主席、曲德寺管委会第一主任洛桑索巴开展爱国主义教育会

2016年11月4日，县消防大队、民宗局、管委会警务室联合检查曲德寺消防安全

2016年10月28日，县委统战部组织各寺庙管委会在曲德寺开展工作交流会

2016年2月3日，曲德寺管委会工作人员“三大节日”慰问寺庙僧人

2016年7月15日，曲德寺管委会工作人员检查寺庙火灾安全隐患

2016年7月1日，曲德寺管委会党支部开展党员志愿服务活动

2016年12月4日，曲德寺开展法制宣传教育活动

昂仁县人民法院

2016年3月4日，党组书记、院长米玛旦增到亚木乡参加3月维稳安保工作安排部署会议

2016年3月23日，党组书记、院长米玛旦增在昂仁县第十二届人民代表大会第九次会议上作报告

2016年3月31日，党组书记、院长米玛旦增在县法院藏式会议室举行新一届廉政监督员聘任仪式

2016年11月9日，副院长次旦平措到桑桑镇参加“五下乡”活动

2016年12月11日，全院干警为县法院原党组副书记、副院长扎西塔杰退休举行欢送仪式

昂仁县人民检察院

2016年11月26日，西藏自治区人民检察院党组书记、检察长张培中（右一）到昂仁县人民检察院督导检查工作

2016年11月24日，检察院公诉科科长拉巴次仁、民行科科长达娃到亚木乡慰问帮扶对象

2016年11月24日，检察长巴桑次仁到秋窝乡下白马村慰问帮扶对象

2016年6月9日，检察院开展法制进校园活动

2016年2月6日，检察院宁果乡坚定村驻村工作队员春节前慰问村民

昂仁县总工会

2016年2月15日，工会主席顿珠组织工会干部职工学习藏汉“双语”

2016年10月25日，工会主席彭兆红到秋窝乡慰问结对帮扶户

2016年1月20日，工会主席顿珠慰问环卫工人

2016年12月19日，工会主席彭兆红开展在档困难职工入户调查活动

2016年3月10日，工会工作人员开展综治宣传活动，向农牧民群众讲解法律知识

2016年9月10日，工青妇党支部组织开展重温入党誓词活动

2016年12月22日，工会开展在档困难职工救助资金发放活动

昂仁县妇女联合会

2016年9月26日，日喀则市妇联在昂仁县举办西部县贫困妇女手工编织技能培训结业典礼

2016年8月25日，妇联举办"西部县贫困妇女手工编织培训暨市级妇联编织培训基地（授牌）仪式"

2016年9月12日，妇联参加"第三届中国西藏文化旅游博览会"

2016年3月5日，妇联组织工作人员开展法制宣传活动

2016年4月20日，妇联在"母亲节"之际慰问贫困母亲家庭

2016年3月7日，妇女志愿者到养老院开展"邻里守望 姐妹相助"巾帼主题活动

共青团昂仁县委员会

2016年8月26日，县委副书记、人大常委会党组书记、主任旦木真，县委常务副书记何恒斌，县委常委、副县长张公博参加“圆梦行动”助学金发放座谈会

2016年7月1日，县委副书记、人大常委会党组书记、主任旦木真到敬老院开展送温暖活动

2016年6月16日，组织工作人员开展安全教育法制宣传活动

2016年6月15日，团委联合县妇联、司法局到桑桑镇扎桑寺开展法制宣传活动

2016年10月9日，团委联合总工会、文广局举办昂仁县第二届“藏戏之乡·美丽滨湖·幸福昂仁”活动

昂仁县发展和改革委员会

2016年8月1日，县委副书记、县长普布多吉到桑桑镇调研指导特色小城镇建设

2016年7月17日，县委副书记、县长普布多吉到桑桑镇督导灾后重建整村推进项目

2016年10月5日，县委常委、副县长达次到达局乡慰问结对帮扶对象

2016年9月2日，发改委党支部书记戚星组织学习上级文件精神

2016年3月9日，发改委主任郑兴邦主持召开项目开工协调会

2016年2月1日，发改委党支部副书记普琼主持召开党建工作部署大会

2016年12月21日，发改委副主任普琼主持召开2016年度工作总结大会

昂仁县商务局

2016年5月16日，商务局局长果杰组织工作人员对县城商店进行碘盐安全大检查

2016年9月16日，商务局局长果杰到县加气站检查特种设备安全情况

2016年3月20日，商务局副局长参决卓拉组织工作人员对县城商店进行食品安全检查

2016年6月16日，商务局副局长参决卓拉组织开展“安全昂仁、从我做起”安全宣传活动

2016年3月12日，商务局联合安监、公安等单位对县汽车维修厂非法安装汽车零件进行检查

2016年7月13日，商务局联合安监局到加油站开展监管员安全培训和工作交流

2016年12月15日，商务局组织17个乡（镇）企业参加拉孜县物交会，宣传昂仁县特色产业、加宽群众致富道路

昂仁县财政局

2016年9月9日，财政局局长谭明到秋窝乡检查惠农资金落实情况

2016年8月5日，财政局局长谭明到日吾其乡慰问结对帮扶对象

2016年12月4日，财政局副局长次仁旺久带领工作人员在县城开展法制宣传活动

2016年6月15日，财政局副主任科员卓玛一对一藏汉“双语”学习

2016年5月6日，财政局联合纪检部门检查公用经费账目

2016年4月5日，财政局邀请专家指导学习U8财务软件使用

昂仁县交通运输局

2016年4月29日，日喀则市交通运输局质监站站长边旺（右一）一行对昂仁县秋窝乡帕孜中桥工程进行现场检查

2016年5月23日，日喀则市交通运输局建设科科长中普（左三）审查昂仁县S513线（岔口）至曲古龙布村公路工程

2016年4月23日，副县长雷广军（右一）到昂仁县检查多白乡仁青顶至仁青林公路工程

2016年5月31日，交通运输局局长达娃检查强谢线岔口至雄巴乡普扎村公路工程二标段

2016年7月23日，召开2016年度昂仁县农村公路管理养护工作会议

2016年11月23日，开展2016年度农村公路养护大检查

昂仁县科学技术局

2016年7月6日，县委副书记，县长普布多吉到拉堆强唐卡专业合作社考察

2016年8月18日，科技局局长普琼到职教中心农机培训现场观看培训情况

2016年11月11日，科技局局长普琼到多白乡亚多村慰问结对帮扶户

2016年3月8日，科技局局长普琼到达局乡落实2015年科技特派员补助资金

2016年5月31日，农、科、林党支部召开“两学一做”第二专题讨论会

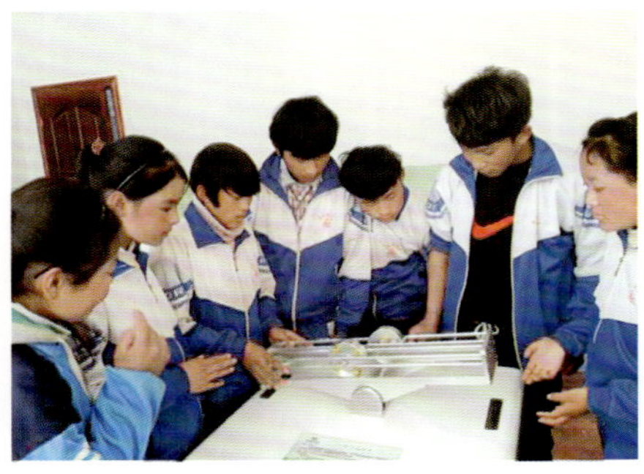
2016年4月10日，县中学生在老师的指导下体验流动科技馆

2016年7月28日，日喀则市农科所专家多吉为农牧民科技特派员开展技术培训

昂仁县统计局

2016年11月11日，统计局局长格旦到卡嘎镇如多村开展全国第三次农业普查试点工作

2016年11月12日，统计局局长格旦到多白乡日果村慰问结对帮扶对象

2016年12月26日，统计局组织开展全国第三次农业普查部署会议

2016年12月4日，统计局开展全国第三次农业普查法律咨询活动以及法律宣传工作

2016年11月4日，参加党员志愿者服务活动

2016年11月6日，统计局学习贯彻“两学一做”教育主题活动

2016年8月19日，统计局集中学习党风廉政知识

昂仁县教育局

2016年8月8日，县委副书记、人大常委会党组书记、主任旦木真到县教育局了解教育“三包”等经费管理使用情况

2016年4月16日，县委副书记、县长普布多吉，县委副书记、人大常委会党组书记、主任旦木真出席昂仁县2016年教育工作会议

2016年11月23日，昂仁县举行2016年“手牵手爱心传万里，心连心淄藏一家人”淄博援藏爱心捐赠仪式，县委副书记、县长普布多吉，山东省淄博市全体援藏干部成员出席

2016年2月20日，副县长尼平出席昂仁县2016年“三包”粮油菜类政府统一采购会议

2016年9月10日，县委副书记、县长普布多吉，县委副书记索旦出席昂仁县第32个教师节表彰大会

2016年10月8日，副县长索朗次仁出席县教育局办公会议，指导研究解决学校申请及“职工之家”经费使用工作

2016年11月30日，副县长索朗次仁检查督导县中学党建、常规管理等工作

昂仁县司法局

2016年2月16日，司法局局长普布、副局长次仁、检察院副检察长拉巴次仁、法院副院长次旦平措开展送法进农牧区活动

2016年2月18日，司法局局长普布、副局长次仁到切热乡慰问结对帮扶对象

2016年3月6日，司法局局长普布、副局长尼玛卓嘎组织干部开展“学雷锋见行动关爱孤寡老人”送温暖活动

2016年4月8日，司法局局长普布到桑桑镇伟色林寺开展以“爱国爱教、反分裂”为主题法律进寺庙活动

2016年11月8日，司法局局长普布、副局长次仁到桑桑镇为农牧民工发放拖欠工资

2016年1月8日，司法局工作人员到亚木乡开展“捐衣物、送温暖、献爱心”捐赠活动

2016年5月4日，司法局组织召开“两学一做”专题学习教育活动

2016年6月15日，组织干警在唐东广场开展安全生产月宣传活动

昂仁县公安局

2016年4月5日，县委常委、政法委书记、公安局党委书记、局长求琼到驻卡嘎镇德吉林村驻村工作点调研

2016年2月21日，公安局党委副书记、政委达瓦扎西带领应急处突小组到国道219路面开展铲雪保通工作

2016年2月17日，公安局特警大队组织全体队员在车流稀少公路上开展5公里负重体能拉练训练

2016年9月12日，公安局组织特警、治安、刑侦、交警、乡镇派出所、便民警务站、公安检查站民警在野外靶场开展实弹射击训练

2016年3月10日，公安局开展“反自焚”实战演练

2016年9月29日，公安局在全县范围内开展“飓风3号”治安清查行动

昂仁县民政局

2016年2月15日，副县长次琼到切热乡调研“双集中”供养工作

2016年4月15日，副县长次琼主持召开昂仁县2016年民政工作会议

2016年10月19日，民政局局长吴琼到昂仁县与定日县交界处进行勘界工作

2016年10月1日，民政局副局长晋巴到卡嘎镇布玛村驻村点开展重温入党誓词活动

2016年9月28日，民政局副局长晋巴到雄巴乡进行低保核查工作

2016年8月3日，民政局副主任科员旦增曲觉慰问军休职工

2016年5月12日，民政局工作人员在县城主街道宣传“防灾减灾”知识

昂仁县人力资源和社会保障局

2016年10月25日，副县长旺拉组织相关领导调解农民工劳资纠纷

2016年4月15日，副县长旺拉主持召开昂仁县事业单位岗位设置管理工作部署会议

2016年6月25日，人社局局长边巴到秋窝乡考核蔬菜种植培训情况

2016年4月3日，人社局副主任科员德庆旺姆到孔隆乡检查涉农资金问题

2016年11月11日，人社局副局长旺堆到昂仁县六玄琴乐器制作培训中心指导工作

2016年12月15日，人社局组织开展厨师技能培训活动

昂仁县国土资源局

2016年3月25日，日喀则市国土局副局长格桑德吉（左一）、副县长司昆强、国土局局长索多、查孜乡党委书记巴丹罗布到查孜乡检查矿环境治理整改情况

2016年5月27日，副县长司昆强、日喀则市国土资源局地质环境科科长肖志忠（左一）到卡嘎镇聂木昌实地调研罗布卓布沟泥石流灾害情况

2016年8月15日，县委副书记、县长普布多吉，安监局局长米玛顿珠到阿木雄乡同泰下你矿山检查

2016年8月15日，县委副书记、县长普布多吉，副县长司昆强、安监局局长米玛顿珠、人社局副局长旺堆到中翔矿山炸药库检查指导工作

2016年3月28日，副县长司昆强、国土资源局局长索多组织召开2016年国土资源局工作会议

2016年9月28日，副县长旺拉、安居办主任达娃罗布、国土资源局副局长益西次仁到卡嘎镇“4·25”灾害重建房屋主体进行验收

昂仁县环境保护局

2016年12月1日，县委副书记、县长普布多吉到桑桑镇嘎日村矿山企业检查工作

2016年3月29日，副县长司昆强、环保局局长王维杰主持召开环境保护工作会议

2016年11月5日，县政协副主席次仁群培、环保局副局长次成江措到措迈乡检查卫生院医疗废物处置情况

2016年9月5日，环保局副局长次成江措到秋窝乡实地查看农村饮用水源地环境保护项目实施情况

2016年3月25日，环保局工作人员到宁果乡农村公路建设项目点查看取土情况

2016年12月5日，环保局环境监测站站长益西群宗到秋窝乡落空村开展结对帮扶，送温暖活动

昂仁县住房和城乡建设局

2016年3月15日，副县长罗布次仁到达局乡考察垃圾填埋场初步选址事项

2016年5月26日，住建局副局长扎西多吉为农牧民讲解资质办理程序

2016年4月28日，住建局工作人员到桑桑垃圾填埋场勘验放线

2016年10月9日，住建局环卫队工作人员在县城清扫卫生

2016年11月15日，住建局工作人员为城镇居民发放住房补贴

2016年11月9日，住建局党支部集中学习“两学一做”主题教育活动

昂仁县安居办

2016年4月13日，县委常委、副县长达次到多白乡德夏村调研易地搬迁工作

2016年7月25日，县委常委、副县长达次到日吾其乡达夏村查看易地搬迁工程进度

2016年8月13日，县委常委、副县长达次到卡嘎镇江嘎村施工点检查工程进度

2016年6月22日，县委常委、副县长达次到桑桑镇洛布村检查灾后重建地基深度及水泥强度

2016年10月23日，县委常委、副县长达次与安居办主任达娃罗布到桑桑镇阿布列村检查灾后重建工作

2016年2月14日，县委常委、副县长达次与安居办工作人员到桑桑镇拉聂村调研灾后重建项目前期工作

2016年5月18日，安居办工作人员到切热乡切多村查看工程进度

昂仁县水利局

2016年6月16日，日喀则市水利局副局长邓永彬（右一）到昂仁县彻郎电站检查设备运行情况

2016年7月3日，县委副书记、县长普布多吉汛期检查指导防汛救灾工作

2016年7月31日，县委副书记、县长普布多吉到彻朗水电站检查指导工作

2016年4月26日，天津及西藏自治区水规院专家到昂仁县调研帕孜水利枢纽工程可研工作

2016年6月16日，副县长旺拉检查水塘建设情况

2016年9月7日，水利局工作人员检查工程质量

昂仁县农牧局

2016年8月13日，农牧局局长米玛次仁到卡嘎镇检查验收青稞种植

2016年7月15日，农牧局党支部召开“两学一做”专题讨论会

2016年2月10日，农牧局工作人员到切热乡统计雪灾牲畜受灾情况

2016年2月15日，农牧局工作人员到桑桑镇草原基本划定实地测绘

2016年4月25日，农牧局技术人员到达局乡指导试验田播种

2016年11月20日，农牧局工作人员到桑桑镇兑现草原奖励补助资金

2016年9月28日，农牧局全体党员干部到卡嘎镇开展“秋收助农”活动

昂仁县文化广播电影电视局

2016年5月9日，日喀则市文物局督查科科长胡宏伟（右二）带领工作组到昂仁县吕龙寺考察恢复重建工作

2016年3月28日，昂仁县亚木乡举行"西藏百万农奴解放纪念日"活动，旺堆老人为孩子们讲解新旧西藏社会变化情况

2016年9月10日，日吾其迥巴藏戏队在雅江岸边进行演出

2016年8月5日，达局乡藏戏队表演曲杰诺桑

2016年8月6日，卡嘎雪藏戏队表演朗色雯波

2016年8月1日，昂仁县孔隆乡举行赛马节活动

昂仁县卫生局

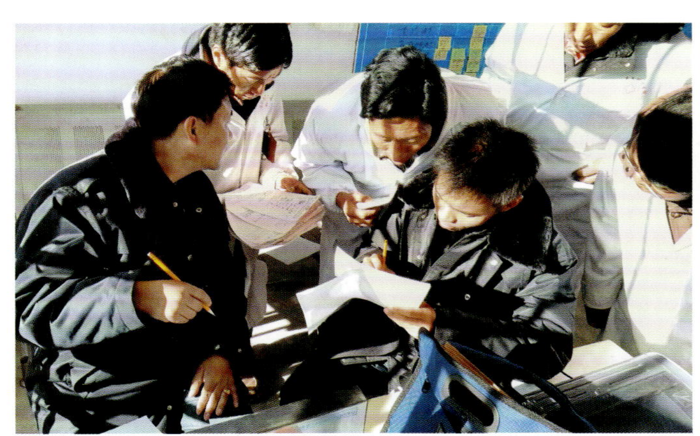

2016年8月23日，卫生局局长边加到查孜乡检查年终卫生督导工作

2016年10月2日，卫生局局长边加到亚木乡曲康布村开展免费孕检工作

2016年9月21日，卫生局在县电信局举办17个乡（镇）卫生院信息化建设培训

2016年5月28日，卫生局副局长次仁吉拉到达局乡24户幸福工程贫困母亲家庭进行走访

2016年12月20日，大学生“防艾”下乡小组到昂仁县进行宣传

2016年11月20日，卫生局第一党支部成员到亚木乡开展结对帮扶慰问活动

昂仁县食品药品监督管理局

2016年9月18日，副局长多吉到桑桑镇紫丹玛大药店检查

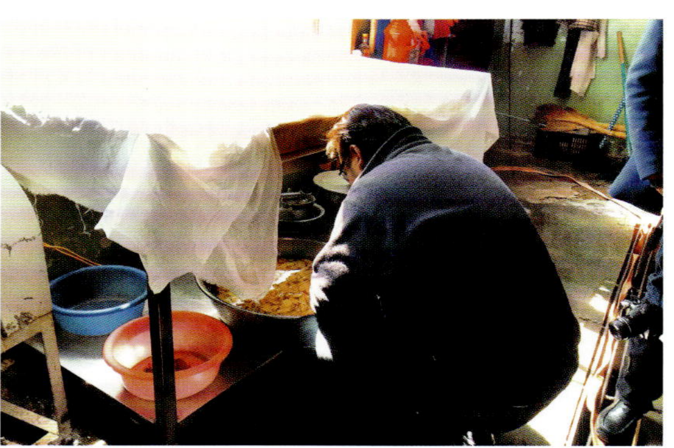

2016年4月23日，副局长多吉到县完小检查食堂食品卫生情况

2016年1月25日，食药局联合工商、安监、综治对桑桑镇平价超市进行食品安全专项检查

2016年8月18日，食药局联合工商、安监、综治对昂仁县食品经营单位进行食品安全专项检查

2016年9月20日，在桑桑镇一食品经营主体单位查处过期食品

2016年11月20日，工作人员到亚木乡浪孜村慰问结对帮扶对象

2016年9月27日，食药局工作人员在垃圾填埋场现场销毁过期食品

昂仁县藏语委办（编译局）

2016年7月25日，日喀则市编译局党组副书记、局长次仁（右一）到昂仁县编译局检查编译系统“四有”落实及社会用词情况

2016年5月14日，日喀则市编译局语管科科长次旺普赤（左二）到昂仁县检查藏语文工作开展情况

2016年2月25日，编译局工作人员翻译昂仁县“两会”材料

2016年10月25日，县政协委员达吉到阿里地区考察学习民族文化发展及旅游产业开发情况

2016年11月25日，中央电视台冬游西藏大型纪录片拍摄昂仁县布玛村谐钦

2016年11月20日，编译局局长白玛仁增到贡久布乡孜果村慰问贫困户

昂仁县安全生产监督管理局

2016年6月21日，县委常委、副县长达次到桑桑镇检查整村推进项目建设情况

2016年11月30日，组织各乡（镇）及安委会成员单位主要负责人召开安全生产工作部署会议

2016年6月16日，安监局开展安全生产宣传月活动

2016年3月21日，安监局联合相关单位到县城人员密集场所开展安全大检查

2016年1月28日，安监局联合县交通局到雄巴乡检查冬季道路情况

昂仁县林业局

2016年5月12日，日喀则市林业绿化局副局长文明祥（右一）到昂仁县检查2013—2016重点区域造林工程

2016年5月15日，县委书记李有平、副县长达次检查指导县林业局环湖造林工作

2016年4月10日，昂仁县达局乡赤纳村群众造林现场

2016年5月3日，林业局局长次仁卓拉到达局乡桑嘎村检查造林情况

2016年7月26日，林业局协同县科技局结合生态精准扶贫工作在昂仁县开展林业科技技能推广培训

2016年4月13日，组织干部职工开展义务植树活动

昂仁县扶贫开发办公室

2016年4月18日，日喀则市卫生局副局长龙俊芳（后排左四）一行到昂仁县达局乡开展“幸福工程—救助贫困母亲”活动

2016年7月5日，县委常委、副县长、脱贫攻坚指挥部常务副总指挥长达次到余松村易地扶贫搬迁现场点督促检查工作

2016年10月27日，副县长次琼主持召开2016年脱贫攻坚指挥部第四季度工作推进会

2016年7月2日，昂仁县脱贫攻坚指挥部组织攻坚办工作人员及各乡（镇）扶贫专干人员到拉孜县交流学习

2016年9月19日，昂仁县开展“百企帮百村”精准扶贫，府上府集团帮扶卡嘎村捐助活动

2016年7月2日，昂仁县脱贫攻坚指挥部组织攻坚办工作人员及各乡（镇）扶贫专干人员到拉孜县交流学习

2016年10月17日，组织工作人员在县城开展宣传活动

昂仁县旅游局

2016年7月6日，昂仁县旅游局举办“拉堆强传承唐卡文化发展合作社”优秀唐卡作品展

达格架温泉风景区

昂仁朗措湖

国家AAA级景区日吾其金塔

达局乡林恩摩崖造像（林恩大佛）

国家AAA级景区曲德寺新建的昂仁曲德寺弥勒大殿

昂仁县粮食公司

2016年3月30日，粮食公司经理次旺罗布组织职工学习会议精神

2016年8月17日，粮食公司经理次旺罗布检查粮食质量

2016年12月28日，粮食公司经理次旺罗布组织退休职工召开“三大节日”座谈会

2016年6月14日，粮食公司经理次旺罗布组织职工仓库搬运粮食

2016年11月17日，粮食公司为群众兑现秋粮收购资金

2016年3月27日，粮食公司副经理次仁旺堆到桑桑镇检查仓库维修情况

昂仁县供电有限公司

2016年3月28日，农电公司经理加布到多白乡荣村慰问贫困户

2016年12月3日，农电公司经理加布与援藏干部交流工作

2016年12月9日，农电公司综合部主任达瓦次仁向市领导汇报工作

2016年12月15日，农电公司营销部主任拉旺为职工讲解营销制度

2016年10月7日，农电公司工作人员到秋窝乡卫生院架线10KV线路

2016年7月20日，农电公司工作人员到达局乡安装变压器

2016年6月13日，农电公司工作人员到秋窝乡抢修线路

昂仁县 卡嘎镇

2016年12月10日，党委副书记、镇长洛桑尼玛带领县扶贫工作人员到聂木昌村检查脱贫攻坚工作

2016年5月6日，镇党委书记迟鹏先参加农业银行昂仁县卡嘎镇支行开业仪式

2016年3月16日，卡嘎镇人大主席次旺久美，副书记仁青到各村清查惠民资金及各项专用资金落实使用情况

2016年12月26日，卡嘎镇召开述职暨考核工作会

2016年1月7日，卡嘎镇民政工作人员到卡尔琼村兑现惠民资金

2016年4月10日，卡嘎镇党员志愿者服务队到县养老院开展植树活动

昂仁县 桑桑镇

2016年7月14日，日喀则市委副书记，常务副市长陈来尼玛（左二）到桑桑镇考察小城镇建设规划

2016年8月5日，县委书记李有平，县委副书记、县长普布多吉到桑桑镇检查扶贫搬迁集中安置点

2016年4月8日，县委副书记、县长普布多吉到桑桑镇调研

2016年4月11日，县政协副主席、桑桑镇党委书记阿珍与各村签订目标责任书

2016年8月15日，桑桑镇第十二届赛马节开幕式

2016年9月8日，桑桑镇政府与施工方、监理方检查西部三县应急救援指挥中心施工情况

昂仁县切热乡

2016年10月2日，副县长次琼到切热乡鲁玛村检查指导工作

2016年5月6日，乡党委书记次仁旺堆主持召开切热乡首届教育专题会议

2016年10月7日，党委副书记、乡长韩辉带领派出所干警检查鲁玛村安全生产工作

2016年5月3日，乡党委副书记旦增赤来组织庆“五四”活动，丰富业余文化生活

2016年8月21日，乡党委副书记、组织委员旦增赤来、派出所所长扎西多吉到帕瓦村自治区级达格架喷泉处理拖欠民工工资问题

2016年7月1日，乡党委副书记、组织委员旦增赤来到切多村整村搬迁点查看工程进度情况

昂仁县 秋窝乡

2016年12月1日，党委书记顿珠到杰村开展扶贫摸底工作

2016年12月8日，秋窝乡2016年度先进“双联户”表彰大会

2016年5月21日，秋窝乡开展食品安全检查工作

2016年9月2日，秋窝乡开展专项整治检查工作

2016年12月24日，秋窝乡组织工作人员检查道路违法违规问题

2016年3月28日，秋窝乡组织工作人员在街道开展法制宣传活动

昂仁县 达局乡

2016年12月8日，县委副书记、人大常委会党组书记、主任旦木真到达局乡伦定村开展“农牧结合示范点”前期调研

2016年5月30日，达局乡开展县乡级人民代表选举活动

2016年4月10日，达局乡召开2016年经济工作会议

2016年4月27日，达局乡组织乡干部和两所小学教职工召开2016年教育工作座谈会

2016年5月12日，组织达局村村民进行防汛应急演练

2016年9月28日，达局乡党委组织党员干部开展“支农助农”活动

昂仁县 亚木乡

2016年6月15日，党委副书记、副乡长张永超组织群众开展防洪演练

2016年8月17日，党委书记米玛伦珠对给龙多村水渠项目建设情况进行检查指导

2016年5月6日，亚木乡人大组织全体干部填写选民登记

2016年10月20日，亚木乡党委组织22个党支部书记召开党建工作座谈会

2016年7月5日，亚木乡党委组织20个行政村村干部和后备干部开展第二期集中培训

2016年3月4日，组织党员开展大扫除活动

2016年9月15日，亚木乡党委、政府组织20个行政村村干部、村监督委员、“双联户户长”召开脱贫攻坚研讨工作会议

昂仁县 贡久布乡

2016年4月10日，副县长司昆强到贡久布乡督导驻村“5+3”任务工作开展情况

2016年6月8日，党委书记格桑入户调查牧民生活情况

2016年9月15日，党委书记格桑到松多村调解草场纠纷

2016年4月3日，贡久布乡副书记、组织委员扎西多吉带领工作人员到色聂村落实惠民资金

2016年7月5日，贡久布乡“村干部文化素质提升”集中培训

贡久布乡全貌

昂仁县达若乡

2016年9月28日，县委常委、组织部部长拉欧到达若乡其日村检查驻村工作开展情况

2016年9月8日，党委书记云旦到强玛村监督检查桥梁修建情况

2016年8月1日，党委书记云旦以上率下讲党课

2016年9月24日，开展“村干部素质能力提升”培训

2016年11月13日，达若乡工作人员到查庆村发放草原生态奖励补助

2016年5月17日，达若乡组织开展党员领导干部结对帮扶活动

2016年6月1日，达若乡完小组织开展庆“六一”文艺汇演

2016年7月1日，达若乡庆祝中国共产党成立95周年

昂仁县 措迈乡

2016年5月17日，昂仁县组织部副部长次旺到措迈乡检查指导工作

2016年12月6日，昂仁县组织部副部长次旺到措迈乡建筑工地考察

2016年8月10日，昂仁县委宣传部副部长米玛旺堆到措迈乡开展法制宣传活动

2016年1月29日，党委书记尼玛次仁到地热村沙场检查指导工作

2016年9月20日，党委书记尼玛次仁组织乡机关全体党员召开“两学一做”学习教育专题会

2016年9月19日，措迈乡开展“村干部文化素质提升工程”培训班

昂仁县 宁果乡

2016年9月13日，县委副书记索旦，县委常委、政法委书记、公安局局长求琼到宁果乡检查“割草节”期间安全稳定工作

2016年10月15日，县检察院检察长巴桑次仁，乡党委书记边巴扎西到宁果乡检查乃阿木日追寺工作开展情况

2016年11月20日，县委常委、宣传部部长孙晓锋带队到宁果乡检查党建工作

2016年9月15日，党委书记边巴扎西对各村“两委”班子成员进行文化素质提升工程现场教学

2016年3月20日，党委书记边巴扎西，党委副书记、乡长格桑，乡人大主席索朗多布杰到乡完小检查均衡教育开展情况

2016年6月20日，党委书记边巴扎西，党委副书记、乡长胡洪，乡人大主席索朗多布杰到坚定村开展新任领导班子见面会

2016年7月14日，乡人大主席索朗多布杰，乡纪委书记次旦央金到坚定村进行对新任领导班子意见采集工作

昂仁县 孔隆乡

2016年4月6日，县委副书记、县长普布多吉到孔隆乡查看职工宿舍修建情况

2016年7月3日，孔隆乡组织全体党员干部召开“两学一做”专题研讨会

2016年12月5日，县法院协同县综治办到孔隆乡开展法制宣传

2016年6月22日，孔隆乡联合县发改委对乡新建驻地硬化进行验收

2016年8月2日，孔隆乡第4届赛马节开幕

2016年4月10日，孔隆乡召开2016年度经济会议

昂仁县如萨乡

2016年4月6日，县委副书记、县长普布多吉到如萨乡检查指导工作

2016年11月3日，如萨乡党委书记唐桥组织开展党课学习

2016年2月18日，如萨乡党委副书记西热加措到路唐村核查扶贫户工作开展情况

2016年7月1日，如萨乡组织党员干部喜迎中国共产党成立95周年暨“两学一做”知识竞赛

2016年8月19日，如萨乡组织党员干部抢险救灾

2016年8月29日，如萨乡党员参加中国共产党昂仁县第九次代表大会

昂仁县 阿木雄乡

2016年10月19日，县人大常委会副主任舒元波到阿木雄乡下你矿山检查指导工作

2016年11月1日，县扶贫办主任杨洋到阿木雄乡实地勘验易地搬迁选址

2016年7月1日，县农牧局局长米玛次仁到阿木雄乡实地查看修建当多自然村牧道

2016年8月9日，县委宣传部副部长米玛旺堆到阿木雄乡宣讲习近平总书记系列讲话

2016年6月3日，阿木雄乡召开第十四届人民代表大会第一次会议

2016年7月31日，组织山仓村群众抢险救灾

昂仁县 查孜乡

2016年8月25日，党委书记巴丹罗布，党委副书记、乡长张革命到乡完小开展安全生产排查工作

2016年4月24日，党委书记巴丹罗布主持召开党风廉政工作专题会议

2016年3月25日，党委书记巴丹罗布组织开展结对帮扶活动

2016年8月25日，党委书记巴丹罗布，党委副书记、乡长张革命到乡完小开展安全生产排查工作

2016年6月24日，党委书记巴旦罗布、人大主席白玛次旺主持召开精准扶贫动员会

2016年9月15日，副乡长次仁卓玛组织村干部开展文化素质提升培训会

2016年3月18日，查孜乡召开第十四届人民代表大会第一次会议

昂仁县 日吾其乡

2016年8月14日，县委副书记、县长普布多吉到日吾其乡受灾区了解灾情

2016年7月1日，日吾其乡机关党支部召开组织生活会

2016年12月4日，日吾其乡政府、派出所、卫生院开展法制进校园活动

2016年12月29日，日吾其乡兑现色米村集中搬迁点易地搬迁资金

2016年5月27日，日吾其乡召开第一次代表大会全体代表合影

2016年9月16日，日吾其乡党员干部自发组织看望慰问老党员旺久老人

昂仁县 多白乡

2016年4月1日，日喀则市民宗局副局长扎顿（右三）到昂仁县多白乡寺庙调研

2016年11月17日，副县长司昆强到多白乡二小检查指导工作

2016年11月6日，党委副书记、乡长令彩霞，人大主席米玛罗布到赤嘎村督导异地搬迁工作

2016年12月15日，县政协委员、副主席次仁群培到多白乡对第十八届六中和自治区第九次党代会精神进行宣讲

2016年9月9日，县商务局局长果杰到多白乡开展家电下乡宣传活动

2016年11月28日，多白乡党委组织召开党员大会

2016年4月13日，多白乡组织开展村畜牧兽医业务技能培训

昂仁县雄巴乡

2016年8月9日，日喀则市人防办党组书记次仁顿珠（二排左四）在雄巴乡第七届赛马节上与乡干部职工合影

2016年4月1日，县委常委、组织部部长拉欧到雄巴乡检查指导乡党委换届工作

2016年9月9日，雄巴乡召开乡村党支部书记"两学一做"专题研讨会

2016年6月25日，雄巴乡人大、纪检对杂日村委和驻村财务进行半年审计

2016年5月30日，雄巴乡人大组织代表对乡村餐饮食品安全进行巡视

2016年4月28日，雄巴乡召开精准扶贫工作推进会

昂仁县卫生服务中心门诊楼

昂仁县 卫生服务中心

2016年9月5日，卫生服务中心主任边巴带领医护人员到日吾其乡开展“服务百姓健康行”下乡免费义诊活动

2016年5月5日，卫生服务中心开展全县44座寺庙僧尼免费健康体检活动

2016年12月5日，卫生服务中心医护人员利用业余时间进行心肺复苏演练

2016年11月8日，卫生服务中心主任边巴到日吾其乡开展结对帮扶认亲活动

昂仁县藏医院

2016年11月12日，县委副书记、常务副县长邢化良考察并援助预建的藏医院康复理疗中心选址

2016年12月5日，西藏自治区卫计委副主任、原自治区藏医院院长央宗（中）到昂仁县藏医院检查指导工作

2016年2月4日，院长扎西顿珠和副院长普琼对医院财务收支情况研究和部署

2016年4月5日，藏医院理疗科医师对坐骨神经炎患者开展藏医理疗法治疗

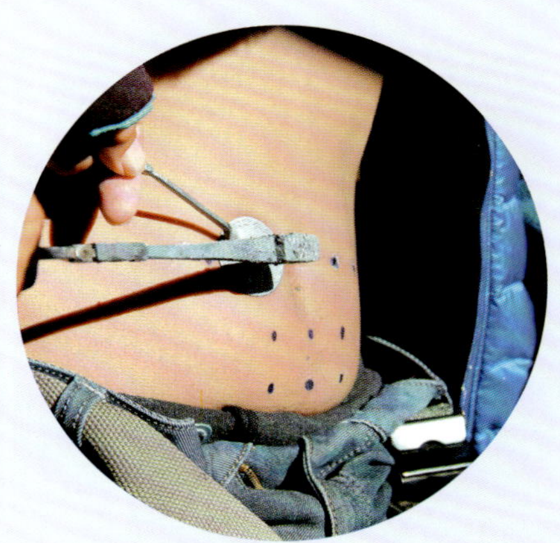

2016年6月17日，医师对慢性肠炎患者实行藏医特色火灸疗法

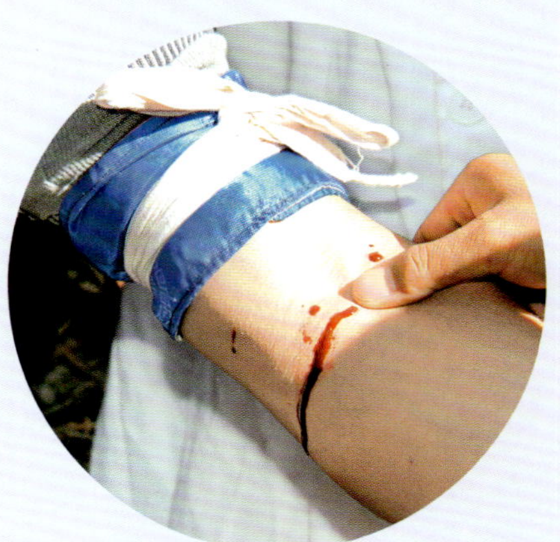

主治医师对高心病患者实行藏医特色放血疗法治疗

昂仁县职教中心

2016年5月16日，日喀则市科技局局长国巴（后排左四）与昂仁县职教中心毕业学员合影

2016年5月16日，县科技局局长普琼到职教中心查看学员摩托车维修情况

2016年9月2日，县科技局局长普琼在职教中心与西部科技特派员结业合影

2016年5月20日，职教中心农机技术老师为学员指导拆装示范

2016年5月10日，职教中心电焊工培训现场

2016年5月25日，职教中心工作人员检查农机培训情况

昂仁县中学

2016年4月21日，昂仁县中学校长巴桑扎西到亚木乡参加结对帮扶物资发放

2016年3月28日，昂仁县中学庆祝“西藏百万农奴解放纪念日”文艺活动

2016年10月20日，昂仁县中学组织开展消防疏散演练

2016年11月5日，县公安局、工商局到昂仁县中学开展防止传销进校园讲座

2016年8月15日，昂仁县中学新生军训

2016年12月3日，昂仁县中学组织党员到卡嘎镇结对帮扶助农收割

昂仁县完全小学

2016年7月1日，开展“读党史、感党恩”演讲活动

2016年3月28日，完小开展“西藏新旧”对比展览活动

2016年4月4日，组织师生到烈士陵园开展纪念先烈活动

2016年4月28日，开展弘扬藏族传统文化“书法”活动

2016年4月20日，开展当地文化进校园活动

2016年6月1日，完小开展庆祝“六一”儿童节文艺汇演

2016年11月15日，组织学生开展爬山比赛

昂仁县人民武装部

2016年3月4日，武装部副部长王全组织各乡（镇）专武干部进行征兵业务培训

2016年8月20日，武装部政委勾成洪组织新兵体检

2016年3月14日，武装部政委勾成洪带领官兵开展植树活动

2016年8月25日，组织官兵帮助群众秋收

2016年10月20日，组织党员干部到县敬老院慰问老人

>>> 昂仁县公安消防大队 <<<

2016年2月7日，县委副书记、县长普布多吉到消防大队慰问官兵

2016年9月14日，消防大队大队长章嘉带队开展夜查行动

2016年5月15日，消防大队官兵在辖区加油站开展灭火演练

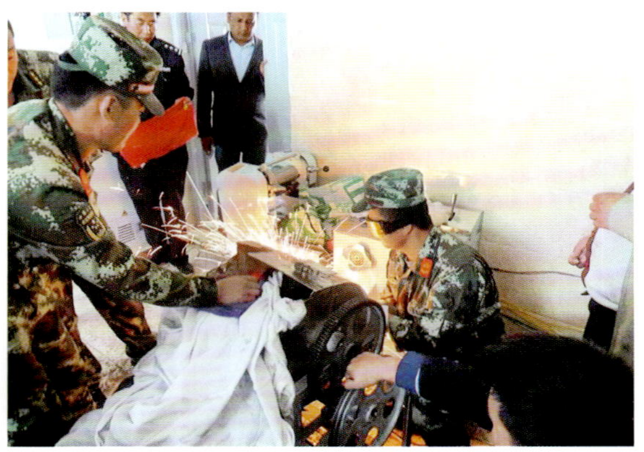

2016年8月15日，消防大队官兵成功处置一起抢险救援事故

2016年11月9日，消防大队官兵开展“119”宣传活动

2016年7月19日，消防大队官兵到曲德寺“展佛节”执勤安保任务

昂仁县国家税务局

2016年5月9日，日喀则市国税局局长平措（前中）到昂仁县国税局考察“标准化办税服务厅”运行情况

2016年7月8日，县委常委、宣传部部长孙晓峰，副县长索朗次仁参加国税局获第四届自治区级文明单位挂牌仪式

2016年5月1日，国税局局长欧珠向纳税人发售首张增值税普通发票

2016年11月6日，日喀则国税系统雪域好税官候选人熊安琴到桑桑镇嘎日村驻村点慰问困难群众

2016年10月16日，国税局党员向县中学65位“小小税员”赠送过冬棉衣

2016年12月4日，国税局工作人员在县城开展全国税法宣传活动

2016年11月20日，国税局干部假期为县敬老院老人换洗衣服

昂仁县工商行政管理局

2016年3月13日，工商局副局长次旺班典到农民专业合作社检查运营情况

2016年3月21日，工商局副局长次旺班典到农民专业合作社检查指导工作

2016年3月21日，工商局工作人员到农民专业合作社指导商标注册事宜

2016年9月19日，工商局执法人员开展酒类市场专项检查

2016年9月19日，工商局工作人员开展广告市场专项检查

2016年9月19日，组织执法人员开展家电行业专项检查

2016年10月18日，工商局联合有关部门开展禁止传销进校园活动

中国邮政集团公司西藏自治区

昂仁县邮政分公司

2016年6月4日，经理拉巴次仁到老百姓家中了解邮政服务质量

昂仁县邮政分公司乡镇邮件分发场地

昂仁县邮政分公司分拣场地

2016年5月2日，客户办理存款业务

2016年4月12日，组织工作人员到卡嘎镇开展便民服务

2016年5月7日，工作人员到乡镇了解用邮需求

中国移动通信集团
西藏有限公司昂仁县分公司

2016年1月19日，移动分公司工作人在县公安局开展驻点服务

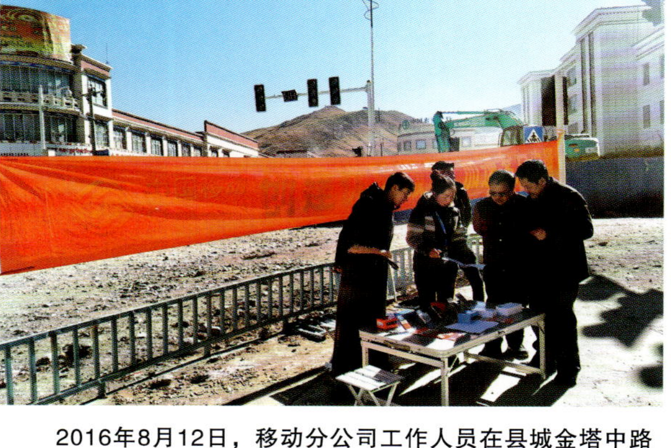

2016年8月12日，移动分公司工作人员在县城金塔中路开展宣传业务活动

2016年3月6日，移动分公司工作人员在县人民医院开展驻点服务

2016年4月21日，移动分公司工作人员在县城金塔路营业厅开展地推营销活动

2016年7月6日，移动分公司工作人员在昂仁县各乡（镇）、村进行网络建设勘察工作

中国联合网络通信有限公司
日喀则市分公司昂仁县营业部

2016年5月20日，客户经理次旺吉拉为客户讲解办理联通业务优惠政策

2016年7月15日，工作人员到桑桑镇促销联通业务

昂仁县联通营业厅

2016年9月8日，工作人员到卡嘎镇布玛村为老百姓上门办理联通业务

2016年8月1日，便民服务、送卡下乡活动

中国电信集团公司日喀则分公司昂仁县电信局

2016年4月25日，电信局工作人员到亚木乡为农户办理业务

2016年7月3日，电信局工作人员为客户介绍产品

昂仁县电信局主卖场

2016年1月25日，电信局工作人员到秋窝乡为用户安装宽带

2016年8月14日，营业厅员工为客户解说优惠活动

2016年6月14日，电信局工作人员到多白乡赤格村为农牧民办理业务

中国农业银行股份有限公司昂仁县支行

2016年4月02日，党支部书记、行长扎西普拉组织全行员工召开2016年“第一季度”业务分析会

2016年9月10日，党支部书记、行长扎西普拉到亚木驻村点宣传普及金融知识

2016年8月18日，县支行副行长、纪检监察员边巴次仁组织全体员工召开2016年党建和年中工作会议

2016年11月28日，农行昂仁县卡嘎支行开业庆典

2016年2月1日，县支行组织开展宣传2016年“春天行动”综合营销活动

2016年11月28日，组织工作人员在县主要街道开展宣传产品活动